ESTUDIO SOBRE LA LEY ORGÁNICA DE LUCHA CONTRA EL DOPAJE EN EL DEPORTE

ESTUDIO SOBRE LA LEY ORGÁNICA DE LUCHA CONTRA EL DOPAJE EN EL DEPORTE

ALBERTO PALOMAR OLMEDA
RAMÓN TEROL GÓMEZ
JOSÉ RODRÍGUEZ GARCÍA

Este libro ha sido sometido a evaluación por parte de nuestro Consejo Editorial
Para mayor información, véase www.dykinson.com/quienes_somos

Editorial DYKINSON, S.L. Meléndez Valdés, 61 - 28015 Madrid
Teléfono (+34) 91 544 28 46 - (+34) 91 544 28 69

e-mail: info@dykinson.com
http://www.dykinson.es
http://www.dykinson.com

ISBN: 978-84-1122-539-7
Depósito Legal: M-22438-2022

Maquetación:

german.balaguer@gmail.com

ÍNDICE

ABREVIATURAS

AEMPS	Agencia Española de Medicamentos y Productos Sanitarios
AESAN	Agencia Española de Seguridad Alimentaria y Nutrición
AMA	Agencia Mundial Antidopaje
AUT	Autorizaciones de Uso Terapéutico
CAUT	Comité de Autorizaciones de Uso Terapéutico
CE	Constitución Española
CEDH	Convenio Europeo para la salvaguarda de los Derechos Humanos y de las Libertades Fundamentales (CEDH) aprobado por la Asamblea Parlamentaria del Consejo de Europa el 25 de agosto de 1950
CELAD	Agencia Estatal Comisión Española para la Lucha Antidopaje en el Deporte
CCSSD	Comisión de Control y Seguimiento de la Salud y el Dopaje
CMA	Código Mundial Antidopaje
COI	Comité Olímpico Internacional
CP	Código Penal
CSD	Consejo Superior de Deportes
BOE	Boletín Oficial del Estado
LD	Ley 10/1990, de 15 de octubre, del deporte
LOCD	Ley Orgánica 11/2021, de 28 de diciembre, de lucha contra el dopaje en el deporte
LPACAP	Ley 39/2015, de 1 de octubre, del Procedimiento Administrativo Común de las Administraciones Públicas
LRJSP	Ley 40/2015, de 1 de octubre, de régimen jurídico del sector público
RDCD	Real Decreto 641/2009, de 17 de abril, por el que se regulan los procesos de control de dopaje y los laboratorios de análisis autorizados, y por el que se establecen medidas complementarias de prevención del dopaje y de protección de la salud en el deporte
RGPD	Reglamento (UE) 2016/679 del parlamento europeo y del consejo de 27 de abril de 2016 relativo a la protección de las personas físicas en lo que

	respecta al tratamiento de datos personales y a la libre circulación de estos datos y por el que se deroga la Directiva 95/46/CE (Reglamento general de protección de datos)
TEDH	Tribunal Europeo de Derechos Humanos
UE	Unión Europea

PRESENTACIÓN

Alberto Palomar Olmeda,
Ramón Terol Gómez
José Rodríguez García

La publicación de la Ley Orgánica 11/2021, de 28 de diciembre, de lucha contra el dopaje en el deporte (LOCD) es la tercera de las opciones legislativas que se han dictado desde el momento en que la represión del dopaje se desgajó de la normativa deportiva estrictamente considerada.

Para quienes utilizan y aplican diariamente el Derecho público como forma de análisis del Derecho se trata de una norma de la que, con carácter general, se proyecta una enorme inseguridad. Primero, fue la consideración de la salud pública el eje de la regulación. Más tarde, se fue abandonando la salud pública para centrarse en el deporte, pero haciendo como hizo la Ley Orgánica anterior un corte personal entre los deportistas de relevancia internacional de los que no tenían esta relevancia. El tercero de los proyectos normativos que acaba de culminarse suma confusión a la confusión y nos sitúa en un momento de una profunda reflexión centrada en la necesidad de la presencia del Estado en este ámbito.

La intervención pública en una materia se justifica en aquellos supuestos en los que se trata de asegurar el correcto funcionamiento de una institución, de ordenar la vida de terceros y, en general, de obtener una solución de los conflictos que sea de mejor calidad que la que se obtiene en el mundo privado o en las negociaciones inter-partes.

Esta LOCD ha abdicado del concepto salud pública como eje matriz de la actuación pública y se centra únicamente en la actividad deportiva. Este primer cambio es el que hace pensar en si la presencia legislativa y organizativa del Estado resulta tan precisa como en los momentos anteriores, cuando lo que está en juego y lo que se preserva es únicamente una regla de juego. La pregunta es ¿está justificado un aparato tan enorme para un fin socialmente tan pequeño? Recordemos que es la práctica deportiva oficial, es decir, para no más de un 20% de deportistas que realizan esta actividad.

Este debate sobre la publificación no es un debate menor y está, en estos momentos, en el propio meollo del Proyecto de Ley del Deporte que destinado a sustituir a la vigente Ley 10/1990, de 15 de octubre, del deporte (LD), ha intentado reconfigurar la intervención pública, aunque, realmente, haya creado más problemas que los que intentaba solventar. El tiempo dirá si el legislador consigue armonizar el Proyecto y éste se convierte en una ley con capacidad de ordenar, transformar y modernizar las estructuras deportivas. Pero, tiempo habrá para enjuiciar este esquema.

Volviendo al dopaje, a la represión del dopaje situada, ahora, en el ámbito estricto de las reglas deportivas, la duda sobre si el compromiso operativo –no el de política deportiva– del Estado debe mantenerse en los mismos términos o, si, por el contrario, podría ser ejercido desde el movimiento deportivo en cualquiera de las formas de organización. Recordemos que no hay ninguna obligación de tener una estructura interna de carácter enteramente pública al servicio de la represión del dopaje. Hay un compromiso político consecuencia de la pertenencia a la Agencia Mundial Antidopaje (AMA) pero este compromiso no conlleva la obligación de una estructura pública que, por otro lado, no se mantiene en muchos de los países miembros de la misma donde la estructura deportiva, en sus diversas manifestaciones, es capaz de cumplir los estándares de permanencia en aquella organización que por más que la hayamos sacralizado es únicamente una fundación de Derecho suizo.

La reducción del papel del Estado a un compromiso político y de apoyo nos ahorraría esta penosa labor de cambiar la ley interna cada vez que se cambia el Código Mundial Antidopaje (CMA), norma procedente de una fundación privada y que carece de potestad normativa directa en virtud de lo que indica la Convención Internacional contra el Dopaje en el Deporte, hecha en París el 18 de noviembre de 2005.

Es cierto que, sobre el CMA como norma, sobre la AMA como institución y sobre el conjunto del sistema internacional montado para la represión del dopaje se ha extendido una especie de aura de Derecho natural de forma que cualquier cosa que digan, cualquier cosa que pongan o digan los mismos, se convierte en un axioma indiscutido. Los que los discutimos corremos el riesgo de convertirnos en "colaboracionistas" del sistema. Lejos de esto lo que ocurre es que el Derecho como garantía de la actuación de los Poderes Públicos y de las entidades, en general, es una conquista irrenunciable para los juristas y lo que es cierto es que, aquí, en nombre de la AMA el Derecho público, las garantías, los ciudadanos (aunque sean deportistas) pierden intensidad frente a una entidad que tiene entre su mayor mérito el que el mayor número de actuaciones positivas se han conocido a posteriori y como consecuencia de delaciones y no de comprobaciones científicas.

Es esto y el miedo escénico a perder el paso internacional lo que hace que los juristas hagan cada vez menos análisis y menos debates sobre el Ordenamiento Jurídico de la represión del dopaje. Solo así se entiende, por ejemplo, el régimen de recursos en el que la naturaleza jurídica del recurrente cambia el fuero, en el que un deportista español, en una competición oficial se ve compelido a acudir a impugnar un acto administrativo a un tribunal arbitral de manera coactiva, incluyendo, costes y merma de derechos como la privación del derecho a defenderse en la propia lengua sin tener que abonar la traducción.

Este acervo internacional –que no refrendó la Convención contra el Dopaje– que se movió en un terreno de principios, de estructura política pero que no cayó en una normativa procedente del Derecho privado que realmente no es compatible con los principios generales de la mayor parte de los Estados. Siempre que se dice que todo es consecuencia de sumisión expresa. Pero siempre que se dice esto pensamos que aunque la esclavitud fuera consentida vía contrato no sería ética. Luego no todo vale en la sumisión ni en las consecuencias de la participación.

La LOCD ha creído tanto en la amenaza internacional que ni siquiera ha oído, ni en el plano del leve susurro, el parecer del Dictamen del Consejo de Estado de 29 de abril de 2021 al Anteproyecto. Es difícil encontrar un dictamen menos leído, menos cumplido y menos atendido. De hecho, algunas de las correcciones que proponía el máximo órgano consultivo y que se incorporan al Texto fueron eliminadas vía enmienda en la tramitación parlamentaria. Hemos conseguido un estatus que complace –según se dice– a la AMA pero que desagrada a los usuarios, a los ciudadanos, a los órganos consultivos y que, en general, supone un conjunto de modificaciones tan grandes y de tal calibre que las instituciones centrales de la actuación administrativa y del Derecho sancionador resultan afectadas y forzadas a límites que solo el Tribunal Constitucional deberá, en algún momento, reconducir a riesgo, eso sí, de ser seriamente amonestado e intimidado por una fundación suiza.

En este contexto resulta muy difícil efectuar un estudio sistemático, serio y ordenado sobre la LOCD. Es cierto, sin embargo, que nuestra participación previa en los análisis del Ordenamiento del dopaje y el sentimiento de que se precisa un Ordenamiento que evite el fraude deportivo, nos ha llevado a realizar estos comentarios que son, claro está, lo que pensamos y lo que consideramos en el marco del Derecho español y conscientes, también, de que la situación está llegando a un límite que no sería posible nuevas "vueltas de tuerca" del Ordenamiento español para seguir cumpliendo con las obligaciones de una organización que jamás ha hecho una reflexión pública de su fracaso en temas como la política de dopaje en Rusia. Sus deportistas competían en todo el mundo, su laboratorio se homologaba cada año, nunca hubo una sospecha hasta que la delación o la investigación descubren un fracaso que, por lo demás, es colectivo y afecta al conjunto de la sociedad. No obstante, esto sí, parece razonable que el verdadero responsable de la función hubiera tenido unas palabras de excusa o de propósito de enmienda. Nada ocurrió, pero el nuevo CMA da pasos claros de convertir la presunción en elemento de culpabilidad, de articular sistemas que afectan a la integridad (vid, el artículo 18 de la LOCD, que permite extraer cualquier tipo de muestra... ¿líquido de la médula, también?).

El sacrificio que se impone a los deportistas, el esfuerzo normativo que se exige a los Estados y a los agentes del deporte no es ni mínimamente proporcional con el éxito en la gestión. Pero a medida que éste decrece la intensidad del sinsentido crece a límites que no son muy admisibles en un Estado de Derecho.

Esta sensación que nos acompaña es la que nos llevó a dejar constancia de nuestro desacuerdo con la escalada de reducción de los derechos y de las construcciones dogmáticas contrarias a la esencia de la intervención pública. Creemos que forma parte de nuestra responsabilidad con el Ordenamiento Jurídico del Deporte al que hemos dedicado muchas e intensas horas.

Madrid, julio de 2022.

CAPÍTULO I. DISPOSICIONES GENERALES

Sumario: I. MÍNIMAS REFERENCIAS A LA EVOLUCIÓN DE LA REPRESIÓN DEL DOPAJE: LOS ANTECEDENTES NECESARIOS; 1. Antecedentes remotos; 2. la Conferencia de Lausana, un punto de inflexión: la necesidad de una actuación concordada entre el movimiento deportivo y los Estados; 3. Las leyes españolas de represión del dopaje en el deporte; 4. La Convención de la UNESCO; II. EL ÁMBITO OBJETIVO DE LA LEY ORGÁNICA 11/2021, DE 28 DE DICIEMBRE, DE LUCHA CONTRA EL DOPAJE EN EL DEPORTE.; 1. Necesidad de interpretación conjunta de los artículos 1 y 3 de la LOCD; 2. El bien jurídico protegido: desaparece la protección de la salud; 3. Las normas del movimiento deportivo como elemento de interpretación; III. LA DEFINICIÓN DE DOPAJE RODEADA DE UNA APARENTE SIMPLICIDAD; IV. PRECISIONES EN RELACIÓN CON EL ÁMBITO DE APLICACIÓN; V. LA ORGANIZACIÓN ADMINISTRATIVA PARA LA LUCHA CONTRA EL DOPAJE; 1. Precisiones iniciales sobre el título competencial; 2. Competencias estatales; 3. La Agencia Estatal Comisión Española para la Lucha Antidopaje en el Deporte; 4. Las Comunidades autónomas.

I. MÍNIMAS REFERENCIAS A LA EVOLUCIÓN DE LA REPRESIÓN DEL DOPAJE: LOS ANTECEDENTES NECESARIOS

La historia de la represión del dopaje[1] en el ámbito del deporte es, ciertamente, una historia reciente en los términos en la que está concebida actualmente. Se trata de un problema que, probablemente, ha existido, con diferentes modalidades y versiones a lo largo de la práctica deportiva, pero es cierto, también que el traspaso a la proyección social general no es, sin embargo, tan antigua sino, por el contrario, relativamente moderna. El fundamento de esta proyección social tampoco ha sido claro ni evidente, sino que ha respondido a fundamentos diferenciados.

Unas cuantas décadas de años que muestran, en gran medida, una tendencia que podríamos identificar con una especie de círculo cerrado que comienza de una forma, evoluciona y, posteriormente, ha vuelto a sus orígenes. Esta descripción más o menos metafórica no significa, claro está, negar que en muchos momentos de la historia del

[1] Sobre esta cuestión, ROBINA BLANCO-MORALES, A., "La historia, el concepto y la definición del dopaje. Una visión previa a su tratamiento legal", *Revista Aranzadi de Derecho del deporte y Entretenimiento* núm. 49, 2017, pp. 129-150.

deporte no ha existido la utilización de prácticas dopantes. Es, prácticamente, seguro que la tentación del fraude es consustancial a la condición humana y mucho más en ámbitos puramente competitivos en los que solo algunos (los mejores) obtienen la distinción. Lo que se quiere resaltar es que la lucha y la represión de estas conductas no ha sido parte de la preocupación del sistema hasta hace algunas décadas en las que la intensidad, la representatividad y la importancia social hizo que todos volvieran la vista hacía la pureza de la actividad deportiva y sus condicionamientos.

Es cierto, como pasamos a señalar, que el fundamento intrínseco de la lucha o la represión del dopaje no ha sido uniforme a lo largo de la historia. Los valores intrínsecos de esta lucha han mutado sustancialmente.

En este sentido parece razonable, a modo de introducción, insistir que el dopaje puede ser una práctica innata o consustancial a la actividad deportiva competitiva[2]. El propio concepto y su ubicación conceptual ha resultado ciertamente complejo, aunque existe una tendencia clara a situar dicha práctica en la adquisición de unas capacidades físicas que no se corresponden con las propias. Es el elemento de artificialidad o de adquisición fraudulenta de capacidades físicas con las que se compite el elemento central de la política de control del dopaje, aunque, ciertamente, la intensidad del fenómeno nos haya llevado a mirar a otros ámbitos y a buscar otros objetivos.

La responsabilidad de su represión correspondía, por tanto, al movimiento deportivo y, dentro del mismo, a su régimen de infracciones y sanciones. En el fondo es un fraude, una infracción a las reglas de juego que organizan la competición en cuestión. Esta perspectiva la hemos perdido durante algún tiempo y la hemos recuperado ahora, al menos, en España con LOCD.

Es, esta primera etapa, la etapa de la lucha contra el dopaje como un problema de incumplimiento de las normas internas. La represión quedaba, por tanto, en el ámbito interno y los métodos y formas de represión se ubicaban, igualmente, en dicho marco. Los métodos de represión y la política de desarrollo eran, por tanto, limitadas pero la característica esencial es que lo eran con medios propios de las respectivas federaciones y, eventualmente, de los organizadores de las competiciones.

Es cierto que la sensación de la proliferación de estas prácticas, su generalización en la conducta social lleva, en un momento determinado (lo identificamos con la Conferencia de Lausana y, en el plano deportivo, con los problemas del ciclismo y, específicamente, el Tour de Francia del año 1998) a considerar que el modelo estrictamente deportivo no era suficiente para establecer una política abstracta y general de control del dopaje que trascendía del esquema deportivo, en si mismo considerado, para haberse convertido en un problema de salud pública para cuya solución se precisaba una convergencia de políticas entre las que se incluyen las políticas públicas de utilización y dispensación de medicamentos, utilización de productos no medicamentosos, de control transfronterizo de sustancias, y, en general, de salud pública[3]. Es la segunda de las etapas, claramente

---

[2] Sobre esta cuestión, ALFAYA PEREIRA, E., "Sustancias dopantes y técnicas antidopaje: una visión histórica", *Gaceta Internacional de Ciencias Forenses*, núm. 28, 2018, pp. 3-11.

[3] Sobre esta cuestión, PALOMAR OLMEDA, A., *El dopaje en el deporte, un intento de elaborar una visión sosegada y constructiva,* Dykinson, Madrid, 2004.

identificables en la evolución de las políticas de dopaje o para ser más exactos de lucha contra el dopaje[4].

Es en este momento donde se produce una confusión conceptual de la que ahora tratamos de salirnos con la LOCD (aunque, como se verá, no de una forma nítida y clara) y que trata de diferenciar los efectos frente al común de la sociedad de productos que permiten obtener capacidades físicas no asentadas y la que diferencia esta posición de la participación en una competición en la que terceros se ven preteridos como consecuencia de la adquisición artificial de competencias.

Fue este un momento donde la concepción del dopaje como ligada al control de la salud pública gana posiciones y los Estados corren a incluir en sus legislaciones de seguridad pública los temas que se refieren periféricamente al control del dopaje y cuando las legislaciones se refieren inequívocamente a la salud. Se modificaron leyes de regulación del medicamento, de salud pública y los propios códigos penales.

La ubicación en el ámbito de la salud pública es, ciertamente, compleja en un conjunto de Estados que, por lo común, admiten el consumo de drogas y la utilización (más o menos generosa) de los medicamentos. Esta situación, que ciertamente forma parte de la ambigüedad actual a la que más tarde nos referimos, acaba complicando los dos planos que, ciertamente, no deberían haberse mezclado en la conformación de políticas diferenciadas, que tienen un fundamento distinto, utilizan técnicas diferentes y, finalmente, se dirigen a poblaciones que, tampoco, son homogéneas.

En este sentido, la corrección de la utilización de los medicamentos es un problema de salud pública general (sanitario, incluso, si se quiere) no un problema específico del deporte. Los países articulan sistemas de control y líneas de utilización de los medicamentos o de los productos que pueden generar aumento artificial de capacidades físicas dentro de sus políticas de salud pública para conseguir una adecuada utilización de las mismas en función de las necesidades sanitarias.

El deporte, la competición en condiciones de igualdad no alterada por la utilización espuria de un producto medicamentoso es un problema estrictamente deportivo, no es, en si mismo, un problema de salud pública ya que, como repetiremos en diversas ocasiones, es la utilización con propósito de ganar o de disponer de capacidades que la propia conformación no dispone lo que resulta afectado y lo que las normas deportivas deben prevaler para evitar el fraude competicional. Los planos son netamente diferenciados en sus objetivos, en sus destinatarios y en la propia finalidad de ambas políticas.

Frente a esto, la ruptura del esquema de utilización de los productos medicamentosos en la práctica no organizada, en la práctica convencional, en la actividad física es realmente un problema en el que la actividad deportiva es intranscendente porque el elemento central del reproche sancionador administrativo es la mala o incorrecta utilización de los productos objeto de control[5].

---

4 Sobre ello, TEROL GÓMEZ, R., *Régimen jurídico de la lucha contra el dopaje en España*, Aranzadi Thomson Reuters, Cizur Menor (Navarra), 2020, pp. 92 y ss. y PALOMAR OLMEDA, A., y RODRÍGUEZ GARCÍA, J., "El modelo de gestión de la lucha contra el dopaje", *Revista Aranzadi de Derecho de Deporte y Entretenimiento*, núm. 50, 2016, pp. 269-298.

5 Como afirma VIDA, "Los medicamentos son bienes que se someten a una ordenación pública estricta y detallada en la medida en que a través de ellos se hace efectivo el derecho a la protección de la salud. A pesar de las particularidades a que da lugar el régimen de los medicamentos, hemos de tener presente que son

El tiempo ha demostrado que se trata de políticas claramente diferenciadas por el objeto, por el sujeto, por el bien jurídico protegido (en unos casos, la competición y, en otros, la salud pública) y que el intento de abordarlas de una forma conjunta o confundida era un error sistemático del que ha habido que abdicar. Es lo que podríamos denominar la fase realista o la tercera fase en el marco de la represión en el intento de clasificación que hacíamos al principio.

Las referencias normativas que se exponen seguidamente demuestran que esta confusión es la que ha alimentado la legislación española de los últimos tiempos para, seguidamente, analizar la regulación actual tras la publicación de la LOCD.

Finalmente, desde otra perspectiva, cabe indicar que la posición errática en la conformación del modelo es consecuencia, también, de la falta de certeza y evidencia científica. Durante mucho tiempo se ha puesto énfasis en generalizar los controles para llegar –en un momento posterior que no puede precisarse– a la conclusión de que los controles no propician la evidencia suficiente para dotar al sistema de certeza[6]. Es probable que en esta convicción hay un poso central: desde el principio no se apostó por la ciencia y la investigación sino por los métodos de represión y son estos los que han resultado más insuficientes en la constitución de un ámbito de certeza. Son demasiados y demasiado rotundos los fracasos del sistema como para convencer a la población general de la certeza del sistema.

Los juristas asentados en la existencia de conceptos jurídicos indeterminados hemos aprendido que la actuación de los poderes públicos se puede fundar en elementos tan complejos como el estado de la ciencia o la mejor opción técnica disponible pero es cierto, igualmente, que cuando estos son los parámetros de actuación, la certidumbre jurídica deja paso a la incertidumbre y hay que buscar nuevos elementos de control para determinar un uso correcto de las potestades en ámbitos que deben resolverse conforme a criterios como el señalado en las expresiones anteriores.

En todo caso y aunque pueda admitirse que estos conceptos pueden servir –con sus dificultades intrínsecas– para nuclear la actividad administrativa en algunos sectores es lo cierto, claro está, que dichas dificultades se agrandan cuando se proyectan sobre un ámbito como el disciplinario o el sancionador porque aquí la certeza es más perceptible y más buscada en la conformación de la potestad sancionadora para evitar que las soluciones posibles deslicen un régimen sancionador en que no se cumplan los requisitos esenciales del derecho sancionador.

Esta circunstancia sitúa el régimen sancionador ante una situación puramente convencional. Hoy la represión del dopaje es una convención. Está lo que ésta durante el tiempo que se considere y sin otros fundamentos de mayor alcance. Siendo esto así se refuerza la necesidad de situar esta lucha en un plano sencillo: el cumplimiento de las normas que, en cada momento, determinan lo admisible y lo que no lo es, pero sin dar, como tantas veces

---

productos que se elaboran, se distribuyen y se adquieren por sujetos privados, como cualquier otro bien venal industrialmente producido si bien se hace bajo una intervención tan intensa que distorsiona el ciclo productivo de los medicamentos que se inicia con la investigación sobre el medicamento y finaliza con su consumo", VIDA FERNÁNDEZ, J., "Una nueva ordenación de los medicamentos para el control del dopaje", *Estudios sobre el dopaje en el deporte* (De Asís Roig, A. y Hernández San Juan, I., Coords.), Dykinson, Madrid, 2006, p. 164.

[6] Sobre esta cuestión, PALOMAR OLMEDA, A., BELDA INIESTA, C. y LÓPEZ-COLLAZO, E., "La necesidad de abordar el control del dopaje desde fundamentos diferentes. Algunos puntos para una reflexión sobre bases diferentes", *Revista Aranzadi de Derecho de Deporte y Entretenimiento*, núm. 44, 2014, pp. 21-49.

se ha producido en España, el paso a la moral o al deber ser. Lo que ayer era y hoy no, o al revés, afecta al marco de actuación lícita, pero sin otras valoraciones porque la volatilidad conceptual en la que nos movemos sitúa el plano del deber ser no en su fundamento ontológico sino en la mera convención coyuntural.

Algunas de estas consideraciones laten en la búsqueda de un modelo que no se ha encontrado ni en el ámbito internacional ni el nacional, empeñado este en un seguimiento ciego del movimiento internacional que nos obliga a continuos cambios de la norma hasta el punto de haber provocado el efecto contrario al buscado: el desinterés colectivo y la aceptación de estas normas como un "mal necesario" pero sin la comprensión y la aceptación generalizada. La pedagogía y la didáctica han dejado paso al mero seguidismo en una posición que utilizando una expresión literaria nos llevaría a indicar que es poco más que el seguimiento "los pies a rastras".

1. Antecedentes remotos

Aunque sea de una forma muy sintética podemos referirnos, seguidamente, a los principales hitos normativos en la lucha contra el dopaje tanto en Europa como en España.

a) La labor del Consejo de Europa[7]

Uno de los hitos más destacables en la materia fue el Convenio del Consejo de Europa contra el dopaje, de 16 de noviembre de 1989, del que España es parte desde 1992 (BOE de 11 de junio de 1992), y en el que se crea un Grupo de Seguimiento para velar por su aplicación. Este Convenio tiene un Protocolo adicional hecho en Varsovia, de 12 de septiembre de 2002, que contempla el reconocimiento mutuo de controles antidopaje y del que España es asimismo parte desde 2017 (BOE de 3 de octubre de 2017).

El Convenio es fruto de una actividad muy relevante que realizó el Consejo de Europa y que se plasma en diversos tratados internacionales que afectan al ámbito del deporte y en los que materia deportiva cobra una importancia decisiva. Especialmente, la Carta Europea del deporte para todos; Convenio del Consejo de Europa sobre un planteamiento integrado de protección, seguridad y atención en los partidos de fútbol y otros acontecimientos deportivos, hecho en Saint-Denis el 3 de julio de 2016; Convenio del Consejo de Europa sobre la manipulación de las competiciones deportivas; o, incluso, el Código de Ética deportiva del Consejo de Europa.

b) El Título VIII de la Ley 10/1990, de 15 de octubre, del deporte

Como consecuencia de los trabajos previos y de la participación española en la aprobación del Convenio del Consejo de Europa, el artículo 56 de la LD (1990) estableció referencias explicitas al dopaje. Como tantas veces cabe recordar la LD tuvo la caracte-

[7] Sobre esta cuestión, TEROL GÓMEZ, R., *Régimen jurídico de la lucha contra el dopaje en el deporte,* cit., p. 26, se afirma que el Convenio contra el dopaje del Consejo de Europa es el primer instrumento de Derecho internacional público exclusivamente referido a la problemática referida al dopaje.

rística de adelantarse a la regulación de materias que acaban siendo de una relevancia e importancia social indudable. En concreto, señalaba que:

> "1. El Consejo Superior de Deportes, de conformidad con lo dispuesto en los convenios internacionales suscritos por España, y teniendo en cuenta otros instrumentos de este mismo ámbito, elaborará, a los efectos de esta Ley, listas de sustancias y grupos farmacológicos prohibidos, y determinará los métodos no reglamentarios, destinados a aumentar artificialmente las capacidades físicas de los deportistas o a modificar los resultados de las competiciones".

Por su parte, el artículo 57 de la LD creaba la Comisión Nacional Antidopaje[8], integrada por representantes de la Administración del Estado, de las Comunidades Autónomas, de las Federaciones deportivas españolas o Ligas Profesionales y por personas de reconocido prestigio en los ámbitos técnico, deportivo y jurídico.

Se le atribuían a la misma las siguientes funciones:

> "a) Divulgar información relativa al uso de sustancias y grupos farmacológicos prohibidos, métodos no reglamentarios y sus modalidades de control, realizar informes y estudios sobre sus causas y efectos y promover e impulsar acciones de prevención.
>
> b) Determinar la lista de competiciones deportivas oficiales de ámbito estatal en las que será obligatorio el control.
>
> c) Elaborar los protocolos y las reglas para la realización de dichos controles, en competición o fuera de ella.
>
> d) Participar en la elaboración del Reglamento sancionador, instar de las Federaciones deportivas la apertura de los expedientes disciplinarios y, en su caso, recurrir ante el Comité Español de Disciplina Deportiva las decisiones de aquéllas".

Para el adecuado funcionamiento del sistema de represión del dopaje se establecía en el artículo 58 que "1. Todos los deportistas con licencia para participar en competiciones oficiales de ámbito estatal tendrán obligación de someterse a los controles previstos en el artículo anterior, durante las competiciones o fuera de ellas, a requerimiento del Consejo Superior de Deportes (CSD), de las Federaciones deportivas españolas, de las Ligas Profesionales o de la Comisión Nacional «Anti-Dopaje»".

Es cierto que el modelo era puramente federativo. Claramente lo recalcaba el apartado 2 del artículo 58 cuando señalaba que:

> "Las Federaciones deportivas españolas procurarán los medios para la realización de dichos controles.3. En las competiciones de ámbito estatal los análisis destinados a la detección o comprobación de prácticas prohibidas deberán realizarse en laboratorios estatales u homologados por el Estado".

Es esta la primera regulación que se establecía en el marco de una norma de carácter deportivo en el ámbito público o de la ley estatal para ser más precisos. Claramente puede

---

8 Sobre la Comisión Nacional Antidopaje, PALOMAR OLMEDA, A., El dopaje en el deporte, *un intento de elaborar una visión sosegada y constructiva*, cit, pp. 32-40.

verse que se sitúa en el marco de lo que hemos denominado la primera fase, esto es, la admisión del modelo deportivo como responsable de la represión. A su favor hay que decir que, en aspectos más genéricos de la conformación de la política, se instaura un órgano estatal, sin conformación profesional estricta del CSD, con el deseo de que colabore en la coordinación de políticas y en el señalamiento de una política con mínimas referencias de coherencia. De este modelo al actual han cambiado, como se verá, muchas cosas, pero, sobre todo, la intensidad y la forma de actuación de los Poderes Públicos en la represión del dopaje. El modelo de 1990 limitaba la realización de controles y admitía el papel relevante de las Federaciones Deportivos. Los sucesivos que pasamos a analizar extraen la represión del dopaje del ámbito federativo y se lo entregan a una organización pública, funcionalmente independiente, que ejerce las funciones en esta materia.

2. La conferencia de Lausana, un punto de inflexión: la necesidad de una actuación concordada entre el movimiento deportivo y los Estados.

Los sucesos relacionados con el dopaje en el verano del año 1998, en los días previos al inicio del Tour de Francia, provocaron un gran debate en la opinión pública sobre el dopaje. Si bien la lucha contra el dopaje se había iniciado en la década de los 60 del siglo pasado, estos sucesos pusieron en duda tanto la determinación como la eficacia de las organizaciones deportivas en esta labor.

Esta situación provocó la reacción del llamado Movimiento Deportivo. El Comité Olímpico Internacional (COI), presidido por el español Juan Antonio Samaranch, organizó la llamada “Conferencia Mundial sobre el dopaje en el deporte”, que se celebró en la ciudad suiza de Lausana entre los días 2 y 4 de febrero de 1999. En esa Conferencia participaron representantes de los Gobiernos, de distintas Organizaciones Internacionales, de Organizaciones No Gubernamentales, del COI, de las Federaciones Deportivas Internacionales, de los Comités Olímpicos Nacionales y de los deportistas.

El trabajo realizado en el seno de esta Conferencia culminó con la adopción de la “Declaración de Lausana sobre el dopaje en el deporte”, que comprendió seis puntos:

1. Educación, prevención y derechos de los deportistas: se crearán e intensificarán campañas de educación y de prevención para los deportistas y su entorno. Además, se asegurará la máxima transparencia en las actividades contra el dopaje.

2. Código antidopaje del Movimiento Olímpico: que será aceptado como base de la lucha contra el dopaje.

3. Sanciones: serán aplicadas con ocasión de los controles efectuados durante las competiciones y fuera de ellas. La sanción mínima requerida para las sustancias prohibidas importantes o los métodos de dopaje será una suspensión de toda competición por un período de dos años en una primera infracción, si bien esa duración podrá variar en función de las circunstancias específicas y excepcionales que se den en cada caso. Además, se contemplarán sanciones agravadas para el entorno del deportista.

4. Agencia Internacional Independiente Antidopaje: tendrá como misión principal la coordinación de los objetivos que serán definidos conjuntamente por todas las partes implicadas. Se contempló la extensión de los controles fuera de las competiciones, la

coordinación de la investigación, la promoción de la acción preventiva y educativa, así como la armonización de las normas y procedimientos científicos y técnicos en materia de análisis y equipamiento. El Movimiento Olímpico se comprometió a conceder un capital de 25 millones de dólares a la Agencia.

5. Responsabilidades del COI, Federaciones Internacionales, Comités Olímpicos Nacionales y Tribunal Arbitral del Deporte: En el plano internacional las Federaciones internacionales y los Comités Olímpicos Nacionales conservarán sus competencias y responsabilidades respectivas para aplicar las reglas en materia de dopaje según sus propios procedimientos y en cooperación con la Agencia Internacional Independiente Antidopaje.

   Tratándose de recursos de última instancia, Comité Olímpico Internacional, Federaciones Internacionales, Comités Olímpicos Nacionales reconocen la competencia del Tribunal de Arbitraje del Deporte después de que sus propios procedimientos hayan sido agotados.

   Con el fin de proteger a los atletas y sus derechos en materia de procedimiento disciplinario, los principios generales del derecho, el derecho a la asistencia jurídica, el derecho de aportar pruebas y de presentar testigos serán confirmados e incorporados en todos los procedimientos aplicables.

6. Colaboración entre el Movimiento Olímpico y los poderes públicos: se reforzará la colaboración en la lucha contra el dopaje entre las organizaciones deportivas y los poderes públicos, atendiendo a las responsabilidades de cada parte.

Este es, sin duda, el hito de comienzo de la segunda fase en la que el movimiento deportivo sintió la necesidad de trascender de sus fronteras y situar el dopaje en el deporte en un marco más general y, especialmente, en el de la salud pública.

Con una visión general y de articulación de políticas podríamos decir que el modelo no ha resultado exitoso. La convivencia ha resultado imposible, en gran medida, por el tratamiento unilateral que el movimiento deportivo ha tenido con respecto a los países y el intento de someter la primacía de sus criterios y de su regulación a la de los propios Estados. Este modelo, como repetiremos en diversas ocasiones ha producido un choque entre normas de derecho privado y de derecho público que claramente no admiten componenda, transacción o mediación. Los Estados, los países se ven obligados por su pertenencia al movimiento internacional –específicamente a la AMA– a cambiar sus legislaciones. El modelo es perverso porque obliga a cambiar la normativa cada vez que lo hace el movimiento deportivo y sitúa a los Estados ante una obligación de cambio normativo continuo –en los propios tiempos de la regulación de la AMA– que nos lleva a un espiral de incumplimiento inevitable porque los tiempos de las asociaciones privadas no son miméticamente los de los parlamentos.

En todo caso lo que cabe indicar es que los conflictos se vivieron, como seguidamente, se señala en el momento de intentar la publicación del sistema mediante la suscripción de un tratado o convenio internacional. En ese momento quedó claro que algunas de las exigencias privadas eran incompatibles con el marco internacional de aplicación y con los principios generales de la actuación de los Estados. Volveremos sobre esta cuestión más adelante.

3. Las leyes españolas de represión del dopaje en el deporte

Retomando el hilo conductor de la secuencia histórica podemos señalar que el modelo propuesto por el Título VIII de la LD resultó insuficiente para los nuevos propósitos y para el cumplimiento de las obligaciones internacionales que había ido asumiendo España en esta materia. A partir de la constatación de lo anterior se produjo la sustitución de la exigua regulación de la LD por una norma propia, específica y de un alcance regulatorio muy amplio. Examinamos, seguidamente, algunas referencias a los dos textos precedentes hasta la publicación de la LOCD. En términos de la clasificación a la que nos hemos referido podríamos hablar del comienzo de la segunda etapa y de la mezcla entre deporte y salud pública sin la precisión conceptual suficiente para acoplar ambas políticas.

A) La Ley Orgánica 7/2006, de 21 de noviembre, de Protección de la salud y lucha contra el dopaje[9]

La Exposición de Motivos de la norma establecía que "…La implicación creciente de los poderes públicos en el empeño por lograr un deporte limpio de dopaje se acentúa a partir del impacto internacional que tuvieron los positivos detectados en los Juegos Olímpicos de Seúl, en 1988. Así, cabe recordar que el instrumento jurídico en vigor de mayor alcance para la colaboración intergubernamental y la cooperación internacional en la lucha contra el dopaje en el deporte sigue siendo el Convenio Internacional, aprobado en 1989 por el Consejo de Europa, junto con un Protocolo adicional que, en buena medida, avanzó en la armonización de las políticas públicas y los procedimientos antidopaje seguidos por los 45 Estados firmantes, en su gran mayoría europeos, entre ellos España.

No obstante, los primeros pasos para establecer controles antidopaje en nuestro sistema deportivo se dieron en la década de los años 60 del pasado siglo. La adopción de iniciativas en este terreno por parte del Consejo de Europa y del Comité Olímpico Internacional (COI), impulsó la participación de España en la primera reunión del grupo de estudio especial sobre dopaje de los atletas, que se celebró en 1963 a propuesta del organismo europeo. Como consecuencia de ello, se creó el actual laboratorio del CSD para el control del dopaje, que comenzó a funcionar a finales de esa década, muy poco tiempo después de que iniciaran su actividad los primeros laboratorios europeos de control del dopaje en París, Roma y Londres. Homologado internacionalmente por el COI desde 1982, forma parte de la red internacional de 33 laboratorios de control del dopaje acreditados hasta ahora por la Agencia Mundial Antidopaje (AMA)…".

En otro momento, la propia Exposición de Motivos establece la configuración y los principios de la misma en los siguientes términos:

> "…Esta Ley aspira a dar respuesta a estos objetivos. Sus líneas centrales pueden resumirse en dos enunciados: de una parte, actualizar los mecanismos de control y de represión del dopaje en el ámbito del deporte de alta competición y, de otra, crear

---

[9] Sobre esta Ley están las obras colectivas *Comentarios a la Ley Antidopaje en el Deporte (*Cazorla Prieto, L.M. y Palomar Olmeda, A., Dirs,) Thomson Aranzadi, Cizur Menor (Navarra), 2007 y *Comentarios a la Ley Orgánica de Protección de la Salud y de Lucha contra el Dopaje en el Deporte* (Millán Garrido, A., Coord.), Bosch, Barcelona, 2007.

un marco sistemático y transversal de prevención, control y represión del dopaje en general, considerado como una amenaza social, como una lacra que pone en grave riesgo la salud, tanto de los deportistas profesionales como de los practicantes habituales u ocasionales de alguna actividad deportiva.

Partiendo de estas dos líneas centrales de regulación, algunas normas que la presente Ley introduce están afectas a la reserva de ley orgánica, proclamada en el artículo 81 de nuestra Constitución. Otras, menos sustanciales y que no afectan al contenido esencial de los derechos fundamentales, encuentran un camino adecuado de regulación en la ley ordinaria.

La opción legislativa engloba en una sola norma la regulación general y horizontal a que se hacía referencia anteriormente y la que introduce un tipo específico entre los delitos contra la salud pública, con lo que se completa el régimen general de represión penal contra el dopaje.

Ambas regulaciones coadyuvan, conjuntamente, a la consecución del mismo fin y, formando las mismas un todo inseparable, razones de sistemática y de técnica legislativa aconsejan su tratamiento en un sólo texto legislativo que debe revestir carácter de ley orgánica. Todo ello sin perjuicio, claro es, de que a través de la disposición final quinta, se especifiquen aquellos preceptos y disposiciones, que deban tener la consideración de ordinarios, a efectos de evitar la congelación del rango…".

No es el momento de realizar un balance de la norma. Pero sí debemos indicar que la misma se produce en un tiempo en el que la sociedad española estaba convulsionada por la denominada "Operación Puerto" que fue una trama de dopaje ligada a la utilización de medicamentos que se inició antes de la reforma del Código Penal y de la normativa antidopaje y que paso grandes apuros para convencernos de que existía un marco eficaz de lucha contra el dopaje.

La Operación Puerto tuvo el enorme valor de sensibilizar a la población española, de un lado, y al mundo del deporte, de otro de la existencia de prácticas muy complejas en la práctica deportiva.

El marco jurídico en el que se desarrolló aquella Operación fue, como apuntábamos, inmediatamente anterior a esta norma, aunque los efectos de la nueva regulación trataron de proyectarse –inútilmente– sobre la realidad pasada. La sensación final, el resultado final de aquella investigación criminal es que realmente el problema existía pero que la solución penal o deportiva resultaba, claramente, insuficiente por la falta de tipo sancionador.

La situación sirvió para conseguir el impulso decidido de las autoridades deportivas, la publicación de la Ley Orgánica 7/2006 y del Plan Antidopaje que tuvieron como virtud esencial la de "poner el problema" en su verdadera esencia que, además, estaba muy en consonancia con la actuación internacional y con la sensibilidad colectiva sobre el problema.

La creación de una Agencia Estatal y la formulación de una política didáctica y pedagógica sobre el dopaje puso en el campo de juego el papel del Estado en la lucha contra las prácticas de dopaje. Esta visualización se ha ido perdiendo lentamente hasta consumirse con un cambio de filosofía de la Agencia y con la búsqueda de su centralidad en los aspectos de represión más que en los de investigación o educación. En materia de droga o de represión del dopaje los aspectos represivos son, ciertamente, muy relevantes, pero no suficientes y los resultados de esta política están claramente a la vista.

B) La Ley Orgánica 3/2013, de 20 de junio, de protección de la salud del deportista y lucha contra el dopaje en la actividad deportiva[10]

Se trata de una norma que se mueve en el esquema de la precedente y que se justifica –como prácticamente todas las veces– por las modificaciones previstas en el CMA.

El preámbulo de la misma lo deja claro:

> "…La última modificación del Código Mundial Antidopaje tuvo lugar en enero de 2009 y, desde esa fecha, se habían revelado ciertas incongruencias entre la normativa española y las nuevas disposiciones del Código. En consecuencia, además de por las razones antes expuestas, la obligada adaptación de la normativa española al Código Mundial Antidopaje derivó en la necesidad de adoptar medidas de carácter legislativo que paliaran esta situación.
>
> De esta manera, el presente texto contempla una nueva regulación íntegra del marco jurídico aplicable a la protección de la salud y a la lucha contra el dopaje en la actividad deportiva, haciendo hincapié en la importancia de establecer un acabado sistema de protección de la salud que beneficie, desde todos los puntos de vista, a los principales receptores de la presente norma, que son las personas que desarrollan cualquier actividad deportiva…".

El modelo mixto se recalca en el propio preámbulo cuando al referirse al contenido de la Ley Orgánica señala que: "…Dentro del articulado de la Ley, el título I, que es el que establece las disposiciones generales, se divide en dos capítulos, el primero de los cuales hace referencia al ámbito de aplicación de la Ley, y sus dos aspectos más novedosos son el nuevo modelo de protección de la salud y el ámbito de aplicación diferenciado de las medidas específicas aplicables a la salud y al dopaje. El primer capítulo se inicia con la previsión de la actuación de los poderes públicos en materia de protección de la salud en la práctica deportiva y contiene las definiciones relativas a la protección de la salud en el deporte, el dopaje en el deporte con licencia deportiva y el dopaje en la práctica deportiva general.

El capítulo II se ocupa de la organización administrativa para la protección de la salud y la lucha contra el dopaje, definiendo las competencias estatales, de las Comunidades Autónomas y de otras entidades en la protección de la salud de los deportistas en general y, en el dopaje en particular, así como las competencias atribuidas a la nueva Agencia Española de Protección de la Salud en el Deporte.

Respecto de la primera de las dos cuestiones, la Ley insiste en la necesidad de que el sistema se aplique a través de la cooperación interadministrativa y con las entidades privadas que actúen como agentes de la actividad deportiva. Igualmente, se reconoce y respeta íntegramente el marco competencial propio de las Comunidades Autónomas,

[10] Sobre esta ley, la obra colectiva *El dopaje en el deporte. Comentarios a la Ley Orgánica 3/2013, de 20 de junio, de protección de la salud del deportista y lucha contra el dopaje en la actividad deportiva*, (Palomar Olmeda, A., Dir.) Dykinson, Madrid, 2013.

especialmente en lo que se refiere a la lucha contra el dopaje en el marco del deporte federado autonómico…".

Respecto de la Agencia Española de Protección de la Salud en el Deporte, la nueva norma le atribuye el protagonismo máximo respecto de los sujetos incluidos en su ámbito de aplicación, no sólo en el aspecto técnico, como hasta ahora, sino en lo que se refiere a la planificación y a la realización de los controles, a diferencia del sistema anterior. En consecuencia, la tramitación de los procedimientos sancionadores pasa a ser asumida por la Agencia Española de Protección de la Salud en el Deporte y se fortalece el régimen de independencia del organismo público, verdadera garantía jurídica para los interesados respecto de la actuación de la Agencia en los procedimientos sancionadores…".

Es, igualmente, representativo del modelo lo que establecía el artículo 3 cuando al referirse a la protección de la salud en el deporte señala que: "…Se considera como protección de la salud en el ámbito del deporte el conjunto de acciones que los Poderes Públicos exigen, impulsan o realizan, según su respectivo ámbito de competencias, para conseguir que la práctica deportiva se realice en las mejores condiciones para la salud de los deportistas, así como para que se prevengan las consecuencias perjudiciales que puedan provenir de la actividad deportiva, especialmente, en el deporte de alta competición…".

A partir de estas mínimas referencias, el Título II se refiere a la salud y el dopaje de los deportistas con licencia deportiva mientras que el título III incluía las referencias a las políticas de control y supervisión general de los productos que puedan utilizarse para el dopaje en la actividad deportiva.

Como consecuencia de una nueva modificación del CMA se vuelve a detectar la obligación de modificar la Ley española que es el propósito central al que responde la LOCD que pasamos a analizar. El Dictamen del Consejo de Estado de 29 de abril de 2021 así lo recuerda cuando indica que "…En ella, tras un "resumen ejecutivo", se examina la necesidad y oportunidad de la norma en proyecto, que actualiza el marco normativo existente relativo a la prevención y persecución del dopaje en el deporte y coadyuva decisivamente a la protección de la salud de los deportistas, además de garantizar el desarrollo de las competiciones en términos de igualdad de acuerdo con los criterios fijados en el ámbito internacional.

Destaca que la lucha contra el dopaje en el deporte tiene una fuerte dimensión internacional y se citan la Convención Internacional contra el dopaje en el deporte de la UNESCO y el Programa Mundial Antidopaje –que abarca los aspectos necesarios para armonizar las medidas dirigidas y adoptadas por los Estados para combatir las prácticas de dopaje en el deporte–, que se vale como herramienta esencial a nivel mundial el Código Mundial Antidopaje (CMA) creado por la AMA en el año 2003 y que se revisa y actualiza cada seis años, siendo su última versión la que ha entrado en vigor el día 1 de enero de 2021.

El Anteproyecto tiene ineludiblemente que reajustar la Ley Orgánica 3/2013 con el fin de acomodarla a los mismos…"[11].

[11] En otro momento del Dictamen y para resolver la cuestión de la emisión urgente del mismo se vuelve a indicar que: "…Obra a estos efectos en el expediente una nota justificativa de la urgencia de la solicitud del dictamen del Consejo de Estado, emitida por la Agencia Española de Protección de la Salud en el Deporte; en particular, se pone de manifiesto que el 1 de enero de 2021 ha entrado en vigor el nuevo Código Mundial Antidopaje, lo que obliga a revisar la legislación vigente en la materia, constituida por la Ley Orgánica 3/2013, de 20 de junio, de protección de la salud del deportista y lucha contra el dopaje en la actividad deportiva, en

4. La Convención de la UNESCO

El modelo de centralizar el instrumento jurídico de la lucha antidopaje en un código antidopaje, obra de una fundación de derecho privado, era un modelo voluntarista, esto es, un modelo que funcionará mientras los países se muestren diligentes en su cumplimiento.

Desde una perspectiva estructural una norma de Derecho privado, dictada en el marco de una entidad fundacional, es una norma que carece de aspectos coercitivos sobre la posición de los países y sobre el papel de éstos en la Fundación y en el establecimiento de un marco de aceptación general.

Por este motivo siempre se pensó que la solución al problema era depositar el valor normativo en un instrumento de Derecho Público internacional. El problema, obviamente, es que no existe una organización específica de carácter internacional sobre el deporte. Siendo, en aquel momento, un problema de salud lo más lógico era que la Organización Mundial de la Salud hubiera colaborado en encontrar un marco jurídico a la errante normativa antidopaje.

Sin embargo, fue la Unesco la que acabo haciéndose eco de la necesidad de articular un marco internacional de ayuda al control y la represión del dopaje. Basta con leer lo que la propia UNESCO indica en su página web en relación con su misión para comprender que la actuación en el ámbito del deporte no tenía el soporte suficiente en el ámbito competencial más allá de las referencias generales a la educación y a la cultura como función delegada por la ONU. En concreto, dentro de la acción dedicada a la educación para la salud y el bienestar[12].

---

la redacción dada a la misma por el Real Decreto-ley 3/2017, de 17 de febrero, que la adaptó en función de las modificaciones introducidas en el Código Mundial Antidopaje de 2015.

Como indica dicha nota justificativa, el Código Mundial Antidopaje (CMA) prevé en sus artículos 23 y 24 que los Estados signatarios deben poner en práctica sus disposiciones, siendo ese el objeto del Anteproyecto de Ley Orgánica de que aquí se trata. Se dice que la falta de adaptación de nuestra normativa interna a la nueva versión de dicho CMA 2021 afectaría de forma negativa a todos los niveles de organización, planificación y desarrollo de las políticas públicas deportivas, así como a la práctica profesional y amateur del deporte y al derecho a la salud de quienes lo practican.

Por todo ello, se considera imprescindible modificar nuestro ordenamiento para adaptarlo al CMA 2021, destacándose que la Agencia Mundial Antidopaje (AMA) ha dirigido, con fecha 11 de enero de 2021, un requerimiento a la Agencia Española de Protección de la Salud en el Deporte en el que se le concede un plazo de tres meses para implementar las acciones correctivas necesarias a fin de incorporar a la legislación nacional las disposiciones de ese nuevo CMA.

Entiende el Consejo de Estado que los motivos expuestos en la nota justificativa son suficientes para acreditar la concurrencia de circunstancias que aconsejan la emisión del dictamen con carácter urgente, habida cuenta de la evidente relación entre la adaptación del ordenamiento interno a las sucesivas versiones del Código Mundial Antidopaje y la eventual celebración de determinados eventos deportivos en España…".

[12] La página web, sobre esta cuestión señala que: <<…Una educación de calidad es el cimiento de la salud y el bienestar. Para llevar una vida productiva y saludable cada individuo debe poseer los conocimientos necesarios para la prevención de enfermedades y patologías. Para estudiar como es debido los niños y los adolescentes necesitan una alimentación adecuada y gozar de buena salud. Las estadísticas presentadas por el Informe de Seguimiento de la Educación en el Mundo de la UNESCO demuestran que el alto nivel de educación alcanzado por las madres contribuye al mejoramiento de los índices de vacunación y de la nutrición de los niños, reduce el número de muertes infantiles que se pueden prevenir, así como la mortalidad materna y el número de personas infectadas por el VIH.

Específicamente señala su web que:

> "...La cooperación política y económica de los gobiernos no es suficiente para garantizar el apoyo duradero y sincero de los pueblos. La paz debe basarse en el diálogo, la comprensión mutua y la solidaridad intelectual y moral de la humanidad.
>
> Con este espíritu, la UNESCO está elaborando instrumentos educativos para ayudar a cada persona a vivir como un ciudadano del mundo. La UNESCO trabaja para garantizar que todos los niños y adultos tengan acceso a una educación de calidad. La UNESCO refuerza los vínculos entre las naciones promoviendo el patrimonio cultural y la igualdad de todas las culturas. La UNESCO apoya programas y políticas científicas que son plataformas para el desarrollo y la cooperación. La UNESCO defiende la libertad de expresión, un derecho fundamental y una condición esencial para la democracia y el desarrollo. Como laboratorio de ideas, la UNESCO ayuda a los países a adoptar normas internacionales y gestiona programas que promueven la libre circulación de las ideas y el intercambio de conocimientos.
>
> La visión fundadora de la UNESCO nació en respuesta a una guerra mundial marcada por la violencia racista y antisemita. Setenta años después y muchas luchas de liberación después, el mandato de la UNESCO es más pertinente que nunca. Los ataques a la diversidad cultural, las nuevas formas de intolerancia, el rechazo de los hechos científicos y las amenazas a la libertad de expresión ponen en riesgo la paz y los derechos humanos. El deber de la UNESCO es reafirmar las misiones humanistas de la educación, la ciencia y la cultura..."[13].

Sea como fuere se aprobó la Convención de la UNESCO[14]. La Convención Internacional contra el dopaje en el deporte se adoptó por la UNESCO el día 19 de octubre de 2005 y entró en vigor el día 1 de febrero de 2007. En la actualidad ha sido ratificada por 191 Estados Parte.

La Convención busca armonizar la legislación, las directrices, los reglamentos y las normas antidopaje a nivel internacional. Según al artículo 1 de la Convención, su finalidad es "promover la prevención del dopaje en el deporte y la lucha contra este, con miras a su eliminación", y, para ello, los Estados Parte se comprometen a:

La educación es ya de por sí un elemento catalizador del desarrollo y de la acción sanitaria. La Declaración de Incheon de 2015 corrobora que la educación desarrolla las competencias, los valores y las actitudes para que los ciudadanos gocen de una vida saludable, tomen decisiones bien fundamentadas y afronten los problemas a escala local y mundial.

El objetivo de la UNESCO es prestar apoyo a la contribución de los sectores de la educación a nivel nacional en la lucha contra el VIH y con miras a promover el mejoramiento de la salud y el bienestar para niños y jóvenes. La Organización se centra en afianzar la colaboración entre los sectores de la educación y la salud, lo que refleja el reconocimiento internacional cada vez mayor porque es de conocimiento general que un enfoque más completo de la salud escolar y una acción conjunta de todos sectores son necesarios...>>.

https://es.unesco.org/about-us/introducing-unesco (último acceso el 3 de abril de 2022.

[13] https://es.unesco.org/about-us/introducing-unesco (último acceso el 3 de abril de 2022).

[14] Sobre esta Convención, PÉREZ GONZÁLEZ, C. y RODRÍGUEZ GARCÍA, J, "El contexto internacional de la ley", *Comentarios a la Ley Antidopaje en el Deporte* (Cazorla Prieto, L.M. y Palomar Olmeda, A., Dirs.) Thomson Aranzadi, Cizur Menor (Navarra), 2007, pp. 60-63; PÉREZ GONZÁLEZ, C., *Las obligaciones de los Estados en materia de prevención, control y sanción del dopaje en el deporte*, Thomson-Aranzadi, Cizur Menor (Navarra), 2008, especialmente pp. 78-90 y, de la misma autora, "La Convención de la UNESCO contra el dopaje", *Revista Aranzadi de Derecho de Deporte y Entretenimiento*, núm. 16, 2006, pp.475-493.

- Alentar la cooperación internacional para proteger a los atletas y la ética del deporte;
- Limitar la disponibilidad de sustancias y métodos prohibidos, combatiendo el tráfico;
- Facilitar los controles de dopaje y apoyar los programas nacionales de pruebas;
- Alentar a los productores y distribuidores de suplementos nutricionales a establecer "mejores prácticas" en el etiquetado, comercialización y distribución de productos que puedan contener sustancias prohibidas;
- Apoyar la implementación de programas de educación antidopaje; y
- Promover la investigación antidopaje.

La Convención incorpora dos anexos que son la lista de sustancias y métodos prohibidos en el deporte y las normas para la concesión de las autorizaciones para uso terapéutico. Sin embargo, el artículo 4 nos dice que el CMA y las normas internacionales para los controles e investigaciones y para los laboratorios se reproducen a título informativo, porque no forman parte integrante de la Convención y, por lo tanto, no crean ninguna obligación vinculante en derecho internacional para los Estados Parte.

Sin embargo, los Estados Parte de comprometen a respetar los principios del CMA como base de las medidas previstas en el artículo 5, que establece "Todo Estado Parte adoptará las medidas apropiadas para cumplir con las obligaciones que dimanan de los artículos de la presente Convención. Dichas medidas podrán comprender medidas legislativas, reglamentos, políticas o disposiciones administrativas".

La Convención prevé actividades contra el dopaje en el plano nacional, como son restringir la disponibilidad y la utilización en el deporte de sustancias y métodos prohibidos, medidas contra el personal de apoyo a los deportistas, medidas relacionadas con los suplementos nutricionales, medidas financieras y medidas para facilitar las actividades de control de dopaje.

Ahora bien, la Convención también busca la cooperación internacional entre organizaciones antidopaje, autoridades públicas y organizaciones deportivas, entre las que se encuentra la financiación de la AMA por partes iguales entre las autoridades públicas y el Movimiento Olímpico.

La Convención también prevé medidas para la educación y la formación e investigación.

En dicha aprobación quedó suficientemente claro el problema de normativa de algunos elementos centrales del CMA y las dificultades para que los países de corte democrático y que respetan los derechos fundamentales puedan asumirlo íntegramente y sin contradicciones con las normas de derecho público. Esto explica, en los términos que ha señalado el Dictamen del Consejo de Estado de 29 de abril de 2021, que su normativa interna no pueda pasar del ámbito meramente interpretativo y que no pueda asumirse directamente porque algunas de sus prescripciones afectan al marco jurídico fundamental de los Estados.

II. EL ÁMBITO OBJETIVO DE LA LEY ORGÁNICA 11/2021, DE 28 DE DICIEMBRE, DE LUCHA CONTRA EL DOPAJE EN EL DEPORTE

El continuo teje y desteje de la regulación privada internacional colocó a España con la aprobación del CMA de 2021 en situación de modificar la normativa nacional. Un nuevo Código, una nueva Ley en los plazos y condiciones que marca la AMA. Sinceramente esta dinámica exige ser repensada porque los términos de amenaza de la exclusión de España de las competiciones cada vez que no se cumplen los plazos es algo que exige meditación sobre el modelo para evitar que, en momentos como los presentes de inestabilidad parlamentaria, la exigencia sea incumplible.

En este esquema, el punto final, por el momento, de la regulación del dopaje es la publicación de la Ley Orgánica 11/2021, de 28 de diciembre, de lucha contra el dopaje en el deporte (LOCD) que pasamos a analizar. Con carácter general podríamos decir que se trata de una norma que agudiza, aún más, la Publificación y el carácter autárquico del sistema de represión del dopaje. La conversión en un sistema puramente represivo es, desde luego, una opción legítima en el plano legislativo, pero es evidente que su aislamiento sitúa el programa o el modelo ante los resultados de su propia eficiencia.

En orden a determinar el ámbito de aplicación de la norma y su propia justificación podemos establecer las siguientes consideraciones para conseguir una mínima referencia de carácter interpretativa ya que, con carácter general, puede decirse que la técnica normativa utilizada no es, precisamente, la más sencilla ni la que permite al interprete conocer más fácilmente los postulados de la ordenación del control del dopaje. En este sentido:

1. Necesidad de interpretación conjunta de los artículos 1 y 3 de la LOCD

El objeto de la LOCD, conforme indica su artículo 1, es el de establecer las reglas antidopaje en el ámbito de la práctica deportiva en consonancia con las obligaciones internacionales asumidas por España y con la finalidad de desarrollar las competiciones deportivas en condiciones de igualdad. Este es el objetivo central de la norma.

Con carácter previo podemos indicar se trata de una delimitación que no guarda una precisión técnica suficiente ya que la práctica deportiva, en España, no está vinculada, en exclusiva, a la práctica organizada por las Federaciones deportivas, ni, claro está, por las federaciones deportivas internacionales ni las organizaciones que las mismas puedan haber creado para la lucha contra el dopaje. Por tanto, la afirmación inicial, vinculada a la práctica deportiva en general, nos introduce en un ámbito complejo cuya precisión analizaremos seguidamente pero que, desde el primer momento, exige una reducción natural fruto de una interpretación sistemática de la LOCD.

En este contexto y para asentar la dificultad de la definición objetiva propuesta es por lo que debemos analizar esta cuestión –la del ámbito objetivo– con una referencia más detallada que es la que se produce en el artículo 3 en relación con la delimitación del ámbito de aplicación de la LOCD. Este artículo opera a modo de reducción necesaria respecto del objeto indicado en los términos a los que nos hemos referido al principio y que son los que rezan en el tenor literal del artículo 1.

En este sentido podemos indicar que, frente a lo que se indica en el artículo 1º, el artículo 3 cuando se refiere al ámbito de aplicación de la LOCD, concreta que son únicamente las competiciones deportivas oficiales o autorizadas en el marco de la LD, esto es, las competiciones que proceden del ámbito federativo.

Esto nos permite indicar que la formulación inicial: la competición o la actividad deportiva se concentra únicamente en la realización de una actividad que esté calificada como competición deportiva oficial en la normativa del deportiva. Esta condición –debemos recordar– es la consecuencia de la inclusión en un calendario deportivo de una federación deportiva española en los términos que señalan, respectivamente, el artículo 33 de la LD y el artículo 3 del Real Decreto 1835/1991, de 20 de diciembre, sobre Federaciones deportivas españolas.

Volveremos más adelante sobre el ámbito de aplicación no sin dejar constancia de que el objeto del artículo 1 es mucho más amplio que el ámbito de aplicación del artículo 3 y que, en todo caso, la precisión sobre el ámbito de aplicación limita al deporte organizado la actuación de la LOCD. Esta parece que es la conclusión inicial más asentada.

Esta determinación marca, por tanto, el horizonte de la LOCD. Se trata una norma para el movimiento deportivo organizado entorno que gira, todo el, sobre la condición de oficialidad de una competición. En esto, la norma difiere de sus precedentes que se situaban en el entorno de la seguridad pública-salud pública como elemento basal de la actuación de los Poderes Públicos. Es cierto, sin embargo, que la manifiesta imperfección técnica del proyecto y del texto final con elusión de la recomendación del Consejo de Estado ha conducido a que la nueva configuración del ámbito objetivo no se proyecte, con limpieza, sobre la totalidad del modelo que a veces vuelve a la salud pública y a la visión anterior sin recordar su propia definición del ámbito material de aplicación.

Este cambio es consecuencia, en gran medida, de la limitación del bien jurídico protegido al que nos referimos seguidamente.

2. El bien jurídico protegido: desaparece la protección de la salud

Se aprecia en la LOCD un cambio profundo en relación con lo que, en terminología penal, hemos denominado como el bien jurídico protegido. Lo que no cabe duda es que, con mayor o menor acierto, las normativas anteriores habían incidido, de una forma notable, en convertir la protección de la salud pública en uno de los elementos nucleares de la propia normativa lo que descolaba el propio contexto de la norma que, finalmente, se centraba en el ámbito puramente deportivo con preterición del sistema general.

Desde nuestra perspectiva, acierta cuando supera la protección de la salud que, ciertamente, en el plano conceptual había devenido muy compleja de admitir y, sobre todo, profundamente inútil porque los instrumentos jurídicos de la actividad deportiva y los de salud pública no tienen nada que ver.

Basta ver los textos de 2006 y 2013 a los que, anteriormente nos hemos referido, y la propia denominación de la LOCD que deroga la de 2013 para comprender que hay un giro en la determinación del bien jurídico protegido. Ahora, al legislador, le preocupa únicamente el desarrollo de las competiciones deportivas (oficiales) en condiciones de igualdad y la adaptación a las propias capacidades naturales de los y las deportistas. Esta reducción natural sitúa, claro está, el problema, en términos de importancia social, en un escalón muy inferior al del propósito del legislador precedentes. Esta reducción de la relevancia social introduce, a su vez, una reflexión de contexto en cuanto a los sacrificios de la libertad personal y de la intimidad que se establecen en la LOCD para un objetivo que únicamente es deportivo y competicional. Volveremos en diversas ocasiones sobre esto, aunque conviene indicar, desde el principio, que el debate está planteado y que la propia legitimidad de los modelos elegidos está condicionada por la relevancia social del fin perseguido.

Lo que importa, y lo dice expresamente, la norma es que no existe adulteración de las competiciones por la utilización de sustancias o métodos prohibidos.

Como indicábamos, la norma anterior y el marco jurídico de desarrollo se había centrado en la salud del deportista. De hecho, se modificó el Código penal (CP) para introducir un delito específico en el marco de la salud pública[15]. El resultado no ha sido satisfactorio teniendo en cuenta que el dopaje opera, frente a la droga, sobre la base del mal uso por la finalidad de productos que razonablemente son de uso legal (los medicamentos) y en los que, eventualmente, puede existir un uso que contravenga las condiciones de dispensación y utilización que señala el Real Decreto legislativo 1/2015, de 24 de julio, por el que se aprueba el Texto refundido de la Ley de garantías y uso racional de productos sanitarios. Recordemos, en este punto, que el artículo 3 del mismo establece que: "…1. Los laboratorios farmacéuticos, entidades de distribución, importadores, oficinas de farmacia, servicios de farmacia de hospitales, centros de salud y demás estructuras de atención a la salud están obligados a suministrar o a dispensar los medicamentos y productos sanitarios que se les soliciten en las condiciones legal y reglamentariamente establecidas"[16].

---

[15] El artículo 362 quinquies del Código Penal señala que:

"…1. Los que, sin justificación terapéutica, prescriban, proporcionen, dispensen, suministren, administren, ofrezcan o faciliten a deportistas federados no competitivos, deportistas no federados que practiquen el deporte por recreo, o deportistas que participen en competiciones organizadas en España por entidades deportivas, sustancias o grupos farmacológicos prohibidos, así como métodos no reglamentarios, destinados a aumentar sus capacidades físicas o a modificar los resultados de las competiciones, que por su contenido, reiteración de la ingesta u otras circunstancias concurrentes, pongan en peligro la vida o la salud de los mismos, serán castigados con las penas de prisión de seis meses a dos años, multa de seis a dieciocho meses e inhabilitación especial para empleo o cargo público, profesión u oficio, de dos a cinco años.

2. Se impondrán las penas previstas en el apartado anterior en su mitad superior cuando el delito se perpetre concurriendo alguna de las circunstancias siguientes:

1.ª Que la víctima sea menor de edad.

2.ª Que se haya empleado engaño o intimidación.

3.ª Que el responsable se haya prevalido de una relación de superioridad laboral o profesional…>>.

Esta regulación se introduce por el artículo 193 de la Ley Orgánica 1/2015, de 30 de marzo.

[16] El artículo 19 del Real Decreto legislativo 1/2015 de 24 de julio, por el que se aprueba el Texto refundido de la Ley de garantías y uso racional de productos sanitarios, establece, en desarrollo de la determinación establecida, que:

"….1. En la autorización del medicamento, la Agencia Española de Medicamentos y Productos Sanitarios determinará sus condiciones de prescripción clasificándolo, según corresponda, en las siguientes categorías:

a) Medicamento sujeto a prescripción médica.

b) Medicamento no sujeto a prescripción médica.

2. Estarán en todo caso sujetos a prescripción médica los medicamentos que se encuentren en alguno de los siguientes supuestos:

a) Puedan presentar un peligro, directa o indirectamente, incluso en condiciones normales de uso, si se utilizan sin control médico.

Esta circunstancia es importante: los productos son legales. Lo que resulta ilegal es la utilización de los mismos en condiciones que permitan obtener unas características personales que no se obtendrían sin ellos. Es el fin lo que marca la ilicitud. Esta vinculación a la finalidad y no a la substancia que procede, como decíamos, de la represión de la droga no siempre aparece explícita y contundentemente establecida en el ámbito de la represión del dopaje en el deporte y marca una percepción social que puede ser errónea. Lo que se administran puede ser legal (de hecho, miles de vidas se salvan a diario, por ejemplo, con la eritropoyetina). Lo que nos interesa no es, por tanto, la substancia sino su uso o, para ser más exactos, la finalidad de su consumo o administración. Esta vinculación con la finalidad es la clave para entender correctamente la finalidad y la funcionalidad de la actividad de control.

Es lo cierto que, realmente, para el legislador hay, potencialmente, dos planos claramente diferenciados: el de la salud pública y el de control de resultados de las competiciones deportivas.

El primero, se ubica en el plano de la prevención de la salud general y, dentro del mismo, en las políticas de productos sanitarios, medicamentos y el régimen de su utilización y dispensación. Este plano es ciertamente relevante en el ámbito social porque debería contribuir a que la práctica deportiva generalista no disponga –aquí sí por salud pública– de estos productos si no es en las condiciones sanitarias que resulten legalmente aplicables. En este ámbito, que, en su esfera final, es el que está en el presupuesto objetivo del artículo 362 quinquies CP, el bien jurídico protegido es, sustancialmente, la protección de la salud y enlaza con la propia normativa de medicamentos y del denominado "régimen de racionalización y utilización" de los productos.

En este plano la naturaleza de la actividad –en concreto, la condición de competición oficial– no es determinante y, por tanto, la relevancia opera en toda clase de manifestaciones de la actividad deportiva. La preocupación es colectiva y se centra en la ordenada utilización de productos que están sometidos a un fuerte control administrativo.

Ahora bien, cuando descendemos o nos situamos en el plano de la actividad deportiva organizada –la que conecta con la actividad incluida en el ámbito de la LD– el bien jurídico protegido es otro: es la limpieza de la competición o, en la terminología de la LOCD la igualdad de condiciones de los participantes. Es, por tanto, una manifestación del fraude deportivo y, en su punto más elevado, no conecta con la salud pública sino con el fraude deportivo o, literalmente hablando, la estafa.

---

b) Se utilicen frecuentemente, y de forma muy considerable, en condiciones anormales de utilización, y ello pueda suponer, directa o indirectamente, un peligro para la salud.

c) Contengan sustancias o preparados a base de dichas sustancias, cuya actividad y/o reacciones adversas sea necesario estudiar más detalladamente.

d) Se administren por vía parenteral, salvo casos excepcionales, por prescripción médica.

3. La Agencia Española de Medicamentos y Productos Sanitarios podrá establecer, en los medicamentos que sólo pueden dispensarse bajo prescripción médica, las siguientes subcategorías:

a) Medicamentos de dispensación bajo prescripción médica renovable o no renovable.

b) Medicamentos sujetos a prescripción médica especial.

c) Medicamentos de dispensación bajo prescripción médica restringida, de utilización reservada a determinados medios especializados.

Reglamentariamente se establecerán los criterios para su aplicación…".

Son planos diferentes que se han entremezclado a lo largo de la regulación precedente, probablemente, para intentar "minimizar" el alcance de una normativa ciertamente restrictiva de los derechos individuales. Enfrentar restricciones a la libertad como las que se proponen en el control del dopaje con las reglas de una competición era (y es) un problema de proporcionalidad de valores en una sociedad democrática que intentamos cubrir por la vía del consentimiento del afectado al inscribirse en la práctica deportiva. De ahí, en gran medida, la invocación a la salud como elemento que "compensaba" los sacrificios de valores y de bienes que propone el Ordenamiento.

Pues bien, como acaba de verse, el legislador ahora ha perdido los complejos previos y se sitúa en el entorno correcto: las reglas deportivas y su infracción. Es curiosa esta evolución (como hemos apuntado anteriormente) por cierto, porque cuando se convoca la Conferencia de Lausana en la que empieza todo y se establecen los elementos centrales de la política deportiva actual –entre ellos la creación de la AMA– el planteamiento fue radicalmente el contrario. La lucha antidopaje en el control disciplinario común o especial del movimiento deportivo había devenido insuficiente y se precisaba de la colaboración de la seguridad pública para la lucha contra el dopaje. Ahora, algunos años después, esta política retrocede, se separa la salud pública y la salud individual del fraude deportivo y volvemos a donde estábamos, aunque, eso sí, con una legislación muy "potente" y que otorga a quienes tengan como objetivo la lucha contra el dopaje facultades omnímodas y exorbitantes que, ciertamente, cuesta encontrar en cualquier otro fenómeno asociativo de carácter voluntario.

Es cierto que la derogación se hace en condiciones complejas. En concreto, la Disposición Derogatoria de la LOCD señala que

> "...Queda derogada la Ley Orgánica 3/2013, de 20 de junio, de protección de la salud del deportista y lucha contra el dopaje en la actividad deportiva, a excepción de los artículos 2 y 3 del capítulo I del título I, y del capítulo III del título II de la misma; así como cualesquiera preceptos de normas de igual o inferior rango que se opongan a lo dispuesto en esta ley...". A esta derogación nos referiremos en diversas ocasiones.

Es decir que las normas relativas a la salud se mantienen en vigor conforme al esquema de la anterior Ley Orgánica 3/2013 aunque el órgano administrativo que asume tal competencia ya no la tenga en la nueva ley y a la espera de que se fije la competencia en norma de adecuado rango de otro órgano administrativo que, claramente, solo puede ser, en este momento, el CSD aunque no sería descabellado que, en algún momento, una gran parte de las mismas fuera a parar al Centro Nacional de Salud Pública pendiente de creación y de desarrollo desde la publicación de la Ley de Salud Pública de 2011.

En todo caso y para evitar la confusión en la que nos sitúa esta forma de legislar, el Proyecto de Ley del Deporte que se tramita en el Congreso de los Diputados en este momento asume la derogación de la Ley Orgánica 3/2013 y la incorporación de la mayor parte de los postulados referidos a la salud del deportista en el nuevo texto legal.

3. Las normas del movimiento deportivo como elemento de interpretación

Esta cuestión es, ciertamente, compleja porque, tan a menudo, hemos dado la impresión de que el Ordenamiento Jurídico Público español está sometido de pleno a las determinaciones de la AMA que parece que hemos llegado a creernos lo que, técnicamente, no es correcto. El problema no es solo español es, igualmente, internacional específicamente en el ámbito de la Convención contra el dopaje de la UNESCO.

Para comprender esta previsión debemos recordar que el artículo 4 de la Convención Internacional contra el dopaje en el deporte, hecha en París el 18 de noviembre de 2005[17] señala que:

> "… 1.- Con miras a coordinar, en el plano nacional e internacional, las actividades de lucha contra el dopaje en el deporte, los Estados Parte se comprometen a respetar los principios del Código como base de las medidas previstas en el Artículo 5 de la presente Convención. Nada en la presente Convención es óbice para que los Estados Parte adopten otras medidas que puedan complementar las del Código. 2. El Código y la versión más actualizada de los Apéndices 2 y 3 se reproducen a título informativo y no forman parte integrante de la presente Convención. Los apéndices como tales no crean ninguna obligación vinculante en derecho internacional para los Estados Parte. 3. Los anexos forman parte integrante de la presente Convención…".

Esto nos permite indicar que el Código Antidopaje no contiene una obligación vinculante en el derecho internacional sin perjuicio, del llamamiento a que "sus principios sean respetados por los países miembros de la UNESCO". El respeto es, claro está una obligación ínsita en la respectiva ordenación jurídica.

Esto nos permite indicar, por tanto, que las obligaciones, intimidaciones o como se les quiera llamar para el cumplimiento del Código son obligaciones de derecho privado y asociativo que no se integran en marco público ni de las obligaciones de los Estados.

En este contexto que no siempre es claro, el apartado 2 del artículo 1 de la LOCD establece que:

> "… Las normas y definiciones de esta ley se interpretarán de acuerdo con las reglas y criterios contenidos en el CMA, en las normas y estándares internacionales y en las normas técnicas que integran el Programa Mundial Antidopaje, que a tal fin se publicarán en el «Boletín Oficial del Estado»".

Podemos así señalar:

A) Que las normas y definiciones de la LOCD se interpretan de acuerdo con las reglas y criterios contenidos en el CMA. Esta determinación del apartado 2 del artículo 1 es plenamente acorde con lo que hemos señalado en el artículo 3 de la Convención. La interpretación conforme es la única obligación internacional que, como se ha dicho, no incluye la normatividad directa del CMA.

B) Que no obstante lo anterior, el precepto va más allá y señala que para facilitar la labor interpretativa tanto el Código como las normas y los estándares internacionales se publicarán en el BOE. Esta publicación no transmuta su naturaleza de reglas de una organización privada ni tampoco su eficacia jurídica que, como venimos indicando, es meramente interpretativa, y

---

[17] El Instrumento de ratificación se publica en el BOE de 16 de febrero de 2007.

C) Que, en relación con esta última cuestión, el Dictamen del Consejo de Estado al Anteproyecto de 29 de abril de 2021 señala que "...A la vista de ello, entiende el Consejo de Estado que debe revisarse el alcance del proyectado artículo 1.3; el CMA, esto es, el texto articulado aprobado por la AMA no es una norma jurídica internacional vinculante para los Estados parte en el Convenio de la UNESCO, como ya ha sido expuesto; dichos Estados parte han de adoptar medidas o normas "acordes con los principios del Código". No deben, por tanto, proceder a la incorporación del CMA directamente a los ordenamientos nacionales; deben atender a sus "principios", que el Código tampoco enuncia de forma clara, cuando adopten las medidas o aprueben las normas que regulen la lucha contra el dopaje, "principios" que de ese modo sirven de inspiración, o incluso de guía, en la elaboración de tales medidas o normas y en su posterior interpretación...".

A modo de resumen podemos, por tanto, indicar que el objeto de la LOCD o su ámbito de aplicación son las conductas que pueden afectar al normal desarrollo de las competiciones oficiales que organizan las competiciones oficiales.

Desde una perspectiva orgánica y puramente administrativa es evidente que la aprobación de la LOCD obliga, como antes hemos apuntado, a la reformulación de la actividad de la Agencia Española de Protección de la Salud –cosa que hace la LOCD al cambiar su denominación– pero que exige algunas modificaciones de mayor alcance para determinar si el cambio de perspectiva en la ordenación de las competiciones oficiales como objeto del sistema supone una abdicación total de las políticas de salud pública o si, por el contrario, se trata de una escisión funcional entre órganos administrativos diferenciados que es lo que parecería más justificado y más lógico.

III. LA DEFINICIÓN DE DOPAJE RODEADA DE UNA APARENTE SIMPLICIDAD

El artículo 2 de la LOCD no se complica mucho en la definición del dopaje. Se limita a señalar que el dopaje es la comisión de una o varias de las infracciones previstas en el artículo 20 de la LOCD. Esta técnica legislativa obliga a que, aunque sea someramente, nos corresponda analizar estas infracciones –en su definición central– para poder determinar el auténtico contenido de la LOCD.

Realizamos seguidamente algunas consideraciones mínimamente configuradoras conscientes de que en la interpretación del artículo 20 se realiza un análisis más de detalle[18] que el que, ahora, se propone en este ámbito inicial.

Con esta perspectiva meramente introductoria podemos sistematizar las conductas en relación con el ámbito objetivo de la LOCD en los siguientes:

A) *Infracciones que se refieren directamente al deportista*

Podemos incluir las siguientes:

a) La presencia de una sustancia prohibida, o de sus metabolitos o marcadores, en las muestras biológicas del deportista.

[18] Este análisis más detallado se realiza en el Capítulo III, apartado IV de esta obra.

Esta es, sin duda, la más compleja de las infracciones ya que, en su definición, se presenta, al menos en apariencia, como desvinculada de la culpabilidad en la realización de la conducta lo que, claro está, resulta esencial en el ámbito jurídico administrativo-sancionador y en el marco general de la potestad sancionadora pública. Como puede verse, en una interpretación literal, es la simple presencia más allá de la conducta del afectado y, por tanto, podría llegar a considerarse que se cumple el tipo incluso en los supuestos de caso fortuito. Más adelante veremos como se ha tenido que traducir la situación en un deber de evitar que las anteriores entren en el cuerpo del deportista o lo que es igual, la asimilación de la conducta al incumplimiento del deber de vigilancia. Es cierto, sin embargo, que la interpretación literal del precepto se enmarca en la "mera presencia" de una sustancia prohibida, sus metabolitos o marcadores.

Es cierto que el CMA se mueve en un esquema similar pero es cierto, también, que esta conformación en una norma sancionadora pública es compleja de admitir frente a la naturaleza estrictamente privada del Código y de las normas de la AMA por lo que el ejemplo, siendo real y verdadero el espejo en el que intenta mirarse la norma española, no es una justificación, en si misma, porque la esencia de la publicación de una norma legal es, precisamente, la de propiciar las adaptaciones que procedan para el cumplimiento de los criterios establecidos en el artículo 25 de la CE. Es cierto que el legislador no ha hecho un mínimo esfuerzo para acoplar la situación.[19]

---

[19] Sobre esta cuestión, el Dictamen del Consejo de Estado de 29 de abril de 2021 ya advirtió de la utilización de conceptos que no tienen encaje razonable en el Ordenamiento nacional. En concreto, señalaba que:

"…En cualquier caso, ha de ponerse de manifiesto que la indicada cuestión, es decir, la inserción del CMA en el ordenamiento interno, no supone, por emplear categorías jurídicas cercanas, pero no aplicables, una suerte de trasposición del código al ordenamiento interno. De hecho, el propio CMA no exige –tampoco podría por lo que se expondrá con posterioridad– que así sea; antes bien, como establece su artículo 23 ("Aceptación y aplicación"), en su apartado 2 ("Aplicación del Código"):

"23.2.1 Los Signatarios pondrán en práctica las disposiciones aplicables del Código mediante políticas, leyes, normas o reglamentos, en función de su autoridad, y dentro de sus respectivos ámbitos de competencia. 23.2.2 Los Signatarios deberán aplicar los siguientes artículos aplicables al ámbito de actividad antidopaje que lleve a cabo la organización sin introducir cambios sustanciales (permitiéndose cambios incidentales en la redacción con el fin de hacer referencia al nombre de la organización, al deporte, los números de sección, etc.): Artículo 1 (Definición de dopaje); Artículo 2 (Infracciones de las normas antidopaje); Artículo 3 (Prueba del dopaje); Artículo 4.2.2 (Sustancias específicas o métodos específicos); Artículo 4.2.3 (Sustancias de abuso); Artículo 4.3.3 (Determinación por parte de la AMA de la Lista de Prohibiciones); Artículo 7.7 (Retirada del deporte); Artículo 9 (Anulación automática de resultados individuales); Artículo 10 (Sanciones individuales); Artículo 11 (Sanciones a equipos); Artículo 13 (Recursos), con la excepción de los apartados 2.2, 6 y 7; Artículo 15.1 (Efecto vinculante automático de las decisiones); Artículo 17 (Plazo de prescripción); Artículo 26 (Interpretación del Código); Anexo 1: Definiciones

No podrá añadirse ninguna disposición adicional a las normas de un Signatario de forma que se alteren los efectos de los preceptos enumerados en este artículo. Dichas normas deben reconocer expresamente los comentarios del Código y otorgarles la misma condición que tienen en el propio Código. Sin embargo, nada en el Código impide que un Signatario adopte normas de seguridad, médicas o de admisibilidad, o normas de conducta, aplicables con fines distintos del antidopaje".

Por consiguiente, no se trata de efectuar una mimética traslación del CMA al ordenamiento interno, sino de efectuar una operación normativa compleja que, sin introducir alteraciones sustanciales, permita la aplicación en España de esas reglas que conforman, desde la Convención de la UNESCO, el marco jurídico internacional de la lucha contra el dopaje y, en lo que ahora interesa, la aplicación de los principios del propio Código…".

En el mismo Dictamen se cita la doctrina previa del Dictamen 1502/2011 en la que se señaló, sobre este mismo tema, que "…Sin embargo, sí que estima que la incorporación de las reglas contenidas en dicho Código debiera realizarse, llevándose a cabo el pertinente ajuste a las categorías y conceptos y, en definitiva, a los principios

Se podría decir, en orden a la determinación de la culpabilidad, que, en el ámbito sancionador administrativo ocurre un fenómeno de objetividad similar, por ejemplo, con el nivel de alcohol en la sangre en el ámbito de los vehículos a motor. Sin embargo, conviene precisar que el bien jurídico protegido se sitúa, en este caso, no en la ingesta, sino que se asocia, directamente, a la conducción. No es la sustancia sino su utilización ya que fuera de la conducción no existe una infracción.

En todo caso debemos insistir en que es una polémica que tiene historia y raigambre en nuestro Ordenamiento sancionador. En este sentido, la hoy derogada Ley 30/1992, de 26 de noviembre, de Régimen Jurídico de las Administraciones Públicas y del Procedimiento Administrativo Común señalaba en el artículo 130 que las infracciones administrativas podían conculcarse por la "mera inobservancia" de los interesados. Frente a esto, el artículo 28 de la vigente Ley 40/2015, de 1 de octubre, del Régimen Jurídico del Sector Público (LRJSP) dice ahora con toda rotundidad que "1. Sólo podrán ser sancionadas por hechos constitutivos de infracción administrativa las personas físicas y jurídicas, así como, cuando una Ley les reconozca capacidad de obrar, los grupos de afectados, las uniones y entidades sin personalidad jurídica y los patrimonios independientes o autónomos, que resulten responsables de los mismos a título de dolo o culpa...". De lo que se colige, claramente, que los títulos de responsabilidad son el dolo y la culpa y que, por tanto, corresponde al órgano administrativo que ejerce la potestad disciplinaria demostrar que en el supuesto concreto concurre una voluntad decidida de incumplir o la negligencia suficiente para convertir la actuación en digna de sanción.

El Dictamen del Consejo de Estado de 29 de abril de 2021 señala, a este respecto, que: "...b.1) En primer lugar, si se enlaza este artículo con el 21 se deduce que, mientras que algunas infracciones solo son sancionables si hay algún grado de negligencia en su comisión (las de los apartados a), b), c), e), f), m) y n), a la vista del artículo 21 apartados 1, 2 y 8), las demás podrían serlo sobre el papel de cometerse sin negligencia alguna, es decir, objetivamente, lo que no parece corresponderse con los principios de nuestro derecho sancionador. A este respecto, el comentario al artículo 2.1.1 del CMA afirma lo siguiente:

> "De conformidad con este artículo, existe infracción de las normas antidopaje con independencia de la Culpabilidad del Deportista. Esta norma ha sido denominada "Responsabilidad Objetiva" en diversas decisiones del Tribunal Arbitral del Deporte. La Culpabilidad del Deportista se toma en consideración para determinar las Sanciones aplicables a la infracción de las normas antidopaje de conformidad con el artículo 10. Este principio ha contado con el respaldo permanente del TAD".

---

y las técnicas jurídicas propias del sistema español. De otro modo, la modificación ahora proyectada se podría integrar en él como un cuerpo extraño, cuya interpretación y aplicación se haría sumamente dificultosa, teniendo en cuenta además, que los órganos administrativos competentes para su aplicación pueden estar alejados en su práctica diaria de los problemas jurídicos a que el anteproyecto, tal y como se presenta a dictamen, dará lugar sin ningún género de dudas.

Por ello, el Consejo de Estado considera que el anteproyecto, en los términos en que ha sido consultado, debe ser objeto de una profunda revisión, en línea con las propuestas efectuadas en el cuerpo de este dictamen, con el fin de llevar a cabo su ajuste al marco jurídico interno, y mejorando la técnica normativa con el fin de evitar la excesiva e innecesaria complejidad que presenta en muchos de sus aspectos".

Por ello, a juicio del Consejo de Estado, y con independencia de lo que indique el comentario transcrito, no puede hablarse con propiedad de "responsabilidad objetiva", por cuanto como resulta del proyectado artículo 21 el elemento volitivo –la existencia de intencionalidad a que se refiere el artículo 29.3.a) de la LRJSP– sí es relevante para la graduación de la eventual responsabilidad del deportista, por exigencia del principio de proporcionalidad[20].

De hecho, deberá modificarse el proyectado artículo 28.7, en relación con el artículo 26. a), añadiendo la referencia a la intencionalidad –o a su ausencia–, pues prevén que se pueden sancionar infracciones cometidas sin culpa de tipo alguno.

La limpieza de los resultados deportivos (por la que debe evidentemente velarse) puede obligar a adoptar determinadas decisiones, por ejemplo, para la anulación de los obtenidos bajo sustancias prohibidas. Ello debería llevar a distinguir claramente entre infracciones sancionables y otros efectos del incumplimiento de la legalidad que sí podrían aplicarse sin necesidad de negligencia, a modo de una especie de medidas de restablecimiento de la legalidad como se aplican en general en Derecho y que no suponen propiamente sancionar, como son los efectos que contempla el proyectado artículo 29 en relación con la anulación de resultados…".

En este ámbito podríamos intentar una referencia semejante vinculando la presencia de sustancias dopantes a la práctica deportiva pero el esquema no vale porque el conjunto de la represión del dopaje ha trascendido del nivel competitivo para situarse en ese terreno que se denomina el de "fuera de la competición". Esta referencia no sitúa en un terreno complejo: el de la vida de la persona que hace deporte organizado y que queda, por tanto, condicionada a no utilizar sustancias dopantes.

El tema, como hemos indicado anteriormente, tiene un punto de complejidad en un planteamiento de *lege ferenda* porque debemos insistir en el que bien jurídico protegido es únicamente la pureza de la competición y para eso se produce una incidencia en la esfera de la libertad personal que, realmente, se ha ido incrementando hasta situarse en un nivel claramente alto teniendo en cuenta que, como se ha dicho, los productos dopantes son productos permitidos y que solo es su utilización en el deporte en condiciones no establecidas lo que condiciona su vinculación con el ilícito administrativo.

El debate que se introduce en el apartado anterior es un debate realmente importante: la proporcionalidad de los medios para conseguir la represión de las conductas que conforman el régimen sancionador deportivo en materia de dopaje. La pureza de la competición es un valor importante, es un valor a tener en consideración, pero caben dudas de si su relevancia social y jurídica justifica el mayor régimen de control e intervención en la vida privada y en la libertad que se conoce para una actividad de carácter puramente voluntaria. Este es

---

[20] El citado artículo 29.3.a) establece que "…3. En la determinación normativa del régimen sancionador, así como en la imposición de sanciones por las Administraciones Públicas se deberá observar la debida idoneidad y necesidad de la sanción a imponer y su adecuación a la gravedad del hecho constitutivo de la infracción. La graduación de la sanción considerará especialmente los siguientes criterios:

a) El grado de culpabilidad o la existencia de intencionalidad.

b) La continuidad o persistencia en la conducta infractora.

c) La naturaleza de los perjuicios causados.

d) La reincidencia, por comisión en el término de un año de más de una infracción de la misma naturaleza cuando así haya sido declarado por resolución firme en vía administrativa.

uno de los debates más ontológicos que se plantean en este ámbito y que, a menudo, se resuelve de una forma simplista al justificar cualquier tipo de intervención en el consentimiento y la voluntariedad del afectado.

Siendo cierto que la relación jurídica deportiva es voluntaria lo es, también, que la voluntariedad no se convierte en el elemento que permita enervar el marco de derechos fundamentales y de garantías jurídicas. Es evidente, por ejemplo, que uno podría llegar a consentir la esclavitud pero que el Ordenamiento Jurídico sitúa la renuncia a la libertad individual en un plano de indisponibilidad que no se borra por la presencia del consentimiento.

b) La utilización, uso o consumo de sustancias o métodos prohibidos en el deporte.

Esta infracción es, claramente, la más admisible desde un esquema general de la conformación de la potestad sancionadora porque implica una conducta activa contraria al Ordenamiento Jurídico que prohíbe la utilización de estos productos.

El problema de esta definición es que exige prueba de la utilización, del uso o consumo. Es aquí en el terreno de la prueba donde la normativa antidopaje ha pasado de la necesidad de la acreditación, función que atribuíamos a los resultados de los controles, a las presunciones más o menos fundadas (pasaporte biológico) en las que el Derecho "sufre" notablemente al pasar de la evidencia o la constatación a la proyección o la deducción no probada.

Lo que es evidente es que la crisis del control es evidente y está en el fondo de la polémica constatación-presunción. Conviene recordar que, primero, se articuló como consecuencia de las dificultades un conjunto de medidas relativas al control de presencia y de información de la actuación de los deportistas fundado en el hecho de que los controles (constatación) no eran capaces de detectar las substancias pasado un determinado tiempo ya que algunas de las substancias o, simplemente, la forma de administración de las mismas, podría conducir al efecto de la capacidad de control pasada determinadas horas. Esto condujo a tener que someter a los deportistas a un marco de control informativo y presencial que se configura como una exigencia dudosamente admisible en función de la proporcionalidad del bien jurídico protegido. En el fondo de la implantación estaba la insuficiencia de los controles y de los sistemas para demostrar el dopaje pasadas unas horas.

Segundo, se articularon controles que se centraban en la orina, luego en la sangre y, ahora, en la definición del artículo 12 de la LOCD "En los controles de dopaje realizados en competición o fuera de competición, los análisis destinados a la detección de sustancias y métodos prohibidos en los y las deportistas se realizarán en cualquiera de los laboratorios acreditados o aprobados por la Agencia Mundial Antidopaje.

No obstante, la Agencia Estatal Comisión Española para la Lucha Antidopaje en el Deporte podrá acreditar la existencia de infracciones de las normas antidopaje a través de cualquier otro medio fiable, tales como estudios forenses, parámetros relevantes en la orina, sangre u otra matriz del deportista cuyo uso estuviera autorizado y reconocido por la Agencia Mundial Antidopaje…", lo que constituye, de nuevo un salto cualitativo en el nivel de sacrificio por el solo hecho de la práctica deportiva. Téngase en cuenta el paso que se abre a cualquier otra matriz humana solo con que lo determine o reconozca una fundación privada.

Pero la insuficiencia de los controles y su escasa fiabilidad no necesitan muchos debates. Basta con ver –con lo ojos abiertos– lo que ha ocurrido en Rusia o, para ser más exactos, con los deportistas rusos que han pasado controles en todo el mundo sin que se detectará lo que luego se ha sabido que era un sistema organizado. Pero conviene recordar que otros grandes deportistas (por ejemplo, el ciclista Lance Armstrong) pasaron varios cientos de controles en todos los laboratorios del mundo y hemos sabido que "hacían trampas" cuando ellos lo han confesado siempre, claro está, una vez concluida la práctica deportiva.

El sistema tiene, por tanto, un nivel de rigor que es menor al que se predica y se refuerza exigiendo más nivel de sacrificio personal o supliendo la certeza por la presunción.

En este terreno, la potestad sancionadora pública "pasa apuros". No es acorde con el principio esencial de culpabilidad y es dudosamente proporcionado en relación con el fin perseguido.

Es cierto que este debate ha quedado para el mundo académico. Todo se ha vuelto tan complejo y tan difícil que la sociedad acepta acríticamente el marco del dopaje sin cuestionarse si está fundado en bases sólidas. Lo importante es el marco y la seguridad –sin fundamento– que el mismo proporciona al movimiento deportivo que, dicho sea de paso, no se ha repuesto aún de la ineficacia de los casos a los que nos hemos referido.

c) La evitación, rechazo o incumplimiento, por acción u omisión sin justificación válida, de la obligación de someterse a los controles de dopaje tras la comunicación válidamente efectuada de esta obligación, por cualquier medio acreditado o del que quede acreditación, siempre que como resultado de su conducta no fuera posible obtener las muestras del deportista en el control de dopaje.

Esta infracción se sitúa, igualmente, entre las que no plantean problemas de encaje constitucional y se centra en la evitación –en diferentes fórmulas– de la obligación de someterse a los controles de dopaje. La redacción, dicho sea de paso, no puede ser más confusa porque vincula la conducta a que no se obtengan las muestras lo que potencialmente dejaría fuera de este ámbito todas las irregularidades que no tengan este efecto final y que, claro está, pueden afectar notablemente a la calidad del control y a su propia efectividad.

B) *Conductas que se refieren a personas vinculadas con la actividad deportivas que no necesariamente son el deportista.*

En este ámbito podemos incluir las siguientes infracciones a las que alude el artículo 20 al que se remite, como hemos dicho, el artículo 2 de la LOCD:

d) La ayuda, incitación, contribución, instigación, conspiración, encubrimiento o cualquier otro tipo de colaboración en la comisión de cualquiera de las infracciones previstas en el presente artículo.

Esta conducta se refiere a otras personas que están en el ámbito de la responsabilidad deportiva pero que no son, necesariamente, el deportista.

Es claro que el ejercicio de la potestad disciplinaria exige que las personas a las que se refiere el apartado indicado estén vinculadas a la organización deportiva mediante licencia. La ubicación de la norma en el seno estricto del deporte, con preterición de los elementos de salud pública, refuerza el contexto de la licencia como vinculación necesaria para el ejercicio de la potestad disciplinaria.

e) La manipulación fraudulenta de cualquier parte del proceso de control de dopaje por parte de un deportista u otra persona.

En este ámbito se incluyen las manipulaciones que puede realizar el deportista o las personas de su entorno siempre que, conforme a lo dispuesto en el artículo 3 y en 19 de la LOCD, se refieran a personas que tienen vinculación con la organización deportiva.

Debemos insistir en que solo puede afectar a personas que estén directamente vinculados con la organización deportiva mediante la correspondiente licencia.

f) La posesión por los y las deportistas o por el personal de apoyo, ya sea en competición o fuera de competición, de sustancias prohibidas en dichos ámbitos o de los elementos necesarios para la utilización de métodos prohibidos, cuando se carezca de una autorización de uso terapéutico para su administración o dispensación, o de otra justificación legal o reglamentariamente calificada como suficiente.

La tenencia de una autorización de uso terapéutico no excluirá la comisión de la infracción si las personas responsables disponen de una cantidad de sustancias o métodos prohibidos tan superior a la que correspondería al simple uso que ampara la autorización indicada, que pudiera razonablemente suponerse que están dirigidas al tráfico previsto en la letra h) de este precepto.

Este precepto es ciertamente discutible porque se refiere a la mera posesión de sustancias dopantes, pero no olvidemos que esas sustancias son medicamentos de uso común o específico. Pero medicamentos. Lo que cualifica su integración en el tipo es su utilización para obtener capacidades deportivas que no se tienen en ese momento.

En todo caso, su carácter incondicionado y tal como está redactado plantea problemas adicionales en relación con los profesionales sanitarios que participen en la actividad deportiva. Los problemas están, claro está, en que la posesión por determinados profesionales es lícita y no puede convertirse en ilícita por su afección a la actividad deportiva. Adicionalmente cabe plantearse, en estos mismos supuestos, cómo y a quien se van a imputar la tenencia cuando el profesional en cuestión presté servicios a un conjunto de deportistas.

Es tan evidente que, a menudo, se trata el dopaje como la droga. La posesión de sustancias que son consideradas drogas es, ciertamente, un ilícito penal o administrativo según la respectiva jurisdicción. Pero, en el ámbito del dopaje, la mayor parte de las sustancias son medicamentos de uso común que, como venimos indicando, se caracterizan por el uso que se hace de los mismos pero no por su mera posesión que puede corresponder a cualquier ciudadano o a aquellos que estén habilitados por un título administrativo que justifica la licitud de su obtención. En concreto, una receta médica habilita a tener productos que potencialmente pueden dar dopaje. La posesión es lícita en el ámbito administrativo y no se puede convertir en ilícita como consecuencia de la condición de deportista del usuario. Tener es legítimo, usar en el ámbito de una competición deportiva, no. La línea exige justificar la referencia inicial al ilícito cuando se refiere a "posesión".

g) La administración, ofrecimiento, facilitación o suministro a los y las deportistas de sustancias prohibidas o de métodos prohibidos en la práctica deportiva, ya se produzcan en competición o fuera de competición.

Esta referencia se sitúa, igualmente, en el ámbito de la facilitación de las conductas de dopaje en las que pueden quedar incluidos las personas que, teniendo relación jurídicodeportiva realizan estas conductas que ciertamente afecta al meollo de la actividad deportiva en la que pueden producirse los hechos que son definidos como dopaje. En todo caso hay que limitar esta obligación a los aspectos que conectan con el propósito inicial de la LOCD, esto es, conseguir éxitos deportivos de forma irregular.

La propuesta de limitación es ciertamente sencilla: de no limitarse todos los médicos y personal sanitario que prescriba medicamentos que están en el ámbito de la infracción.

A lo largo de toda la norma parece haberse olvidado este extremo al que nos referimos en este momento y es que los productos del dopaje son medicamentos admitidos y solo es la finalidad para la que se usan la que cualifica la infracción. Sin eso, son productos lícitos.

C) *Conductas que propician o son consecuencia de una infracción previa*

A estos supuestos se añaden algunas referencias, muy en clave de derecho sancionador, según las cuales se incluyen entre las conductas las de:

i) El quebrantamiento de las sanciones o medidas provisionales impuestas conforme a esta ley.

Se trata de la conformación individual como un tipo propio de conductas que, en realidad, trasmutan la naturaleza inicial (que se refiere al dopaje) para convertirse en un reproche derivado del incumplimiento de las sanciones impuestas o de las medidas provisionales impuestas conforme a la LDO.

j) La tentativa de comisión de las conductas descritas en las letras b), d), e), g) y h).

k) Cualquier actuación que consista en intimidar o tratar de intimidar a un testigo u otra persona con la intención de disuadirlos de comunicar de buena fe a una organización antidopaje, a las fuerzas del orden, a un organismo regulador o disciplinario profesional, a los órganos competentes para su conocimiento y resolución, o a una persona que esté llevando a cabo una investigación en nombre de cualquier organización antidopaje, información relativa a una presunta infracción de las normas antidopaje o un presunto incumplimiento de la ley.

El precepto es o forma parte de esta literatura ridícula en la que se ha convertido la represión del dopaje. En el marco de una norma que conforma la potestad sancionadora pública incluir un "mini delito" como es la coacción para no denunciar es, literalmente hablando, un ejemplo de voluntarismo notable. El precepto no puede ser más complejo porque exige que la actuación del delator sea de buena fe lo que parece excluir la colaboración de aquel que pueda realizar estas conductas con el objetivo de beneficiarse de la reducción. En todo caso, se trata de personas ligadas o no al movimiento deportivo y al propio objeto de la LOCD lo que ciertamente aleja su efectividad real.

l) Tomar represalias de naturaleza laboral, social, económica, patrimonial, profesional, deportiva o reputacional contra una persona que ha informado de buena fe de una presunta infracción de las normas antidopaje o de un presunto incumplimiento de la ley a una organización antidopaje, a las fuerzas del orden o a un organismo regulador o disciplinario profesional, a los órganos competentes para su conocimiento y resolución, o a una persona que esté llevando a cabo una investigación en nombre de cualquier organización antidopaje.

En el mismo sentido que acabamos de apuntar en el apartado anterior, ahora, se castiga al que toma represalias de naturaleza laboral, social, económica, profesional, deportiva o reputacional contra la persona que informa de buena fe. Esta larga lista de represalias hace algunas seriamente complejas y, desde luego, impropias del valor que está ínsito en la normativa pública. Que la Administración Pública incluya en su régimen sancionador que un delator no puede ser perjudicado en su imagen por las personas que controlan su relación laboral o deportiva es, cuando menos, una sanción novedosa que va más allá de la protección del delator hasta el punto de implicarse en su defensa social y económica. Difícil papel para la Administración Pública.

m) El incumplimiento de las obligaciones relativas a la presentación de información sobre localización o disponibilidad del deportista para realizar los controles en dicha localización.

Se considerará que existe infracción cuando el deportista haya faltado a las obligaciones en materia de localización en tres ocasiones durante un plazo de doce meses. El plazo empezará a computarse desde el día del primer incumplimiento que haya de tenerse en cuenta.

D) *Infracciones que se sitúan en el ámbito de la prevención general y afectan a terceros que no necesariamente tienen licencia deportiva.*

Podemos incluir en este apartado las siguientes infracciones

h) El tráfico de sustancias y métodos prohibidos.

La confusión reinante en la LOCD (en relación con los modelos precedentes y con el esquema de imitación) se plasma en este precepto. El tráfico de medicamentos no puede quedar en este ámbito sino en el Real Decreto legislativo 1/2015, de 24 de julio, por el que se aprueba el texto refundido de la ley de garantías y uso racional de medicamentos y productos sanitarios. Sin embargo, se incluye en este ámbito para intentar rematar conductas que pueden ser objeto de sanción. Es cierto, sin embargo, que como venimos repitiendo se trata de medicamentos y que, por tanto, el primero de los planos de infracción se ubica en la normativa de dispensación y utilización de medicamentos sin que la Agencia tenga capacidad alguna para la sanción hasta que no se proyecta esta actuación sobre el segundo de los planos: su utilización para obtener ventajas en el ámbito de una competición deportiva.

El precepto que se encontraba ya en la regulación anterior (artículo 22.1.h de la Ley Orgánica 3/2013) resulta, ahora, ciertamente complejo de admitir porque en la LOCD la salud no es competencia ni está en el ámbito objetivo de la norma. Luego no hay una incidencia en los comportamientos que la sociedad realiza no es una norma de prevención general (aunque, a veces, parece que se olvida de este cambio) sino una norma en el marco únicamente de las competiciones oficiales y de los deportistas vinculados a la misma. Aquí el tráfico, una vez tipificada la infracción de administración de las substancias es, ciertamente, difícil de entender y de admitir porque está pensado en clave de una administración general que no le corresponde ya a la LOCD.

n) La recepción de servicios relacionados con el deporte o de cualquier tipo de asesoramiento, formación o colaboración o el establecimiento o mantenimiento de relación profesional de cualquier clase, incluida la representación, medie o no remuneración económica, con cualquier persona que esté cumpliendo un periodo de suspensión por alguna infracción en materia de lucha contra el dopaje, impuesta por autoridades españolas o extranjeras, o que hubiera sido condenada por un delito de dopaje en España o fuera de España o sancionada profesional o disciplinariamente por hechos constitutivos de una infracción de dopaje conforme a la presente ley; de acuerdo con lo previsto en el artículo 19.6 LOCD.

El precepto no puede ser más ambiguo ni más irreal. ¿Qué o cual es la relación con el deporte? ¿Es el objeto social de la entidad, su actividad, su compromiso? Pero más allá de esto:

a) Se alude a que corresponde aplicarla cuando exista una sanción de las Autoridades españolas o extranjeras. La referencia a autoridades extranjeras significa que solo serán admisibles las que se correspondan con sanciones públicas y nunca, claro está, con lo que previene el movimiento deportivo ninguno de cuyos componentes tiene la condición de autoridad. Son sanciones privadas. Esto nos lleva a indicar que la previsión en relación con las sanciones de extranjeros es meramente simbólica y, desde luego, inaplicables.

b) Condena por delito. En España los delitos se refieren a las infracciones de salud pública no a las del dopaje. La infracción va, sin embargo, más allá. La pregunta es ¿puede hacerlo? ¿No es esta la labor de las penas accesorias del Código Penal? ¿Hay accesorias no nominadas que se imponen por encima del reproche penal?

c) El concepto de deporte que parece querer utilizar está fuera del ámbito de aplicación de la LOCD y se proyecta sobre una definición que exige concreción porque, de nuevo, lo que ocurre en este ámbito es que existe una limitación de la libertad individual: la de contratación.

d) Por último, la LOCD no diferencia entre servicios según la titularidad de quien los recibe. Si los servicios lo reciben una Administración Pública, también opera la prohibición. ¿Están obligadas las Administraciones a incluir esta prohibición como causa de exclusión de los procesos selectivos a las Administraciones Públicas? ¿Es una nueva causa de inhabilitación para que, por ejemplo, un funcionario excedente reingrese si su área de trabajo es de deporte? ¿Estas previsiones son compatibles con el régimen del empleo público?

El régimen jurídico sancionador se analiza, de forma sistemática en otro capítulo de esta Obra por lo que no parece necesario insistir, en este momento, en la conformación del régimen infractor, pero si conviene indicar que el seguidismo de un Código privado ha conducido a la potestad sancionadora pública a un terreno en el que no puede situarse fácilmente y en la que se confunde la prevención especial con la general y, por tanto, en la que se trasciende del plano deportivo al plano de la sociedad sin diferenciar nítidamente en éste las cuestiones que afectan al ámbito deportivo con las que se refieren a la prevención de los problemas de salud pública precepto derivados de la utilización –para ámbitos no incluidos en la LD–. Esta confusión que proviene del marco de las normas anteriores no tiene ningún sentido una vez que se ha precisado que el objeto de la LOCD se centra únicamente en las competiciones y los deportistas que lo hacen en el ámbito y de los requisitos de la LD.

Esta falta de rigor en la definición de las conductas se proyecta, desde otro plano, en el propio ámbito subjetivo en los términos que, ahora, pasamos a analizar.

IV. PRECISIONES EN RELACIÓN CON EL ÁMBITO DE APLICACIÓN

El artículo 2 de la LOCD establece, como venimos repitiendo hasta la saciedad, un ámbito objetivo que se centra en "...las competiciones deportivas oficiales o autorizadas que se organicen en el marco de la Ley 10/1990, de 15 de octubre, del Deporte...".

Pero, al lado de esta determinación, existen algunas precisiones que podemos diferenciar según que se refieran a supuestos no convencionales de posesión de licencia y que se refieren a lo que la LOCD determina como consecuencia de la clasificación de los deportistas que la misma realiza.

A) Supuesto de extensión de la potestad sancionadora a supuestos que, naturalmente, no encajan en la previsión genérica del art. 3.1, esto es, competiciones bajo la referencia de LD.

Son los siguientes:

a) Los y las deportistas que estén o hayan estado en posesión de licencia federativa estatal o autonómica homologada, aunque se encuentre suspendida, o quienes la hayan solicitado para participar en cualesquiera competiciones oficiales o autorizadas.

El precepto exige, claro está, alguna precisión porque su ámbito de aplicación es tan intenso que bastaría con convertir el control de dopaje en un requisito para acceso a la licencia. Se incluye a quienes estén en posesión de licencia, lo que debe ser la regla para la admisión de la propia actividad en los términos del artículo 32.4 de la LD. Al lado de esta previsión se incluyen los que hayan estado en posesión de una licencia o de quienes, sin haberlo estado, soliciten una nueva.

Insistiremos en que si lo que se quiere es establecer una prueba general de que no se accede dopado al ámbito deportivo basta con establecer esta condición para la exigencia o la obtención de la licencia. Cuestión diferente, dada la volatilidad de las sustancias, es que aporta que, en un momento determinado, no se esté en esas condiciones.

En todo caso, que una persona con los derechos suspendidos pueda quedar en el ámbito de la norma sí exige la determinación legal porque la suspensión priva del derecho esencial: el de competir.

b) Los y las deportistas con licencia no española que participen o puedan participar en competiciones oficiales o autorizadas en España o que se encuentren entrenando en territorio español.

No obstante, la tramitación de los expedientes disciplinarios que puedan incoarse a los mismos se realizará en la forma que establezca la correspondiente normativa internacional.

En este apartado, se incluyen los deportistas extranjeros con ocasión de su participación en las competiciones oficiales que se organicen en España o que hayan sido autorizadas en el país. La norma, sin embargo, determina que los expedientes se tramitan por la respectiva federación internacional lo que nos lleva a indicar el carácter simbólico de esta exclusión que concluye en la tramitación y sanción por la organización internacional.

Realmente, en técnica de organización, la participación en competiciones que se celebren en España irá acompañada de la configuración de la competición en cuestión como una competición de carácter internacional y, por tanto, no nacional.

Es cierto, sin embargo, que la referencia es realmente ambigua porque la competencia es de quedar dentro del ámbito de aplicación, pero sin que dicha inclusión conlleve el sometimiento al régimen disciplinario que corresponde a la respectiva normativa internacional. Probablemente la definición que se contiene en relación con la finalidad de la norma debería haber llevado a una consideración de la inclusión con una previsión adicional: siempre que no estén sometidos al ámbito disciplinario de otra entidad deportiva internacional.

c) El personal de apoyo al deportista, de acuerdo con la definición que del mismo se recoge en el anexo de la presente ley.

En este personal de apoyo, de conformidad con el Anexo, es:

> "...52. Personal de apoyo a los y las deportistas: Cualquier entrenador, preparador físico, director deportivo, agente, directivo, personal del club deportivo o equipo, o profesional o personal sanitario o paramédico, familiar o cualquier otra persona que trabaje con, trate o ayude a deportistas que participen en o se preparen para competiciones deportivas...".

La formulación que se hace en la definición que acabamos de proponer no contiene una referencia evidente que permite interpretar el precepto de conformidad con la sistemática de la Ley. Nos referimos, claro está, a que se trate de personas vinculadas mediante licencia a la respectiva organización deportiva.

d) Los clubes, equipos deportivos, ligas profesionales, entidades organizadoras, públicas o privadas, de competiciones oficiales o autorizadas, entidades responsables de instalaciones y federaciones deportivas.

Se contemplan aquí los agentes de la actividad deportiva con la característica esencial de que aquí sí que se precisa que son los que participan en competiciones oficiales o autorizadas. Esta precisión, hecha en este ámbito, refuerza el argumento que exponíamos anteriormente en relación con los deportistas porque es evidente que los deportistas son unos agentes más de este proceso y que, por tanto, no sería admisible que el régimen de responsabilidad de unos y otros agentes fuera diferente.

B) Las exenciones ligadas a la clasificación de los deportistas.

En línea con lo que ya se preveía en la Ley anterior el ámbito de aplicación subjetivo resulta, cuando menos, sorprendente en los términos que pasamos a analizar.

a) Clasificación de los deportistas

Se refiere a ello el artículo 4 de la LOCD que, a los efectos de la ley, establece la siguiente clasificación: "...1. Los y las deportistas sujetos a la aplicación de la ley se clasifican en deportistas de nivel internacional, deportistas de nivel nacional y deportistas aficionados…”.

b) Definiciones

La más relevante es la de deportista de nivel internacional que es la que corresponde realizar a una federación internacional de conformidad con la norma internacional para controles e investigaciones. De esta ambigua definición cabe señalar:

- Que la condición de deportista internacional no tiene el efecto de cubrir el tipo o la vigilancia fruto de la participación en una competición internacional, sino que cubre la totalidad de la actividad (incluso nacional) del deportista clasificado en esta condición.
- Que la condición de deportista internacional se realiza por un agente deportivo extranjero de la que España no es parte salvo la integración de las Federaciones Españolas en las mismas. Por tanto, el ámbito de aplicación se entiende referido a una organización privada de carácter internacional que es la que determina la sumisión a una norma española de derecho sancionador nacional.

Por su parte, el deportista nacional se realiza, de un lado, por exclusión: los que no son internacionales conforme a las reglas indicadas y, adicionalmente, los que siendo federados cumplen, o han cumplido en los cinco años anteriores a su reconocimiento, alguna o algunas de las condiciones siguientes:

a) Participar o haber participado en competiciones oficiales de ámbito estatal, donde existan contratos profesionales, tanto en deportes individuales como en deportes de equipo.

b) Obtener o haber obtenido ingresos asociados a la actividad deportiva desarrollada, ya sea por contrato profesional o de patrocinio deportivo o en concepto de premios, becas, subvenciones o cualquier otra forma de apoyo financiero otorgado directamente por cualquier federación o asociación deportiva o por cualquier Administración Pública o entidad en la que participe una Administración Pública o haber disfrutado de cualesquiera otras ventajas económicas o beneficios fiscales relacionados con su práctica deportiva que pudiera obtener de aquellas.

c) Participar o haber participado en Juegos Olímpicos o Paralímpicos.

d) Participar o haber participado en un Campeonato Mundial o Continental de la máxima categoría de un deporte y/o especialidad.

e) Participar o haber participado en la categoría absoluta de un deporte o una especialidad en el Campeonato Nacional organizado por la correspondiente federación deportiva.

f) Estar o haber estado incluido en alguno de los Grupos Registrados de Control, determinado por cualquier Organización Nacional Antidopaje o federación internacional.

g) Tener o haber tenido la consideración de deportista de alto nivel o de alto rendimiento, o cumplir los criterios establecidos para tenerla, de acuerdo con las reglas y criterios establecidos por el Consejo Superior de Deportes.

h) Haber participado como representante de un país en una competición deportiva internacional en la categoría absoluta.

i) En los deportes individuales, estar o haber estado incluido entre los 50 primeros clasificados del ranking o clasificación anual que elabore la correspondiente federación deportiva española, en la categoría absoluta, para cada especialidad deportiva.

j) Haber tenido la condición de deportista de nivel internacional.

La condición de deportista de nivel nacional se perderá trascurridos cinco años desde que dejaran de concurrir las circunstancias que determinaron su adquisición o por haberse adquirido la condición de deportista de nivel internacional.

Finalmente, se considera deportista aficionado al deportista que no es de nivel nacional, ni internacional.

En ningún caso tendrá esta condición quien, en los cinco años anteriores a la comisión de una infracción de las normas antidopaje, haya sido deportista de nivel internacional o bien deportista de nivel nacional, haya representado a algún país en una competición de carácter internacional en una categoría absoluta o abierta *(open),* o haya sido incluido en cualquier grupo registrado de control de una federación internacional o de una Organización Nacional Antidopaje.

V. LA ORGANIZACIÓN ADMINISTRATIVA PARA LA LUCHA CONTRA EL DOPAJE

1. Precisiones iniciales sobre el título competencial

Dedica a esta cuestión la LOCD tres artículos (5, 6 y 7) dentro del Capítulo II y que se refieren, respectivamente, a las competencias estatales, la Agencia Estatal Comisión Española para la lucha Antidopaje en el Deporte (CELAD) y, finalmente, el relativo a las Comunidades Autónomas.

Antes de proceder al análisis de la regulación de estas cuestiones debemos partir del propio fundamento de la LOCD. Se encuentra en la Disposición final tercera que define los títulos competenciales.

Específicamente la citada Disposición final tercera señala que:

> "… Sin perjuicio de la competencia del Estado para regular las facetas que inciden en la esfera de intereses del deporte federado español en su conjunto, así como para dictar aquellos preceptos relativos a su propia organización, tal y como se prevé en el artículo 149.1.18.ª de la Constitución en materia de bases del régimen jurídico de las Administraciones públicas y el procedimiento administrativo común, la presente ley se dicta al amparo del artículo 149.1.16.ª de la Constitución, en materia de bases y coordinación general de la sanidad y legislación sobre productos farmacéuticos, a excepción de los siguientes preceptos:
>
> a) El artículo 50, que se dicta al amparo del artículo 149.1.7.ª y 18.ª de la Constitución sobre legislación laboral y bases del régimen jurídico y el régimen estatutario de sus funcionarios, respectivamente, en lo que se refiere a la responsabilidad de los empleados públicos.

b) Los artículos 55, 56 y 58, que se dictan al amparo del artículo 149.1.29.ª de la Constitución, que se refiere a la competencia exclusiva del Estado sobre seguridad pública…".

El precepto no deja de ser complejo como pasamos a señalar:

A) Referencia al deporte federado español en su conjunto.

La Disposición adicional se refiere sin rubor a la competencia del Estado en el deporte federado español en su conjunto. Esta afirmación es, cuando menos, confusa porque el régimen competencial del deporte no admite, en términos constitucionales una afirmación tan radical que se corresponde con el régimen de distribución de competencias que establece el artículo 148.1 y el propio artículo 149 que no contiene una referencia directa a esta cuestión. Se podría alegar, en este punto, que la dicción literal de la LO 2013 era similar y, realmente, es cierto, pero, frente a esto, cabe indicar que la existencia de una formulación no acertada en normas anteriores no es título suficiente para fundar su mantenimiento en las normas posteriores.

Es cierto que la jurisprudencia constitucional, especialmente, en las sentencia 80/2012, de 18 de abril, y 110/2012, de 23 de mayo, han matizado este fenómeno que conduce, claro está, al aislamiento de modelos, pero sin afirmar, en modo alguno, que la competencia del Estado se extienda a la regulación del deporte federado español en su conjunto. Las sentencias citadas admitieron la capacidad de proyectar un modelo estatal y de encontrar los vehículos para la conexión con los modelos autonómicos, pero en el marco de la relación entre modelos y de la coordinación general de la actividad. De ahí a afirmar que el Estado tiene competencia para la regulación del deporte federado en su conjunto hay, claro está, mucho trecho. Esta afirmación era antes más discutible (pero discutible) porque se fundaba en los aspectos de salud sobre la totalidad del deporte. Esta posibilidad era más cierta en aquella visión general de la sociedad, pero resulta inviable cuando, como en el presente, se reduce a los aspectos deportivos y la lucha contra el dopaje pasa a ser un elemento más de éste. En este caso, le sigue el propio título competencial sobre el que se proyecta que no admite una afirmación tan taxativa y rotunda como la de afirmar la competencia del Estado sobre "conjunto del deporte español".

Si, por deporte español, entendemos el estatal estamos produciendo una reducción innecesaria e injustificada del propio concepto pretiriendo la actividad de las Comunidades Autónomas que son, constitucionalmente hablando, tan españolas como la propia Administración General del Estado. Si, por el contrario, no es posible tal asimilación y se ha querido establecer lo que, literalmente parece que se quiere decir, cabe indicar que no es acorde con la doctrina constitucional a la que nos acabamos de referir.

B) Referencia directa al artículo 149.1.18 de la Constitución

Esta referencia se vincula a la capacidad autoorganizativa de la Administración General del Estado y, precisamente, por esto se cita la referencia al artículo 149.1.18 en materia de bases del régimen jurídico de las Administraciones Públicas y del procedimiento administrativo común.

En lo que se refiere a la autoorganización no cabe duda de la competencia de la Administración General del Estado para transformar la Agencia Española en la Agencia Estatal Comisión Antidopaje.

Es cierto, sin embargo, que las referencias al procedimiento administrativo común son más confusas. La Disposición Adicional primera de la Ley 39/2015, del Procedimiento Administrativo Común de las Administraciones Públicas (LPACAP) establece el siguiente régimen:

> "…1. Los procedimientos administrativos regulados en leyes especiales por razón de la materia que no exijan alguno de los trámites previstos en esta Ley o regulen trámites adicionales o distintos se regirán, respecto a éstos, por lo dispuesto en dichas leyes especiales.
>
> 2. Las siguientes actuaciones y procedimientos se regirán por su normativa específica y supletoriamente por lo dispuesto en esta Ley:
>
> a) Las actuaciones y procedimientos de aplicación de los tributos en materia tributaria y aduanera, así como su revisión en vía administrativa.
>
> b) Las actuaciones y procedimientos de gestión, inspección, liquidación, recaudación, impugnación y revisión en materia de Seguridad Social y Desempleo.
>
> c) Las actuaciones y procedimientos sancionadores en materia tributaria y aduanera, en el orden social, en materia de tráfico y seguridad vial y en materia de extranjería.
>
> d) Las actuaciones y procedimientos en materia de extranjería y asilo…".

Desde la perspectiva del procedimiento común y del propio régimen sancionador que configura la LOCD no está admitido entre aquellos que expresamente quedan fuera de la determinación prevista en la LPACAP. Cuando esto ocurre se produce un efecto supletorio que pasa a ser directo de la propia LPACAP. Esto es lo que acaba de señalar el Tribunal Constitucional en una sentencia ciertamente compleja pero que anula un plazo procedimental por no estar habilitada la norma de recepción entre las que pueden marcar plazos e instituciones diferentes en la norma de recepción.

Nos referimos a la sentencia del Tribunal Constitucional 65/2020, de 18 de junio, en la que se afirma que "De un lado, el constituyente reserva en exclusiva al Estado, primero, los principios o normas que "definen la estructura general del *iter* procedimental que ha de seguirse para la realización de la actividad jurídica de la Administración" (STC 227/1988, FJ 32), esto es, la regulación del procedimiento entendido en sentido estricto (iniciación, ordenación, instrucción, terminación, ejecución, términos y plazos, recepción y registro de documentos); y, segundo, las normas que "prescriben la forma de elaboración, los requisitos de validez y eficacia, los modos de revisión y los medios de ejecución de los actos administrativos, incluyendo señaladamente las garantías generales de los particulares en el seno del procedimiento" (STC 227/1988, FJ 32). Estos principios y normas de procedimiento administrativo común quedan contenidos en la LGT, adaptados a las especialidades del ámbito tributario, como apunta su preámbulo, "garantizando a los contribuyentes un tratamiento similar ante todas las Administraciones tributarias" en consonancia con el art. 149.1.18 CE. Y ello porque la LGT contiene los procedimientos administrativos especiales *ratione materiae* de aplicación y revisión de los tributos estatales (de ahí su grado de exhaustividad), de los cuales tan solo aquellas disposiciones normativas que regulen trámites y requisitos procedimentales equivalentes a los calificados por este Tribunal como procedimiento administrativo común, y actualmente contenidos, entre otras, en la Ley 39/2015, de 1 de octubre, del procedimiento administrativo común de las Administraciones Públicas, serán directamente aplicables a y por todas las Administraciones tributarias. Este Tribunal ya ha admitido en anteriores pronunciamientos que el Estado está habilitado en virtud del art. 149.1.18 CE para establecer normas comunes de procedimiento específicas para procedimientos administrativos *ratione materiae* [STC 61/1997 , FJ 25 c)], por lo que la competencia estatal en materia de procedimiento administrativo común no se detiene, única y exclusivamente, en la regulación de la institución desde una perspectiva abstracta y desvinculada de los procedimientos especiales (STC 130/2013, FJ 8)".

Es lo cierto, sin embargo, que el tiempo acabará matizando sin lugar a duda el alcance de la STC porque realmente produce un efecto de encorsetamiento de las instituciones que, prácticamente, haría imposible el juego ley especial-ley general al limitar la ley especial a las que, expresamente, admite la ley general.

Este razonamiento exige matizaciones y, desde luego, las del rango de la norma especial sobre la común es, sin duda, el primero de los elementos de interpretación que permiten indicar que la formulación tan taxativa y la posición ordinamental tan severa de la ley común no es admisible.

C) La presente ley se dicta al amparo del artículo 149.1. 16.ª de la Constitución, en materia de bases y coordinación general de la sanidad y legislación sobre productos farmacéuticos

Este precepto es ciertamente confuso. Tiene una redacción prácticamente idéntica a la Disposición final primera de la Ley Orgánica 3/2013 que afirmaba que:

> "...Sin perjuicio de la competencia del Estado para regular las facetas que inciden en la esfera de intereses del deporte federado español en su conjunto, así como para dictar aquellos preceptos relativos a su propia organización, tal y como se prevé en el artículo 149.1.18 de la Constitución en materia de bases del régimen jurídico de las Administraciones públicas y el procedimiento administrativo común, la presente Ley se dicta al amparo del artículo 149.1.16 de la Constitución, en materia de bases y coordinación general de la sanidad y legislación sobre productos farmacéuticos".

El problema es que aquella Ley Orgánica 3/2013 incluía en el artículo 1.1. la referencia objetiva a que trataba de establecer un marco general de prevención de la salud. La nueva LOCD, como hemos visto, se ubica, únicamente, en el deporte y prescinde de la salud. Luego, el título competencial de salud es más que dudoso y responde a un contenido que, funcionalmente, se ha remitido al CSD y sacado de la LOCD. Los títulos competenciales que amparaban las normas anteriores no son, por tanto, válidos.

Con este fundamento y con una disposición ciertamente compleja y difícil de admitir en términos constitucionales puede decirse, sin embargo, que la ordenación de la organización administrativa al servicio de la lucha contra el dopaje en el deporte es más respetuosa con el marco constitucional que lo que parece indicar la Disposición Adicional analizada.

2. Competencias estatales

El artículo 5.1. de la LOCD comienza señalando que "en el ámbito de las competencias estatales", corresponde al Gobierno la formulación, impulso y dirección de una política eficaz contra el dopaje en el deporte.

Se trata de una determinación que enlaza perfectamente con la competencia prevista en el artículo 97 de la CE que atribuye al gobierno la dirección de la Administración y la formulación de las políticas que se corresponden con su capacidad de dirección política que es consecuencia, a su vez, de la legitimación democrática.

Es cierto, sin embargo, que esta formulación se mueve, sustancialmente, en el ámbito de las competencias de la Agencia Estatal que crea en el artículo 6º y que, fuera de este plano ejecutivo, debe quedar reducida a la iniciativa legislativa y a la reglamentaria como elementos más representativos de la acción gubernamental una vez que se decide optar por el esquema ejecutivo de la Agencia como sistema de vertebración de políticas.

Fuera de este ámbito, el artículo 5.2. determina otra competencia: la colaboración con el movimiento deportivo.

En concreto, el citado artículo 5.2. establece que:

> "…Asimismo, corresponde al Gobierno el establecimiento de un marco general de colaboración con las entidades deportivas, incluidas las federaciones, para facilitar la ejecución de las políticas públicas en la materia y coadyuvar en el compromiso común de conseguir un deporte exento de prácticas de dopaje, más saludable y con mayores compromisos éticos…".

El precepto debe interpretarse, sin embargo, en el marco de las competencias previamente asignadas. El modelo de 2013 y el actual son modelos esencialmente publicistas que, prácticamente, dejan a las federaciones deportivas en un ámbito puramente residual en la lucha contra el dopaje. La política de lucha contra el dopaje se ha convertido en una política pública en su diseño, pero, también, en su ejecución. El protagonismo atribuido a la Agencia es un elemento clave del sistema que pasa por el desapoderamiento de las competencias al movimiento deportivo y la publificación del conjunto de actuaciones en esta materia.

A partir de esta circunstancia la colaboración con el ámbito federativo parece una medida razonable porque los deportistas forman parte de este ámbito federativo pero es cierto que el compromiso, más allá de la colaboración es de menor intensidad porque la represión es una competencia de la Agencia y, por tanto, de la propia Administración Pública. Es cierto que las invocaciones a la colaboración no pueden considerarse superfluas pero es cierto, también, que se sitúan en un marco muy abstracto con una escasa operatividad práctica en función del propio modelo elegido por la LOCD.

3. La Agencia Estatal Comisión Española para la Lucha Antidopaje en el Deporte

Como venimos apuntado la opción del legislador en la conformación del modelo público que diseña la LOCD –al igual que lo habían hechos los precedentes legislativos previos– se sitúa en el marco de una agencia pública que vertebre las competencias del Estado. La denominación de la nueva Agencia –trasunto, como decíamos, de las anteriores– no puede ser más compleja: Agencia Estatal Comisión Española. Lo sencillo hubiera sido optar por la denominación que se considerará más oportuna y seguidamente haber llevado al articulado las precisiones sobre la organización en cuestión. En todo caso, desde una perspectiva puramente metodologíca la conjunción de la Agencia y la Comisión no es, sin duda, la mezcla más adecuada ya que mientras la primera se representa por la independencia funcional, la segunda, no se representa –en términos comunes– como un elemento decisorio ni plenamente ejecutivo sino que, en general apunta a una función interna de sosteniblidad de los principios generales que inspiran el funcionamiento de la organización. Es cierto, sin embargo, que en el marco de la regulación la denominación comisión tiene una cierta tradición (CNMC, CNMV, etc) pero es cierto que su condición de agencia no se lleva a la denominación lo que desplaza el debate sobre su auténtica naturaleza al haz de competencias que la norma le atribuye.

Es cierto que es este un tema menor y que, por tanto, en la línea de lo que se acaba de indicar lo relevante es su configuración que pasamos a examinar.

a) Naturaleza jurídica

Se refiere a esta cuestión el artículo 6º.1 de la LOCD en los términos siguientes:

> "
>
> …1. La Agencia Estatal Comisión Española para la Lucha Antidopaje en el Deporte es el organismo público adscrito al Ministerio con competencias en la política deportiva, de los previstos en el artículo 84.1.a).3.º de la Ley 40/2015, de 1 de octubre, del Régimen Jurídico del Sector Público, a través del cual se elaboran y ejecutan las políticas de lucha contra el dopaje, correspondiéndole la planificación, la realización de controles y la tramitación y resolución de los expedientes sancionadores…".

El precepto exige, sin embargo, una precisión. Conforme hemos visto en el artículo 5 la definición de la política pública de control o de lucha contra el dopaje es competencia del gobierno, no de la Agencia a la que, como órgano instrumental, le corresponde su ejecución e impulso. Esta precisión debería haber quedado más explícita en el texto ya que si el efecto querido es que sea la Agencia la que formule las políticas, el artículo 5º es rigurosamente innecesario.

b) Régimen de funcionamiento

El régimen de funcionamiento viene, obviamente, prejuzgado por la naturaleza de Agencia Pública en los términos que prevé, en la actualidad, la LRJSP.

No obstante, esta configuración general el apartado 2 del artículo 6 precisa que:

> "…2. La organización, funciones y procedimientos de actuación de la Agencia Estatal Comisión Española para la Lucha Antidopaje en el Deporte se determinarán en sus estatutos de conformidad con lo previsto en esta ley, aplicándose supletoria-

mente la Ley 39/2015, de 1 de octubre, de Procedimiento Administrativo Común de las Administraciones Públicas. En todo caso, contará con un Comité Sancionador Antidopaje, con la naturaleza, composición y funciones previstas en el capítulo III del título II de esta ley, y un Comité de Autorizaciones de Uso Terapéutico, que ejercerá las competencias establecidas en el artículo 17…".

Este apartado contiene referencias que ofrecen alguna confusión:

- La vinculación con sus estatutos está en plena consonancia con la LRJSP. Específicamente, en la consideración de Agencia, como especie, y de organismo público, como genérico.
- Sin embargo, es más cuestionable que la LOCD considere la LPACAP como supletoria. Desde la perspectiva del ámbito de aplicación de la LPACAP y, específicamente, el artículo 2.2.a) de la misma no cabe aludir a una aplicación supletoria sino a una aplicación directa.
- En este esquema apuntado se confunden las peculiaridades de la LOCD con la aplicación o no del procedimiento administrativo común. Desde nuestra consideración el régimen común es aplicable directamente –a salvo de las especificidades que contiene la LOCD y que, por otro lado, están en claro entredicho como consecuencia de la STC 65/2020, de 18 de junio, a la que nos hemos referido.
- Se señala, expresamente, que la Agencia cuenta con una Comité Sancionador Antidopaje, integrado en la propia Agencia, con las competencias previstas en el artículo 17. Se trata de otra de las novedades introducidas en la LOCD que ha quebrado el régimen de sanciones deportivas para configurar un sistema autárquico que evita la jurisdicción ordinaria, probablemente, por la "insensibilidad" que la misma había demostrado empeñándose en hacer pasar los derechos de los deportistas sobre un esquema de represión que, en muchos supuestos, resulta ciertamente dudoso.
- La idea final, el modelo final es, como decimos, autárquico y ha sustraído del Tribunal Administrativo del Deporte el conocimiento de los recursos en materia de dopaje buscando, probablemente, mayor comprensión en órgano internos (dotados de la independencia funcional que se quiera) que en órganos externos. Esta independencia funcional resultará clave para la propia credibilidad del órgano y, por ende, del sistema diseñado que se caracteriza a priori por la visión introspectiva que asegure sus planteamientos por más que éstos resulten, en muchos casos, difíciles de admitir en un Estado de Derecho.
- Desde la perspectiva organizativa la conformación se completa con la indicación –directamente referida a sus Estatutos– de que "En su órgano colegiado de gobierno participarán los agentes del deporte y, dentro de los mismos, específicamente, las federaciones deportivas.".
- Finalmente se contiene, también otra referencia orgánica, en la que se indica que "… La Agencia contará con un órgano de participación, coordinación y seguimiento en el que estarán representados los y las deportistas, así como los órganos y organismos competentes en materia de lucha contra el dopaje de las Comunidades Autónomas…".

c) Funcionalidad

El apartado 3 del artículo 3 LOCD establece que "…3. La Agencia Estatal Comisión Española para la Lucha Antidopaje en el Deporte actúa con plena independencia funcional cuando establece y ejecuta medidas de control del dopaje sobre los y las deportistas sujetos a la presente ley, no pudiendo recibir órdenes o instrucciones de órgano o autoridad algunos en el ejercicio de sus funciones y, especialmente, en la instrucción y resolución de los procedimientos sancionadores cuya competencia le esté atribuida…".

Este precepto es contradictorio con el artículo 6.1. Aquí, de una forma más correcta se excluye la formulación de políticas de la que hemos indicado que debería ser calificada como subordinada para no encontrar una oposición frontal con lo previsto en el artículo 5 de la propia LOCD. En este precepto frente al apartado 1º, se refiere a la ejecución de las políticas y de las medidas.

Al margen de esto se establece, ya en el plano ejecutivo, que la Agencia está dotada de independencia funcional y que no puede recibir órdenes o instrucciones de órgano o autoridad alguna en el ejercicio de sus funciones. Precepto, de nuevo confuso, porque no salva la competencia del gobierno a la que se refiere el artículo 5º y, por tanto, solo entendible en lo que se indica en el último inciso, esto es, en la imposibilidad de recibir instrucciones o mandatos en el ejercicio de la potestad sancionadora y, por tanto, en los casos concretos que esté tramitando.

d) Operatividad

Al margen del régimen jurídico general que se aplica a la Agencia en función de su naturaleza, de una forma específica, se señala en el apartado 4 del artículo 6 LOCD lo siguiente:

> "…4. Para la realización de las funciones que le atribuya su estatuto, la Agencia Estatal Comisión Española para la Lucha Antidopaje en el Deporte podrá formalizar convenios o conciertos con cualesquiera entidades públicas o privadas, de conformidad con lo establecido en la Ley 40/2015, de 1 de octubre, y en su caso, en la legislación de contratos del sector público…".

Es cierto, como bien señala el inciso final que esta posibilidad está expresamente prevista con carácter general en la LRJSP y, por tanto, que la habilitación era, en gran medida, innecesaria.

e) Función de asesoramiento

El apartado 5 de la LOCD establece que "En su condición de organismo especializado en la investigación, control y ejecución de la política contra el dopaje en el deporte, la comisión se configura como el organismo público estatal de asesoramiento y colaboración con las Fuerzas y Cuerpos de Seguridad del Estado, la policía judicial y los demás poderes públicos con competencias relacionadas con su ámbito de actuación y, a requerimiento de éstos, con los jueces y tribunales…".

La reconfiguración de la Agencia en un ente autárquico que asume no solo las funciones de control y realizaciones de controles sino, también, de la sanción de las conductas que puedan haberse detectado hace muy compleja esta función de asesoría general. Un asesor general –horizontal que se diría ahora– que, a su vez, asume función sancionadora puede complicar la imparcialidad y la objetividad de su función. ¿Lo que se dice o hace en la función de asesoramiento vincula o afecta a la función sancionadora? ¿Veremos resoluciones que discrepen de la opinión de la Agencia manifestada en su función de asesor? ¿Contamina al órgano sancionador conocer el criterio del órgano matriz? Estas y otras muchas preguntas son posibles de ser lanzadas al aire sin que la respuesta sea sencilla.

De otro lado, si el ámbito de aplicación de la LOCD son las reglas de juego y la competición tiene mucho sentido esta función de asesoramiento general que, claro está, no opera sobre el deporte federado sino sobre la salud pública. Y, en este punto, siendo las sustancias dopantes, en un numero masivo, medicamentos puede mantenerse realmente la competencia de la Agencia frente a las autoridades sanitarias en ámbitos se salud pública que no forman parte del objeto de la LOCD.

f) Política de nombramientos

Se refiere a ella, para el conjunto de los que van a formar los órganos internos de la Agencia, el apartado 6 del propio artículo cuando señala que:

> "Los miembros de los órganos mencionados en el presente artículo y de los demás que puedan integrarse en el seno de la comisión se designarán conforme a criterios de profesionalidad y amplio reconocimiento en el mundo del deporte y de la lucha contra el dopaje, así como de acuerdo con el principio de presencia equilibrada de mujeres y hombres, salvo razones objetivamente fundadas y debidamente motivadas. Se entenderá por presencia equilibrada el 50 % de mujeres y 50 % de hombres…".

g) Régimen supletorio

Es el previsto en el apartado 7 del artículo 6 en los siguientes términos:

> "La Agencia Estatal Comisión Española para la Lucha Antidopaje en el Deporte se rige por lo dispuesto en la presente ley, en la sección 4.ª del capítulo III, del título II, de la Ley 40/2015, de 1 de octubre, y en el resto de las normas que le sean de aplicación…".

4. Las Comunidades autónomas

Las previsiones sobre las Comunidades Autónomas se refieren a tres cuestiones:

a) Respeto de los compromisos internacionales

Se refiere a ellos el artículo 7 de la LOCD que determina –sin precisar su título competencial una vez que la salud no está en su ámbito objetivo– que "…1. La formulación de las políticas en materia de control de dopaje y de protección de la salud de los y las deportistas por parte de las Comunidades Autónomas, en sus respectivos ámbitos competenciales, deberá realizarse en el marco de los compromisos internacionales asumidos por España y en los tratados y convenios que resulten de aplicación en España…".

El precepto más allá de la ambigüedad del título competencial es razonable y trata de situar al conjunto del Estado ante la necesidad del cumplimiento de las obligaciones internacionales asumidas por España. En todo caso, y en el marco normativo que hemos apuntado al principio habrá que entender que están referidas a la Convención Unesco y al Convenio del Consejo de Europa. Las comunidades Autónomas no son parte del entramado normativo privado ni la suscripción de los acuerdos por la AGE les vincula.

b) Participación instrumental en la realización de controles fuera de su propio ámbito competencial.

Esta prevista esta circunstancia en el artículo 7.2 de la LOCD cuando señala que:

> "En el caso de competiciones deportivas oficiales de ámbito estatal o de competiciones deportivas internacionales organizadas por un organismo olímpico o paralímpico o por las federaciones deportivas internacionales, las Administraciones autonómicas podrán celebrar convenios con la Agencia Estatal Comisión Española para la Lucha Antidopaje en el Deporte o a las organizaciones o federaciones internacionales responsables de las mismas con el fin de realizar materialmente los controles de dopaje…".

c) Colaboración entre Administraciones Públicas

El artículo 7.3 de la LOCD habilita esta posibilidad en los siguientes términos:

> "Las Administraciones autonómicas podrán celebrar convenios con la Agencia Estatal Comisión Española para la Lucha Antidopaje en el Deporte o con las organizaciones o federaciones autonómicas o internacionales responsables, para realizar controles de dopaje en competición o fuera de ella a deportistas con licencia estatal, con licencia autonómica otorgada por una Comunidad Autónoma, o con licencia internacional…".

CAPÍTULO II. CONTROLES DE DOPAJE

Sumario: I. SOBRE LA AFECCIÓN DE DERECHOS FUNDAMENTALES Y EL MARCO JURÍDICO PARA LOS CONTROLES DE DOPAJE. CONSIDERACIONES DE CARÁCTER GENERAL. II. EL CONCEPTO DE CONTROL DE DOPAJE Y LA REGULACIÓN DE LA OBLIGACIÓN DE LOS DEPORTISTAS A SOMETERSE A CONTROLES DE DOPAJE; III. CLASES DE CONTROLES: EN COMPETICIÓN, FUERA DE COMPETICIÓN, Y EN COMPETICIONES INTERNACIONALES QUE SE CELEBREN EN ESPAÑA; IV. EL PRESUPUESTO PREVIO AL CONTROL DE DOPAJE: LA OBLIGACIÓN DE ESTAR LOCALIZADO; V. PREVISIONES SOBRE EL PROCEDIMIENTO DE CONTROL DEL DOPAJE; 1. Aspectos generales. Regulación aplicable y autoridades competentes; 2. La planificación de los controles. Los grupos registrados de control; 3. Garantías en la práctica de los controles y condiciones para su realización; 3.1. El personal habilitado para su realización; 3.2. El derecho al descanso del deportista y las condiciones de realización de los controles; 4. El procedimiento de control. Las previsiones reglamentarias; 4.1. La selección de deportistas y la comunicación de los controles; 4.2. Los requisitos previos al control y el área de control del dopaje; 4.3. La toma de muestras y su transporte; 4.4. Los laboratorios de control y la comunicación de resultados. El contraanálisis; 4.5. Referencia a los formularios de control del dopaje; 4.6. Conservación de las muestras y análisis de las mismas. Remisión; VI. OBLIGACIONES ADICIONALES SOBRE EL REGISTRO DE TRATAMIENTOS MÉDICOS; VII. LAS AUTORIZACIONES DE USO TERAPÉUTICO; VIII. REGLAS PARTICULARES SOBRE LA TITULARIDAD Y CONSERVACIÓN DE LAS MUESTRAS Y SU ANÁLISIS.

I. SOBRE LA AFECCIÓN DE DERECHOS FUNDAMENTALES Y EL MARCO JURÍDICO PARA LOS CONTROLES DE DOPAJE. CONSIDERACIONES DE CARÁCTER GENERAL

Controlar el dopaje, establecer mecanismos para detectar si este se ha producido, es el presupuesto previo para la activación del mecanismo represor que se establece en la normativa antidopaje. Y es tan claro que la realización de los indicados controles, por su naturaleza, afecta nítidamente a derechos fundamentales de los deportistas, como que queda generalmente asumido que, por las propias necesidades de los mecanismos e instrumentos tradicionales de lucha contra el dopaje, tal afección resulta necesaria y soportarlo es casi consustancial a la condición de deportista.

Los derechos afectados son, especialmente, el correspondiente a la libertad de movimientos y de circulación, pues los deportistas vienen obligados a proporcionar datos sobre su localización y están asimismo obligados a permanecer en un lugar concreto durante un tiempo determinado a tal fin. También, el derecho a la integridad física, pues deben facilitar la toma de muestras corporales, quedando afectado igualmente el derecho a la intimidad, debiendo mostrar su propio cuerpo, como exigencia de la toma de muestras de orina, o exponer su integridad física cuando de someterse a análisis de sangre se trata. Otro derecho fundamental igualmente afectado es el derecho a la intimidad, con carácter general, pues deben dar información sobre su estado de salud y los tratamientos médicos que hayan seguido. Y directamente relacionado con ello, está del mismo modo afectado el derecho fundamental a la protección de datos de carácter personal, pues el tratamiento de sus datos personales resulta crucial para para facilitar la lucha contra el dopaje.

Esta cuestión ha generado un importante aporte doctrinal tanto en nuestro país como fuera que no es preciso traer ahora[21]. Y desde luego, resulta crucial para el entendimiento tanto de la regulación que de los controles de dopaje se establece en nuestro país, como en el CMA y la norma internacional que trae causa del mismo denominada *The International Standard for Testing and Investigations*, que está en vigor en su última versión –como el vigente CMA– desde el 1 de enero de 2021[22].

La jurisprudencia también se ha pronunciado sobre la indicada afección, tanto en nuestro país como el Tribunal Europeo de Derechos Humanos. En este sentido, a cuenta de la problemática que se plantea con la obligación de estar localizado y proporcionar datos al respecto, podemos señalar la posición que se percibe en la Sentencia del Tribunal Supremo (Sala de lo Contencioso-Administrativo) de 28 de julio de 2016, cuando vino a señalar lo siguiente:

> "... Es cierto que los controles en competición no son suficientes para garantizar una seguridad total que evite el fraude a la competición. Así se pasó en la evolución de las medidas antidopaje a la realización de controles fuera de competición. Ello va suponiendo un creciente grado de incidencia en la esfera de libertad e intimidad personales. La realización de los controles fuera de competición parece requerir contar con información sobre el paradero habitual de los deportistas; se impone por ello a estos últimos la obligación de declararlo. La posibilidad de que la identificación del lugar de residencia no asegure el éxito del encuentro hace que dicha obligación torne en una obligación de acudir a un lugar determinado a una hora determinada. Se asegura así la completa disponibilidad del deportista si las autoridades competentes deciden realizar el control. Ahora bien, si no todo vale para competir –y de eso no cabe duda– tampoco vale todo para controlar. La existencia de un marco legal internacional (así artículo 5.2 del Pacto Internacional de Derechos Civiles y Políticos y artículos 5 y 8 del Convenio Europeo para la Protección de los Derechos Humanos y de las Libertades Fundamentales) claramente consolidado en lo que hace al reconocimiento del derecho a la libertad personal y a la intimidad, exige que las restricciones a estos derechos deberán estar previstas en un instrumento normativo de rango suficiente y, además, deberán ser interpretadas de una forma restrictiva...." (FJ 7).

---

21 Por todos RODRÍGUEZ GARCÍA, J., *Deportistas y federaciones: el difícil encaje de los derechos*, editorial Hexis, Terrassa, 2022, especialmente pp. 123-205, y "La Agencia Mundial Antidopaje", *Estudios en homenaje al profesor Luis María Cazorla Prieto*, Vol. II (Cazorla Gonzáles-Serrano, L., Dir.), Thomson Reuters Aranzadi, Cizur >menor (Navarra), 2021. Especialmente pp. 1492-1504; PÉREZ GONZÁLEZ, C., "La jurisprudencia del Tribunal Europeo de Derechos Humanos en materia de protección de derechos humanos de los deportistas y en el ámbito deportivo", *Cuadernos de Jurisprudencia y Actualidad Internacionales* (Jiménez García, F. y Alam Pérez, B., Dirs.) Dykinson, Madrid, 2020, pp. 91-107; VERDUGO GUZMÁN, S., "El problema del dopaje en el deporte. La tutela de los derechos fundamentales de los deportistas", *Anuario Andaluz de Derecho Deportivo*, núm. 10, 2017, pp. 121-139; TEROL GÓMEZ, R., "Instrumentos normativos contra el dopaje y protección de los derechos fundamentales de los deportistas", *Tratamiento jurídico penal y procesal del dopaje en el deporte* (Benítez Ortuzar, I.F.; Coord.), Dykinson, Madrid, 2015, pp. 57-99, y del mismo autor *Régimen jurídico de la lucha contra el dopaje en España*, cit., especialmente la bibliografía que cita en la nota 63, pp. 76-77.

22 Disponible sólo en inglés y en francés en: https://www.wada-ama.org/en/resources/world-anti-doping-program/international-standard-testing-and-investigations-isti (último acceso: 2 de junio de 2022).

Es claro que la afección de derechos fundamentales es lo que justifica que los preceptos que regulan los controles de dopaje tengan, en su mayoría, carácter orgánico. Así, tal regulación en la LOCD está en el Título I de la LOCD, cuya rúbrica es "Controles de dopaje", que comprende los artículos 8 al 18, de los cuales tienen carácter orgánico los artículos 8 al 12 y el 15, de acuerdo con lo que establece la Disposición final segunda LOCD. Al análisis de los indicados preceptos dedicaremos este Capítulo de la presente obra.

A partir de ello, en lo que a su desarrollo reglamentario se refiere, hay que advertir que sigue en vigor el Real Decreto 641/2009, de 17 de abril, por el que se regulan los procesos de control de dopaje y los laboratorios de análisis autorizados, y por el que se establecen medidas complementarias de prevención del dopaje y de protección de la salud en el deporte (RDCD), en lo que no se oponga a la LOCD.

Tal norma, que fue hasta la fecha únicamente modificada por el Real Decreto 1744/2011, de 25 de noviembre, contiene el desarrollo reglamentario parcial de la Ley Orgánica 7/2006, y aunque ha habido intentos posteriores de modificarla[23] y sustituirla, estos no han fructificado. Ni cuando se quisieron desarrollar las previsiones de la Ley Orgánica 3/2013 sustituyéndolo por otro[24], ni por el momento cuando ya está en vigor desde el 30 de diciembre de 2021 la LOCD[25].

---

[23] De fecha 16 de diciembre de 2015 es el Dictamen del Consejo de Estado sobre el Proyecto de real decreto por el que se modifica el Real Decreto 641/2009, de 17 de abril, por el que se regulan los procesos de control de dopaje y los laboratorios de análisis autorizados, y por el que se establecen medidas complementarias de prevención del dopaje y de protección de la salud en el deporte. Referencia: 1064/2015. Tal proyecto nunca llegó a concretarse.

[24] En el *Plan Anual Normativo 2018* de la Administración General del Estado, se preveía la aprobación en ese año de un "REAL DECRETO POR EL QUE SE ADAPTA A LA LEY ORGÁNICA 3/2013, DE 20 DE JUNIO, DE PROTECCIÓN DE LA SALUD DEL DEPORTISTA Y LUCHA CONTRA EL DOPAJE EN LA ACTIVIDAD DEPORTIVA, LAS NORMAS REGULADORAS DE LOS PROCESOS DE CONTROL DE DOPAJE, DE LOS LABORATORIOS DE ANÁLISIS AUTORIZADOS, Y DE LAS MEDIDAS COMPLEMENTARIAS DE PREVENCIÓN DEL DOPAJE EN EL DEPORTE", al fin de "Desarrollar las previsiones reglamentarias que se derivan de la reciente modificación de la Ley Orgánica 3/2013, de 20 de junio, de protección de la salud del deportista y lucha contra el dopaje en la actividad deportiva, por el Real Decreto-ley 3/2017, de 17 de febrero", p. 95, a donde pertenece el texto entrecomillado. Disponible en: https://transparencia.gob.es/transparencia/dam/jcr:8efdb75e-5f29-4dab-9e5c-77b1bfa8ac67/PAN-2018.pdf (último acceso: 10 de junio de 2022).

Entre el 22 de enero y el 15 de febrero de 2018 se sometió a información pública un "Proyecto de Real Decreto por el que se aprueba el reglamento de la Ley Orgánica 3/2013, de 20 de junio, de protección de la salud del deportista y lucha contra el dopaje en la actividad deportiva, de conformidad con lo dispuesto en los artículos 26.6 de la Ley 50/1997, de 27 de noviembre, del gobierno, y 133.2 de la Ley 39/2015, de 1 de octubre, del procedimiento administrativo común de las administraciones públicas".

El texto del proyecto normativo que se sometió a información pública está disponible en: https://www.senferrero.com/descargaspdf/asuntos-de-interes/201804/proyecto_RD_dopaje.pdf (último acceso: 7 de junio de 2022). No nos consta que, ni siquiera, llegara a someterse al Dictamen del Consejo de Estado.

Hay que señalar que la mención a un "Proyecto de Real Decreto 641/2009 por el que se aprueba el reglamento de desarrollo de la ley Orgánica 3/2013, de 20 de junio, de protección de la salud del deportista y lucha contra el dopaje en la actividad deportiva. Pendiente de la remisión para informe al Consejo de Estado", figura con esa textualidad en las memorias anuales de la Agencia Española de Protección de la Salud en el Deporte correspondientes a 2019 (p. 25), 2020 (p. 24) y 2021 (p.25). Todas las memorias anuales desde 2009 están disponibles en: https://celad.culturaydeporte.gob.es/agencia/memorias-anuales.html (último acceso: 10 junio 2022).

Sin embargo, no hay ninguna mención a ellos en los Planes Anuales Normativos de la Administración General del Estado correspondientes a 2020 y 2021. Disponibles en: https://transparencia.gob.es/transparencia/transparencia_Home/index/PublicidadActiva/Normativa/PlanAnualNormativo.html (último acceso: 10 junio 2022).

[25] Con fecha 2 de junio de 2022 se publicó y sometió a información pública el Anteproyecto de Real Decreto por el que se aprueba el Reglamento de desarrollo de la LOCD. Su texto está disponible en: https://www.

Tal norma sustitutiva del RDCD habrá de contar para su aprobación con el dictamen preceptivo del Consejo de Estado, toda vez que con arreglo a la Ley Orgánica 3/1980, de 22 de abril, del Consejo de Estado, el mismo ha de emitirse –por parte de su Comisión Permanente– cuando se trate de "Reglamentos o disposiciones de carácter general que se dicten en ejecución de las Leyes, así como sus modificaciones" (artículo 22.3). Ello no ha sucedido en el momento de escribir estas líneas, y por ello prestaremos atención a la normativa vigente.

Como más adelante veremos, la propia LOCD señala expresamente en su artículo 15.2 que "Los controles de dopaje se realizarán con pleno respeto a los derechos fundamentales de la persona y a la protección de su intimidad y datos personales", añadiendo que "Asimismo, se ajustarán al principio de mínima intervención, con observancia del principio de proporcionalidad".

Tal mínima intervención podría venir de la mano de avances tecnológicos que permitieran la detección de sustancias y métodos prohibidos mediante sistemas o métodos de obtención de muestras que no fueran tan invasivos de la esfera privada de los deportistas como los que se emplean hoy en día, en lo que nos consta que se viene trabajando[26]. En ese sentido, hay que mencionar la denominada "técnica de la sangre seca" que requiere de un leve pinchazo en un dedo[27] y se comenzó a aplicar en los Campeonatos del Mundo de Atletismo que tuvieron lugar en la localidad norteamericana de Eugene, en Oregón, del 15 al 24 de julio de 2022[28].

En todo caso, hay que señalar que existe una evidente desproporción entre el número de muestras biológicas de deportistas analizadas y el porcentaje de las mismas que arroja un resultado analítico adverso, esto es, en las que se detecta dopaje. Y esto es constatable tanto a nivel mundial como en nuestro país.

---

culturaydeporte.gob.es/servicios-al-ciudadano/informacionpublica/audiencia-informacion-publica/abiertos/2022/rd-lucha-dopaje-deporte.html (último acceso: 10 de julio de 2022).

Asimismo, en el *Plan Anual Normativo 2022* de la Administración General del Estado, que fue aprobado por el Consejo de Ministros el 11 de enero de 2022, con la LOCD ya en vigor, figura un "REAL DECRETO DE DESARROLLO DE LA LEY ORGÁNICA DE LUCHA CONTRA EL DOPAJE EN EL DEPORTE", cuyo objetivo es que "Al amparo de la disposición final sexta de la Ley Orgánica 11/2021, de 28 de diciembre, se procede a desarrollar las disposiciones de la ley proyectada a fin de garantizar la eficacia de su contenido y la integración completa del marco jurídico de la lucha contra el dopaje en el ordenamiento jurídico", p. 96. El Plan está disponible en: https://www.lamoncloa.gob.es/consejodeministros/resumenes/Documents/2022/PAN%20202.pdf (último acceso: 10 de junio de 2022).

[26] Puede consultarse PALOMAR OLMEDA, A., BELDA INIESTA, C., BARBAS ARRIBAS, C. y AYUSO SACIDO, A., "Sustancias similares o efectos biológicos similares en la represión del dopaje deportivo: la necesidad de establecer criterios objetivos", *Revista Aranzadi de Derecho de Deporte y Entretenimiento*, núm. 47 (2015), pp. 305-319, y PALOMAR OLMEDA, A., BELDA INIESTA, C. y LÓPEZ COLLADO, E., "La necesidad de abordar el control del dopaje desde fundamentos diferentes. Algunos puntos para una reflexión sobre bases diferentes", cit., pp. 21-49.

[27] Una explicación de cómo funciona se ofrece en el reportaje firmado por HEREDIA, S., "Y el dopado no dormirá tranquilo", publicado en *La Vanguardia*, domingo 17 noviembre 2019, pp. 74-75.

[28] Así se anunció en la nota de prensa que con fecha 13 de julio de 2022 publico la *Athletics Integrity Unit* de *World Athletics*. Disponible en: https://www.athleticsintegrity.org/downloads/pdfs/other/Press-Release-testing-programme.pdf (último acceso: 15 julio 2022).

Atendiendo a los datos que proporciona la AMA, de 2016 a 2020 tenemos los siguientes a nivel mundial[29]:

Año	**2016**	**2017**	**2018**	**2019**	**2020**
muestras analizadas	229.514	245.232	263.519	278.047	149.758
% resultado adverso	1,3	1,1	1,1	1,0	0,7

En lo que a España se refiere, por la información que proporciona la Agencia antidopaje la situación como podemos observar no es muy distinta[30]:

Año	**2017**	**2018**	**2019**	**2020**
muestras analizadas	4.192	5.788	5.706	2.466
% resultado adverso	1,2	0,8	0,8	0,4

II. EL CONCEPTO DE CONTROL DE DOPAJE Y LA REGULACIÓN DE LA OBLIGACIÓN DE LOS DEPORTISTAS A SOMETERSE A CONTROLES DE DOPAJE

De acuerdo con el ámbito subjetivo de aplicación de la LOCD establecido en su artículo 3, quedan sujetos a lo establecido en la misma "Los y las deportistas que estén o hayan estado en posesión de licencia federativa estatal o autonómica homologada, aunque se encuentre suspendida, o quienes la hayan solicitado para participar en cualesquiera competiciones oficiales o autorizadas" (apartado 2, letra a) y "Los y las deportistas con licencia no española que participen o puedan participar en competiciones oficiales o autorizadas en España o que se encuentren entrenando en territorio español... " (apartado 2, letra b), junto a otros sujetos que veremos.

Ello se concreta con lo que se señala el artículo 8 LOCD, al imponer que "Los y las deportistas sujetos a la presente ley tienen la obligación de someterse a los controles de dopaje que, con arreglo a lo dispuesto en la misma, determine la Agencia Estatal Comisión Española para la Lucha Antidopaje en el Deporte" (CELAD).

Este precepto es el que encabeza el Título I de la LOCD, que comprende los artículos 8 al 18, de los cuales tienen carácter orgánico los artículos 8 al 12 y el 15, dada la clara afección de derechos fundamentales predicable del mismo, como podremos comprobar.

En qué consisten los controles de dopaje se viene identificando, en términos muy genéricos, como "el *iter* que se recorre desde que se toma una muestra fisiológica del deportista –orina o sangre o aire espirado– hasta que un laboratorio autorizado emite el resultado del análisis de la misma. Y todo ello, a los efectos de detectar la presencia o no en el cuerpo del deportista de sustancias y métodos prohibidos en el deporte"[31].

---

29 Los datos se ofrecen en MINISTERIO DE CULTURA Y DEPORTE, *Anuario de Estadísticas Deportivas 2022*, Madrid, mayo 2022, p. 162.

30 Ibidem, p. 160, y MINISTERIO DE CULTURA Y DEPORTE, *Anuario de Estadísticas Deportivas 2021*, Madrid, 2021, p. 37.

31 TEROL GÓMEZ, R., *Régimen jurídico de la lucha contra el dopaje en España*, cit., p. 179.

Esta definición, que circunscribe el control de dopaje a una fase previa al inicio del procedimiento sancionador que debe incoarse en caso de advertirse o acreditarse una infracción, ha sido tradicional tanto en el régimen que se estableció a partir de la Ley 10/1990, de 15 de octubre, del deporte, como con la Ley Orgánica 7/2006 y también, en la Ley Orgánica 3/2013. Como muestra de ello, podemos mencionar la Resolución de 22 de julio de 2005 (Expediente núm. 130/2005) del extinto Comité Español de Disciplina Deportiva cuando explicaba que "... el complicado procedimiento de control y sanción del dopaje está legalmente instrumentado en dos fases independientes pero ambas dotadas de enormes garantías. La primera es el procedimiento de control y análisis técnico; la segunda es el procedimiento sancionador en sentido estricto. Ambos se sustancian por instancias distintas e independientes entre sí...".

La indicada concepción parece cambiar con lo que dispone el artículo 9 LOCD, que rubricado "Actividades que comprenden los controles de dopaje", viene a ofrecer un concepto de control de dopaje ciertamente amplio pues señala que "A los efectos de esta ley, se consideran controles de dopaje todos los procesos y fases, desde la planificación de la distribución de los controles hasta la resolución definitiva de los recursos, si los hubiere, y la imposición de las sanciones, incluidos, a título meramente enunciativo, todos los procesos y fases intermedios, entre ellos los controles, las investigaciones relativas a las localizaciones, las autorizaciones de uso terapéutico, la recogida y gestión de las muestras, los análisis de laboratorio, la substanciación y resolución del eventual procedimiento sancionador, los recursos y su resolución y las investigaciones o procedimientos relativos a infracciones".

Tal concepción amplia del control de dopaje parece seguir la literalidad que del concepto de "controles del dopaje" se estable en el Anexo 1 de definiciones del CMA[32], similar por cierto al que se emplea en el artículo 2.8, también de definiciones, de la Convención Internacional contra el dopaje en el deporte de Paris de 2005[33].

De este modo, desde que se inicia toda actividad destinada a descubrir una infracción y hasta que se resuelvan los recursos que puedan imponerse contra una eventual sanción, estamos ante "controles de dopaje", con arreglo al precepto.

Sin embargo, si acudimos al Anexo de Definiciones de la misma LOCD, vemos que ofrece un concepto de "Control" bastante más restringido y casi transcripción del Anexo de Definiciones del CMA, pues señala que se entiende por tal "Parte del proceso global de control del dopaje que comprende la planificación de distribución de los controles, la recogida de muestras, la manipulación de muestras y su envío al laboratorio" (apartado 17).

---

[32] Este es su tenor:

"Control del Dopaje: Todos los procesos y fases, desde la planificación de la distribución de los Controles hasta la resolución definitiva de una apelación y la aplicación de las Sanciones, incluidos todos los procesos y fases intermedias, pero no limitados a los Controles, a las investigaciones, a las localizaciones, a las AUT, a la recogida y el manejo de Muestras, a los análisis de laboratorio, a la Gestión de Resultados, y a las investigaciones o procedimientos relativos a infracciones con arreglo al artículo 10.14 (Estatus durante una Inhabilitación o Suspensión Provisional)".

[33] Establece que:

"El «control antidopaje» es el proceso que incluye la planificación de controles, la recogida y manipulación de muestras, los análisis de laboratorio, la gestión de los resultados, las vistas y las apelaciones".

Además, y esto es novedoso respecto de la regulación anterior, la LOCD incluye cuestiones previas a la incoación de expedientes sancionadores, como es la mecánica de los análisis de muestras en los laboratorios acreditados, en la regulación correspondiente al procedimiento sancionador, como cuando regula en el artículo 39 las alegaciones y los medios de prueba.

En resumidas cuentas, "Control de dopaje", "proceso global de control del dopaje" y, sin más, "control" son conceptos que se perfilan en la LOCD con poco rigor y que deben manejarse interpretando las normas atendiendo a su sentido real.

Entendemos, desde el punto de vista de nuestro ordenamiento, que control de dopaje y procedimiento sancionador son y deben ser dos cosas distintas y que responden a filosofías diferentes. Mediante los controles se instaura una medida preventiva y de control mientras que mediante el procedimiento sancionador se retribuye negativamente una infracción cual es el consumo de sustancias prohibidas o la negativa a someterse a tales controles.

Tal precisión no es en absoluto baladí ya que el despliegue de la potestad sancionadora por parte de la Administración, en este caso la CELAD, tanto desde el punto de vista sustantivo como procedimental está sometida a los principios y garantías que se establecen en la Constitución y, claramente, en la legislación de procedimiento administrativo común y de régimen jurídico del sector público.

En resumidas cuentas, realizado el control de dopaje cuando de tomar muestras biológicas del deportista se trata, estas se analizan y si el resultado del análisis es adverso, se desencadena el procedimiento sancionador.

III. CLASES DE CONTROLES: EN COMPETICIÓN, FUERA DE COMPETICIÓN, Y EN COMPETICIONES INTERNACIONALES QUE SE CELEBREN EN ESPAÑA

La tipología o clases de controles de dopaje es tan tradicional como bien conocida, y viene en el artículo 10 LOCD, cuando señala que "Los controles podrán desarrollarse durante la celebración de la competición o fuera de competición" (apartado 1), y es este segundo supuesto, "pueden realizarse por sorpresa o previa citación. En el primer supuesto, los y las deportistas y demás personas sujetas a la presente ley quedan obligados a someterse al control, y, en el segundo, quedan obligados a comparecer y someterse al mismo" (apartado 2).

Sobre cómo hayan de desarrollarse los controles, quién los realiza materialmente, qué información se facilita al deportista y con qué garantías, en qué momento pueden hacerse, etcétera, son cuestiones todas ellas que se señalan en la LOCD de un modo ciertamente asistemático. A todas las indicadas previsiones nos referiremos más adelante en los siguientes epígrafes.

El procedimiento que seguir en cada tipo de control de dopaje es objeto de regulación pormenorizada en el aún vigente RDCD. Norma que fue aprobada en desarrollo de la LO 7/2006, que permaneció en vigor durante la vigencia de la Ley Orgánica 3/2013, y que no está derogada como ya indicamos.

Siendo esto así, llama la atención la remisión que hace el apartado 2 del artículo 10 LOCD a las normas aprobadas por la AMA, cuando señala que "El alcance y la forma de realización de ambas modalidades de control se ajustarán a los protocolos e instrucciones que a tal efecto estén previstos en el correspondiente Estándar Internacional aprobado por la Agencia Mundial Antidopaje".

El indicado Estándar Internacional es como vimos el denominado *International Standard for Testing and Investigations*, vigente a partir del 1 de enero de 2021 y disponible en la página web de la AMA en inglés y en francés[34].

Hay previsiones específicas en la LOCD para los controles de dopaje a realizar en competiciones internacionales que se celebren en España, de lo que se ocupa su artículo 11. Las reglas que se establecen consisten sintéticamente en lo siguiente:

a) En estos controles, la responsabilidad de la ordenación y realización de los mismos corresponde al Comité Olímpico Internacional (COI), a las federaciones deportivas o instituciones internacionales que las organicen o a aquellas entidades en las que se delegue la citada organización, a las que corresponde también el ejercicio de la potestad disciplinaria[35].

b) La CELAD podrá realizar controles de dopaje en las competiciones internacionales celebradas en España en las que la correspondiente federación internacional no haya ordenado la realización de controles.

c) Las federaciones o instituciones internacionales que organicen competiciones internacionales en España podrán suscribir acuerdos y convenios, asegurando la financiación necesaria, con la CELAD para que sea esta última la que realice, materialmente, los controles de dopaje en esas competiciones.

Como podemos observar, máximo respeto por parte de la autoridad nacional antidopaje española a cuando dispongan las organizaciones deportivas internacionales, a las que se muestra como leal colaboradora, pudiendo actuar en todo caso sólo si aquellas no lo hacen, relacionándose directamente con esas entidades, sin pasar por las federaciones deportivas españolas.

IV. EL PRESUPUESTO PREVIO AL CONTROL DE DOPAJE: LA OBLIGACIÓN DE ESTAR LOCALIZADO

En los controles de dopaje fuera de competición, sean por sorpresa o previa citación del deportista, es presupuesto previo y necesario que el deportista esté localizado, lo que se establece en el CMA, cuyo artículo 5.5, rubricado "Información sobre la localización de un Deportista" se remite al *International Standard for Testing and Investigations* para prever que las federaciones deportivas internacionales y las organizaciones nacionales antidopaje creen un grupo de deportistas que deban proporcionar información sobre su

---

[34] Disponible en: https://www.wada-ama.org/sites/default/files/resources/files/international_standard_isti_-_2021.pdf (último acceso: 1 junio 2022).

[35] Añade a esto el apartado 2 del artículo 11 LOCD que "..., sin perjuicio de lo previsto en el artículo 35, en relación con la eficacia de las sanciones que los mismos puedan imponer". Ello no se comprende bien ya que el indicado precepto no se refiere a ello sino a la competencia en materia de procedimientos sancionadores.

localización, estando sujetos a sanciones en caso de fallar con la obligación de localización. El deportista incluido en un grupo registrado de control queda con arreglo a esa normativa obligado a facilitar la información sobre su localización las veinticuatro horas del día, los trescientos sesenta y cinco días de año, debiendo facilitar cada día información sobre un intervalo de tiempo específico de 60 minutos, donde obligatoriamente estará disponible para los controles de dopaje.

Tal régimen es claro que afecta al derecho fundamental a la intimidad y la vida privada, recogido en el artículo 18 de nuestra Constitución así como en el 8 del Convenio Europeo de Derechos Humanos (CEDH)[36], y que las distintas autoridades antidopaje de los distintos países lo han recogido en su normativa respectiva.

En el caso de Francia, la normativa francesa que recogió tal obligación fue impugnada ante el Tribunal Europeo de Derechos Humanos (TEDH), aduciendo una contravención del artículo 8 del Convenio, tanto por la Federación Nacional de Asociaciones y Sindicatos Deportivos franceses junto a varios deportistas (Demanda núm. 48151/11) como por la ciclista Jeannie Longo y su entrenador Patrice Ciprelli (Demanda núm. 77769/13).

Ambas demandas se acumularon y fueron resueltas por el TEDH en su Sentencia de 18 de enero de 2018 [caso Federación Nacional de Sindicatos Deportivos (FNSD) y otros c. Francia] en sentido desfavorable[37], lo que ni mucho menos puede hacer entender que se viene a validar lo establecido en el CMA. Lo que se juzgó fue la legislación francesa.

El TEDH en su mencionada Sentencia parte de reconocer que el requerir la localización permanente de los deportistas constituye una injerencia en la vida privada, aunque a su juicio tal obligación estaba prevista en la ley y respondía a un fin legítimo dada la necesidad de luchar contra el dopaje y que los deportistas compitan en las mismas condiciones. Y en cuanto a si la medida resultaba "necesaria en una sociedad democrática", como exige el artículo 8.2 CEDH, la respuesta fue afirmativa, tomando en consideración los estudios científicos que acreditan los efectos nocivos del dopaje sobre la salud de los deportistas, y sobre todo el consenso europeo e internacional en adoptar medidas en contra del dopaje. Señala la Sentencia que, de acuerdo con lo anterior, Francia ratificó la

---

[36] Establece lo siguiente:

"1. Toda persona tiene derecho al respeto de su vida privada y familiar, de su domicilio y de su correspondencia.

2. No podrá haber injerencia de la autoridad pública en el ejercicio de este derecho sino en tanto en cuanto esta injerencia esté prevista por la ley y constituya una medida que, en una sociedad democrática, sea necesaria para la seguridad nacional, la seguridad pública, el bienestar económico del país, la defensa del orden y la prevención de las infracciones penales, la protección de la salud o de la moral, o la protección de los derechos y las libertades de los demás".

[37] Sobre esta Sentencia puede consultarse RODRÍGUEZ GARCIA. J., "La Agencia Mundial Antidopaje", cit., especialmente pp. 1502-1504 ; TEROL GÓMEZ, R., *Régimen jurídico de la lucha contra el dopaje en España*, cit., pp.81-84; BOUAZZA ARIÑO, O., "Notas de jurisprudencia del Tribunal Europeo de Derechos Humanos", *Revista de Administración Pública*, núm. 2017, 2018, pp. 306-309; BESTAGNO, F., "Regulation of Sport Activities and Right to Respect to Private Life under the European Convention on Human Rights", *European Papers*, Vol. 3, núm. 1, 2018, pp. 327-336; RUANO DELGADO, D., "Derechos humanos y deporte: la discutible jurisprudencia reciente de Estrasburgo", *Derecho Deportivo 2020* (Ortega Burgos, E. y García Caba, M.M., Dirs.) Tirant lo Blanch, Valencia, 2019, especialmente pp. 139-145; MAISONNEUVE, M., "Le Cour EDH et les obligations des sportifs: le doute profite à la conventionalité de la lutte contre le dopage", Cahiers du Droit du Sport, núm. 49, 2018, pp. 136-163 y PÉREZ GONZÁLEZ, C., "La jurisprudencia del Tribunal Europeo de Derechos Humanos en materia de protección de derechos humanos de los deportistas y en el ámbito deportivo", cit., pp. 98-101.

Convención Internacional contra el Dopaje de la UNESCO de 2005 comprometiéndose a implementar el CMA, apreciando que "... A fin de resolver dentro de sus sistemas legales los problemas específicos planteados por los esfuerzos para combatir el dopaje, los Estados deben disfrutar de un amplio margen de apreciación, a la luz de las complejas cuestiones científicas, legales y éticas planteadas" (Parágrafo 182), constatando que "Francia, que ha ratificado la Convención de la UNESCO, tomó una decisión muy clara para poner su legislación nacional en conformidad con los principios del CMA en cuanto al paradero de los atletas..." (Parágrafo 183).

No debe perderse de vista que el sistema de localización previsto en la legislación francesa establecía unas garantías que no son las del CMA. Las circunstancias que tuvo en cuenta el TEDH para considerar proporcionada la obligación de localización prevista en Francia fueron, en síntesis, las siguientes:

- Únicamente pueden incluirse en la lista de deportistas que deben dar sus datos de localización los deportistas incluidos en la lista de alto nivel, los incluidos en la lista de deportistas jóvenes promesas, los deportistas profesionales, en los tres casos siempre que lo hayan sido al menos uno de los tres últimos años, y los deportistas sancionados en los tres últimos años.
- Los controles de dopaje previstos en Francia únicamente pueden realizarse: a) en cualquier lugar donde el deportista esté entrenando o compitiendo, b) en cualquier establecimiento en el que se practiquen actividades físicas o deportivas, siempre que se garanticen unas condiciones de higiene y seguridad definidas por un Decreto, c) en cualquier otro lugar elegido por el deportista, incluido su domicilio, siempre que se respete su vida privada y su intimidad, y d) cuando el deportista se encuentra en prisión preventiva antes de ser puesto a disposición del Juez, por una investigación de un delito de dopaje.
- La decisión de la inscripción en el grupo de deportistas que deben remitir los datos de localización está precedida de una fase contradictoria, de tal manera que la decisión debe ser motivada y puede ser recurrida ante el juez administrativo. La duración de la inscripción tiene un año de duración y la reinscripción implica un nuevo examen de las circunstancias que llevan a considerar si ese deportista debe continuar facilitando sus datos de localización.

En España no es equiparable la regulación. La indicada obligación de localización se ha venido estableciendo tanto en la Ley Orgánica 7/2006 como en la Ley Orgánica 3/2013[38] en términos similares, y también ahora en el artículo 10.3 LOCD, cuando señala en su primer y segundo párrafo que:

[38] Sobre esta cuestión hay un importante aporte bibliográfico. Puede consultarse, por todos, MONTERO DOMÍNGUEZ, E. y RODRÍGUEZ GARCÍA, J., "¿Es justificable la obligación de localización de los deportistas?, *Revista Aranzadi de Derecho de Deporte y Entretenimiento*, núm. 33, 2011, pp. 149-165; DE MIGUEL PAJUELO, F., "Vulneración del derecho a la intimidad al exigir una localización permanente de los deportistas para el control del dopaje (Comentario a la Sentencia de la Audiencia Nacional de 24 de junio de 2014", *Revista Aranzadi de Derecho de Deporte y Entretenimiento*, núm. 45, 2014, pp. 299-315; FERNÁNDEZ DE CASADEVANTE MAYORDOMO, P, "A vueltas con el régimen de localización de los deportistas: entre el control habitual y la plena disponibilidad", *Revista Aranzadi de Derecho de Deporte y Entretenimiento*, núm. 54, 2017, pp. 119-155, LASHERAS ROMERO, C., "La localización permanente de los deportistas como supuesto no contemplado en el Ordenamiento español. Comentario a la Sentencia de la Audiencia Nacional de 24 de junio de 2014", *Revista*

"Para la realización y la mayor eficacia posible de los controles a que se refiere el apartado 1, los y las deportistas, sus entrenadores federativos o personales, los equipos y clubes y los directivos, deberán facilitar, en los términos que se establezcan mediante Orden de la persona titular del Ministerio de Cultura y Deporte los datos que permitan la localización habitual de los y las deportistas, de forma que se puedan realizar materialmente los controles de dopaje.

Igualmente, mediante Orden de la persona titular del Ministerio de Cultura y Deporte podrá concretarse dicha obligación, en función de las características de la práctica deportiva y de la inclusión de los y las deportistas en los grupos registrados de control de ámbito estatal o internacional".

La técnica empleada, por tanto, es la de establecer la obligación y remitir su regulación concreta a lo que se establezca en una Orden. A diferencia de la regulación precedente, ahora se concreta el rango normativo de la norma reglamentaria.

También, se establece en el apartado 4 del mismo artículo 10 que "Los y las deportistas, en el momento en que se sometan a los controles de dopaje, indicarán los tratamientos médicos a que estén sujetos, así como quienes son los responsables de los mismos y el alcance de dichos tratamientos", a lo que se añade que "Asimismo, el personal de apoyo del deportista tiene la obligación de suministrar dicha información, salvo que éste negare expresamente su autorización".

Hay que recordar que para facilitar tal localización se aprobó por Resolución del Presidente del Consejo Superior de Deportes (CSD), de 4 de febrero de 2013, el Formulario de localización de deportistas[39], y que tal Resolución fue parcialmente anulada por la Sentencia de la Audiencia Nacional (Sala de lo Contencioso-Administrativo) de 24 de junio de 2014, pues el formulario en realidad y materialmente venía a instaurar una localización "permanente" del deportista, lo que se entendió con buen criterio que no venía amparado ni por la Ley Orgánica 3/2013 ni por la Constitución.

La sentencia fue recurrida en casación por la abogacía del Estado, desestimado el recurso el Tribunal Supremo (Sala de lo Contencioso-Administrativo) con su Sentencia de 28 de julio de 2016, resolviendo que "… el anexo II de la resolución excede de la previsión legal y reglamentaria que le da cobertura, y resulta contrario al derecho a la intimidad, protegido por el artículo 18 de nuestra Constitución". A raíz de tal pronunciamiento, en lugar de elaborar un nuevo formulario de localización, el Director de la Agencia antidopaje con fecha 10 de octubre de 2016 publicó la Circular 4/2016, que titulada "Consecuencias de la Sentencia dictada por el Tribunal Supremo el 28 de julio de 2016 (STS 1995/2016)", se limitó a explicar qué partes del formulario habían quedado efectivamente anulados.

Aranzadi de Derecho de Deporte y Entretenimiento, núm. 44, 2014, pp. 179-190; ATIENZA MACÍAS, E., "Sobre la colisión que desencadena el control antidopaje con el derecho a la intimidad del deportista. ¿El Alto Tribunal pone fin al debate "localización habitual versus localización permanente"?: Comentario a la Sentencia del Tribunal Supremo, Sala de lo Contencioso-Administrativo, Sección Cuarta, de 28 de julio de 2016", *Revista Aranzadi de Derecho de Deporte y Entretenimiento*, núm. 54, 2017, pp. 319-335; RODRÍGUEZ GARCÍA, J., "El deber de localización de los deportistas y su derecho a la intimidad: especial referencia al consentimiento", *Revista Aranzadi de Derecho de Deporte y Entretenimiento*, núm. 31, 2011, pp. 181-248, y de mismo autor "La Agencia Mundial Antidopaje", cit., pp. 1562-1504.

39 Publicada en el BOE núm. 40, de 15 de febrero de 2013, pp. 13198-13207.

Nada nuevo. Recordemos también que la sentencia de la Audiencia Nacional de 16 de enero de 2012, confirmada en vía de recurso por la del Tribunal Supremo de 27 de noviembre de 2012, ya declaró la nulidad de la anterior Resolución del Consejo Superior de Deportes, por la que se aprobaba el formulario de localización de deportistas, por entender que la misma no se ajustaba al RD 641/2009, en la redacción conferida al mismo por el RD 1462/2009, ya que este último había sido anulado por sentencia de 13 de octubre de 2011 del Tribunal Supremo.

Finalmente, se publicó la vigente Resolución de 20 de febrero de 2017, de la Presidencia del CSD, por la que se aprueba el formulario de localización de los deportistas[40].

En resumidas cuentas, estar localizado, para el deportista, resulta esencial ya que el artículo 20 LOCD considera infracción en materia de dopaje "El incumplimiento de las obligaciones relativas a la presentación de información sobre localización o disponibilidad del deportista para realizar los controles en dicha localización...". Y que "Se considerará que existe infracción cuando el deportista haya faltado a las obligaciones en materia de localización en tres ocasiones durante un plazo de doce meses. El plazo empezará a computarse desde el día del primer incumplimiento que haya de tenerse en cuenta" (letra m).

Más en concreto, el artículo 78 del RDCD establece que en el caso controles fuera de competición, si el oficial de control del dopaje se presenta en la localización facilitada por el deportista, y no le encuentra, esperará como mínimo en ese lugar hasta treinta minutos adicionales, y caso de no personarse el deportista, el oficial hará constar las circunstancias en las que ha intentado el control.

Cómo ha de documentarse tales circunstancias viene a concretarse en la Resolución de 29 de septiembre de 2020, de la Presidencia del CSD, por la que se aprueban los formularios para los controles de dopaje[41], en cuyo Anexo VI se establece el denominado "Formulario de Intento Fallido", que lo cumplimenta el agente de control de dopaje. La misma Resolución define en su Anexo VIII el "intento fallido" como el "Toma de muestra en donde la Autoridad de Toma de muestra no ha sido capaz de efectuar la recogida de muestra por no estar presente el deportista en el lugar y hora para el control, dentro de la cual, se comprometió a estar disponible".

En cuanto a los datos sobre localización habitual de los deportistas, se establece en la LOCD que estos se custodiarán en un fichero en la CELAD, "que podrá ceder los datos de aquellos deportistas incluidos en los planes de seguimiento de las federaciones internacionales a la Agencia Mundial Antidopaje para la realización de sus funciones, previa justificación de dicha inclusión", tal y como reza el artículo 10.3, que añade que "Esta cesión de información únicamente podrá realizarse para la planificación, coordinación o realización de controles, debiendo ser destruidos los datos cuando ya no sean útiles para dichos fines".

Se contempla aquí el caso de los deportistas incluidos en un grupo registrado de control de alguna federación internacional y/o por la CELAD. Un grupo registrado de control de

[40] Publicada en el BOE núm. 49 de 27 de febrero de 201, pp. 13769-13782.

[41] Publicada en el BOE núm. 267, de 9 de octubre de 2020, pp. 86556-86587.

Advertir que esta resolución ha sido modificada por la Resolución de 12 de julio de 2021, de la Presidencia del Consejo Superior de Deportes, por la que se modifican los Anexos I y II de la Resolución de 29 de septiembre de 2020, por la que se aprueban los formularios para los controles de dopaje. Publicada en el BOE núm. 173, de 21 de julio de 2021, pp. 87843-87854.

acuerdo con el Anexo de definiciones de la LOCD es un "Grupo de deportistas de la más alta prioridad identificados separadamente a nivel internacional por las federaciones internacionales y a nivel nacional por la Agencia Estatal Comisión Española para la Lucha Antidopaje en el Deporte, que están sujetos a la vez a controles específicos, en competición y fuera de competición, en el marco de la planificación de distribución de los controles de dicha federación internacional o comisión y que están obligados a proporcionar información acerca de su localización conforme al artículo 11 de esta ley".

Para tales deportistas, se establece que "... las declaraciones hechas e incluidas en la base de datos de la Agencia Mundial Antidopaje se considerarán suficientes a los efectos del cumplimiento de las obligaciones de localización previstas en esta ley cuando la Agencia Estatal Comisión Española para la Lucha Antidopaje en el Deporte pueda tener acceso a dichos datos" (artículo 10.3 *in fine* LOCD).

V. PREVISIONES SOBRE EL PROCEDIMIENTO DE CONTROL DEL DOPAJE

1. Aspectos generales. Regulación aplicable y autoridades competentes

La regulación de los controles de dopaje está, como hemos señalado, en la LOCD (artículos 8 a 18) y, en buena lógica hasta que se aprueba su desarrollo reglamentario, en el RDCD en lo que no se oponga a la LOCD. De hecho, en el Plan Anual Normativo 2022 aprobado por el Consejo de Ministros el 11 de enero de 2022, se recoge expresamente la previsión de aprobar un "real decreto de desarrollo" de la LOCD.

Por otra parte, el artículo 10.2 LOCD, tal y como vimos, señala que "El alcance y la forma de realización de ambas modalidades de control se ajustarán a los protocolos e instrucciones que a tal efecto estén previstos en el correspondiente Estándar Internacional aprobado por la Agencia Mundial Antidopaje". Y si ponemos esta previsión en relación con la contenida en el apartado 2 del artículo 1 LOCD, cuando señala que "Las normas y definiciones de esta ley se interpretarán de acuerdo con las reglas y criterios contenidos en el Código Mundial Antidopaje, en las normas y estándares internacionales y en las normas técnicas que integran el Programa Mundial Antidopaje, que a tal fin se publicarán en el «Boletín Oficial del Estado»", se generan dudas sobre si tales normas aprobadas por la AMA serán de público conocimiento a efectos interpretativos o bien serán de directa aplicación como parece dar a entender el artículo 10.2 LOCD, lo que resulta ciertamente difícil predicar de normas que promulgue una fundación privada con sede en Suiza como es la AMA, por mucho que se publiquen en el BOE.

Apuntado lo anterior, vamos a señalar el contenido de las desordenadas previsiones de la LOCD respecto de los controles de dopaje, con referencia a lo que dispone al respecto el RDCD en lo que resulte de aplicación.

Comenzando con la regulación sustantiva, la referencia a las autoridades competentes para la realización de controles está en el artículo 12 LOCD donde más que señalarlas –la única es la CELAD– se va más allá y se apuntan las actividades que puede desplegar, incluyendo referencias a la realización de análisis por los laboratorios acreditados.

Se establece así que "La programación y realización de los controles en competición y fuera de ella corresponde a la Agencia Estatal Comisión Española para la Lucha Antidopaje en el Deporte, que contará con una financiación suficiente para tal competencia" (artículo 12.1 LOCD).

A partir de ahí, para todos los controles, se indica que "los análisis destinados a la detección de sustancias y métodos prohibidos en los y las deportistas se realizarán en cualquiera de los laboratorios acreditados o aprobados por la Agencia Mundial Antidopaje". Y junto lo anterior, se indica algo que tiene que ver con la obtención de pruebas de infracciones que debería estar en otro lugar de la LOCD, cuando se señala que la CELAD "podrá acreditar la existencia de infracciones de las normas antidopaje a través de cualquier otro medio fiable, tales como estudios forenses, parámetros relevantes en la orina, sangre u otra matriz del deportista cuyo uso estuviera autorizado y reconocido por la Agencia Mundial Antidopaje" (artículo 12.2 LOCD).

La redacción inicial de este controvertido apartado 2 del artículo 12 LOCD fue observada por el Consejo de Estado en su Dictamen de 29 de abril de 2021, señalando que "... El apartado 2 de este artículo permite la realización de controles de dopaje mediante perfiles de ADN o perfiles genómicos, o de cualquier matriz del deportista, entre las que se podría incluir la toma de líquido cefalorraquídeo o biopsias musculares, lo que es claramente desproporcionado. No se justifica una previsión de tan amplio alcance".

Tal reparo se pretendió salvar indicando en la redacción final del precepto la referencia a "... u otra matriz del deportista cuyo uso estuviera autorizado y reconocido por la Agencia Mundial Antidopaje". Pues bien, a las matrices biológicas cuyo uso está autorizado o reconocido por la AMA se refiere el artículo 6.2 CMA en estos términos:

> "Las muestras y los datos analíticos conexos, o la información sobre controles antidopaje, se analizarán para detectar sustancias prohibidas y métodos prohibidos incluidos en la lista de prohibiciones, así como cualquier otra sustancia cuya detección haya solicitado la AMA conforme a lo dispuesto en el artículo 4.5 o para ayudar a una organización antidopaje a elaborar un perfil de los parámetros pertinentes de la orina, la sangre u otra matriz del deportista, incluidos perfiles de ADN o del genoma, o para cualquier otro fin legítimo relacionado con el antidopaje".

Si ponemos en relación este precepto con el artículo 12.2 LOCD es claro que se abre la posibilidad de utilizar los perfiles de ADN o perfiles genéticos, o cualquier otra matriz biológica del deportista, incluyendo líquido cefalorraquídeo o biopsias musculares, lo que como hemos visto ha sido considerado como claramente desproporcionado por el Consejo de Estado.

Volviendo a las autoridades competentes, se señala que las Comunidades Autónomas podrán celebrar convenios con la CELAD, "con el fin de que ésta asuma el ejercicio de las competencias en materia de control de dopaje relativas a deportistas con licencia expedida por sus respectivas federaciones deportivas de ámbito autonómico y en pruebas de ámbito autonómico" (artículo 12.2 LOCD). Ello, desde luego, si así lo establece o lo prevé la correspondiente ley autonómica, debiendo reconocerse que lo relativo al dopaje se ha regulado de un modo ciertamente desigual en las distintas comunidades autónomas[42].

2. La planificación de los controles. Los grupos registrados de control

Presupuesto previo a la realización de los controles de dopaje es la planificación de los mismos, función que la LOCD atribuye a la CELAD, pues a esta corresponde "planificar, determinar y llevar a cabo, con medios propios o ajenos, los controles de dopaje" (artículo 13.1).

A tal fin, se tendrán en cuenta las competiciones más relevantes en cada modalidad deportiva, así como los elementos técnicos que sean suministrados a la CELAD "con el fin de obtener la máxima eficacia, y ponderará adecuadamente la actividad competitiva y la de preparación y participación de los y las deportistas en grandes eventos internacionales. A tal fin, las federaciones y, en su caso, las ligas profesionales, profesionalizadas o de aficionados, deberán remitir a la Agencia Estatal Comisión Española para la Lucha Antidopaje en el Deporte información necesaria sobre el calendario de competiciones" (artículo 13.3 LOCD).

Además de tal referencia a las federaciones y ligas, se establece expresamente que estas podrán acordar con la CELAD "la realización de controles de dopaje adicionales que se estimen convenientes, con cargo a sus propios presupuestos" (artículo 13.2 LOCD).

Y junto a todo lo anterior, una disposición sobre la propia planificación elaborada por la CELAD, pues se determina que la misma "será secreta y no podrá ser publicada ni divulgada. La vulneración de esta obligación se castigará de acuerdo con lo dispuesto en el artículo 50 de esta ley" (artículo 13.4 LOCD). Precepto el indicado que se limita a señalar que "Sin perjuicio de la responsabilidad que proceda, de acuerdo con la legislación específicamente aplicable, en particular en materia de protección de datos de carácter personal, las infracciones en la custodia y, en su caso, la divulgación, comunicación y cesión ilegítima de los datos personales relativos a los controles y procedimientos en materia de dopaje tienen la consideración de infracción muy grave respecto de aquel personal que ostente la condición de empleado público de acuerdo con lo previsto en el artículo 95.2.p) del texto refundido de la Ley del Estatuto Básico del Empleado Público aprobado por Real Decreto Legislativo 5/2015, de 30 de octubre, y su legislación de desarrollo" (apartado 3)[43].

Todo lo anterior en cuanto a la planificación. Fuera de la misma, el Director de la CELAD "podrá acordar motivadamente la realización de controles específicos al margen

---

[42] Al respecto, TEROL GÓMEZ, R., *Régimen jurídico de la lucha contra el dopaje en España*, cit. pp. 139-158.

[43] La letra p) del indicado artículo 95.2 señala que "También serán faltas muy graves las que queden tipificadas como tales en ley de las Cortes Generales o de la asamblea legislativa de la correspondiente comunidad autónoma o por los convenios colectivos en el caso de personal laboral constituye infracción de carácter muy grave". Una previsión esta que va referida a la legislación de función pública o a los convenios colectivos para el ámbito laboral.

Resulta desconcertante que la remisión no sea a lo que dispone la letra e) del mismo precepto, que considera infracción de carácter muy grave "La publicación o utilización indebida de la documentación o información a que tengan o hayan tenido acceso por razón de su cargo o función".

Sobre estas previsiones del Estatuto Básico del Empleado Público puede consultarse, por todos, PALOMAR OLMEDA, A., *Derecho de la función pública. Régimen jurídico de los funcionarios públicos*, 12ª ed., Dykinson, Madrid, 2020, pp. 685-700.

de la planificación, ya sean dentro o fuera de competición, dando traslado de dicho acuerdo al deportista en el momento de someterle al control de dopaje" (artículo 13.5 LOCD). Y todo ello sin que se justifique por qué no se comunica antes eso al deportista, salvo que lo que se pretenda es excluir la posibilidad de presentar recurso contra la decisión motivada, lo que no resultaría de recibo.

Llama la atención que en este artículo 13 LOCD, relativo a la planificación de los controles, no se haga ninguna mención a los Grupos Registrados de Control.

Sobre todo, porque es claro que la CELAD puede establecerlos. De hecho, el apartado 31 del Anexo de Definiciones de la LOCD se refiere a ello definiéndolos como "Grupo de deportistas de la más alta prioridad identificados separadamente a nivel internacional por las federaciones internacionales y a nivel nacional por la Agencia Estatal Comisión Española para la Lucha Antidopaje en el Deporte, que están sujetos a la vez a controles específicos, en competición y fuera de competición, en el marco de la planificación de distribución de los controles de dicha federación internacional o comisión y que están obligados a proporcionar información acerca de su localización conforme al artículo 11 de esta ley".

3. Garantías en la práctica de los controles y condiciones para su realización

3.1. El personal habilitado para su realización

Si tenemos en cuenta la rúbrica del artículo 14 LOCD, "Garantías en la práctica de los controles. Personal habilitado para su realización", y su contenido, puede parecer que la exigencia de habilitación al personal que ha de realizar los controles se considera una garantía para la correcta realización de estos.

Hay que advertir que en la Ley Orgánica 7/2006 se exigía que los controles de dopaje se realizarían siempre bajo la responsabilidad de un médico, auxiliado por personal sanitario, todos ellos habilitados por el CSD. También, que ello cambió con la Ley Orgánica 3/2013, que se refería sólo a "personal debidamente acreditado por la Agencia", dejando la referencia a "personal sanitario" sólo para las extracciones de sangre. Esta línea es la que sigue la vigente LOCD, que viene a señalar que "Los controles de dopaje siempre se realizarán por el personal expresamente habilitado por la Agencia Estatal Comisión Española para la Lucha Antidopaje en el Deporte para el desempeño de esta función" (artículo 14.1).

Los requisitos precisos de capacidad, titulación y formación para obtener la indicada habilitación, serán los que establezca una futura Orden ministerial, con un único condicionante: que "en todo caso, la habilitación para la realización de controles que consistan en la extracción de sangre del deportista sólo podrá otorgarse a personal sanitario con capacitación legal para realizar dicha extracción" (artículo 14.2).

A falta de tal desarrollo reglamentario, de acuerdo con el aún vigente RDCD, se distingue entre los agentes de control de dopaje y los oficiales de control de dopaje, pues mientras a los dos se les exige la superación del curso de formación teórica y práctica que se regula en el RDCD, al oficial se le exigirá además estar en posesión del título universitario oficial que habilite para el ejercicio en España de la profesión de médico. Y ello es porque a éste le corresponde la dirección del Equipo de Recogida de Muestras, que con arreglo al Anexo de definiciones del RDCD es el "equipo formado por Agentes de control del dopaje, dirigido siempre por el Oficial de control del dopaje, designado para llevar a cabo o colaborar en una toma de muestras especifica. Dicho Oficial podrá estar acompañado por, al menos, otro Agente de control de dopaje en una recogida de muestras y en el caso de extracción de sangre por, al menos, un Técnico de control de dopaje".

La obligación de que el oficial sea médico es algo no resulta exigible desde la Ley Orgánica 3/2013, pues en la misma se excluyó la obligatoriedad de tal requisito que sí estaba en la Ley Orgánica 7/2006 –de ahí lo establecido en su desarrollo reglamentario–, lo que consideramos criticable[44].

Otros sujetos que intervienen en los controles de acuerdo con el RDCD son los técnicos, que es "personal sanitario habilitado (...) para la extracción directa de muestras de sangre" y el escolta, que es la "persona formada y autorizada para realizar uno o varios deberes específicos de los siguientes durante un control del dopaje: notificación al deportista, observación del mismo hasta su presentación en el área de control, y/o ser testigo de la toma de la muestra", tal y como se indica en el anexo de definiciones del RDCD.

En cuanto a la convocatoria u homologación de cursos para obtener la habilitación a que nos referimos correspondía a la Agencia debiendo incluir clases teóricas y prácticas, y publicarse el temario de los cursos, lo que está en la Resolución de 8 de julio de 2009, de la Presidencia del CSD, por la que se aprueba el temario de los cursos de habilitación de agentes de control del dopaje[45], que no nos consta que haya sido derogada.

Hay que señala que, a nivel práctico, desde 2015 se contrata por la Agencia antidopaje un proveedor de servicios para la toma de muestras. Se afirma en su *Memoria 2021* que durante todo ese año "se ha continuado con la contratación de los servicios de la empresa Professional Worldwide Controls (PWC) para la toma de muestras del Plan de Distribución de Controles de la AEPSAD, tanto en competición como fuera de competición, hasta Septiembre en donde se decide trabajar con un planteamiento distinto, se divide España en cuatro áreas equilibradas en cuanto a número de controles. Con este cambio se ha posibilitado que otras dos empresas además de PWC den servicio a la AEPSAD"[46].

Por lo demás, se prevé el reconocimiento de habilitaciones otorgadas por las Comunidades Autónomas, lo que requiere de un previo convenio con la CELAD. Y sobre todo, se prevé el reconocimiento acrítico e incondicionado de las habilitaciones que se otorguen por la AMA, las federaciones internacionales y las organizaciones nacionales antidopaje de

---

[44] Sobre ello, TEROL GÓMEZ, R., "El ámbito subjetivo del control del dopaje. El régimen de obligaciones de los deportistas", *El dopaje en el deporte. Comentarios a la Ley Orgánica 3/2013, de 20 de junio, de protección de la salud del deportista y lucha contra el dopaje en la actividad deportiva* (Palomar Olmeda, A., Dir.), Dykinson, Madrid, 2013, especialmente pp. 289-292.

[45] Publicada en el BOE núm. 176, de 22 de julio de 2009, pp. 62737-62739 .

[46] Vid. p. 26, a donde pertenece el texto entrecomillado del párrafo. Ello se viene haciendo desde 2015, afirmándose en las Memorias de los años siguientes que "Este cambio, que se introdujo en el año 2015, ha supuesto un cambio de modelo en la gestión de los agentes de control de dopaje por parte de la AEPSAD que ha permitido:

- Reducir los costes asociados a los procesos de toma de muestras hasta un 45%.
- Optimizar los recursos humanos de la AEPSAD al eliminar las tareas de carácter logístico.
- Facilitar la toma de muestras fuera de competición respecto a los deportistas incluidos en el Grupo de Seguimiento.
- Reducir el tiempo de transporte de las muestras al laboratorio". Vid. *Memoria 2016*, p. 20; *Memoria 2018*, p. 18; *Memoria 2019*, pp. 26 y *Memoria 2020*, p. 26.

otros países, pues se determina que quienes estén habilitados por aquellas podrán realizar las funciones de control de dopaje y que los controles "... así realizados o cualquiera de las actuaciones en ellos comprendida serán plenamente validos a los efectos previstos en esta ley" (artículo 14.4).

Asimismo, la LOCD presupone la habilitación de los funcionarios de la CELAD para realizar controles de dopaje, pues se prevé que estos, junto con "el personal expresamente habilitado por ésta para la realización de los controles de dopaje tendrán, en sus actos de servicio o con motivo de los mismos, la consideración de agentes de la autoridad, a los efectos en su caso, de la exigencia de la responsabilidad que proceda a quienes se resistan u obstaculicen su labor de control" (artículo 14.5).

Se prevé también, para garantizar que se realizan los controles frente a cualquier resistencia, que tanto funcionarios de la CELAD como el personal habilitado por esta, podrán requerir de todas las personas que se mencionan en el artículo 3.2 LOCD "cuantas informaciones fueran necesarias a efectos del control de dopaje o de la investigación de cualesquiera infracciones tipificadas en esta ley y, en su caso, denunciarán ante el órgano competente para la incoación del correspondiente expediente sancionador, las conductas y actuaciones que contravengan las disposiciones establecidas en la misma y en sus normas de desarrollo", y que por si fuera poco "podrán solicitar, a través de la autoridad gubernativa correspondiente, el apoyo necesario de los cuerpos y fuerzas de seguridad", tal y como rezan los dos últimos párrafos del artículo 14.5 LOCD.

Además, se incluye dentro de esta regulación una previsión más propia de las disposiciones referidas al procedimiento sancionador, pues se establece que los hechos constatados directamente tanto por los funcionarios de la CELAD como por el personal habilitado por esta, "tendrán valor probatorio cuando se formalicen en documento público, observando los requisitos legales pertinentes, sin perjuicio de las pruebas que en defensa de sus respectivos derechos o intereses puedan señalar o aportar los propios interesados" (artículo 14.6 LOCD).

3.2. El derecho al descanso del deportista y las condiciones de realización de los controles

Antes de entrar en las condiciones de realización de los controles que se establecen en la LOCD, la misma contiene una declaración de principios al señalar el artículo 15.2 LOCD que "Los controles de dopaje se realizarán con pleno respeto a los derechos fundamentales de la persona y a la protección de su intimidad y datos personales", y que "Asimismo, se ajustarán al principio de mínima intervención, con observancia del principio de proporcionalidad".

La concreción de tales principios en trámites concretos ya es otra cosa. Muestra de ello es que dentro de las "condiciones de realización de los controles" el artículo 15 LOCD, así rubricado, se ocupa más bien de las consecuencias que tiene para el deportista no someterse al control. Su contenido podemos sistematizarlo del modo siguiente:

a) Sobre la información que se debe proporcionar al deportista

Se establece que los deportistas "serán informados en el momento de recibir la notificación del control y, en su caso, al iniciarse la recogida de la muestra, de los derechos y obligaciones que les asisten en relación con el citado control, de los trámites esenciales del procedimiento y de sus principales consecuencias, del tratamiento y cesión de los datos previstos en la presente ley, así como de la posibilidad de ejercitar los derechos de acceso, rectificación, supresión y oposición, establecidos en el Reglamento (UE) 2016/679, del Parlamento Europeo y del Consejo, de 27 de abril de 2016, relativo a la protección de las personas físicas en lo que respecta al tratamiento de datos personales y a la libre circulación de estos datos y por el que se deroga la Directiva 95/46/CE, y en la Ley Orgánica 3/2018, de 5 de diciembre, de Protección de Datos Personales y garantía de los derechos digitales" (artículo 15.3).

A tal fin, se prevé que la CELAD "establecerá un modelo normalizado de información para la recogida de las muestras en la realización de los controles de dopaje" (artículo 15.5 LOCD).

b) Sobre lo relativo al respeto al descanso nocturno

El respeto al descanso nocturno de los deportistas, desde que se estableció en la Ley Orgánica 7/2006, hay que reconocer que se ha ido relativizando cada vez más. Primero con la Ley Orgánica 3/2013 y ahora con la vigente LOCD, que comienza señalando en el artículo 15.1 que "dentro de la franja horaria comprendida entre las 23:00 y las 06:00 horas no se procederá a la realización de controles de dopaje fuera de competición", con dos salvedades. La primera, lógica, cuando "el deportista, en cumplimiento de la obligación prevista en el artículo 10.3 de esta ley fijare su localización en un horario comprendido en aquella franja horaria".

A pesar de lo que afirma la exposición de motivos de la LOCD, la franja horaria no es ni mucho menos novedosa. Es exactamente la misma, de 23:00 a 06:00 horas, que ya se establecía en el artículo 15.2 de la derogada Ley Orgánica 3/2013[47] y está desde 2011 en el RDCD. Eso sí, se indica la salvedad de que el deportista "... en cumplimiento de la obligación prevista en el artículo 10.3 de esta ley fijare su localización en un horario comprendido en aquella franja horaria".

La segunda salvedad consiste en que "No obstante, en casos debidamente justificados, y de acuerdo con el principio de proporcionalidad, será posible su realización (la del control de dopaje) siempre que en el momento de llevarlo a cabo se informe al deportista de las razones que justifican la no observancia de la limitación horaria establecida en el párrafo anterior", tal y como establece el artículo 15.1 *in fine* LOCD.

---

[47] Establecía a en su primer párrafo que "Para facilitar el descanso nocturno del deportista, dentro de la franja horaria comprendida entre las 23:00 y las 06:00 horas no se deberá iniciar la realización de controles de dopaje fuera de competición ni controles de salud".

A pesar de ello, la exposición de motivos de la LOCD afirma que "... . Para facilitar el descanso nocturno del deportista, se modifica la franja horaria en la que no podrá efectuarse un control de dopaje fuera de competición, pasando a estar comprendida entre las 23:00 y las 06:00 horas,...".

Si tenemos en cuenta que en la Ley Orgánica 7/2006 no se podía interrumpir el descanso del deportista en ese horario protegido salvo que ello "se justifiquen por causas médicas" (artículo 62), y que en la Ley Orgánica 3/2013 tal interrupción era posible "en casos debidamente justificados, y con pleno respeto al principio de proporcionalidad, ... siempre que en el momento de realizarlos se informe al deportista de las razones que justifican la no observancia de la limitación horaria ..." (artículo 15.2), la merma de garantías es más que perceptible. Sobre todo, porque desde 2013, el deportista, en ningún caso puede negarse al control fuera de competición en el horario indicado.

c) Y sobre las consecuencias de no someterse al control de dopaje

El mismo artículo 15.4 LOCD contiene en sus distintos párrafos previsiones más propias de los preceptos en los que se establece el régimen disciplinario o sancionador, pues se señala que "A los efectos de los procedimientos disciplinarios en materia de dopaje, la negativa sin justificación válida a someterse a los controles, una vez documentada, constituirá prueba suficiente a los efectos de exigir la responsabilidad disciplinaria del deportista". A partir de ahí se distingue que:

- "No serán justificaciones válidas para negarse al control de dopaje las circunstancias de tiempo o lugar o de cualquier otra naturaleza que hayan sido buscadas o decididas intencionadamente por el deportista", y por el contrario
- Sí "Se considera justificación válida la imposibilidad de acudir al control de dopaje como consecuencia acreditada de lesión que impida objetivamente someterse al mismo, o cuando la realización del control ponga en grave riesgo la salud del deportista".

Para acreditar la negativa sin justificación válida, basta el documento que realice al respecto el personal habilitado para el control, que "será suficiente para iniciar el correspondiente procedimiento disciplinario, sin perjuicio del derecho de defensa del interesado".

4. El procedimiento de control. Las previsiones reglamentarias

A fin de ofrecer una exposición sobre los trámites, el procedimiento o los pasos que han de seguirse en un control de dopaje, vamos a señalar lo más sustancial de la regulación que se contiene en el aún no derogado RDCD.

Como ya nos hemos referido a la planificación de los controles y al personal habilitado, así como a la distinción entre controles en competición y fuera de competición, vamos a señalar sólo los siguientes aspectos que como veremos seguidamente son de naturaleza material para la realización de los controles:

4.1. La selección de deportistas y la comunicación de los controles

Sobre esta cuestión el artículo 62 RDCD establece que, de acuerdo con el número y tipo de controles a realizar en cada modalidad o especialidad deportiva, según el plan mínimo de distribución de controles, se seleccionarán los deportistas que serán sometidos a control en competición o fuera de ella, utilizando cualquiera de los medios siguientes:

a) Designación directa, basada en una valoración objetiva y en el uso más racional de los recursos para asegurar una óptima detección y disuasión del dopaje, lo que remite a los Planes Individualizados de Control.

b) Sorteo, en el caso de controles aleatorios.

c) Designación de acuerdo con los resultados deportivos.

La selección de los deportistas que deben pasar controles en competición podrá ser realizada mediante designación o por sorteo. La designación podrá ser, a su vez, previa o realizada in situ, de acuerdo con los resultados deportivos. La previa estará respaldada por un Plan Individualizado de controles y la designación de los controles in situ será realizada por el Oficial de control del dopaje.

Los criterios de selección de deportistas en competición, para realizar designaciones no personalizadas, son:

a) La obtención de un récord nacional, en cuyo caso el control será obligatorio para homologar el récord, por lo que la posibilidad de su realización deberá preverse por el organismo que realice el control en competición.

b) El puesto de clasificación en una competición.

El sorteo de deportistas en los controles en competición se regula en el artículo 65 RDCD, estableciéndose en el artículo 66 reglas para la comunicación a los deportistas que resulten seleccionados.

Para los controles fuera de competición, el artículo 67 RDCD establece que estos serán por designación –en el marco de los Planes Individualizados– o aleatorios. El número de los aleatorios y su determinación corresponderá a la Agencia, articulándose mediante un sorteo que se efectuará por el organismo responsable de los controles. El sorteo siempre será confidencial, y su resultado se comunicará al Oficial de control del dopaje cuando se le entregue su designación como tal para el correspondiente control.

En estos controles fuera de competición la comunicación a los deportistas que deban someterse a ellos se regula en el artículo 67 RDCD.

En los Planes Individualizados de Controles, los criterios para someter a controles a los deportistas e incluirlos en los mismos, son los siguientes:

a) Haber sufrido el deportista una lesión.

b) Haberse retirado o ausentado el deportista de una competición en la que tenía prevista su participación.

c) Iniciar o finalizar un periodo de baja.

d) Tener el deportista un comportamiento que pudiera ser un indicador de utilización de dopaje.

e) Producirse en el deportista una repentina y significativa mejora del rendimiento.

f) Incumplimiento reiterado por el deportista del deber de facilitar la información relativa a sus datos de localización.

g) La evaluación del historial del rendimiento deportivo del deportista.

h) La evaluación del historial de controles de dopaje y de salud realizados al deportista.

i) Encontrarse el deportista próximo a la retirada de la competición o al cambio de categoría, u otras circunstancias significativas.

j) Reiniciar el deportista la competición tras cumplir una sanción.

k) La percepción por el deportista o por su equipo, club o entidad deportiva de adscripción, de incentivos financieros a la mejora del rendimiento, como premios en metálico u oportunidades de patrocinio.

l) Asociarse el deportista con un entrenador o un médico con antecedentes por la realización de prácticas de dopaje o por la comisión de delitos o infracciones contra la salud pública.

m) Producirse una delación que suficiente y fundadamente implique al deportista.

n) Producirse cualquier otra situación significativa de acuerdo con los objetivos establecidos en la letra a) del artículo 62, que, establece que la designación directa, basada en una valoración objetiva y en el uso más racional de los recursos para asegurar una óptima detección y disuasión del dopaje.

4.2. Los requisitos previos al control y el área de control del dopaje

De acuerdo con el anexo de definiciones del RDCD, el área de control del dopaje es el "lugar donde se realiza la toma de muestras y que debe reunir las condiciones físicas que se determinen reglamentariamente". A ello se refiere el artículo 70 RDCD, que para las federaciones deportivas españolas establece la responsabilidad de exigir "a los organizadores de las competiciones, pruebas y encuentros que en las instalaciones y recintos deportivos donde se celebren exista un recinto denominado «área de control del dopaje». Asimismo, dicho recinto deberá existir en los centros e instalaciones en los que se practiquen controles de dopaje". Asimismo, podrán otorgar habilitaciones a las instalaciones que cumplan con los concretos requisitos que haya de reunir el área, que se determinarán por Orden.

Esta es la Orden PRE/1832/2011, de 29 de junio, por la que se regula el área de control del dopaje, el material para la toma de muestras y el protocolo de manipulación y transporte de muestras de sangre, que está en vigor.

Queda prohibido dentro del área de control del dopaje, y durante todos los procesos de recogida de muestras, la realización de cualquier documento gráfico o audiovisual y el uso de teléfonos móviles.

El acceso al área será restringido, y sólo se permitirá la presencia de las siguientes personas:

a) El deportista requerido mediante notificación para pasar un control de dopaje.

b) El acompañante del deportista.

c) El equipo de recogida de muestras, incluyendo en su caso los escoltas con las funciones que se determinen en cada caso.

d) En su caso, el miembro de la AEPSAD expresamente designados para un control determinado.

e) El representante de las federaciones deportivas internacionales o la AMA en los controles ordenados por estas.

Con carácter previo al control se han de dar determinadas actuaciones imprescindibles para llevarlo a cabo, como la designación del equipo de recogida de muestras, así como facilitarles la información y material necesario para poder realizar el control según la modalidad del mismo, de lo que se ocupa el artículo 71 RDCD.

Hay que notificar también al deportista de la realización del control, lo que dependerá del tipo de control –en competición o fuera de competición–, debiendo estarse a lo que establecen los artículos 72 y 73 RDCD, estableciendo el 74 la obligación de informar al deportista de las siguientes circunstancias:

a) Que ha sido seleccionado para someterse a un control de dopaje.

b) Cuál es el organismo responsable de la realización del control.

c) El tipo de muestra a obtener.

d) El derecho a designar a una persona, debidamente documentada, que podrá ser su médico, fisioterapeuta, entrenador o delegado, para que le acompañe durante el proceso de recogida de muestras.

e) El derecho a solicitar una información adicional coherente y adecuada sobre la recogida de muestras.

f) El derecho a no someterse a la prueba, si existe alguna justa.

g) La obligatoriedad de someterse al control, y las consecuencias ante la resistencia o negativa para ello sin justa causa.

h) La obligación de permanecer en todo momento bajo la observación de los componentes del Equipo de recogida de muestras designados para ello, desde la notificación hasta la finalización del proceso de recogida de muestras.

i) La obligación de identificarse en cualquier momento ante el miembro del Equipo de recogida de muestras que lo solicite y mediante documentación oficial que confirme su identidad e incluya fotografía.

j) Cuando se trate de un deportista discapacitado, el derecho a solicitar las adaptaciones necesarias que estén justificadas.

k) La obligación de presentarse en el área de control del dopaje o en el lugar indicado para la recogida de muestras en las condiciones que indique la notificación.

l) El derecho a solicitar una demora para presentarse en el Área de Control del Dopaje.

m) El derecho a ser informado acerca del tratamiento y cesión de sus datos y de los derechos que le asisten.

Cabe, como vemos, que por parte del deportista se solicite una demora en la presentación en el Área de Control del Dopaje o lugar determinado para la recogida de muestras, que otorgará el Oficial de control del dopaje y que no será superior a sesenta minutos, siempre que durante este tiempo el deportista pueda permanecer bajo la observación de un miembro del equipo de recogida de muestras.

Puede suceder también que el deportista se niegue a recibir la notificación del control, lo que se hará constar por quien realice la misma y que "requerirá a un testigo presencial para que se advere este hecho. Podrán ser testigos el resto del Equipo de recogida de muestras" (artículo 76 RDCD). Asimismo, se prevé que, si el deportista seleccionado no se presenta en el Área de Control en el plazo señalado en la notificación, el Oficial esperará treinta minutos más, pasados los cuales dará por finalizado el control, e informará a la Federación deportiva española correspondiente y a la Agencia de que el deportista no se ha presentado al control de dopaje para el que fue seleccionado. Si se trata de un control fuera de competición, el artículo 78 RDCD prevé que el Oficial se presente en la localización facilitada por la Federación deportiva española correspondiente con los datos proporcionados por el deportista, y que, si no lo encuentra, procederá del mismo modo.

Por lo demás, el artículo 77 RDCD establece que desde que se practica la notificación al deportista éste debe estar siempre bajo observación.

4.3. La toma de muestras y su transporte

El RDCD establece una serie de disposiciones generales sobre la toma de muestras, para después concretar más dependiendo de que lo que se recoja sea orina, sangre o aire espirado.

Así, y con carácter general, de acuerdo con el artículo 79 RDCD, durante los procesos de recogida de muestras a un deportista requerido para pasar un control del dopaje, en el Área de Control sólo podrán estar presentes las siguientes personas, además del deportista sometido al control:

a) El Oficial de control del dopaje.

b) Al menos un segundo Agente de control del dopaje, que actuará como Adjunto de control del dopaje o como Técnico de control del dopaje.

c) En su caso, un acompañante, expresamente autorizado por el deportista.

d) En caso de que el deportista sea menor de edad, el padre, madre o tutor del mismo.

e) En su caso, un observador de la Agencia

f) En los controles ordenados por las Federaciones deportivas internacionales o por la AMA, un representante de las mismas, siempre que previamente haya sido comunicada y justificada esta circunstancia a la Agencia, realizando la pertinente solicitud.

El acceso de las personas autorizadas a las diversas dependencias del área de control del dopaje será libre, aunque siempre bajo la supervisión y en su caso siguiendo las indicaciones del Oficial de control del dopaje, excepto en la sala de toma directa de la muestra, a la que en el momento de la emisión de la orina sólo podrá acceder el deportista y una de las personas del Equipo de recogida de muestras, del mismo sexo del deportista, designada por el Oficial, o y en su caso el acompañante de un deportista discapacitado (artículo 79.2 RDCD).

Hay que destacar que el proceso de recogida de muestras se inicia con la llegada del deportista al área de control, en una competición, o a las dependencias que hagan sus funciones en un control fuera de competición, que podrá como vimos solicitar una demora, y que una vez en el área de control "se le entregará un documento con sus derechos y obligaciones durante el proceso de recogida de muestras, y de los trámites esenciales del procedimiento y de sus principales consecuencias. Asimismo, se le informará del tratamiento y de la cesión de los datos previstos en la Ley Orgánica 7/2006, así como de la posibilidad de ejercitar los derechos de acceso, de rectificación, cancelación y oposición, establecidos en la Ley Orgánica 15/1999, de 13 de diciembre, de Protección de Datos de Carácter Personal" (artículo 80 RDCD), remisión esta que habrá que entender realizada al Reglamento (UE) 2016/679, del Parlamento Europeo y del Consejo, de 27 de abril de 2016, relativo a la protección de las personas físicas en lo que respecta al tratamiento de datos personales y a la libre circulación de estos datos y por el que se deroga la Directiva 95/46/CE, y a lo dispuesto en la Ley Orgánica 3/2018, de 5 de diciembre, de Protección de Datos Personales y garantía de los derechos digitales.

Se prevé que los datos referentes al proceso de recogida de muestras se recogerán en un Formulario de Control del Dopaje (artículo 81), la existencia de una sala de espera en el área de control (artículo 82), que el material que se utilice para la recogida de muestras deberá reunir los requisitos que determine una Orden (artículo 84) y la individualidad de la toma de muestras, lo que podemos considerar un principio básico ya que de acuerdo con el artículo 83 RDCD "en las salas de trabajo y de recogida de muestras de un área de control del dopaje sólo podrá realizarse un único proceso de recogida de muestras, no pudiendo realizarse el siguiente hasta la completa finalización del primero".

La Orden a la que se remite el mencionado artículo 84 RDCD es la ya mencionada y vigente Orden PRE/1832/2011, de 29 de junio, por la que se regula el área de control del dopaje, el material para la toma de muestras y el protocolo de manipulación y transporte de muestras de sangre, que se ocupa de esta cuestión en su Capítulo 3 (artículos 14 a 25).

El RDCD reglamenta, como decimos, el procedimiento de recogida de muestras, ocupándose de las de orina (artículos 85 a 94), sangre (artículos 95 a 101), y aire espirado (artículo 102), donde se contienen en una pormenorizada regulación los pasos a dar desde la elección de los recipientes hasta su envasado, ocupándose también el RDCD de todo lo relativo a la custodia y transporte de las muestras (artículos 103 a 105). Regulación que se completa con lo dispuesto en la mencionada Orden PRE/1832/2011.

4.4. Los laboratorios de control y la comunicación de resultados. El contraanálisis

Una vez llega la muestra a los laboratorios de control, estos procederán a la realización del correspondiente análisis. Ya vimos que con arreglo al artículo 12.1 LOCD "los análisis destinados a la detección de sustancias y métodos prohibidos en los y las deportistas se realizarán en cualquiera de los laboratorios acreditados o aprobados por la Agencia Mundial Antidopaje".

El Capítulo I del Título IV del RDCD se refiere a los laboratorios de control del dopaje, que de acuerdo con su artículo 33 son "los laboratorios de ensayo que estén en posesión de una autorización expedida por el Consejo Superior de Deportes conforme a este título, y que les habilita para analizar las muestras recogidas en un control de dopaje y homologa, a efectos deportivos, los resultados de sus ensayos". Previsión esta que debe decaer ya que de acuerdo con la LOCD es suficiente con la acreditación de la AMA. Asimismo, hay que señalar que los dos laboratorios existentes en España están acreditados por la AMA.

Se limita a indicar el artículo 12.2 LOCD que "En los controles de dopaje realizados en competición o fuera de competición, los análisis destinados a la detección de sustancias y métodos prohibidos en los y las deportistas se realizarán en cualquiera de los laboratorios acreditados o aprobados por la Agencia Mundial Antidopaje...".

Sobre la labor de los laboratorios, el artículo 38.1 RDCD establece que "llevarán a cabo los procesos de recepción, registro y análisis de las muestras, de gestión y comunicación de resultados del análisis y, en su caso, de contraanálisis y emisión de su resultado, así como de custodia de las muestras y de la documentación, conforme a lo dispuesto en el presente real decreto y en las reglas y normativas internacionales de general aplicación en el plano técnico de realización de los mismos".

Dado que se recogen dos muestras la "A" y la "B" en cada control, si el resultado analítico de la "A" es adverso, tiene el deportista derecho a que se analice la muestra "B", lo que se denomina "contraanálisis". De ahí que reputemos como "definitivo" el resultado analítico que resulte de analizar las dos muestras, si se solicita por el deportista el análisis de la "B", o bien se está ante un "resultado anómalo", lo que con arreglo al Anexo de Definiciones de la LOCD resulta ser un "Informe emitido por un laboratorio acreditado o aprobado por la Agencia Mundial Antidopaje que requiere una investigación más detallada según la Norma Internacional para Laboratorios de la Agencia Mundial Antidopaje o los documentos técnicos relacionados antes de decidir sobre la existencia de un Resultado Analítico Adverso" (apartado 59).

En el mismo Anexo (apartado 59) se define el resultado analítico adverso: "Un informe por parte de un laboratorio acreditado o aprobado por la Agencia Mundial Antidopaje que, de conformidad con la Norma Internacional para Laboratorios identifique en una muestra la presencia de una sustancia prohibida o de sus metabolitos o marcadores o evidencias del uso de un método prohibido". Definición ésta en la que podemos observar que la acreditación del Laboratorio que realiza los análisis por la AMA forma incluso parte del concepto de "resultado analítico adverso".

4.5. Referencia a los formularios de control del dopaje

En el capítulo IV del Título IV del RDCD es donde se regula la realización de controles y toma de muestras. En concreto, en su artículo 81 se establece que los datos referentes al proceso de recogida de muestras se recogerán en el correspondiente Formulario de Control de Dopaje, que se establecerá por Resolución del Presidente del CSD, previéndose también en el artículo 93 del mismo RDCD la existencia de un documento adjunto al formulario de control en el que pueda declararse observaciones, irregularidades o comportamientos inhabituales en el proceso de control, lo que se prevé dentro del procedimiento de recogida de muestras.

Se prevén también formularios para el transporte de las muestras (artículo 103 RDCD) y otro para el seguimiento de la cadena de custodia (artículo 104 RDCD).

Hay que indicar que la LOCD ya no emplea el término "Formulario" cuando se refiere a la recogida de muestras. La referencia es a "Modelos normalizados", señalando el artículo 15.5 LOCD que es la CELAD la que "... establecerá un modelo normalizado de información para la recogida de las muestras en la realización de los controles de dopaje".

Con lo anterior, parece que el legislador quiere ahora que los formularios los apruebe la CELAD. Sin perjuicio de ello, en el momento actual todos esos formularios se recogen y establecen en la Resolución de 29 de septiembre de 2020, de la Presidencia del CSD, por la que se aprueban los formularios para los controles de dopaje[48], modificada por la Resolución de 12 de julio de 2021[49]. Los distintos formularios se recogen en los Anexos de la Resolución, y son:

- I: Formulario de Control de Dopaje,
- II: Formulario de Cadena de Custodia,
- III: Formulario de Información Complementaria para Pasaporte Biológico del Deportista,
- IV: Formulario de Informe de Misión del Agente,
- V. Formulario de Información Complementaria,
- VI: Formulario de Intento Fallido.

Asimismo, en el anexo VII, más que un formulario se recogen unas Instrucciones para la correcta cumplimentación de los formularios y en el Anexo VIII se incluye un glosario con sólo ocho definiciones, algunas de ellas relativos a conceptos que ya se definen en el Anexo de la LOCD. Y cabe señalar, por último, que los formularios han sido elaborados tomando como base los de la AMA y que, además del idioma castellano, se ha utilizado el idioma inglés.

Nada se dispone sobre la derogación de la Resolución de 22 de abril de 2015, de la Presidencia del CSD, por la que se aprueban los formularios para los controles de dopaje[50], del mismo modo que en esta nada se establece tampoco respecto de la derogación de la Resolución de 14 de julio de 2010, de la Presidencia del Consejo Superior de Deportes, por la que se aprueban los formularios para los controles de dopaje[51]. Parece que habrá que sobreentenderlo.

4.6. Conservación de las muestras y análisis de las mismas. Remisión

Sobre esta cuestión hay disposiciones específicas, y bien novedosas, en la LOCD. Más en concreto en su artículo 18, cuya rúbrica es precisamente "Titularidad y conservación de las muestras y análisis de las mismas". A ello nos referimos más adelante.

[48] Publicada en el BOE núm. 267, de 9 de octubre de 2020, pp. 86556-86587.

[49] Publicada en el BOE núm. 173, de 21 de julio de 2021, pp. 87843-87854.

[50] Publicada en el BOE núm. 110, de 8 de mayo de 2015, pp. 40568-40602.

[51] Publicada en el BOE núm. 223, de 14 de septiembre de 2010, pp. 78399-78418.

VI. OBLIGACIONES ADICIONALES SOBRE EL REGISTRO DE TRATAMIENTOS MÉDICOS

Con una redacción ciertamente mejorable, el artículo 16 LOCD se refiere a algo que ya estaba en las leyes antidopaje que la precedieron: los libros registro de tratamientos médicos.

Estableciéndose como opcional para las entidades deportivas que están en el ámbito de aplicación de la LD, o que participen en competiciones oficiales de su ámbito, la LOCD prevé que estas "podrán exigir la llevanza de un libro de registro que deberá estar debidamente registrado en la entidad que lo acordara, y de cuya integridad exista garantía, en el que harán constar las autorizaciones de uso terapéutico y los tratamientos médicos y sanitarios que hayan prescrito sus facultativos a los y las deportistas bajo su dirección, siempre que estos autoricen dicha inscripción; y extendiendo una copia o certificación de cada asiento, a instancia de los y las deportistas, donde conste identificado el facultativo o profesional sanitario que, bajo su dirección, hubiera prescrito o realizado el tratamiento médico o sanitario, con expresión de la fecha y la firma o el sello del profesional sanitario". Y adicionalmente, "podrán complementar o sustituir el libro registro por procedimientos centralizados de base de datos con utilización de las tecnologías de la información y la comunicación e identificación electrónica, como la firma digital y los sistemas de historia electrónica única y centralizada", tal y como reza el apartado 1 del artículo 15 LOCD.

También en el terreno de lo que podrán hacer, se señala que las federaciones "podrán desarrollar internamente, un reglamento para formalizar y establecer las obligaciones de los clubes que participen en sus competiciones nacionales con respecto al registro de los tratamientos médicos y sanitarios de los y las deportistas" (artículo 15.2).

Establecida la posibilidad de establecer y regular tales libros registro, sobre estos y las certificaciones que se generen en las bases de datos que los sustituyan, la LOCD se pronuncia respecto de su naturaleza, indicando que "tendrán la consideración de documento sanitario a los efectos de acceso a la información que contiene y de custodia y protección de datos, y estará sometido a la legislación vigente en materia de derechos y obligaciones de información y documentación clínica, receta médica y órdenes de dispensación, y al resto de la legislación general sobre salud pública y acceso a la información pública" (artículo 15.3 LOCD).

Sin que termine de entenderse la mención al acceso a información pública, la referencia principal dada la naturaleza de los datos entendemos que está en la Ley 41/2002, de 14 de noviembre, básica reguladora de la autonomía del paciente y de derechos y obligaciones en materia de información y documentación clínica.

Para concluir, hay que mencionar una referencia a la posibilidad de utilizar los datos a que nos referimos en procedimientos sancionadores, lo que bien podría haberse ubicado en el Título II de la LOCD, que es el relativo al Régimen sancionador. Este es el tenor literal del apartado 4 del artículo 15 LOCD:

> "No obstante, el contenido de estos libros podrá ser requerido por el órgano competente para resolver los expedientes sancionadores por dopaje, o aportado a

instancia de parte como medio de prueba en los procedimientos sancionadores, a los efectos de determinar la concurrencia de criterios eximentes o atenuantes de la responsabilidad por las infracciones previstas en esta ley".

VII. LAS AUTORIZACIONES DE USO TERAPÉUTICO

Nos ocupamos ahora de las denominadas "autorizaciones de uso terapéutico" (AUT), cuyo efecto es permitir que un determinado deportista pueda consumir sustancias prohibidas sin incurrir en responsabilidad disciplinaria. La razón de la autorización está en que tal consumo viene justificado por razones médicas, lo que requerirá de las correspondientes cautelas en forma de autorización expresa y previa.

Las AUT están previstas en el CMA (artículo 4.4) y se ocupa de las mismas el Estándar Internacional de Autorización de Uso Terapéutico[52]. Asimismo, la Convención Internacional contra el Dopaje en el Deporte, hecha en París el 18 de noviembre de 2005 recoge estas normas en su Anexo II (artículo 2.25), previendo además el procedimiento para modificar por la AMA los Anexos de la propia Convención.

De ahí que el mencionado Anexo II haya sido modificado ya en varias ocasiones[53]. Allí se encuentra el régimen de las AUT a nivel internacional, incluyendo desde los aspectos procedimentales hasta organizativos, así como los criterios de concesión y de cancelación de las mismas. Régimen acabado que ha de seguirse en los distintos Estados y por las Federaciones y organizaciones deportivas internacionales, del que en nuestro país ya se hicieron eco el artículo 7.4 de la derogada Ley Orgánica 7/2006, y posteriormente el artículo 17 de la también derogada Ley Orgánica 3/2013, en cuya redacción final incidió la reforma operada por el Real Decreto-Ley 3/2017.

La regulación con el régimen vigente para las AUT está en el artículo 17 LOCD, donde se comienza indicando que son los deportistas quienes pueden solicitar una AUT al Comité de Autorizaciones de Uso Terapéutico (CAUT), adscrito a la CELAD, que "... aplicará los criterios de evaluación contenidos en el anexo II de la Convención internacional contra el dopaje en el deporte y en las normas para la concesión de autorizaciones de uso terapéutico adoptadas por la Agencia Mundial Antidopaje. El procedimiento de solicitud de las autorizaciones de uso terapéutico figura establecido en el referido anexo II" (apartado 1).

Esta previsión, en la que se hace remisión a una Convención internacional respecto de las normas procedimentales que ha de seguir un órgano administrativo, hay que ponerla en relación con los preceptos relativos al régimen sancionador que bien aseguran la exención de responsabilidad si se tiene una AUT, bien retribuye negativamente los incumplimientos relativos al régimen de las mismas. Así, el artículo 26.2 LOCD señala que "Se considerarán circunstancias eximentes de la responsabilidad disciplinaria: ... b) Que se haya obtenido una autorización de uso terapéutico, alcanzando la eximente únicamente a las sustancias o

---

[52] El que está en vigor desde el 1 de enero de 2021 se encuentra disponible en: https://www.wada-ama.org/sites/default/files/resources/files/estandar_aut_2021_espanol.pdf (ultimo acceso: 27 enero 2022).

[53] La última modificación está publicada en el BOE núm. 334, de 23 de diciembre de 2020, pp. 118728-118755, donde se recogen los Textos enmendados aprobados en París el 15 de noviembre de 2020 del Anexo I, Listas de sustancias y métodos prohibidos, y del Anexo II, Estándar Internacional para autorizaciones de uso terapéutico, de la Convención Internacional contra el dopaje en el deporte, hecha en París el 18 de noviembre de 2005.

métodos prohibidos que se contengan en la autorización". Y junto a ello, se establece que "Los y las deportistas responderán por el incumplimiento de las obligaciones impuestas por las autorizaciones de uso terapéutico o del incumplimiento de la obligación de solicitarlas..." (artículo 19 LOCD).

En coherencia con lo anterior, si bien se caracteriza como infracción en materia de dopaje "La posesión por los y las deportistas o por el personal de apoyo, ya sea en competición o fuera de competición, de sustancias prohibidas en dichos ámbitos o de los elementos necesarios para la utilización de métodos prohibidos, cuando se carezca de una autorización de uso terapéutico para su administración o dispensación, o de otra justificación legal o reglamentariamente calificada como suficiente" se prevé también y a continuación que la tenencia de una AUT "no excluirá la comisión de la infracción si las personas responsables disponen de una cantidad de sustancias o métodos prohibidos tan superior a la que correspondería al simple uso que ampara la autorización indicada, que pudiera razonablemente suponerse que están dirigidas al tráfico previsto en la letra h) de este precepto" (artículo 20.f) LOCD).

Ostentar una AUT, en definitiva, se considera una circunstancia eximente de la responsabilidad en materia de dopaje, tal y como establece el ya indicado artículo 26.2 LOCD.

A partir de ahí se contienen determinaciones concretas respecto del momento en que surte efectos la AUT, que serán "... desde la fecha de su concesión y por el periodo de tiempo que en ellas se establezca" (artículo 17.2 LOCD), estableciéndose el silencio desestimatorio en caso de haber transcurrido más de un mes desde la solicitud de una AUT sin respuesta, "... a los exclusivos efectos de poder recurrir ante el Comité Sancionador Antidopaje" (artículo 17.3 LOCD), pues entre las competencias de este está la de conocer del recurso administrativo especial que se interponga con las resoluciones "relativas a las autorizaciones de uso terapéutico" [artículo 47.2.c) LOCD].

Dejando de lado el aspecto sancionador, parece claro que la regulación sustancial de las AUT se remite, sin más y como decimos, al indicado Anexo II de la Convención, aunque se refiere el artículo 17 LOCD a "Las autorizaciones de uso terapéutico que se otorguen conforme a esta ley y las disposiciones que la desarrollen, ...". A este respecto, podemos indicar que el régimen sustantivo de las AUT debería llevarse al desarrollo reglamentario[54].

Es muy relevante el CAUT, que de acuerdo con el Anexo II de la Convención ha de estar formado "... como mínimo por tres (3) médicos con experiencia en la asistencia médica y el tratamiento de deportistas y con buenos conocimientos de medicina clínica, deportiva y del ejercicio. En los casos en que se necesiten conocimientos técnicos específicos (por ejemplo, cuando se trate de deportistas con discapacidad, cuando la sustancia o el método estén relacionados con dicha discapacidad), por lo menos un (1) miembro o experto del CAUT debe tener dichos conocimientos técnicos. Uno (1) de los miembros médicos debe actuar como presidente del CAUT" (artículo 5.3.a).

Respecto de este órgano, la LOCD se limita a señalar que formará parte de la CELAD como órgano adscrito a la misma. Y sin perjuicio de lo que se señala en la Convención y en el Estándar internacional de la AMA que recoge, no se puede obviar que se trata de un

[54] Mientras tanto, habrá que estar a la regulación que de ello se contiene en el RDCD, que no ha padecido modificaciones en este ámbito de las AUT, y más en concreto en el Capítulo IV del Título III del mismo (artículos 24 a 32), en lo que no se oponga a la LOCD.

órgano administrativo integrado en una entidad pública cuya regulación está recogida en el RDCD, donde se establece que el CAUT estará compuesto por nueve miembros, de los cuales al menos seis serán médicos con experiencia en asistencia sanitaria y tratamiento de deportistas y conocimientos de asistencia clínica y deportiva, y un secretario. Asimismo, al menos uno de los miembros del CAUT deberá además poseer experiencia específica en asistencia y tratamiento a deportistas con discapacidad.

En cuanto al nombramiento de los miembros del CAUT, se entiende que dada su adscripción orgánica ello habría de corresponder a la CELAD[55], y que atendiendo a lo que establece el RDCD se nombran por un período de cuatro años y cesarán por las causas tasadas que establece el artículo 25.2 RDCD.

Como órgano colegiado de la Administración que es, el funcionamiento del CAUT se ajustará a lo dispuesto en el RDCD y, claramente, en la LRJSP, en cuanto órgano administrativo colegiado de la Administración general del Estado.

Sobre cuál es el régimen al que ha de someterse los deportistas de nivel internacional respecto de las AUT, ello se determina en los apartados 4 y 5 del artículo 17 LOCD, con el siguiente tenor, que reproducimos:

> "4. En el supuesto de deportistas de nivel internacional, corresponderá a la federación internacional la concesión de la autorización de uso terapéutico, conforme a su propia normativa. El otorgamiento de la autorización, una vez firme, tendrá pleno valor en las competiciones y actividades deportivas estatales.
>
> 5. Si el deportista que dispone de una autorización de uso terapéutico adquiere de manera sobrevenida la condición de deportista de nivel internacional, deberá comunicar inmediatamente a la federación internacional correspondiente la posesión de esa autorización de uso terapéutico. Si la federación internacional considera que dicha autorización de uso terapéutico no es válida, el deportista o la Agencia Estatal Comisión Española para la Lucha Antidopaje en el Deporte podrán recurrir ante la AMA en los términos previstos por su propia normativa.
>
> Mientras no haya transcurrido el plazo para recurrir o, de haberse recurrido la decisión ante la Agencia Mundial Antidopaje, en tanto ésta no resuelva el recurso, la autorización de uso terapéutico conservará su validez y eficacia a los efectos en el ámbito estatal, tanto en competición, como fuera de competición.
>
> La decisión de la Agencia Mundial Antidopaje deberá ser asumida mediante resolución expresa del Director de la Agencia Estatal Comisión Española para la Lucha Antidopaje en el Deporte, sin perjuicio del derecho del deportista a recurrirla de acuerdo con lo dispuesto en el Código Mundial Antidopaje.
>
> En el supuesto de que la decisión de la federación internacional no se recurra ante la Agencia Mundial Antidopaje, y siempre que el deportista hubiera perdido la condición de deportista de nivel internacional, la Agencia Estatal Comisión Española para la Lucha Antidopaje en el Deporte resolverá sobre la validez de la autorización

[55] De acuerdo con el artículo 25.2 RDCD, el nombramiento corresponde al Presidente de la Comisión de Control y Seguimiento de la Salud y el Dopaje, órgano adscrito al CSD que asumía las más importantes funciones en materia de lucha contra el dopaje con arreglo a la Ley Orgánica 7/2006. Apuntar, por cierto, que el Real Decreto 811/2007, de 22 de junio, por el que se determina la estructura, composición, funciones y régimen de funcionamiento de la Comisión de Control y Seguimiento de la Salud y el Dopaje, no ha sido formalmente derogado a pesar de su evidente inaplicación actual.

de uso terapéutico que hubiera otorgado, si bien con efectos exclusivamente en el ámbito estatal".

Concluye el artículo 17 LOCD con una previsión cuya ubicación sistemática bien podría haberse llevado al capítulo que contiene las previsiones relativas al procedimiento disciplinario, pues se establece que "Los órganos disciplinarios deportivos no podrán considerar válidas las autorizaciones de uso terapéutico que no se encuentren debidamente registradas en la Agencia Estatal Comisión Española para la Lucha Antidopaje en el Deporte o de las que no tenga constancia suficiente a través de la Agencia Mundial Antidopaje" (apartado 6).

Sigue en vigor como decimos el desarrollo reglamentario contenido en RDCD, en el que evidentemente, las referencias que hace la norma a la extinta Comisión de Control y Seguimiento de la Salud y el Dopaje (CCSSD) que instauró la Ley Orgánica 7/2006 habrá que entenderlas realizadas ahora a la CELAD pues a la misma está adscrito el CAUT con arreglo al artículo 17.1 LOCD.

En cuanto a las solicitudes de AUT, se prevé en el RDCD que estas se presentarán por el deportista con arreglo al formulario que se establezca por Resolución del Presidente del CSD, lo que se implementó con la Resolución de 8 de febrero de 2010, de la Presidencia del CSD, por la que se aprueba el formulario de AUT[56].

De acuerdo con la normativa señalada, deberá acompañarse de un historial médico completo del deportista y de los resultados de todas las pruebas diagnósticas realizadas. Su plazo de presentación es de, al menos, veintiún días hábiles antes de participar en una competición, o de iniciar un tratamiento, excepto en casos de urgencia debidamente acreditados.

De la tramitación de las solicitudes de AUT se ocupa el artículo 27 RDCD, que dispone que recibida la solicitud, el CAUT procederá a su análisis y valoración pudiendo solicitar los informes médicos y sanitarios que considere oportunos para la adecuada resolución de la misma. Lo que se decida se notificará al deportista en los treinta días hábiles siguientes a la recepción de la solicitud. Asimismo, dichas resoluciones serán comunicadas al Presidente de la Federación deportiva española o, en su caso, a la Federación internacional correspondiente, así como a la Agencia que deberá registrar todas las AUT que se otorguen, de lo que específicamente se ocupa el artículo 32 RDCD.

Tal registro se refuerza ahora con lo que establece el artículo 17 LOCD, cuando como vimos establece que "los órganos disciplinarios deportivos no podrán considerar válidas las autorizaciones de uso terapéutico que no se encuentren debidamente registradas en la Agencia Estatal Comisión Española para la Lucha Antidopaje en el Deporte o de las que no tenga constancia suficiente a través de la Agencia Mundial Antidopaje".

Señalado lo anterior, se establecen en el RDCD determinadas especialidades cuando se trata del uso de determinadas sustancias (artículos 28 y 29), determinándose en el artículo 30 los criterios que deberá utilizar el CAUT para la concesión de AUT:

[56] BOE núm. 51, de 27 de febrero de 2010, pp. 19437-19442.

"a) Que el deportista pueda experimentar un perjuicio significativo en su salud si la sustancia prohibida o el método prohibido no se hubiera administrado durante el tratamiento de una enfermedad grave o crónica.

b) Cuando el uso terapéutico de la sustancia prohibida o del método prohibido no produzca una mejora adicional del rendimiento, salvo la que pudiera preverse del retorno a un estado normal de salud tras el tratamiento de una enfermedad.

No se considerará una intervención terapéutica aceptable el uso de una sustancia prohibida o de un método prohibido para aumentar niveles inferiores a los normales de una hormona endógena.

c) Cuando razonablemente no exista alternativa terapéutica eficaz al uso de la sustancia prohibida o el método prohibido.

d) Que la necesidad del uso de la sustancia prohibida o el método prohibido no pueda ser una consecuencia, ni en su parte ni en su totalidad, de un uso previo no terapéutico de una sustancia o método prohibido.

Sólo podrán otorgarse autorizaciones de uso de sustancias prohibidas, cuando los medicamentos y productos sanitarios en cuestión cumplan las previsiones de la Ley 29/2006 relativas a la disponibilidad de productos farmacéuticos y a las garantías sobre la importación, exportación e inspección de medicamentos".

Se dispone asimismo en el RDCD que las resoluciones del CAUT no agotan la vía administrativa y contra las mismas se podrá interponerse recurso ante la Comisión de Control y Seguimiento de la Salud y el Dopaje del CSD en los diez días hábiles siguientes a su notificación, que aunque ya no existe no dejaba de ser un órgano especializado en dopaje, tal y como se reflejaba su composición. Sin embrago, es claro que de acuerdo con el artículo 17 LOCD la denegación de una AUT será recurrible ante el Comité Sancionador Antidopaje de la CELAD. Es de este modo como hay que interpretar lo establecido en el RDCD.

VIII. REGLAS PARTICULARES SOBRE LA TITULARIDAD Y CONSERVACIÓN DE LAS MUESTRAS Y SU ANÁLISIS

El tiempo para la realización del análisis de las muestras obtenidas en los controles de dopaje ha venido cobrando importancia desde que el plazo de prescripción de las infracciones por dopaje se ha venido incrementado hasta alcanzar los diez años, que es el que establece la LOCD y también el CMA como ya sabemos.

El antecedente de la regulación de esta cuestión en la LOCD está en la reforma operada en la Ley Orgánica 3/2013 por el Real Decreto-Ley 3/2017 que añadió un nuevo artículo 17 bis que establecía que "Las muestras obtenidas en los controles de dopaje podrán ser objeto de análisis inmediatamente después de su recogida, bien con el fin de detectar la sustancia y métodos prohibidos o para elaborar un perfil de los parámetros biológicos del deportista. También podrán ser almacenadas con las debidas garantías de conservación con el fin de ser analizadas en cualquier momento posterior, pero siempre dentro del plazo de diez años a contar desde la recogida".

Hoy, como veremos, se va mucho más allá con la regulación que se establece en el artículo 18, que rubricado "Titularidad y conservación de las muestras y análisis de las mismas", viene a imponer la cesión de las muestras por parte del deportista a la organización antidopaje que le haga un control, sea esta la que sea. Una cesión obligatoria de muestras tanto para detectar sustancias prohibidas como para elaborar un perfil biológico del deportista, con la particularidad de que tal autoridad puede conservar las muestras durante diez años desde que se hayan recogido. Este es el tenor literal del apartado 1 del artículo 18 LOCD:

> "Las muestras obtenidas en los controles de dopaje serán cedidas por el deportista a la autoridad antidopaje que las tome durante un periodo de diez años desde su recogida y podrán ser objeto de análisis inmediatamente después de su recogida o en cualquier momento posterior, bien a instancia de la autoridad de dopaje que las tomo, bien a instancia de la Agencia Mundial Antidopaje o de otra autoridad antidopaje que lo solicitara si acreditase justa causa, con el fin de detectar la sustancia y métodos prohibidos o para elaborar un perfil de los parámetros biológicos del deportista.
>
> Las muestras cedidas podrán ser almacenadas con las debidas garantías de conservación a los fines previstos en el párrafo anterior durante el plazo de diez años contados desde la recogida".

Dado lo anterior, ¿cuándo se pueden destruir o desechar las muestras?. Parece que nunca ya que lo importante no es eso sino desvincular la muestra del deportista, lo que sucederá bien cuando pasen diez años o si se sanciona al deportista. Eso es lo que señala el tercer párrafo del artículo 18.1 LOCD cuando indica que "Una vez cumplido el plazo de prescripción de las infracciones previsto en el artículo 33 de esta ley, o cuando hubiera recaído resolución firme en el correspondiente procedimiento sancionador o en la causa penal, los laboratorios de control del dopaje u otros laboratorios no podrán mantener muestras vinculadas a una persona identificable".

¿Y cuantas veces se pueden analizar las muestras?. Pues cuantas sean necesarias hasta que se pueda imputar al deportista una infracción por dopaje. El apartado 4 del artículo 18 LOCD es claro al indicar en su primer párrafo que "Los laboratorios acreditados podrán analizar las muestras en tantas ocasiones como sea necesario antes de proceder a comunicar al deportista los resultados que sirvan de base para imputarle la comisión de una infracción de dopaje, dejando constancia en todo caso del resultado de cada uno de los análisis".

Adicionalmente, se prevé que, sólo en el caso en que se pueda imputar una infracción y si el deportista lo solicita tras la comunicación de la imputación, se pueda hacer otro análisis. Así lo prevé el segundo párrafo del artículo 18.4 LOCD cuando señala que "Tras dicha comunicación, la Agencia Estatal Comisión Española para la Lucha Antidopaje en el Deporte sólo podrá ordenar un nuevo análisis de las muestras cuando el deportista muestre su conformidad. No obstante, en caso de que el resultado del análisis sea negativo, las muestras podrán ser objeto de un nuevo análisis a instancia de la Agencia Estatal Comisión Española para la Lucha Antidopaje en el Deporte o de la Agencia Mundial Antidopaje".

¿Y quién analizará las muestras? Es claro que en todo caso un laboratorio acreditado por la AMA, sin perjuicio de la que CELAD pueda ceder las muestras tanto a la propia AMA como la autoridad antidopaje de otro país. Siempre que se lo pida, claro. Esto es lo que prevé el artículo 18.3 LOCD:

"La Agencia Estatal Comisión Española para la Lucha Antidopaje en el Deporte podrá ceder a la Agencia Mundial Antidopaje, en cualquier momento dentro del periodo de diez años establecido en el apartado 1 de este artículo, las muestras obtenidas para que pueda llevar a cabo el análisis de las mismas. Asimismo, y durante el mismo periodo, la Agencia Estatal Comisión Española para la Lucha Antidopaje en el Deporte podrá autorizar el análisis de las muestras por otras autoridades antidopaje con competencia para ello, si así lo solicitaran".

En resumidas cuentas, el artículo 18 OLCD prevé la cesión de las muestras biológicas del deportista a la autoridad que las tome durante un período de diez años. La CELAD podrá ceder esas muestras a la AMA y también podrá autorizar que otras autoridades antidopaje analicen esas muestras si así lo solicitan, claro. Además, estas muestras biológicas podrán ser analizadas en tantas ocasiones como sea necesario antes de incoar un procedimiento disciplinario y si dentro de ese procedimiento las muestras vuelven a ser analizadas y el resultado es negativo, es decir, no se detecta ninguna sustancia prohibida, las muestras podrán volver a ser analizadas.

Sobre esta regulación se pronunció el Consejo de Estado en su Dictamen de 29 de abril de 2021 al Anteproyecto, advirtiendo que debería "suprimirse la previsión de que las muestras podrán ser analizadas en tantas ocasiones como sea necesario antes de proceder a comunicar al deportista los resultados que sirvan de base para imputarle la comisión de una infracción de dopaje". Y ello porque "La conservación de muestras una vez que han sido analizadas y no se ha detectado ninguna sustancia o método prohibido ha de rodearse de las garantías adecuadas; pues la sujeción de los deportistas internacionales a una especie de relación de sujeción especial les obliga a someterse a un régimen específico de investigación y control por parte de las autoridades deportivas nacionales e internacionales, si bien siempre existirá un haz de derechos a salvaguardar, como el derecho a la vida privada y a la presunción de inocencia, así como a la debida protección de datos de carácter personal".

No se perciben en el artículo 18 LOCD las garantías indicadas, y ello entendemos que es contrario tanto al derecho a la intimidad como al derecho a la protección de datos y a la presunción de inocencia.

La posición del Consejo de Estado está además reforzada por la jurisprudencia del TEDH, en cuya Sentencia de 4 de diciembre de 2008 (caso S. y Marper contra Reino Unido), señala que la conservación de muestras celulares es suficientemente intrusiva como para constituir una lesión del derecho al respeto de la vida privada. Así, según esta sentencia, la conservación de muestras biológicas de personas sospechosas de haber cometido delitos pero que no han sido condenadas constituye una lesión desproporcionada del derecho a la vida privada protegido por el artículo 8 del Convenio Europeo de Derechos Humanos, además de afectar a la presunción de inocencia de las personas que se ven afectadas por esta medida.

Como afirma la indicada sentencia, las muestras biológicas contienen mucha información sensible de la persona, concretamente de la salud, además de contener un código genético único de gran importancia para la persona afectada como para los miembros de su familia.

Es claro que en el caso concreto del artículo 18 LOCD, los deportistas que se someten a un control de dopaje perderán cualquier control –valga la redundancia– sobre sus muestras biológicas y, por lo tanto, sobre los datos contenidos en ellas. Esos datos como vimos podrán ser cedidos entre autoridades antidopaje sin el conocimiento del deportista y sin que pueda oponerse a su tratamiento, todo ello además durante un período de diez años.

Por otro lado, la posibilidad de analizar una muestra biológica tantas veces como sea necesario a pesar de que en el análisis previo no se detectara ninguna sustancia prohibida es claramente contrario al derecho a la presunción de inocencia, y ello lo corrobora la jurisprudencia constitucional, cuando afirma que este derecho fundamental "... opera en las situaciones extraprocesales y constituye el derecho a recibir la consideración y el trato de no autor o no partícipe en hechos de carácter delictivo o análogo a éstos, sin previa resolución dictada por el poder público u órgano competente que así lo declare, y determina por ende el derecho a que no se apliquen las consecuencias o los efectos jurídicos anudados a hechos de tal naturaleza en las relaciones jurídicas de todo tipo (SSTC 109/1986, de 24 de septiembre, FJ 1; 283/1994, de 24 de octubre, FJ 2; 166/1995, de 20 de noviembre, FJ 3, y 244/2007, de 10 de diciembre, FJ 2)", tal y como explica la Sentencia del Tribunal Constitucional 133/2018, de 13 de diciembre (FJ 4).

En el caso previsto en el artículo 18 del Proyecto de ley, el deportista cuyas muestras sean analizadas nuevamente a pesar de que en el primer análisis no se detectó sustancia o método prohibido alguno, será tratado de todas formas como autor de la infracción y, por ello, la autoridad antidopaje considera que se debe analizar nuevamente la muestra. De este modo, la vulneración de la presunción de inocencia en su vertiente procesal se vulnerará claramente cuando dentro del proceso, el análisis de las muestras biológicas no detecte ninguna sustancia o método prohibido y, a pesar de ello, las muestras vuelvan a ser analizadas.

Establecido todo lo anterior respecto del análisis de las muestras, lo que no tiene parangón en nuestro Derecho sancionador y que plantea los problemas que acabamos de apuntar, se establecen en el mismo artículo 18 LOCD indicaciones que tienen más que ver con la operativa de los laboratorios de control del dopaje. Estas son:

- La obligatoria comunicación directa y sin intermediarios por el laboratorio al órgano disciplinario de los resultados de los controles de dopaje, cuando ello pueda dar lugar a la incoación de un procedimiento sancionador. Este requisito ya estaba previsto desde la Ley Orgánica 7/2006 y ahora se recoge en el apartado 2 del artículo 18 LOCD, donde además se señala que "los laboratorios adoptarán las medidas necesarias para que esta comunicación se realice en condiciones que permitan mantener la confidencialidad y la reserva de la identidad del deportista".

- La posible división y subdivisión de las muestras obtenidas. Prevé el apartado 5 del artículo 18 LOCD que la CELAD, la AMA, o los laboratorios acreditados con la aprobación de estas, "podrán dividir a su vez la muestra A o la muestra B tomadas al deportista en el mismo control de dopaje en una parte A para análisis y otra parte B para confirmación del resultado, si fuese necesario. En tal caso, antes de realizar la división, el deportista será informado a fin de que pueda estar presente en la apertura de las muestras".

CAPÍTULO III. RÉGIMEN SANCIONADOR EN MATERIA DE DOPAJE

Sumario: I. INTRODUCCIÓN; II. LA LISTA DE SUSTANCIAS Y MÉTODOS PROHIBIDOS; III. RESPONSABILIDAD DEL DEPORTISTA Y DEMÁS PERSONAS Y ENTIDADES SUJETAS A LA LEY; IV.- EL RÉGIMEN DE INFRACCIONES; 1. La presencia de una sustancia prohibida en la muestra biológica del deportista. 2. La utilización, uso o consumo de sustancias o métodos prohibidos en el deporte. 3. La evitación, rechazo o incumplimiento, por acción u omisión sin justificación válida, de la obligación de someterse a los controles de dopaje tras la comunicación válidamente efectuada de esta obligación, por cualquier medio acreditado o del que quede acreditación, siempre que como resultado de su conducta no fuera posible obtener las muestras del deportista en el control de dopaje. 4. La ayuda, incitación, contribución, instigación, conspiración, encubrimiento o cualquier otro tipo de colaboración en la comisión de cualquiera de las infracciones previstas en la LOCD. 5. La manipulación fraudulenta de cualquier parte del proceso de control de dopaje por parte de un deportista u otra persona. 6. La posesión por los deportistas o por el personal de apoyo, ya sea en competición o fuera de competición, de sustancias prohibidas en dichos ámbitos o de los elementos necesarios para la utilización de métodos prohibidos, cuando se carezca de una autorización de uso terapéutico para su administración o dispensación, o de otra justificación legal o reglamentariamente calificada como suficiente. 7. La administración, ofrecimiento, facilitación o el suministro a los deportistas de sustancias prohibidas o de métodos prohibidos en la práctica deportiva, ya se produzcan en competición o fuera de competición. 8. El tráfico de sustancias y métodos prohibidos. 9. El quebrantamiento de las sanciones o medidas provisionales impuestas conforme a la ley. 10. La tentativa de las infracciones por utilización, uso o consumo de sustancias prohibidas, por ayudar a cometer infracciones, por manipulación fraudulenta, por administración de sustancias o métodos prohibidos, o por tráfico. 11. Cualquier actuación que consista en intimidar o tratar de intimidar a un testigo u otra persona con la intención de disuadirlos de comunicar de buena fe a una organización antidopaje, a las fuerzas del orden, a un organismo regulador o disciplinario profesional, a los órganos competentes para su conocimiento y resolución, o a una persona que esté llevando a cabo una investigación en nombre de cualquier organización antidopaje, información relativa a una presunta infracción de las normas antidopaje o un presunto incumplimiento de la ley. 12. Tomar represalias de naturaleza laboral, social, económica, patrimonial, profesional, deportiva o reputacional contra una persona que ha informado de buena fe de una presunta infracción de las normas antidopaje o de un presunto incumplimiento de la ley a una organización antidopaje, a las fuerzas del orden o a un organismo regulador o disciplinario profesional, a los órganos competentes para su conocimiento y resolución, o a una persona que esté llevando a cabo una investigación en nombre de cualquier organización antidopaje.

13. El incumplimiento de las obligaciones relativas a la presentación de información sobre localización o disponibilidad del deportista para realizar los controles en dicha localización. 14. La recepción de servicios relacionados con el deporte o de cualquier tipo de asesoramiento, formación o colaboración o el establecimiento o mantenimiento de relación profesional de cualquier clase, incluida la representación, medie o no remuneración económica, con cualquier persona que esté cumpliendo un periodo de suspensión por alguna infracción en materia de lucha contra el dopaje, impuesta por autoridades españolas o extranjeras, o que hubiera sido condenada por un delito de dopaje en España o fuera de España o sancionada profesional o disciplinariamente por hechos constitutivos de una infracción de dopaje conforme a la presente ley; de acuerdo con lo previsto en el artículo 19.6 de la ley; V.- LAS SANCIONES POR INFRACCIONES DE DOPAJE; 1. Las sanciones; 2. Imposición de sanciones pecuniarias accesorias; 3. Sanciones a clubes, equipos deportivos, ligas profesionales, entidades organizadoras públicas o privadas de competiciones deportivas, entidades responsables de instalaciones deportivas y federaciones deportivas; 4. Sanciones al personal de apoyo al deportista y al personal de clubes, equipos deportivos, ligas profesionales, entidades organizadoras de competiciones y responsables de establecimientos deportivos y federaciones deportivas; 5. Otras sanciones accesorias; 6. Criterios para la imposición de sanciones en materia de dopaje. Circunstancias eximentes y atenuantes; 7. Circunstancias agravantes; 8. La reincidencia y el concurso de infracciones; 9. Anulación de los resultados de las competiciones; 10. Los efectos de las sanciones; 11. Colaboración en la detección de la utilización de sustancia y métodos prohibidos; 12. Prescripción de las infracciones y sanciones; VI. COLABORACIÓN CON LAS AUTORIDADES JUDICIALES.

I. INTRODUCCIÓN

Uno de los aspectos que caracterizan esta LOCD es la preponderancia que se otorga a los aspectos represivos de la lucha contra el dopaje, por encima de los aspectos educativos e informativos. El apartado 1 del Anexo de la LOCD, al relacionar las actividades antidopaje, menciona la educación e información para la lucha contra el dopaje, afirmando en el apartado 27 del Anexo que educación es el "Proceso de aprendizaje para trasmitir valores y desarrollar conductas que fomenten y protejan el espíritu deportivo, y para prevenir el dopaje intencionado y no intencionado". Sin embargo, excepto de manera muy residual y para deportistas sancionados, la labor educativa e informativa es obviada en la Ley.

En el ámbito represivo, es muy relevante el Título II de la LOCD que regula el régimen sancionador en materia de dopaje. En este ámbito es especialmente significativo, como vamos a ver, lo dispuesto en el artículo 1.2 de esta Ley, que obliga a interpretar las normas y definiciones de la LOCD de acuerdo con las reglas y criterios contenidos en el CMA, en las normas y estándares internacionales y en las normas técnicas que integran el Programa Mundial Antidopaje.

No se puede comentar el régimen de infracciones y sanciones sin mencionar la lista de sustancias y métodos prohibidos, sobre la que se basan varias infracciones y sirve, en algunos casos, para graduar la sanción a imponer.

II. LA LISTA DE SUSTANCIAS Y MÉTODOS PROHIBIDOS

Establece el apartado 35 del Anexo de la LOCD que esta lista se refiere a la "Lista aprobada por Resolución de la Presidencia del Consejo Superior de Deportes y publicada en el Boletín Oficial del Estado, de acuerdo con los compromisos internacionales asumidos por España, y, en particular, de la Convención Antidopaje de la UNESCO, en la que constan todas las sustancias y los métodos que están prohibidos en el deporte y cuyo consumo o utilización pueden dar lugar a una sanción por dopaje".

Los criterios para incluir una sustancia o método prohibido en la lista están definidos en el CMA y exige que la sustancia o método cumpla dos de los tres criterios siguientes:

1. Prueba médica o científica, efecto farmacológico, o experimento, conforme a los cuales la sustancia o método, sólo o combinado con otras sustancias o métodos, tiene el potencial de mejorar el rendimiento deportivo. Puede haber sustancias que, utilizadas por sí solas, no estén prohibidas, pero que sí lo estarán si se utilizan en combinación con otras sustancias concretas. En las sustancias que se añadan a la lista de sustancias y métodos prohibidos por la posibilidad de que mejoren el rendimiento sólo o en combinación con otra sustancia se hará constar esta indicación, y sólo se prohibirán si existen pruebas sobre los efectos de la combinación de ambas sustancias.
2. Prueba médica o científica, efecto farmacológico o experimento, conforme a los cuales el uso de la sustancia o método plantea un riesgo real o potencial para la salud del deportista.
3. Determinación por parte de la AMA de que el uso de la sustancia o método vulnera el espíritu del deporte descrito en la Introducción del Código.

Una sustancia o método será igualmente incluido en la lista de sustancias y métodos prohibidos si la AMA determina que conforme a una prueba médica o científica, efecto farmacológico, o experimento, la sustancia o método tiene el potencial de enmascarar el uso de otras sustancias o métodos prohibidos.

La lista de sustancias y métodos prohibidos aplicable en España se actualiza con carácter anual y, en la práctica, lo que hace es aprobar por nuestras Autoridades la lista que previamente ha aprobado la AMA.

Ahora bien, en la práctica puede haber problemas porque en nuestro Ordenamiento hay vigentes tres listas: la aprobada en aplicación del Convenio contra el dopaje del Consejo de Europa[57], la aprobada en aplicación de la Convención Internacional contra el dopaje en el deporte de la UNESCO[58] y la lista aprobada mediante Resolución de la Presidencia del Consejo Superior de Deportes[59].

---

[57] Texto enmendado del Anexo al Convenio contra el dopaje, hecho en Estrasburgo el 16 de noviembre de 1989, cuyas Enmiendas fueron adoptadas en Estrasburgo el 7 de diciembre de 2021. BOE núm. 90, de 15 de abril de 2022.

[58] Textos enmendados aprobados en París el 15 de noviembre de 2020 del Anexo I, Listas de sustancias y métodos prohibidos, de la Convención Internacional contra el dopaje en el deporte, hecha en París el 18 de noviembre de 2005. BOE núm. 25 de diciembre de 2021.

[59] Resolución de 25 de noviembre de 2021, de la Presidencia del Consejo Superior de Deportes, por la que se aprueba la lista de sustancias y métodos prohibidos en el deporte. BOE núm. 290, de 4 de diciembre de 2021.

Si bien la lista es idéntica en los tres casos, la diferencia temporal en la aprobación de las listas puede generar problemas en la consideración de ciertas sustancias o métodos como prohibidos[60].

La lista diferencia entre aquellas sustancias y métodos prohibidos en competición de los prohibidos en todo momento, es decir, tanto fuera como dentro de competición. A este respecto, en competición comprende el período que comienza desde las 23:59 horas del día anterior a celebrarse una competición en la que el deportista tenga previsto participar hasta el final de dicha competición y el proceso de recogida de muestras relacionado con ella.

También diferencia entre sustancias y métodos específicos y no específicos. Las sustancias y métodos específicos son aquellos más susceptibles de ser consumidos o usados por un deportista con un fin distinto a la mejora de su rendimiento deportivo. Todas las sustancias prohibidas se considerarán como sustancias específicas salvo que la lista indique lo contrario. Si embargo, ningún método prohibido se considerará como específico salvo que así lo indique la lista.

Esta lista también contiene las denominadas sustancias de abuso, que son aquellas sustancias que tienen esa consideración porque en la sociedad se abusa de ellas con frecuencia en contextos distintos de los deportivos. Concretamente se consideran como sustancias de abuso cocaína, diamorfina (heroína), metilendioximetanfetamina (MDMA/«éxtasis») y tetrahidrocannabiol (THC).

La lista contiene algunas sustancias cuya prohibición está condicionada a la concentración de la misma detectada en la muestra biológica del deportista o, en su caso, a la combinación con otra sustancia prohibida. Así, la efedrina únicamente está prohibida cuando su concentración en orina supere los 10 microgramos por mililitro, pero estará prohibida si se detecta cualquier concentración siempre que se detecte en combinación con un diurético o un agente enmascarador.

La lista contiene igualmente un listado de diuréticos y otros agentes que tienen la capacidad de enmascarar otras sustancias o métodos prohibidos, así como un listado de sustancias prohibidas únicamente en ciertos deportes.

En relación con la lista, una de las cuestiones que son discutibles desde el punto de vista de la garantía de taxatividad de las disposiciones sancionadoras (*lex certa*), derivada del artículo 25.1 de la Constitución, es que esta lista es abierta al prohibirse, además de las sustancias prohibidas mencionadas expresamente en la lista, aquellas otras sustancias con una estructura química similar o efectos biológicos similares[61].

Si una sustancia cuenta con la autorización de las autoridades sanitarias, en España la Agencia Española de Medicamentos y Productos Sanitarios, y esa sustancia tiene una estructura química o unos efectos biológicos tan similares a alguna de las sustancias prohibidas como para considerarse también prohibida, deben ser las autoridades antidopaje

[60] Sobre esta cuestión puede verse el trabajo de Rodríguez García, J., *Los problemas derivados de la entrada en vigor de las distintas listas de sustancias y métodos prohibidos en el deporte*. Revista Aranzadi de Derecho de Deporte y Entretenimiento núm 21, 2007.

[61] Sobre esta cuestión puede consultarse a PALOMAR OLMEDA, A., BELDA INIESTA, C., BARBAS ARRIBAS, C., y AYUSO SACIDO, A., "Sustancias similares o efectos biológicos similares en la represión del dopaje deportivo: la necesidad de establecer criterios objetivos", *Revista Aranzadi de Derecho del deporte y entretenimiento*, núm. 47, 2015, pp. 305-319.

las que incluyan esa sustancia en el listado y la mencionen expresamente como prohibida. Lo que carece de sentido es que conociendo esa sustancia, las autoridades antidopaje no la incluyan en el listado y, posteriormente, consideren como infracción el consumo de la misma por parte de un deportista, cuando ese deportista pudo consumirla de buena fe y con la confianza legitima de no estar incluida en el listado de sustancias prohibidas.

Hay que señalar que, como afirmó la decisión CAS 2005/C/841[62] en la consulta planteada ante el Tribunal Arbitral del Deporte por el CONI, las sustancias que no estén expresamente prohibidas y que no puedan considerarse como sustancias similares a las prohibidas, no pueden dar lugar a sanciones disciplinarias.

La delimitación de las sustancias análogas a las prohibidas fue realizada por el laudo CAS 2004/A/726[63], María Luisa Calle Williams v. Comité Olímpico Internacional, afirmando que "la clasificación de una sustancia como teniendo «una similar estructura o similar efectos farmacológicos» requiere una similitud con una o varias de las sustancias particulares de la lista. No es suficiente con que la Agencia Mundial Antidopaje o el Comité Olímpico Internacional, u otra agencia antidopaje, simplemente afirme que esa sustancia, como el Isometheptene, es «un estimulante» y por lo tanto es una sustancia prohibida (aunque esta afirmación es discutida por el deportista) sin especificar la concreta sustancia de la lista cuya similitud es supuesta que existe [...] Antes de tratar una sustancia como similar, los tres criterios mencionados en el artículo 4.3 del Código (potencial incremento del rendimiento, riesgo para la salud, violación del espíritu del deporte) deben ser considerados. Solo si dos de esos tres criterios se cumplen puede la sustancia ser tratada como similar y considerase entonces prohibida".

III. RESPONSABILIDAD DEL DEPORTISTA Y DEMÁS PERSONAS Y ENTIDADES SUJETAS A LA LEY

El Capítulo I del Título II de la LOCD tiene como título "Responsables, infracciones y sanciones". El primer artículo de este Capítulo, el artículo 19 de la LOCD, regula las personas y entidades responsables de cumplir las obligaciones previstas en el resto de disposiciones y, en algunos casos, el grado de responsabilidad que se exige.

Cuando el artículo 8 de la LOCD impone la obligación de los deportistas sujetos a dicha Ley a someterse a los controles de dopaje, el apartado primero del artículo 19 obliga a los deportistas a mantener una conducta activa de lucha contra el dopaje, debiendo asegurarse de que ninguna sustancia prohibida se introduzca en su organismo y de que no utilizan ningún método prohibido, siendo responsables cuando se produzca la detección de la presencia de la sustancia prohibida, de sus metabolitos o marcadores por sí sola o en cantidad superior a los límites establecidos por la AMA, o del uso de un método prohibido.

Sobre la responsabilidad del deportista cuando se detecta una sustancia prohibida, hay que tener en cuenta que el CMA pretende que se aplique el principio de responsabilidad objetiva, de tal manera que cuando se detecta una sustancia prohibida en la muestra bio-

[62] Accesible en https://www.doping.nl/media/kb/150/CAS%202005_C_841%20Advisary%20Opinion%20CONI%20S-FS.pdf (último acceso: 14 de junio de 2022).

[63] Accesible en https://jurisprudence.tas-cas.org/Shared%20Documents/726.pdf#search=CAS%202004%2FA%2F726 (último acceso: 14 de junio de 2022).

lógica del deportista, se presume su intención de doparse y su culpabilidad (a modo de ejemplo, TAS 2014/A/3475[64]). Sin embargo, nuestro Tribunal Constitucional ha declarado que en materia de infracciones administrativas rige el principio de culpabilidad, por lo que resulta inadmisible en nuestro ordenamiento un régimen de responsabilidad objetiva o sin culpa (STC 246/1991, de 19 de diciembre).

Ahora bien, a pesar de no aplicarse el régimen de responsabilidad objetiva, es cierto que el régimen de responsabilidad que se impone al deportista es muy estricto, de tal manera que se ha llegado a afirmar por la sentencia del Tribunal Superior de Justicia de Madrid, de 9 de noviembre de 2009, que "La ignorancia de la parte actora del contenido de la sustancia prohibida en la ingesta de un medicamento, no es exculpatoria, por cuanto ya fuere por indicación de su médico, ya fuere por su propia voluntad, debía conocer o tomar las precauciones adecuadas guardando la conveniente diligencia para evitarlo, interviniendo en un caso la culpa in eligendo –del profesional que la atiende– o in vigilando -respecto de su propia conducta–. Se ha de tener presente que en la ingesta de cualquier producto medicamentoso ha de guardarse la precaución y diligencia debidas, suministrándose con todos ellos un prospecto con la relación de sustancias que entran en su composición (artículo 19 de la Ley del Medicamento de 20 de diciembre de 1990), no pudiendo alegarse ignorancia en algo que pudo y debió conocer por sí o por otro y a lo que le obliga su cualidad de participante en una competición deportiva, debiendo si es necesario consultar previamente a expertos en medicina deportiva para evitar estas situaciones.

Por otro lado, teniendo en cuenta la repercusión que tiene en la sociedad todo lo relacionado con la ingestión de sustancias consideradas dopantes, por los deportistas, es hasta obvio, que éstos antes de tomar cualquier medicina deban asegurarse de las sustancias que conlleva y de lo que son, pues hoy, nadie desconoce, las consecuencias que pueden derivarse de su actitud".

En relación con la obligación de localización de los deportistas prevista en el artículo 10.3 de la LOCD, el artículo 19.2 considera que los deportistas, sus entrenadores, directivos, clubes y equipos deportivos a los que está adscrito el deportista, responderán del incumplimiento de las obligaciones impuestas en materia de localización habitual de los deportistas. Sobre esta cuestión hay que recordar que la sentencia del Tribunal Supremo de 28 de julio de 2016, afirmó que es desproporcionado y contrario al derecho a la intimidad exigir al deportista datos que permitan su localización permanente, en lugar de su localización habitual o frecuente.

En relación con la posibilidad que tienen los deportistas de solicitar una autorización de uso terapéutico, prevista en el artículo 17 de la LOCD, el artículo 19.3 establece que los deportistas responderán por el incumplimiento de las obligaciones impuestas por las autorizaciones de uso terapéutico o del incumplimiento de la obligación de solicitarlas.

Sobre esta cuestión, no alcanza a comprenderse bien de qué responderán los deportistas, porque el artículo 17 de la LOCD no prevé ninguna obligación de solicitar una AUT, únicamente contempla la posibilidad de solicitarla. Las únicas consecuencias derivadas de ese precepto serán, 1) si se solicita de manera incorrecta, la solicitud se verá denegada; 2) si no se solicita y se detecta una sustancia prohibida, no será de aplicación la eximente

64 Accesible en https://jurisprudence.tas-cas.org/Shared%20Documents/3475.pdf (último acceso: 14 de junio de 2022).

prevista en el artículo 26.2.b) de la LOCD, que contempla como eximente el haber obtenido el deportista una AUT, alcanzando esa eximente únicamente a las sustancias o métodos prohibidos contenidos en la misma.

Este apartado tercero igualmente establece que los entrenadores deportivos, médicos y demás personal sanitario, así como los directivos de clubes y organizaciones deportivas, deberán informar, siempre a instancia de los deportistas y previa su autorización para la utilización de tales datos, sobre las enfermedades del deportista, los tratamientos médicos a los que está sometido, así como su alcance y el responsable del tratamiento.

La ubicación sistemática de esta obligación, dentro del apartado tercero que se refiere a la responsabilidad del deportista por el incumplimiento de las obligaciones impuestas por las AUT, parece que está referida a la posibilidad de que el deportista delegue la obligación de remitir esa información médica para solicitar una AUT en una de las personas mencionadas en ese párrafo. Ahora bien, si esto es así, no se alcanza a comprender muy bien las consecuencias para esas personas del incumplimiento de esa obligación, porque la Ley no prevé ninguna consecuencia para esas personas.

El apartado cuarto del artículo 19 de la LOCD prevé que los clubes, asociaciones deportivas y federaciones deportivas tienen la obligación de colaborar con la CELAD en las actividades de lucha contra el dopaje y, especialmente, deberán facilitar con diligencia a la citada Agencia la información relacionada con la lucha contra el dopaje que la misma pueda solicitarles.

Este precepto no limita ni establece a qué tipo de información se refiere, aunque debería entenderse incluida la información del libro de registro de tratamientos regulado en el artículo 16, cuando esa información sea requerida por el órgano competente para resolver los expedientes sancionadores según se regula en el artículo 16.4 de la Ley. En cuanto a la información de carácter personal que pueda requerirse por parte de la CELAD, habrá de respetarse las normas de protección de datos de carácter personal para que los clubes, asociaciones y federaciones deportivas puedan cumplir esa obligación.

El apartado sexto del artículo 16 prohíbe a los deportistas incluidos en el ámbito de aplicación de la LOCD recibir prestación de servicios relacionados con el deporte, o mantener relación profesional de cualquier clase, incluida la representación, el asesoramiento, formación o colaboración, medie o no remuneración económica, con cualquier persona que esté cumpliendo un periodo de suspensión por alguna infracción en materia de lucha contra el dopaje, impuesta por autoridades españolas o extranjeras, haya sido condenada por un delito de dopaje en España o fuera de España, o haya sido sancionada profesional o disciplinariamente por hechos que hubieran constituido dopaje conforme a la LOCD.

Como puede apreciarse, si bien al referirse a la prohibición de recibir prestación de servicios se refiere a aquellos relacionados con el deporte, cuando prohíbe a los deportistas mantener relaciones profesionales no lo limita al ámbito deportivo, sino que contempla esa prohibición de la manera más amplia posible al decir "de cualquier clase". Esta prohibición es excesiva al limitar no solo la libertad individual de los deportistas para mantener aquellas relaciones profesionales que estime pertinentes al margen del deporte, sino también por limitar la libertad de las personas sancionadas en aquellos ámbitos ajenos a los que cometieron la infracción, sobre todo porque, como veremos posteriormente, las sanciones de inhabilitación que se prevén en LOCD se limitan a la actividad deportiva federada.

Esta prohibición se mantendrá durante todo el tiempo de duración de la sanción de inhabilitación, de la condena o de la sanción disciplinaria y cuando la persona no estuviera incluida en el ámbito de aplicación de la LOCD, esa prohibición tendrá una duración de seis años desde la imposición de la condena o sanción profesional o disciplinaria, si la duración de la condena o sanción efectivamente impuesta tuviese una duración inferior.

Sobre las personas sancionadas penal, profesional o disciplinariamente por hechos de dopaje también se plantean diversas incógnitas: ¿cómo puede el deportista conocer que una persona ha sido sancionada en esos ámbitos extradeportivos? ¿y cuándo la condena o sanción ha sido impuesta por autoridades u organismos extranjeros? ¿la prohibición alcanza a aquellas personas condenadas o sancionadas fuera de nuestro territorio, si la condena[65] o sanción no ha sido reconocida en España?

La prohibición de seis años en aquellos casos en los que la persona condenada o sancionada no tenía licencia federativa puede alcanzar períodos en los que esa persona ya haya cumplido íntegramente su sanción. Esto puede plantear dudas respecto a su compatibilidad con el derecho al trabajo e, incluso, con el derecho a la libre prestación de servicios o a la libre competencia en el ámbito de la Unión Europea.

Llama la atención que al regularse la prohibición de recibir prestaciones de servicios relacionados con el dopaje o de mantener relaciones profesionales con personas sancionadas por dopaje, la LOCD mencione únicamente a los deportistas, dando la impresión que el personal de apoyo de los deportistas, las entidades deportivas o el personal que pertenece a estas entidades no les es aplicable esta prohibición.

Por último, el apartado quinto de este artículo 19 contempla que "Lo dispuesto en este precepto se entiende sin perjuicio de las demás obligaciones y del régimen sancionador establecido en la presente ley".

IV. EL RÉGIMEN DE INFRACCIONES

El artículo 20 de la LOCD regula las infracciones que pueden cometerse a efectos de dicha ley. En este ámbito, la Ley intenta seguir casi al pie de la letra lo dispuesto en el CMA, con el objetivo de armonizar la lucha contra el dopaje.

1. La presencia de una sustancia prohibida en la muestra biológica del deportista

Esta infracción deriva de un resultado analítico realizado sobre una muestra biológica de un deportista, que permite detectar la presencia de sustancias prohibidas en el organismo de ese deportista. Hay que tener en cuenta que es un deber personal de cada deportista asegurarse de que ninguna sustancia prohibida se introduzca en su organismo, siendo responsables de la presencia de cualquier sustancia prohibida, de sus metabolitos o de sus marcadores, que se detecten en sus muestras.

Según el CMA, será prueba suficiente de esta infracción cualquiera de las circunstancias siguientes: la presencia de una sustancia prohibida o de sus metabolitos o marcadores

[65] A modo de ejemplo, una condena penal impuesta en un Estado Miembro de la Unión Europea solo será reconocida y desplegará efectos en España tras los trámites y procedimientos previstos en la Ley 23/2014, de 20 de noviembre, de reconocimiento mutuo de resoluciones penales en la Unión Europea.

en la muestra A del deportista cuando este renuncie al análisis de la muestra B y esta no se analice; o bien, cuando la muestra A o la muestra B del deportista se analice y dicho análisis confirme la presencia de la sustancia prohibida o de sus metabolitos o marcadores encontrada en la muestra A del deportista; o cuando la muestra A o la muestra B del deportista se divida en dos frascos y el análisis del frasco de confirmación confirme la presencia de la sustancia prohibida o de sus metabolitos o marcadores encontrada en el primer frasco o el deportista renuncie al análisis del frasco de confirmación de la muestra dividida.

Como dijimos anteriormente, en este ámbito se pretende aplicar el principio de responsabilidad objetiva, vedado en nuestro ordenamiento. Ahora bien, a pesar de que se presumirá la culpabilidad del deportista cuando se detecte una sustancia prohibida en su organismo, este podrá acreditar que ha actuado sin falta o negligencia, pudiéndose modular o incluso anular el período de suspensión, como veremos más adelante.

La presencia de una sustancia prohibida puede provenir del consumo de medicamentos o de sustancias que no sean consideradas como medicinas, como pudieran ser hierbas o productos homeopáticos, porque lo relevante es que se detecte la sustancia prohibida en el organismo del deportista, careciendo de relevancia el producto que consumió ese deportista y que contenía la sustancia prohibida. Este fue el caso resuelto por el laudo CAS 2000/A/281[66], H. v. Federación Internacional de Motociclismo, cuando afirmó que "Bajo los reglamentos de la FIM no es un requerimiento que la sustancia prohibida esté presente en una medicación. El artículo 09.8.1 del Código Médico de la FIM también prohíbe expresamente el uso de sustancias químicas idénticas. Esto incluye hierbas o sustancias homeopáticas. Más generalmente, puede encontrarse en la jurisprudencia del TAS que es suficiente con que la sustancia activa aparezca en la lista de sustancias prohibidas. El nombre del producto no es relevante".

La presencia de cualquier cantidad de una sustancia prohibida, de sus metabolitos o marcadores en una muestra de un deportista constituirá una infracción de las normas antidopaje, si bien existen, como vimos al hablar de la lista de sustancias y métodos prohibidos, algunas sustancias que únicamente están prohibidas cuando se superan ciertas concentraciones de la misma en el organismo del deportista.

También existen sustancias para las que se identifica específicamente un límite de decisión, que es un "Valor del resultado para una sustancia umbral en una muestra, por encima del cual se notificará un resultado analítico adverso según lo definido en la Norma Internacional para Laboratorios", que se regulan en un documento de la AMA que establece los niveles mínimos requeridos para detectar e identificar ciertas sustancias prohibidas[67]. Estos umbrales se establecen para igualar la capacidad de detección de todos los laboratorios acreditados por la AMA y evitar que un deportista pueda ser sancionado, o no, en función del laboratorio donde analicen sus muestras.

Ahora bien, sobre los umbrales mínimos de detección, hay que tener en cuenta lo afirmado por el Tribunal Arbitral del Deporte, en su laudo TAS 2005/A/958[68], R. c. UEFA,

---

[66] Accesible en https://jurisprudence.tas-cas.org/Shared%20Documents/281.pdf#search=CAS%20 2000%2FA%2F281 (último acceso: 14 de junio de 2022).

[67] Documento técnico TD2022MRPL. Puede consultarse en https://www.wada-ama.org/sites/default/files/2022-01/td2022mrpl_v1.1_eng_0.pdf (último acceso: 14 de junio de 2022).

[68] Accesible en https://jurisprudence.tas-cas.org/Shared%20Documents/958.pdf#search=TAS%20 2005%2FA%2F958 (último acceso: 14 de junio de 2022).

que afirmó: "La pequeña cantidad de la sustancia prohibida detectada en el organismo del jugador R. no constituye en sí un motivo de invalidación de los resultados científicos obtenidos. En efecto, la única conclusión científicamente comprobada es que es posible que la pequeña cantidad detectada no ha tenido un efecto dopante sobre el rendimiento del jugador. Ahora bien, a la vista del principio de responsabilidad objetiva consagrado por el Reglamento antidopaje de la UEFA, la ausencia de un efecto dopante sobre el deportista no constituye un elemento exculpatorio [...] La cuestión del nivel mínimo de detección exigido a todos los laboratorios es una cuestión de otra naturaleza [...] Este nivel mínimo no constituye del todo un umbral sino más bien al contrario, una exigencia impuesta a los laboratorios de detectar la sustancia hasta al menos ese nivel. Por el contrario, esto no excluye que los laboratorios pueden tener un mejor rendimiento y detectar sustancias por debajo de esos valores. Al contrario, como lo precisa el Documento Técnico de la AMA "Límites Mínimos de Rendimiento requeridos para la detección de sustancias prohibidas" (LMPR), está admitido que hay laboratorios que son más aptos que otros para detectar sustancias a más bajas concentraciones. Este mismo documento confirma que los resultados establecidos por esos laboratorios son perfectamente válidos. También en los casos de concentraciones inferiores a los LMPR. Esto explica necesariamente que pudiera haber casos donde un resultado dado, por hipótesis inferior a los LMPR, no sería detectado/informado por un laboratorio pero sí lo sería en otro".

2. La utilización, uso o consumo de sustancias o métodos prohibidos en el deporte

El uso es definido por la LOCD como "La utilización, aplicación, ingestión, inyección o consumo por cualquier medio de una sustancia prohibida o de un método prohibido". El uso por parte del deportista de una sustancia prohibida constituye una infracción de las normas antidopaje a menos que dicha sustancia no esté prohibida fuera de competición y su uso tenga lugar fuera de competición. Sin embargo, la presencia de una sustancia prohibida en un control de dopaje realizado en competición, constituirá una infracción por detección de esa sustancia en el organismo del deportista, aunque la sustancia detectada se hubiera consumido fuera de competición.

Esta infracción es distinta de la mencionada en el punto anterior, y consiste en la demostración por parte de la organización antidopaje del uso de la sustancia o método prohibido, aunque no se haya detectado esa sustancia o método en una muestra biológica del deportista. La diferencia fundamental estribará en que no existirá un resultado analítico adverso obtenido en el análisis de las muestras biológicas del deportista.

En este caso la prueba de la infracción no tiene todos los elementos suficientes para acusar de una infracción de detección de una sustancia o método prohibido en la muestra de un deportista. Esta infracción puede establecerse por otros medios fiables, como por ejemplo, la confesión del deportista, declaraciones de testigos, pruebas documentales, conclusiones obtenidas de los perfiles longitudinales, entre las que se incluyen los datos recogidos como parte del Pasaporte Biológico del deportista, u otros datos analíticos que no reunirían todos los requisitos para demostrar la presencia de una sustancia prohibida según el apartado anterior.

Las declaraciones de testigos como medio de prueba del uso de sustancias o métodos prohibidos fueron valoradas por el Tribunal Arbitral del Deporte, entre otros en el laudo

CAS 2004/O/645[69] USADA v/T. Montgomery, si bien especialmente relevante es el laudo CAS A3/2007, ASADA v. Belinda Van Tienen, en la que esta deportista, a pesar de haber sido sometida a control de dopaje y no haberse detectado ninguna sustancia en su organismo, fue sancionada por la declaración de varias compañeras de equipo. En relación con la prueba del uso de una sustancia o método prohibido sobre la base del pasaporte biológico, en los laudos TAS 2010/A/2308[70] y TAS 2011/A/2335, Franco Pellizotti c. CONI & UCI, se dice que "la presente Formación estima que la aplicación rigurosa del Pasaporte Biológico del Deportista desarrollado por la UCI puede ser considerado como un medio fiable para la detección indirecta de actos de dopaje". Sobre el pasaporte biológico, el laudo CAS 2009/A/1912&1913[71], Pechstein & DESG v. ISU, afirmó que "según el punto de vista del Panel Arbitral los perfiles longitudinales deben ser caracterizados como meros métodos de prueba que, sobre la base de evaluaciones científicamente aceptadas, constituyen una de las maneras válidas de detectar infracciones por dopaje".

Como es lógico, el uso de la sustancia o método prohibido constituirá una infracción cuando ese uso esté prohibido, de tal manera que el uso fuera de competición de una sustancia prohibida únicamente en competición no conllevará una sanción, cuestión que varía si esa sustancia prohibida y usada únicamente fuera de competición es detectada en un control de dopaje realizado en competición, con lo cual el deportista deberá acreditar esa circunstancia, con las dificultades que conlleva esa prueba.

Según el CMA, el éxito o el fracaso en el uso de una sustancia o método prohibido no es una cuestión determinante. Para que se considere cometida la infracción es suficiente que se haya usado la sustancia o el método prohibido.

3. La evitación, rechazo o incumplimiento, por acción u omisión sin justificación válida, de la obligación de someterse a los controles de dopaje tras la comunicación válidamente efectuada de esta obligación, por cualquier medio acreditado o del que quede acreditación, siempre que como resultado de su conducta no fuera posible obtener las muestras del deportista en el control de dopaje

A estos efectos, además de por la realización de cualquiera de las conductas en él indicadas, se considerará de modo particular que se ha producido la infracción siempre que cualquier deportista evite voluntariamente, por acción u omisión, la recogida de muestras a que estuviese obligado a someterse.

Por ejemplo, sería una infracción de la norma antidopaje si se estableciera que un deportista está deliberadamente evitando a un oficial de control del dopaje con el fin de no ser notificado o no someterse al Control. Una infracción consistente en "incumplir" la obligación de someterse a una recogida de muestras puede basarse en una conducta intencional o negligente del Deportista, mientras que "evitar" o "rechazar" una recogida implica una conducta intencional por parte del deportista.

[69] Accesible en https://jurisprudence.tas-cas.org/Shared%20Documents/645.pdf#search=CAS%202004%2FO%2F645%20USADA (último acceso: 14 de junio de 2022).

[70] Accesible en https://jurisprudence.tas-cas.org/Shared%20Documents/2308,%202335.pdf#search=TAS%202010%2FA%2F2308 (último acceso: 14 de junio de 2022).

[71] Accesible en https://jurisprudence.tas-cas.org/Shared%20Documents/1912,%201913.pdf#search=CAS%202009%2FA%2F1912 (último acceso: 14 de junio de 2022).

4. La ayuda, incitación, contribución, instigación, conspiración, encubrimiento o cualquier otro tipo de colaboración en la comisión de cualquiera de las infracciones previstas en la LOCD

Esta infracción está regulada en el CMA como complicidad por parte de un deportista u otra persona. A estos efectos, el CMA considera complicidad el asistir, alentar, ayudar, incitar, conspirar, encubrir o cualquier otro tipo de complicidad intencionada o tentativa de complicidad que implique una infracción de las normas antidopaje, una tentativa de infracción de las normas antidopaje o una infracción de la prohibición de participar en competiciones o actividades por parte de una persona sometida a inhabilitación o suspensión provisional, obra de otra persona.

Según el CMA, entre estas conductas puede incluirse la asistencia física o psicológica.

5. La manipulación fraudulenta de cualquier parte del proceso de control de dopaje por parte de un deportista u otra persona

Por manipulación fraudulenta debe entenderse cualquier conducta intencional que altera el proceso de control del dopaje, pero que no se incluiría en otro caso en la definición de métodos prohibidos. Se considerará manipulación fraudulenta, entre otras conductas, ofrecer o aceptar sobornos con el fin de realizar o dejar de realizar una acción, evitar la recogida de una muestra, influir en el análisis de una muestra o hacerlo imposible, falsificar documentos presentados a una organización antidopaje, comité de autorizaciones de uso terapéutico o tribunal de expertos, obtener falsos testimonios de testigos o cometer cualquier otro acto fraudulento ante la organización antidopaje o la instancia de audiencia para influir en la gestión de los resultados o en la imposición de sanciones, y cualquier otra injerencia, o tentativa de injerencia, similar e intencionada en cualquier aspecto del control del dopaje.

6. La posesión por los deportistas o por el personal de apoyo, ya sea en competición o fuera de competición, de sustancias prohibidas en dichos ámbitos o de los elementos necesarios para la utilización de métodos prohibidos, cuando se carezca de una autorización de uso terapéutico para su administración o dispensación, o de otra justificación legal o reglamentariamente calificada como suficiente

Esta infracción contempla la posesión durante la competición por parte de un deportista, de cualquier sustancia prohibida o método prohibido, o bien la posesión fuera de competición, por parte de un deportista, de cualquier sustancia o método que estén prohibidos fuera de competición, salvo que el deportista demuestre que es debida a una autorización de uso terapéutico.

Asimismo contempla la posesión durante la competición, por parte de una persona de apoyo a los deportistas, de cualquier sustancia prohibida o método prohibido, o bien la posesión fuera de competición, por parte de una persona de apoyo a los deportistas, de cualquier sustancia o método que estén prohibidos fuera de competición en relación con un deportista, competición o entrenamiento, salvo que dicha persona demuestre que la posesión se debe a una AUT otorgada a un deportista.

Según el CMA, no se consideraría como una justificación aceptable para poseer una sustancia o método prohibido la de comprar o poseer una sustancia prohibida con el fin de proporcionársela a un amigo o familiar, salvo circunstancias médicas justificadas en las que esa persona disponga de una prescripción médica, como por ejemplo, comprar insulina para un hijo diabético.

Se consideraría como motivos aceptables para estar en posesión de una sustancia prohibida, por ejemplo, que el deportista o el médico del equipo transporte sustancias o métodos prohibidos para situaciones graves y de emergencia o que el deportista esté en posesión de sustancias o métodos prohibidos por motivos terapéuticos antes de solicitar o recibir la resolución sobre una autorización de uso terapéutico.

Por posesión se entiende la posesión física o de hecho (que sólo se determinará si la persona ejerce o pretende ejercer un control exclusivo de la sustancia o método prohibidos o del lugar en el que se encuentren la sustancia o método prohibidos); dado, sin embargo, que si la persona no ejerce un control exclusivo de la sustancia o método prohibido o del lugar en el que se encuentre la sustancia o método prohibido, la posesión de hecho solo se apreciará si la persona tuviera conocimiento de la presencia de la sustancia o método prohibido y tenía la intención de ejercer un control sobre él; por lo tanto, no podrá haber infracción de las normas antidopaje sobre la base de la mera posesión si, antes de recibir cualquier notificación que le comunique una infracción de las normas antidopaje, la persona ha tomado medidas concretas que demuestren que ya no tiene voluntad de posesión y que ha renunciado a ella declarándolo explícitamente ante una organización antidopaje. Sin perjuicio de cualquier otra afirmación en contrario recogida en esta definición, la compra (incluso por medios electrónicos o de otra índole) de una sustancia o método prohibido constituye posesión por parte de la persona que realice dicha compra.

La tenencia de una autorización de uso terapéutico no excluirá la comisión de la infracción si las personas responsables disponen de una cantidad de sustancias o métodos prohibidos tan superior a la que correspondería al simple uso que ampara la autorización indicada, que pudiera razonablemente suponerse que están dirigidas al tráfico de esa sustancia.

La cuestión que se plantea es que la persona que está en posesión de sustancias o métodos prohibidos puede incurrir en un concurso ideal de infracciones, teniendo en cuenta que para incurrir en algunas infracciones es necesario poseer esa sustancia o método prohibido.

A este respecto debemos tener en cuenta lo afirmado por el Tribunal Arbitral del Deporte en el laudo CAS 2009/A/2023[72], Gianni Da Ros c. CONI, “Así es evidente, por ejemplo, que la conducta con la que un sujeto da o entrega una sustancia prohibida a un deportista, que integra la infracción de «tráfico de sustancias prohibidas» según la definición pertinente contenida en el Código WADA, incluye, en su propio ámbito, el caso de posesión a que se refiere el artículo 2.6 del mismo Código. Esto porque es claro que para dar o entregar una cosa el autor de tal conducta debe tener posesión de ella. Lo que, sin embargo, debe

[72] Accesible en http://www.centrostudisport.it/PDF/TAS_CAS_ULTIMO/74.pdf (último acceso: 14 de junio de 2022).

excluirse es que una acción o una situación de hecho pueda ser considerada primero en el contexto de una conducta que constituye una violación de la legislación antidopaje y, luego, también en un contexto separado, sobre la base de la cual integran una infracción autónoma, con el objeto de responsabilizar a una persona por diversas infracciones. Por ello, pues, parece correcto creer que la tenencia de sustancias prohibidas no puede encontrarse, en el caso que nos ocupa, independientemente del tráfico de las mismas. La situación, sin embargo, podría considerarse diferente en el caso de que se demostrara, además de la posesión que es un elemento integrante de una acción destinada a la comisión del ilícito deportivo de tráfico de sustancias prohibidas, una posesión diferente a la que se produce con tal acción. Esto ocurriría, por ejemplo, en el caso de que se establezca que parte de las sustancias que posee un deportista no están destinadas a su tráfico."

7. La administración, ofrecimiento, facilitación o el suministro a los deportistas de sustancias prohibidas o de métodos prohibidos en la práctica deportiva, ya se produzcan en competición o fuera de competición

Por administración se entiende la provisión, suministro, supervisión, facilitación u otra participación en el uso o tentativa de uso por otra persona de una sustancia prohibida o método prohibido. No obstante, esta definición no incluirá las acciones de personal médico de buena fe que supongan el uso de una sustancia prohibida o método prohibido con fines terapéuticos genuinos y legales o con otra justificación aceptable, y tampoco las acciones que impliquen el uso de sustancias prohibidas que no estén prohibidas en los controles fuera de competición, salvo que las circunstancias, tomadas en su conjunto, demuestren que dichas sustancias prohibidas no están destinadas a fines terapéuticos genuinos y legales o tienen por objeto mejorar el rendimiento deportivo.

8. El tráfico de sustancias y métodos prohibidos

Por tráfico se entiende la venta, entrega, transporte, envío, reparto o distribución (o la posesión con cualquiera de estos fines) de una sustancia prohibida o método prohibido (ya sea físicamente o por medios electrónicos o de otra índole) por parte de un deportista, el personal de apoyo al deportista o cualquier otra persona sometida a la jurisdicción de una organización antidopaje a cualquier tercero; no obstante, esta definición no incluye las acciones de buena fe que realice el personal médico en relación con una sustancia prohibida utilizada para propósitos terapéuticos genuinos y legales u otra justificación aceptable, y no incluirá acciones relacionadas con sustancias prohibidas que no estén prohibidas fuera de competición, a menos que las circunstancias en su conjunto demuestren que la finalidad de dichas sustancias prohibidas no sea para propósitos terapéuticos genuinos y legales o que tengan por objeto mejorar el rendimiento deportivo.

9. El quebrantamiento de las sanciones o medidas provisionales impuestas conforme a la ley

Sobre el quebrantamiento de sanción hay que mencionar la sentencia del Tribunal Supremo de 5 de mayo de 2006 que afirmó "lo cierto es que en el presente caso no se sanciona por el hecho de haber cometido una infracción en la realización de las pruebas en que intervino, sino por haber conculcado el cumplimiento de una sanción impuesta a nivel estatal. La Sala comparte el criterio de la recurrente, en el sentido de que la norma sancionadora estatal podría y quizá debería, desde el principio de eficacia que debe seguir toda actuación pública, imponer una prohibición absoluta para participar no sólo en las competiciones estatales, sino también en otras que no fueran estatales o que no fueran ni siquiera oficiales. La tesis parece lógica, no tanto en el caso de la infracción por la que previamente fue sancionado el actor en el primitivo recurso, de alineación indebida, sino sobre todo, en el caso de sanciones por dopaje u otras que por su gravedad parecen requerir la solución propugnada por la Abogacía del Estado. Sin embargo una cosa es lo que pueda pensarse razonablemente de «*lege ferenda*» y otra muy distinta lo que se tipifique en las correspondientes normas sancionadoras, (sin necesidad de entrar en el tema de su rango normativo), y lo cierto es que la norma que impone la sanción de no participar en competiciones, debería haber explicitado que eran competiciones de cualquier clase dentro del ámbito territorial estatal".

10. La tentativa de las infracciones por utilización, uso o consumo de sustancias prohibidas, por ayudar a cometer infracciones, por manipulación fraudulenta, por administración de sustancias o métodos prohibidos, o por tráfico

Por tentativa hay que entender cualquier conducta voluntaria que constituye un paso sustancial en el curso de una acción planificada cuyo objetivo es la comisión de una infracción de normas antidopaje. No obstante, no habrá infracción de las normas antidopaje basada únicamente en esta tentativa de cometer tal infracción si la persona desiste antes de ser descubierta por un tercero no implicado en la misma.

Según el CMA, demostrar la tentativa de uso de una sustancia o método prohibido exige probar la intencionalidad del deportista

En relación con las infracciones consistentes en la tentativa de la acción punible, el laudo CAS 2008/A/1528&1546, UCI & CONI v. Caruso & FCI, afirmó que el estándar de prueba requerida para la "tentativa de uso" es más alta que el estándar de prueba requerida para el uso.

11. Cualquier actuación que consista en intimidar o tratar de intimidar a un testigo u otra persona con la intención de disuadirlos de comunicar de buena fe a una organización antidopaje, a las fuerzas del orden, a un organismo regulador o disciplinario profesional, a los órganos competentes para su conocimiento y resolución, o a una persona que esté llevando a cabo una investigación en nombre de cualquier organización antidopaje, información relativa a una presunta infracción de las normas antidopaje o un presunto incumplimiento de la ley

Según el CMA, esta infracción se cometerá cuando la conducta infractora no pueda considerarse como manipulación fraudulenta.

12. Tomar represalias de naturaleza laboral, social, económica, patrimonial, profesional, deportiva o reputacional contra una persona que ha informado de buena fe de una presunta infracción de las normas antidopaje o de un presunto incumplimiento de la ley a una organización antidopaje, a las fuerzas del orden o a un organismo regulador o disciplinario profesional, a los órganos competentes para su conocimiento y resolución, o a una persona que esté llevando a cabo una investigación en nombre de cualquier organización antidopaje

Según el CMA, esta infracción se cometerá cuando la conducta infractora no pueda considerarse como manipulación fraudulenta. Esta infracción tiene como finalidad proteger a las personas que informen de buena fe pero no a aquellas que comunican a sabiendas información falsa.

13. El incumplimiento de las obligaciones relativas a la presentación de información sobre localización o disponibilidad del deportista para realizar los controles en dicha localización

A estos efectos, tanto las organizaciones antidopaje internacionales como la CELAD designarán su respectivo grupo registrado de control. Por tal se entiende al grupo de deportistas de la más alta prioridad identificados separadamente a nivel internacional por las federaciones internacionales y a nivel nacional por la CELAD, que están sujetos a la vez a controles específicos, en competición y fuera de competición, en el marco de la planificación de distribución de los controles de dicha federación internacional o comisión y que están obligados a proporcionar información acerca de su localización.

Se considerará que existe infracción cuando el deportista haya faltado a las obligaciones en materia de localización en tres ocasiones durante un plazo de doce meses. El plazo empezará a computarse desde el día del primer incumplimiento que haya de tenerse en cuenta.

14. La recepción de servicios relacionados con el deporte o de cualquier tipo de asesoramiento, formación o colaboración o el establecimiento o mantenimiento de relación profesional de cualquier clase, incluida la representación, medie o no remuneración económica, con cualquier persona que esté cumpliendo un periodo de suspensión por alguna infracción en materia de lucha contra el dopaje, impuesta por autoridades españolas o extranjeras, o que hubiera sido condenada por un delito de dopaje en España o fuera de España o sancionada profesional o disciplinariamente por hechos constitutivos de una infracción de dopaje conforme a la presente ley; de acuerdo con lo previsto en el artículo 19.6 de la ley

Esta infracción se corresponde con la infracción por asociación prohibida de un deportista u otra persona, tipificada en el artículo 2.10 del CMA.

Este artículo añade confusión al remitir al artículo 19.6 de la LOCD que prohíbe contratar personas sancionadas por dopaje únicamente a los deportistas. Es cierto que, como veremos posteriormente, la LOCD prevé sanciones pecuniarias accesorias para clubes, equipos deportivos, ligas profesionales, entidades organizadoras públicas o privadas de competiciones deportivas, entidades responsables de instalaciones deportivas o federaciones deportivas que incurran en esta infracción, lo que unido al contenido del CMA que se refiere no solo a deportistas permite afirmar que esta infracción puede ser cometida por personas que no son deportistas. Ahora bien, en un ámbito tan sensible como el sancionador, el legislador debería cuidar más estos detalles para evitar la confusión y el recurso a la interpretación.

Según el CMA, los deportistas y otras personas no deben trabajar con preparadores, entrenadores, médicos u otro personal de apoyo a los deportistas que se encuentren inhabilitados con motivo de una infracción de las normas antidopaje o que hayan sido condenados penalmente o sometidos a medidas disciplinarias profesionales en relación con el dopaje. Ello incluye colaborar con cualquier otro deportista que actúe como entrenador o persona de apoyo mientras se encuentren en periodo de inhabilitación. Algunos ejemplos de los tipos de asociación que se encuentran prohibidos son los siguientes: la obtención de asesoramiento en relación con la formación, estrategias, técnicas, nutrición o aspectos médicos; la obtención de terapia, tratamiento o recetas; el suministro de cualquier producto orgánico para su análisis; o la concesión de permiso a la persona de apoyo a los deportistas para que actúe como agente o representante. No es necesario que la asociación prohibida conlleve algún tipo de compensación.

Como dijimos anteriormente al comentar el artículo 19.6 de la LOCD, no es entendible que el deportista no pueda tener vínculos profesionales extradeportivos con personas sancionadas por dopaje. En este punto, la LOCD no respeta el CMA que prohíbe "la asociación de un deportista u otra persona sujeta a la autoridad de una organización antidopaje, en calidad de profesional u otra calidad relacionada con el deporte que: 1) Si está sujeta a la autoridad de una organización antidopaje, esté cumpliendo un período de inhabilitación; o 2) si no está sujeta a la autoridad de una organización antidopaje, y cuando la inhabilitación no haya sido dictada en un proceso de gestión de resultados con arreglo al Código, haya sido condenada o hallada culpable en un procedimiento penal, disciplinario o profesional por haber incurrido en conductas que habrían sido constitutivas de infracción de las normas antidopaje si se hubieran aplicado a dicha persona normas conformes al Código. La descalificación de esa persona se mantendrá en vigor durante un período de seis años desde la adopción de la decisión penal, profesional o disciplinaria o durante toda la vigencia de la sanción penal, disciplinaria o profesional impuesta, si ese período fuera superior a aquel; o 3) Esté actuando como encubridora o intermediaria de alguien descrito en los apartados 1 y 2".

Según el CMA, para probar que se ha cometido esta infracción es necesario que la organización antidopaje acredite que el deportista u otra persona conocía la descalificación de la persona de apoyo a los deportistas. El deportista o la otra persona acusada podrá probar que cualquier asociación prohibida carece de carácter profesional o no está relacionada con el deporte y/o no podría razonablemente evitarse.

V. LAS SANCIONES POR INFRACCIONES DE DOPAJE

La LOCD desarrolla las sanciones a imponer por infracciones de dopaje en los artículos 21 a 34. En este ámbito, como en muchos otros, nuestro legislador prácticamente ha copiado el CMA, incorporando algunas cuestiones difícilmente entendibles en el conjunto de nuestro Ordenamiento Jurídico, como vamos a ver.

1. Las sanciones

El artículo 21 regula las sanciones principales previstas en la LOCD, atendiendo a diversos factores para su graduación, como la intencionalidad, el tipo de sustancia o la persona sobre la que se comete la infracción. Las sanciones previstas para estas infracciones son las siguientes:

Cuando la infracción consista en la detección de una sustancia prohibida, el uso, utilización o consumo de una sustancia o método prohibido, o en la posesión de sustancias o métodos prohibidos, la sanción será de suspensión de licencia federativa por un período de cuatro años, cuando la infracción se refiera a una sustancia o método calificado como no específico en la lista de sustancias y métodos prohibidos en el deporte. En el caso de que la persona infractora pruebe que la presencia, uso o consumo, o posesión no fue intencional, la sanción podrá ser reducida a dos años. En el caso de que la persona infractora pruebe que la presencia, uso o consumo, o posesión no se debe a una culpa o negligencia graves, el periodo de sanción podrá ser reducido en un máximo de la mitad de la duración de la sanción que de otro modo hubiera correspondido.

Cuando estas infracciones se refieran a una sustancia o método considerado como específico, la sanción a imponer será de suspensión de licencia durante un período de dos años, que será de cuatro años si la CELAD acredita que la presencia, uso o consumo o posesión fue intencional. El deportista podrá probar ausencia de negligencia o culpabilidad grave, en cuyo caso la infracción se castigará con una amonestación, sin retirada de licencia, o con la imposición de suspensión de licencia federativa de hasta dos años y la imposibilidad de obtenerla durante el mismo periodo de tiempo, atendiendo al grado de culpa o negligencia del autor.

No se apreciará intencionalidad en el deportista cuando el resultado analítico adverso lo fuera por la detección de una sustancia prohibida o sus metabolitos o marcadores en una muestra tomada en competición y el presunto infractor acredite que la sustancia fue empleada fuera de competición, sin el propósito de aumentar su rendimiento deportivo y en un contexto no relacionado con dicho rendimiento.

Cuando estas conductas vinieran referidas a una sustancia catalogada en la lista de sustancias y métodos prohibidos como sustancia de abuso y el deportista probase que fue usada fuera de competición y sin el propósito de incrementar su rendimiento deportivo, se sancionará con la imposición de la suspensión de la licencia federativa y la imposibilidad de obtenerla por un periodo de tres meses. La suspensión podrá ser reducida a un mes si la persona infractora completa un programa educativo contra el uso indebido de sustancias, debidamente aprobado por la CELAD.

Cuando la sustancia detectada provenga de un producto contaminado y el deportista acredite la ausencia de culpa o negligencia grave, la infracción será castigada con una amonestación sin retirada de licencia, o con suspensión de licencia federativa de hasta dos años y la imposibilidad de obtenerla durante ese mismo periodo de tiempo, atendiendo al grado de culpabilidad o negligencia del autor. A estos efectos, por producto contaminado hay que entender el producto que contiene una sustancia prohibida que no está descrita en la etiqueta del producto ni en la información disponible en una búsqueda razonable en Internet.

En el caso de que la persona infractora sea una persona protegida o un deportista aficionado, y probase ausencia de culpa o negligencia grave, la infracción será castigada con una amonestación sin retirada de licencia, o con suspensión de licencia federativa de hasta dos años y la imposibilidad de obtenerla durante ese mismo periodo de tiempo, atendiendo al grado de culpabilidad o negligencia del autor.

Cuando las infracciones sean la evitación del control de dopaje o la manipulación fraudulenta del control, se sancionará con la imposición de suspensión de licencia federativa por un período de dos a cuatro años y la imposibilidad de obtenerla durante el mismo periodo de tiempo, en atención al grado de culpabilidad del autor. Si la persona infractora acredita que la infracción no fue intencionada, la suspensión tendrá una duración de dos años. El periodo de suspensión de la licencia y de imposibilidad de obtenerla entre dos y cuatro años que corresponda imponer podrá ser reducido si la persona infractora acredita la concurrencia de circunstancias que atenúen la responsabilidad y justifiquen dicha reducción.

Cuando estas infracciones sean cometidas por una persona protegida o por un deportista aficionado, la sanción será, en atención al grado de culpabilidad, la de advertencia sin periodo de suspensión o la de suspensión de licencia por un periodo máximo de dos años y la imposibilidad de obtenerla durante el mismo periodo de tiempo.

Cuando las infracciones sean la administración de sustancias o métodos prohibidos, o el tráfico, se sancionará con la imposición de suspensión de licencia federativa entre cuatro años e inhabilitación definitiva y la imposibilidad de obtenerla durante el mismo periodo de tiempo.

La tentativa de estas dos infracciones se sancionará con la imposición de suspensión de licencia federativa entre cuatro años e inhabilitación definitiva y la imposibilidad de obtenerla durante el mismo periodo de tiempo.

Si la tentativa se refiere la utilización, uso o consumo de sustancias prohibidas, a ayudar a cometer infracciones o a la manipulación fraudulenta, se sancionará con la imposición de suspensión de la licencia federativa por un periodo de tiempo igual al que correspondería a la conducta consumada y la imposibilidad de obtenerla durante el mismo periodo de tiempo.

La infracción por ayuda al dopaje se sancionará con la imposición de suspensión de licencia federativa por un periodo entre dos años e inhabilitación definitiva y la imposibilidad de obtenerla durante ese mismo periodo de tiempo, en función de la gravedad de la infracción.

La infracción por el quebrantamiento de las sanciones o medidas provisionales se sancionará con la imposición de suspensión de licencia federativa por un periodo de tiempo igual al periodo de sanción impuesto en la sanción quebrantada o al periodo de suspensión provisional.

Las infracciones por intimidación a un testigo o por tomar represalias se sancionará con la imposición de suspensión de licencia federativa por un periodo entre dos años e inhabilitación definitiva, y la imposibilidad de obtenerla durante ese mismo periodo, en función de la gravedad de la infracción.

Las infracciones por incumplimiento de las obligaciones sobre localización o por recepción de servicios de personas sancionadas se sancionarán con la imposición de suspensión de licencia federativa por un periodo de uno a dos años y la imposibilidad de obtenerla durante el mismo periodo, en función del grado de culpabilidad y de otras circunstancias del caso. En el caso de la infracción por incumplimiento de las obligaciones de localización cuando el deportista cambiase de localización a última hora con el propósito de evitar someterse a los controles, o con idéntico propósito llevaran a cabo otras conductas que impidan o dificulten su localización, se sancionará con suspensión de licencia federativa por un período de dos años.

2. Imposición de sanciones pecuniarias accesorias

El artículo 24 de la LOCD regula las sanciones pecuniarias que pueden imponerse como accesorias a la sanción principal, distinguiendo entre si el sancionado es deportista o no. Las sanciones personales de multa, en los casos de los deportistas, solo podrán imponerse cuando estos obtengan o hayan obtenido ingresos que estén asociados a la actividad deportiva desarrollada.

Sobre esta cuestión, la sentencia de la Audiencia Nacional de 8 de abril de 2021 ha afirmado que es desproporcionado imponer una sanción pecuniaria de 3.000 euros cuando esta cuantía es el cuádruple de los ingresos que ese deportista obtuvo de la práctica deportiva por lo que, en ese caso, se justifica la no imposición de sanción pecuniaria.

Cuando la infracción consista en la detección de una sustancia prohibida, el uso de sustancias o métodos prohibidos, la posesión, el incumplimiento de la obligación de localización, la recepción de servicios por personas sancionadas por dopaje o la tentativa, la multa que se impondrá será de 3.001 a 12.000 euros.

Cuando la infracción consista en evitar someterse a un control, la ayuda al dopaje, la manipulación fraudulenta, la intimidación o tomar represalias la multa a imponer será de 12.001 a 40.000 euros.

Cuando la infracción consista en la administración de sustancias o métodos prohibidos, el tráfico o el quebrantamiento de la sanción, la multa a imponer será de 40.001 a 100.000 euros.

Cuando cualquiera de las infracciones previstas en la LOCD, a excepción del incumplimiento de la obligación de localización y la prohibición de recibir servicios profesionales de una persona sancionada por dopaje, sea cometida por clubes, equipos deportivos, ligas profesionales, entidades organizadoras públicas o privadas de competiciones deportivas, entidades responsables de instalaciones deportivas o federaciones deportivas se impondrá a los responsables de los mismos, en atención a la gravedad de los hechos, multa de 30.001 a 300.000 euros.

Cuando estas entidades incurran en las infracciones de incumplimiento de la obligación de localización y la prohibición de recibir servicios profesionales de una persona sancionada por dopaje, se impondrá a los responsables de los mismos, en atención a la gravedad de los hechos, multa de 10.000 a 30.000 euros.

Lo primero que debemos destacar en relación con las sanciones pecuniarias accesorias que pueden imponerse a los responsables de estas entidades es que la LOCD no aclara quiénes deben considerarse responsables de las mismas, ¿el presidente del club, de la federación deportiva o de la liga? ¿los miembros del consejo de administración o de la junta directiva? ¿el alcalde cuando se trate de una entidad organizadora pública local?

Por otro lado, llama la atención que la LOCD prevea multas para el supuesto de que una persona jurídica incurra en la infracción del artículo 20.a) de la LOCD, consistente en la detección de sustancias prohibidas en las muestras biológicas del deportista, que es una infracción que únicamente pueden cometer los deportistas.

Cuando en las conductas referidas está involucrado un menor de edad o persona protegida, o en supuestos de reincidencia o concurso de infracciones, la sanción será de 40.000 a 400.000 euros.

El incumplimiento de las obligaciones de colaboración con la CELAD en las actividades de lucha contra el dopaje, por los clubes, asociaciones deportivas y federaciones deportivas, será sancionado, en atención a la gravedad de los hechos, con multa de 10.000 a 100.000 euros.

En este caso, la LOCD está estableciendo multas accesorias para estas entidades deportivas cuando incumplan las obligaciones de colaborar con la Agencia en las actividades de lucha contra el dopaje y, especialmente, en la obligación de facilitar con diligencia a la citada Agencia la información relacionada con la lucha contra el dopaje que la misma pueda solicitarles, cuando el incumplimiento de esta obligación no conlleva ninguna sanción principal, por lo que no pudiendo imponer una sanción principal por incumplir esa obligación tampoco puede imponer esta sanción accesoria.

La LOCD, en su artículo 24.10 también prevé la aplicación a estas sanciones pecuniarias accesorias de los porcentajes de reducción de la sanción establecidos en el artículo 85 de la LPACAP, si concurren las circunstancias previstas en el mismo. El apartado tercero del citado artículo 85 establece que "cuando la sanción tenga únicamente carácter pecuniario, el órgano competente para resolver el procedimiento aplicará reducciones de, al menos, el 20 % sobre el importe de la sanción propuesta, siendo éstos acumulables entre sí. Las citadas reducciones, deberán estar determinadas en la notificación de iniciación del procedimiento y su efectividad estará condicionada al desistimiento o renuncia de cualquier acción o recurso en vía administrativa contra la sanción".

En este caso concreto, la LOCD prevé la sanción pecuniaria como accesoria de la principal, por lo que la sanción que se imponga por una infracción de las normas antidopaje no tendrá únicamente carácter pecuniario, lo que impide que se aplique la reducción prevista en el artículo 85 de la LPACAP.

Las multas impuestas por la CELAD serán ejecutadas, en caso de impago, de forma forzosa según los términos establecidos en la normativa vigente en materia de recaudación y el producto de estas multas constituye un ingreso de derecho público afecto al cumplimiento de los fines de investigación y que permitirán generar en el presupuesto de la CELAD Deporte los créditos necesarios para el desarrollo de dicha actividad, cuya realización material se llevará a cabo de conformidad con lo establecido en la LOCD.

Un porcentaje, no menor al 10 %, de los recursos que se obtengan a consecuencia de la imposición de sanciones económicas a los deportistas que "cometan dopaje" (así lo dice la propia LOCD) serán repartidos de forma equitativa entre las diferentes Secretarías Autonómicas de Deporte de las respectivas Comunidades Autónomas para que estas realicen campañas de promoción del deporte limpio y contra el dopaje en el deporte.

Como puede apreciarse, el reparto a las Comunidades Autónomas se refieren únicamente a las multas que se impongan a los deportistas, no a otras personas o entidades.

3. Sanciones a clubes, equipos deportivos, ligas profesionales, entidades organizadoras públicas o privadas de competiciones deportivas, entidades responsables de instalaciones deportivas y federaciones deportivas

Estas sanciones se regulan en el artículo 22 de la LOCD y se impondrían como sanciones principales, adicionales a las previstas en el artículo 21 de la LOCD. Si bien el título del artículo se refiere a las sanciones a imponer a las entidades mencionadas en el, realmente se regulan las sanciones a imponer a los responsables de esas entidades. Sin embargo, la redacción es ciertamente muy deficiente como vamos a ver.

Este precepto establece que las infracciones que cometan este tipo de entidades, a excepción del incumplimiento de la obligación de localización y de la recepción de servicios por personas sancionadas por dopaje, conllevará, siempre que sea posible una sanción a los responsables de los mismos, en atención a la gravedad de los hechos, que será una o varias de las siguientes sanciones:

a) Pérdida de puntos, eliminatoria o puestos en la clasificación de la competición.

b) Descenso de categoría o división.

Estas sanciones se impondrán además de las sanciones pecuniarias accesorias previstas en el artículo 24 de la LOCD y que hemos visto anteriormente.

En primer lugar, este artículo 22 se refiere a la sanción a los responsables de las entidades por las infracciones cometidas por esas entidades. Ahora bien, las sanciones que se prevén no pueden ser impuestas a los responsables de esas entidades, porque a los responsables de estas entidades no se les puede imponer una sanción de pérdida de puntos, eliminatoria o puestos en la clasificación, o descenso de categoría o división, porque no son los responsables de esas entidades los que participan en competiciones sino, en su caso, la propia entidad.

Ahora bien, incluso esas sanciones tampoco podrían aplicarse a algunas de las entidades que se mencionan en el título del artículo, porque tampoco compiten en competiciones en las que se otorguen puntos, clasificaciones o categoría. Así, las ligas profesionales o las federaciones deportivas no pueden ser sancionadas según prevé la LOCD.

Ahora bien, si nos referimos a las federaciones deportivas y las ligas, el artículo 24 no prevé sanción alguna para estas entidades, porque solo contempla sanciones para sus responsables. Tampoco estas entidades pueden ser sancionadas aplicando el artículo 21 de la LOCD porque las sanciones que se prevén son de suspensión de licencia federativa y estas entidades no son titulares de licencia federativa. Por lo tanto, las únicas sanciones que podrían aplicarse serían las pecuniarias previstas en el artículo 24 de la LOCD. Ahora bien, esas sanciones pecuniarias son accesorias, por lo que es necesario que se imponga una sanción principal que, en el caso concreto de las federaciones deportivas y las ligas, no podrán imponerse, por lo que tampoco podrá imponerse la sanción accesoria.

Ya vimos antes que los responsables de estas entidades pueden ser sancionados con sanciones pecuniarias accesorias cuando incurran en cualquiera de las infracciones de la LOCD, y hablamos de la imposibilidad de que una persona que no sea deportista pueda cometer la infracción del artículo 20.a) de la LOCD.

4. Sanciones al personal de apoyo al deportista y al personal de clubes, equipos deportivos, ligas profesionales, entidades organizadoras de competiciones y responsables de establecimientos deportivos y federaciones deportivas

Estas sanciones se regulan en el artículo 23 de la LOCD. De acuerdo con este precepto, cualquiera de las infracciones previstas en la ley, además de las sanciones que correspondan, conllevarán la inhabilitación para el ejercicio de funciones sanitarias o profesionales vinculadas a deportistas, entidades, clubes, equipos, federaciones o establecimientos deportivos por un período de cuatro años.

Cuando en las infracciones de administración de sustancias o métodos prohibidos, tráfico o la tentativa prevista en el apartado j) del artículo 20, se emplearan sustancias no específicas y fueran cometidas por personal de apoyo estando implicadas personas protegidas se impondrá a dicho personal la sanción de inhabilitación definitiva. Según el apartado de definiciones de la LOCD, persona protegida es el "Deportista u otra persona física (i) que en el momento de la infracción de las normas antidopaje no ha alcanzado la edad de dieciséis años; (ii) que en el momento de la infracción de las normas antidopaje no ha alcanzado la edad de dieciocho años y no está incluido en ningún grupo de seguimiento ni ha competido nunca en un evento internacional en categoría abierta (open); (iii) carente de capacidad jurídica o de obrar por razones distintas a la edad".

Una muestra más de la deficiente técnica legislativa en la redacción de esta ley se muestra al encontrar dos párrafos exactamente iguales, uno en el artículo 23.2 que regular las sanciones al personal de apoyo y al personal de entidades deportivas, y otro en el artículo 27.2 de la LOCD que regula las circunstancias agravantes. El artículo 23.2 de la LOCD establece:

> "Cuando en las infracciones previstas en los apartados g), h), y j), del artículo 20 se emplearan sustancias no específicas y fueran cometidas por personal de apoyo estando implicadas personas protegidas se impondrá a dicho personal de apoyo la sanción de inhabilitación definitiva".

El artículo 27.2 de la LOCD establece:

> "Cuando en las infracciones previstas en los apartados g), h), y j), se emplearan sustancias no específicas y fueran cometidas por personal de apoyo estando implicadas personas protegidas se impondrá a dicho personal de apoyo la sanción de inhabilitación de por vida".

Como puede verse, la LOCD contempla las mismas circunstancias para graduar la sanción y para agravarla, para llegar en ambos casos al mismo resultado: la inhabilitación definitiva.

Cuando la infracción sea cometida por personal que realice funciones sanitarias, los órganos disciplinarios comunicarán a los correspondientes Colegios Profesionales los actos realizados por este personal a los efectos disciplinarios oportunos. La comunicación se hará con la debida reserva de los datos relativos a los y las deportistas implicados.

5. Otras sanciones accesorias

El artículo 25 de la LOCD establece que las infracciones previstas en la ley, además de las sanciones que correspondan, conllevarán la inhabilitación para desempeñar cargos o empleos, remunerados o no, en cualesquiera entidades o instituciones que, directa o indirectamente, organicen, promuevan, participen, disciplinen, desarrollen o financien actividades deportivas por un periodo igual al de la suspensión de licencia o inhabilitación que se hubiere impuesto.

Esa redacción ha buscado ampliar tanto la prohibición de trabajar a las personas sancionadas que lo hace difícilmente compatible con el derecho al trabajo. Al incluir la participación directa e indirecta, así como la financiación de actividades deportivas, se prohíbe el trabajo de estas personas en cualquier empresa patrocinadora o colaboradora de una actividad deportiva, independientemente de que esa empresa sea una entidad deportiva o no.

La LOCD también establece que las personas físicas o jurídicas que realicen las conductas tipificadas como infracciones, sin disponer de licencia federativa o de habilitación equivalente y presten servicios o actúen por cuenta de federaciones deportivas españolas, ligas profesionales o entidades organizadoras de competiciones deportivas de carácter oficial por delegación de las anteriores, así como las personas o entidades integradas en dichas organizaciones, no podrán ejercer cargos deportivos en cualquier entidad relacionada con el deporte, obtener licencia deportiva o habilitación equivalente, ni ejercer los derechos derivados de la licencia deportiva por un período equivalente a la duración de las sanciones de inhabilitación para el desempeño de cargos deportivos, privación o suspensión de licencia deportiva o habilitación equivalente.

Como puede apreciarse, la LOCD hace de mejor condición a las personas que presten servicios en el mundo del deporte sin licencia federativa que con licencia. Así, una persona que no tenga licencia federativa y que sea condenada por un delito de dopaje, o sea sancionada profesional o disciplinariamente por hechos que hubieran constituido una infracción de acuerdo con la LOCD, no podrán ser contratados por los deportistas ni por las entidades deportivas durante un período mínimo de seis años, pero sí por cualquier otra persona física o jurídica. Si el sancionado tiene licencia federativa, como vimos anteriormente, no podrá prestar ningún tipo de servicio ni colaboración no solo para deportistas ni entidades deportivas, sino tampoco para "cualesquiera entidades o instituciones que, directa o indirectamente, organicen, promuevan, participen, disciplinen, desarrollen o financien actividades deportivas por un periodo igual al de la suspensión de licencia o inhabilitación que se hubiere impuesto".

La LOCD también contempla que la comisión de cualquiera de las infracciones previstas en la ley será consideradas como transgresión de la buena fe contractual a efectos de despedir disciplinariamente al trabajador que ha cometido la infracción.

6. Criterios para la imposición de sanciones en materia de dopaje. Circunstancias eximentes y atenuantes

La imposición de las sanciones previstas en la LOCD se realizará atendiendo a las circunstancias concurrentes en cada caso, especialmente las que se refieren al conocimiento, al grado de culpabilidad, al grado de responsabilidad de las funciones desempeñadas por la persona infractora y a la naturaleza de los perjuicios ocasionados.

Según el Anexo de definiciones de la LOCD, por culpabilidad hay que entender "Cualquier incumplimiento de una obligación o ausencia de la adecuada atención a una situación concreta. Entre los factores que deben tomarse en consideración al evaluar el grado de culpabilidad del deportista u otra persona están, por ejemplo, su experiencia, si se trata de una persona protegida, consideraciones especiales como la discapacidad, el grado de riesgo que debería haber sido percibido por el deportista y el grado de atención e investigación aplicados por el mismo en relación con lo que debería haber sido el nivel de riesgo percibido. Al evaluar el grado de culpabilidad del deportista u otra persona, las circunstancias analizadas deben ser específicas y pertinentes para explicar la desviación de estos del patrón de conducta esperado. Así, por ejemplo, el hecho de que un deportista vaya a perder la oportunidad de ganar grandes cantidades de dinero durante un periodo de sanción, o de que quede poco tiempo para que finalice su carrera deportiva, o la programación del calendario deportivo, no serían factores relevantes a tener en cuenta para reducir el periodo de sanción con arreglo al artículo 26 de la presente ley".

La LOCD también prevé dos circunstancias eximentes de la responsabilidad disciplinaria:

a) Que el deportista o persona afectada por el procedimiento sancionador acredite que, para ese caso concreto, no ha existido culpa o negligencia alguna por su parte. Cuando la infracción deriva de la detección de una sustancia prohibida en el organismo de un deportista, este deberá justificar la forma en que se introdujo la sustancia prohibida en su organismo. Esta eximente no será de aplicación cuando se trata de la comisión de una tercera infracción de las normas antidopaje dentro del plazo de diez años a contar desde la comisión de la primera infracción.

b) Que se haya obtenido una autorización de uso terapéutico, alcanzando la eximente únicamente a las sustancias o métodos prohibidos que se contengan en la autorización.

La LOCD también prevé circunstancias atenuantes de la responsabilidad disciplinaria, que son las siguientes:

a) La ausencia de culpa o negligencia grave en la actuación del deportista o de la persona responsable de la infracción debidamente acreditada. En este caso, se podrá reducir la sanción hasta la mitad de la que fuera aplicable de no concurrir tal circunstancia.

   El CMA considera que esta atenuante no debería aplicarse en aquellos casos en los que es determinante la intención como elemento de la infracción, concretamente en las infracciones por manipulación, tráfico, administración, complicidad, intimidación o tomar represalias, o bien cuando el elemento de la intención sea determinante en la sanción particular, o cuando el grado de inhabilitación previsto esté basado en el grado de culpabilidad de la persona sancionada, pero lo cierto es que la LOCD no ha tenido en cuenta estos comentarios.

b) La admisión voluntaria de la comisión de la conducta constitutiva de infracción realizada ante el órgano competente antes de haber recibido cualquier intento de notificación que pudiera manifestar la posible exigencia de responsabilidad por tal conducta. En este caso, previo informe de la AMA, se podrá reducir la sanción hasta la mitad de la que fuera aplicable de no concurrir tal circunstancia.

c) La confesión inmediata de la existencia de la infracción después de haber sido iniciado el procedimiento sancionador, con pago de la sanción a imponer de acuerdo con lo previsto en el artículo 24 de la LOCD, siempre que se realice antes del transcurso de veinte días a contar desde el día siguiente a aquél en que tenga lugar la notificación del inicio del procedimiento. En este caso, previo informe de la AMA, podrá reducirse la sanción de suspensión de la licencia federativa hasta un máximo de un año.

En caso de que concurran dos o más circunstancias atenuantes de las previstas en el presente artículo, se podrá reducir la sanción hasta la cuarta parte de la que fuera aplicable de no concurrir tal circunstancia.

La LOCD establece que cuando las circunstancias atenuantes sean de aplicación en el caso de una segunda infracción, en primer lugar se debe fijar el periodo de suspensión aplicable teniendo en cuenta la reincidencia y sobre ese período que corresponda se aplicará la correspondiente reducción. El cualquier caso, el período de suspensión será, al menos, la cuarta parte del período que debería aplicarse en caso de no concurrir atenuante alguna.

7. Circunstancias agravantes

El artículo 27 de la LOCD regula las circunstancias agravantes, que se aplicarán cuando la infracción sea distinta de la ayuda al dopaje, el tráfico de sustancias y métodos prohibidos, la intimidación o las represalias, siendo las circunstancias agravantes previstas en la LOCD las siguientes:

a) El uso o posesión de múltiples sustancias prohibidas o métodos prohibidos, el uso o posesión de una sustancia prohibida o un método prohibido en múltiples ocasiones o la comisión en múltiples ocasiones de otras infracciones de las normas antidopaje.

Este artículo puede entrar en colisión con el precepto que regula la reincidencia y el concurso de infracciones. Si se contempla como circunstancia agravante la de haber cometido en múltiples ocasiones otras infracciones, realmente nos encontramos ante la agravante de reincidencia, que tiene su propio tratamiento en otro artículo.

A este respecto hay que tener en cuenta los larguísimos plazos que establece el artículo 28 de la LOCD para apreciar la reincidencia, que es de 8 o 10 años entre la primera infracción y la segunda o ulteriores infracciones.

b) El disfrute de una mejora del rendimiento como consecuencia de las infracciones de las normas antidopaje más allá del periodo de inhabilitación que habría sido de aplicación.

En este caso, parece que esta agravante únicamente podría apreciarse en casos de detección de una sustancia prohibida o uso, utilización o consumo de una sustancia o método prohibido, que son las únicas infracciones en las que el sancionado disfrutaría de una mejora del rendimiento. Para apreciar esta circunstancia agravante, debería quedar debidamente acreditado que la sustancia prohibida va a mejorar el rendimiento del deportista sancionado una vez que finalice el período de inhabilitación.

Por otro lado, el tenor literal de esta agravante parece indicar que únicamente cabrá apreciarse la misma cuando se imponga una sanción de inhabilitación, no cuando la sanción consista en una amonestación.

c) La participación en acciones engañosas u obstructivas para evitar la detección o determinación de una infracción de las normas antidopaje.

Esta agravante únicamente debería apreciarse cuando la conducta en la que incurra el sancionado no pueda calificarse como manipulación fraudulenta porque, en ese caso, podríamos encontrarnos no ante una agravante, sino ante una infracción independiente o ante un concurso de infracciones.

d) La participación en manipulaciones durante la gestión de resultados o el proceso de audiencia, el abuso de superioridad o de confianza, cometer la infracción por motivos racistas, antisemitas u otra clase de discriminación referente a la ideología, religión o creencias de la víctima, la etnia, raza o nación a la que pertenezca, su sexo, orientación o identidad sexual, razones de género, la enfermedad que padezca o su discapacidad.

En este caso nos encontramos con varias circunstancias completamente diferentes entre ellas, por lo que habría sido conveniente tratarlas de manera diferenciada. En primer lugar, las manipulaciones durante la gestión de resultados o el proceso de audiencia, que pueden colisionar con el derecho de defensa (imaginemos un deportista acusado de dopaje que miente durante el proceso de audiencia, en su legítimo derecho a mentir), o podrían suponer una infracción independiente (manipulación fraudulenta) e, incluso, un delito (falsificación documental).

En segundo lugar, el abuso de autoridad o confianza, que supone que tenga la persona sancionada sobre el deportista o personal de apoyo que incurre en una infracción de dopaje.

Por último, establece una serie de circunstancias como agravantes que difícilmente se vincularán a actos de dopaje, como un dopaje que busque discriminar a terceras personas o por cualquiera de los motivos que se mencionan en ese precepto.

e) Realizar la conducta a cambio de precio, recompensa o promesa.

En este caso habrá que entender que esta agravante se aplicará a la persona que acepta el precio, recompensa o promesa a cambio de la conducta infractora.

f) Prevalerse del carácter público que tenga la persona infractora o en atención a la especial importancia de los daños y perjuicio causados con su conducta.

Nuevamente se mezclan circunstancias diversas totalmente desconectadas entre sí. Cuando se refiere a la especial importancia a los daños y perjuicios causados por la conducta infractora, hay que tener en cuenta que la naturaleza de los perjuicios ocasionados con la infracción es uno de los criterios a tener en cuenta para la graduación de la sanción, según el artículo 26 de la LOCD. En cualquier caso, los daños y perjuicios deben quedar convenientemente acreditados en el procedimiento sancionador.

La concurrencia de una o más de las circunstancias agravantes determinarán la imposición de la sanción de suspensión de licencia deportiva e imposibilidad de obtenerla que correspondiera a la infracción cometida incrementadas en un periodo adicional de hasta dos años, en función de la gravedad de los hechos y la naturaleza de la circunstancia o circunstancias agravantes concurrentes, a menos que la persona sancionada pueda demostrar que no cometió la infracción de manera intencional.

8. La reincidencia y el concurso de infracciones

El artículo 28 de la LOCD regula la reincidencia y el concurso de infracciones estableciendo que se considera reincidencia, a efectos de la ley antidopaje, cuando la persona infractora comete una segunda o ulteriores infracciones, con posterioridad a la apertura del correspondiente expediente sancionador por la comisión de una infracción anterior. Ahora bien, para apreciar esta circunstancia será preciso que la infracción anterior haya sido sancionada en virtud de resolución firme en vía administrativa.

A efectos de aplicar la reincidencia, la LOCD diferencia entre la segunda o ulteriores infracciones. Cuando se cometa una segunda infracción dentro de los diez años posteriores a la comisión de la primera infracción, la sanción que se imponga será la suspensión de licenciar federativa por el mayor de los siguientes periodos:

a) Seis meses, al menos, o

b) Un periodo de suspensión de una duración comprendida entre: la suma del periodo de suspensión impuesto a causa de la primera infracción más el periodo que conllevaría la segunda, si se tomase como primera; y el doble del periodo de suspensión que habría de aplicarse a la segunda infracción considerada como si fuera una primera infracción determinándose la duración de dicho periodo en función de la totalidad de las circunstancias y el grado de culpabilidad de la persona infractora en relación con la segunda infracción.

Cuando se cometa una tercera infracción dentro del plazo de diez años a contar desde la comisión de la primera infracción dará lugar a la inhabilitación de licencia deportiva definitiva, salvo que se trate de una infracción por incumplimiento de las obligaciones sobre localización o cuando se aprecie que no ha habido negligencia o culpabilidad grave por parte del infractor, que la duración de la suspensión será de un mínimo de ocho años, hasta la suspensión definitiva.

Con la finalidad de poder conocer cuando existe reincidencia, el apartado 9 del artículo 28 de la LOCD prevé que se tendrá en cuenta la existencia de sanciones impuestas por autoridades antidopaje extranjeras cuando cumplan los requisitos necesarios para su reconocimiento en España, para lo que, en nuestra opinión, únicamente cabrá apreciar la reincidencia respecto de sanciones impuestas por autoridades antidopaje extranjeras cuando hayan sido reconocidas en España en conformidad con el artículo 30 de la LOCD.

Para poder conocer la existencia de sanciones en el ámbito internacional, la CELAD podrá solicitar de la AMA o de la correspondiente federación internacional información sobre la existencia de infracciones anteriores en los casos que pudieran haber sido objeto de procedimientos sancionadores.

La LOCD contempla supuestos especiales para ciertos casos en los que no quepa apreciar la reincidencia porque la primera infracción no haya sido sancionada de manera firme. Así, se establece que en el supuesto de que la comisión de la segunda o ulteriores infracciones se hubiese producido con anterioridad a la apertura del expediente sancionador, todas las infracciones serán tratadas como una única infracción y la sanción aplicable será la más grave de las previstas para las infracciones en concurso, debiéndose en este caso anular los resultados de todas las competiciones deportivas desde la fecha de la infracción más antigua.

En el supuesto de imponer una nueva sanción de suspensión de licencia federativa durante el periodo de cumplimiento de una sanción impuesta, o la segunda o ulterior infracción se hubiera cometido durante el periodo de cumplimiento de una sanción impuesta por una infracción anterior, o en los doce meses anteriores o posteriores a la apertura del expediente sancionador correspondiente a la primera infracción, y se impusiesen sanciones por tales infracciones, el cumplimiento de las sanciones será sucesivo y no simultáneo.

La LOCD contempla también un supuesto de concurso real de infracciones cuando la infracción consista en la manipulación fraudulenta, la intimidación o las represalias y durante la realización del control de dopaje se cometiera otra infracción distinta, las infracciones cometidas se considerarán en concurso real de infracciones y las sanciones se cumplirán sucesivamente en el mismo orden que fueran impuestas.

9. Anulación de los resultados de las competiciones

El artículo 29 de la LOCD regula la anulación de resultados y, sin lugar a duda, es una muestra más de los problemas que provoca intentar aplicar el CMA sin adaptarlo a las categorías jurídicas y garantías que se aplican en nuestro Ordenamiento.

Este Código prevé la anulación de los resultados deportivos contemplándose como una sanción cuando la infracción de las normas antidopaje tenga lugar durante un evento deportivo o en relación con el mismo (art. 10.1), así como la anulación automática de resultados individuales cuando la infracción se ha detectado mediante un control durante la competición (art. 9).

Este segundo supuesto es el controvertido. Según el laudo del Tribunal Arbitral del Deporte TAS 98/214, de 17 de marzo de 1999, B. Contra Federación Internacional de Judo, "Según esta jurisprudencia, el sistema de responsabilidad objetiva debe prevalecer cuando la equidad deportiva está en juego. La presencia de una sustancia prohibida en el cuerpo de un deportista tiene dos consecuencias. La primera, es que el deportista es descalificado de la competición en la que el control de dopaje ha tenido lugar. Esta sanción interviene por equidad deportiva hacia los otros deportistas que han participado en esa competición, aunque el deportista sea inocente o no del caso de dopaje. Esta consecuencia no interviene en este caso, puesto que el control ha tenido lugar fuera de competición".

Como puede apreciarse, la anulación automática de los resultados cuando la infracción se detecta en un control en competición, prevista en el artículo 9 del CMA, se dicta independientemente de la culpabilidad o responsabilidad del deportista, lo que no es compatible con el principio de culpabilidad plasmado en el ámbito administrativo en el artículo 28.1 de la LRJSP al establecer que solo podrán ser sancionadas por hechos constitutivos de infracción administrativa las personas físicas o jurídicas que resulten responsables de los mismos a título de dolo o culpa (STC 14/2021, de 28 de enero).

Como vamos a ver, el apartado primero del artículo 29 de la LOCD es inconstitucional por prever sanciones a personas que no resulten responsables de haber cometido una infracción de la LOCD. Ese precepto prevé que la comisión de una conducta de las previstas en la ley como infracciones por parte de un deportista en el marco de una competición individual y como consecuencia de la realización de un control en competición, será causa de nulidad automática de los resultados obtenidos en esa competición, con la pérdida de todas la medallas, puntos, premios y cualesquiera otras consecuencias vinculadas al resultado obtenido en la misma, con independencia de que concurra una causa de atenuación de responsabilidad o de que, por concurrir una causa de exención, no se llegare a imponer sanción.

En el apartado segundo del artículo 29 prevé que, además de la anulación de resultados dentro de una competición, cuando esa conducta infractora se cometa durante un evento deportivo o en relación con el mismo, o sea, en el marco de una serie o parte de las competiciones que se desarrollan bajo la dirección de un único organismo deportivo que adopta las reglas de participación y organización del mismo, el órgano competente podrá anular todos los resultados deportivos obtenidos por el deportista en dicho evento, lo que supondrá la pérdida de todas las medallas, puntos, premios y cualesquiera otras consecuencias vinculadas al resultado anulado.

De acuerdo con la doctrina de nuestro Tribunal Constitucional, por todas la sentencia 181/2014, de 6 de noviembre, la anulación de resultados debe considerarse como una sanción pues tiene una función represiva, retributiva o de castigo al ser una medida restrictiva de derechos que se impone como consecuencia de una conducta que está considerada como infracción por la LOCD.

Pues bien, la anulación de resultados prevista para aquellos casos de deportistas que cometan una conducta prevista como infracción de la LOCD, pero a los que es de aplicación una circunstancia eximente y, por ello, no son sancionados, supone una infracción del principio de responsabilidad por imponer una sanción a una persona que no resulta responsable de haber cometido una infracción.

Pero, es más, esta medida choca frontalmente contra las consecuencias beneficiosas de las autorizaciones de uso terapéutico. Estas autorizaciones de conceden a aquellos deportistas que sufren una patología y se les prescribe para su uso terapéutico una sustancia o método prohibido. Cuando se concede una autorización, desplegará dos efectos muy importantes: 1) si se detecta esa sustancia autorizada en el organismo de ese deportista, usa, utiliza, consume o posee la sustancia o método prohibido comprendido en el alcance de la autorización de uso terapéutico, no será sancionado porque supone una eximente según el artículo 26.2.b) de la LOCD; 2) el deportista que está en posesión de una autorización de uso terapéutico podrá competir válidamente en competiciones, a pesar de esta consumiendo esa sustancia o método prohibido comprendido en el alcance de la autorización para uso terapéutico. Este segundo efecto conlleva la validez de los resultados deportivos que obtenga en esas competiciones.

Pues bien, con el contenido de este precepto de la LOCD, el deportista que está en posesión de una autorización de uso terapéutico podrá competir válidamente y no será sancionado si se le detecta la sustancia prohibida comprendida en el alcance de esa autorización, por aplicación de la eximente prevista en la LOCD, pero los resultados que obtenga en esas competiciones serán anulados porque la anulación de resultados opera aunque el deportista no sea sancionado por concurrir la causa de exención de haber obtenido una autorización para uso terapéutico.

Como puede verse, no solo ese precepto vulnera el principio de responsabilidad, sino que está privando a las autorizaciones de uso terapéutico de uno de sus principales efectos, lo que únicamente puede justificarse en un nuevo ejemplo de la deficiente técnica legislativa empleada por los redactores de la LOCD.

El apartado tercero del artículo 29 prevé que cuando en aplicación de los apartados 1 y 2 de ese precepto se recuperen los premios, cualquiera que fuese su naturaleza, o aun cuando no hubieran sido entregados al deportista infractor, la autoridad competente para conocer de las infracciones de dopaje instará a los organizadores de las competiciones deportivas a la entrega de dichos premios a los y deportistas a quienes les correspondiesen, una vez anulados los resultados de la persona infractora o personas infractoras de las normas antidopaje.

La LOCD también contempla la anulación de todos los resultados obtenidos en las competiciones celebradas en los supuestos de las infracciones por detección de una sustancia prohibida, evitar el control de dopaje y la manipulación o tentativa de manipulación fraudulenta, o desde la fecha en la que se produjeron los hechos constitutivos de infracción en las demás infracciones previstas en el artículo 20, hasta que recaiga la sanción o la suspensión provisional de la licencia federativa, aplicando todas las consecuencias que se deriven de tal anulación, salvo que la decisión sobre la suspensión provisional o la sanción se hubiera demorado por causas no imputables al deportista y los resultados obtenidos en esas competiciones no estuvieran influidos por la infracción cometida.

En los deportes de equipo, cuando quienes hayan cometido infracciones sean más de dos, y con independencia de las sanciones que puedan corresponder en virtud de las disposiciones previstas en la LOCD, los órganos disciplinarios deberán pronunciarse sobre la procedencia de alterar el resultado de los encuentros, pruebas, competiciones o campeonatos decidiendo pérdida de puntos o descalificación del evento o competición, para lo que ponderarán la implicación de menores de edad o personas protegidas en las referidas conductas.

Es significativo, posiblemente por causa de un nuevo error de técnica jurídica, que la LOCD no haya previsto que, en caso de alterar el resultado de las competiciones de equipo, se reasignen los premios a los equipos que les correspondiesen, si en esa concreta competición se distribuyeron premios.

Por último, en relación con este precepto que regula la anulación de resultados, nos volvemos a encontrar con una nueva deficiencia técnico-legislativa, al regular en este precepto algo totalmente ajeno a la anulación de resultados, al establecer que en los deportes de equipo, siempre y cuando más de uno de sus miembros hayan cometido una infracción en materia de dopaje durante el período de celebración de un evento deportivo, se realizarán a ese equipo controles dirigidos.

10. Los efectos de las sanciones

El artículo 30 de la LOCD regula los efectos de las sanciones, estableciendo que las sanciones suponen un supuesto de imposibilidad de obtener o ejercer los derechos derivados de la licencia deportiva en cualquier ámbito territorial, en los términos previstos en la Ley del Deporte, y de obtener licencia federativa en ninguna federación distinta de aquella bajo cuya licencia fue sancionado.

La sanción de suspensión de licencia implica que la persona sancionada no podrá participar en ninguna competición o actividad autorizada u organizada por cualquiera de los signatarios de la Convención de la UNESCO, las federaciones deportivas, clubes u otras organizaciones pertenecientes a los mismos, o en competiciones autorizadas u organizadas por cualquier Liga profesional o cualquier organizador de eventos deportivos nacionales o internacionales, sea cual sea la modalidad o especialidad deportiva en la que se pretenda participar, si bien podrá participar en programas educativos o de rehabilitación con autorización previa de la CELAD.

Una cuestión que cabe plantear es si la persona sancionada podrá participar en competiciones o actividades que no estén autorizadas u organizadas por entidades que no se regulen por la Ley 10/1990, de 15 de octubre, del Deporte, o por los miembros de estas entidades. En nuestra opinión, teniendo en cuenta el ámbito de aplicación de la LOCD, esa prohibición no puede alcanzar al deporte no federado.

Por otro lado, se debería precisar el alcance de "actividad autorizada" distinta de las competiciones, porque, a modo de ejemplo, esa prohibición interpretada de manera extensa podría llevar a impedir que esa persona acuda como espectador a un partido de fútbol organizado por cualquier club federado.

En cualquier caso, si la persona sancionada lo ha sido con un periodo de tiempo superior a cuatro años de suspensión de licencia deportiva, después de cumplir los primeros cuatro años de su sanción, podrá tomar parte en competiciones deportivas de ámbito inferior al estatal que no estén bajo la autoridad de un signatario del CMA u organización miembro de algún signatario.

El apartado sexto del artículo 30 prevé una excepción a esta posibilidad de tomar parte en competiciones deportivas de ámbito inferior al estatal, estableciendo que "Todo ello siempre que dicha competición no sirva como calificación, directa o indirectamente para competir o acumular puntos para hacerlo, en un campeonato nacional o en algún evento internacional, y no implique que el sancionado trabaje de ninguna manera con personas protegidas".

La LOCD también permite al deportista sancionado regresar al entrenamiento con su equipo o al uso de las instalaciones de un club o entidad deportiva durante los dos últimos meses del periodo de suspensión o durante el último cuarto del periodo de suspensión si este tiempo fuera inferior.

En una nueva muestra de la muy deficiente técnica legislativa, en este artículo 30 de la LOCD nos volvemos a encontrar un apartado repetido, que ya está incluido el artículo 28.3 que regula la reincidencia y concurso de infracciones.

El artículo 30.5 de la LOCD establece:

> "5. Si durante el periodo de cumplimiento de la sanción impuesta, se impusiera un nuevo periodo de suspensión de licencia como consecuencia de la comisión de cualquier infracción de las previstas en el artículo 20, el cumplimiento de los periodos de suspensión impuesto será sucesivo y no simultáneo, comenzando el cumplimiento de la segunda sanción el primer día siguiente al final del primer periodo de suspensión".

El artículo 28.3 de la LOCD establece:

> "3. Si durante el periodo de cumplimiento de la sanción impuesta, se impusiera un nuevo periodo de suspensión de licencia como consecuencia de la comisión de cualquier infracción de las previstas en el artículo 20, el cumplimiento de los periodos de suspensión impuesto será sucesivo y no simultáneo, comenzando el cumplimiento de la segunda sanción el primer día siguiente al final del primer periodo de suspensión".

Una de las consecuencias de las sanciones es que las personas sancionadas se verán privadas de la totalidad del apoyo financiero otorgado directamente por las Administraciones Públicas o por cualquier entidad en la que participe una Administración Pública, así como de cualesquiera otras ventajas económicas o beneficios fiscales relacionados con la práctica deportiva que pudieran obtener de las mismas. Es difícil imaginar cómo una persona que se ve privada de la totalidad del apoyo financiero va a gozar de beneficios fiscales por unos ingresos que no obtiene.

Ahora bien, muy relevante en la regulación contenida en este artículo 30 es el sistema de reconocimiento de las sanciones dictadas en el extranjero, estableciendo que "Cualesquiera resoluciones dictadas por las autoridades antidopaje de otros Estados, por las federaciones o entidades internacionales competentes o por los tribunales arbitrales cuando actúen como instancia de apelación de las decisiones de las federaciones deportivas internacionales o de la Agencia Mundial Antidopaje, serán reconocidas de manera inmediata y desplegarán plenos efectos en España, en los términos y condiciones establecidos en el Código Mundial Antidopaje y correspondan al ámbito de competencias de esa entidad".

A pesar de que el apartado 2 prevé el reconocimiento automático de las sanciones, lo cierto es que ese reconocimiento no es automático, sino que debe realizarse dentro de un procedimiento que debe tramitar la CELAD, que se iniciará bien de oficio o a instancia de los deportistas, y se procederá a su reconocimiento siempre que la resolución que pretende reconocerse no sea contraria a los derechos fundamentales o al orden público.

Cuando este precepto dice que el procedimiento para el reconocimiento puede iniciarse a instancia de los deportistas, estos deportistas también pueden instar el procedimiento de no reconocimiento, es decir, solicitar que la CELAD declare que esa resolución no puede ser reconocida en España por vulnerar los derechos fundamentales o el orden público. Esta posibilidad fue reconocida por el Comité Español de Disciplina Deportiva, entre otras en su Resolución del Expediente 75/2012, de 13 de julio de 2012, y en la sentencia Nº 96/2018, del Juzgado Central de lo Contencioso-Administrativo Nº 9, de 30 de julio.

Sin embargo, este precepto no prevé la posibilidad de que el procedimiento de reconocimiento se inicie a instancia de cualquier otra persona sancionada que no sea deportista. Muy probablemente esto se deba a un olvido del legislador.

Tratándose de laudos extranjeros cuando los tribunales arbitrales actúen como instancia de apelación de las decisiones de las federaciones deportivas internacionales o de la AMA, que realmente el único tribunal arbitral que podrá resolver estos casos será el Tribunal Arbitral del Deporte en virtud del artículo 13.2 del CMA, parece que la LOCD ha acogido la tesis de la Audiencia Nacional, expuesta en su sentencia de 19 de junio de 2017, que en casos de apelación el Tribunal Arbitral del Deporte no actúa como órgano arbitral, sino como órgano de apelación, al prescindir del sistema previsto en el artículo 46 de la Ley 60/2003, de 23 de diciembre, de Arbitraje, que establece en su apartado segundo que "El exequátur de laudos extranjeros se regirá por el Convenio sobre reconocimiento y ejecución de las sentencias arbitrales extranjeras, hecho en Nueva York, el 10 de junio de 1958, sin perjuicio de lo dispuesto en otros convenios internacionales más favorables a su concesión, y se sustanciará según el procedimiento establecido en el ordenamiento procesal civil para el de sentencias dictadas por tribunales extranjeros".

En el caso concreto de Suiza, que es el Estado donde está ubicada la sede del Tribunal Arbitral del Deporte, el Tribunal Supremo, en su sentencia de 9 de octubre de 2003, afirmó que "la ejecución del laudo arbitral aquí analizado podría haber seguido los cauces del Convenio de Nueva York o bien del Tratado entre España y Suiza". Sin embargo, con los laudos arbitrales dictados por el Tribunal Arbitral del Deporte cuando actúe como instancia de apelación de las decisiones de las federaciones deportivas internacionales o de la AMA (esta Agencia no adopta decisiones sancionadoras), se ha optado por evitar ese sistema eligiendo otro diferente, de naturaleza pública, al designar a la CELAD como institución competente para reconocer, o no, esas decisiones, y la decisión de la Agencia en esos casos podrá llegar a ser recurrida ante el Comité Sancionador Antidopaje en virtud del artículo 47.2.d) de la LOCD, cuya decisión podrá ser recurrida ante el orden contencioso-administrativo según se regula en el artículo 49.2 de la LOCD.

Este artículo 30 de la LOCD, en su apartado octavo, establece otro régimen distinto de reconocimiento y ejecución de las sentencias firmes dictadas por los tribunales extranjeros en materia de dopaje y de los laudos dictados por tribunales arbitrales cuando no actúan como instancia de apelación de las federaciones deportivas internacionales o de la AMA, estableciendo que en esos casos, el procedimiento "se ajustará a lo establecido en el título V de la Ley 29/2015, de 30 de julio, de cooperación jurídica internacional en materia civil, sobre el reconocimiento y ejecución de resoluciones judiciales y documentos públicos extranjeros, de la inscripción en Registros públicos, y de las normas internacionales aplicables en España".

Sobre esta cuestión vamos a mencionar el Auto de la Sala de lo Civil y Penal del Tribunal Superior de Justicia de Cataluña, de 22 de marzo de 2021, que ha afirmado "En la resolución del presente exequátur se ha de estar tanto en cuanto a los documentos que deben presentarse con la demanda como en orden a los motivos de oposición a los términos del Convenio sobre el reconocimiento y ejecución de sentencias arbitrales extranjeras hecho en Nueva York el 10 de junio de 1958 (CNY) ... Las normas referidas a los exequátur de sentencias judiciales extranjeras contenidas en la LCJI no son todas de aplicación al exequátur de los laudos extranjeros. No lo son las que establecen los documentos que han de ser presentados junto con la demanda ni tampoco las causas de oposición en tanto que ambos supuestos se hallan regulados en el Convenio de Nueva York, norma de rango preferente como hemos expuesto (ATSJMu 12 de abril de 2019) ... La competencia para el conocimiento y resolución del exequátur ha quedado residenciada, tras la promulgación de la LO. 5/2011, de 20 de mayo, complementaria a la Ley 11/2011, de 20 de mayo, de reforma de la Ley 60/2003, de 23 de diciembre, de Arbitraje (art. 8) en las Salas civiles y penales de los Tribunales Superiores de Justicia y se sustanciará según el procedimiento establecido en el ordenamiento procesal civil español.

El referido Convenio (CNY) sujeta la obtención del exequátur a la verificación del cumplimiento de una serie de requisitos. En primer lugar, unos de carácter formal que operan como presupuestos de la correspondiente resolución, consistentes en la aportación junto con la demanda del original o copia autenticada de la resolución arbitral, así como del original o copia autenticada del acuerdo o convenio arbitral descrito en el art. II, en ambos casos acompañados de la correspondiente traducción (art. IV). Y otros, de fondo, constatables de oficio relacionados con la ley del Estado donde el laudo ha de ser ejecutado como son que el objeto de la diferencia resuelta por vía arbitral sea susceptible de arbitraje (art. V-2 a), y que el reconocimiento o ejecución de la sentencia no sean contrarios al orden público de ese país (art. V-2 b). Por el contrario, el examen del fondo del asunto, queda al margen de la comprobación. Otras causas de denegación del reconocimiento son tasadas y se recogen en el art. V del Convenio. Solo pueden ser estimadas a instancia de parte correspondiendo la carga de la prueba a quien las invoque ... Respecto del procedimiento, se ha de señalar que de conformidad con el 46.2 de la Ley de Arbitraje, se sustanciará según los trámites establecidos en el ordenamiento procesal civil para el exequátur de sentencias dictadas por tribunales extranjeros.

En la actualidad, derogada definitivamente la Lec de 1881, deberá estarse al procedimiento establecido en el art. 54 de la LCJI, si bien adaptado como se ha dicho a las normas del CNY en cuanto a los documentos que deben acompañarse con la demanda, los motivos de oposición y las normas sobre la carga de la prueba."

Esta larga cita nos explica cómo se relacionan el Convenio de Nueva York sobre el reconocimiento y ejecución de sentencias arbitrales extranjeras y la Ley 29/2015, de 30 de julio, de cooperación jurídica internacional.

Como defenderemos más adelante, la única manera de salvar la inconstitucionalidad de los apartados 4 y 5 del artículo 49 de la LOCD y hacer esos preceptos compatibles con el artículo 106 de la Constitución, es permitir que los tribunales del orden contencioso-administrativo puedan conocer, tanto los hechos como el derecho, de las resoluciones dictadas por el Comité Sancionador Antidopaje, lo que se vulnera si esos laudos se reconocen siguiendo otro sistema de reconocimiento.

11. Colaboración en la detección de la utilización de sustancia y métodos prohibidos

El artículo 34 de la LOCD contempla la posibilidad de suspender las sanciones de suspensión de licencia, inhabilitación o privación de derechos que corresponda imponer conforme a dicha ley, si el deportista u otra persona proporciona una ayuda sustancial que permita descubrir o demostrar una infracción de las normas antidopaje, un delito de dopaje previsto en el artículo 362 quinquies del Código Penal, o una infracción de las normas profesionales cometidos por otra persona.

La decisión de suspender la sanción será adoptada mediante resolución del Director de la CELAD, y esa decisión será recurrible ante el Comité Sancionador Antidopaje al amparo del artículo 47.2.e) de la LOCD.

La suspensión que se acuerde no podrá exceder de las tres cuartas partes del período de suspensión de licencia que corresponda, y en caso de que la sanción fuese de inhabilitación definitiva, el período de suspensión deberá ser al menos de ocho años y estará basada en la gravedad de la infracción que se haya cometido y en la importancia de la ayuda y colaboración que se proporcione para la detección de otras infracciones.

El apartado sexto del artículo 34 prevé que, en casos excepcionales, podrán aplicarse suspensiones del periodo de retirada de licencia federativa, incluso en su totalidad, y de otras consecuencias, como la no divulgación de la sanción, superiores a las descritas en la ley.

Cuando sea de interés para la lucha contra el dopaje, la CELAD y la AMA podrán acordar que se limite o se retrase la divulgación de la suspensión de la sanción como consecuencia de la ayuda y colaboración.

Si la decisión de suspensión del período de inhabilitación o privación del derecho a obtener licencia se tomase una vez resuelto los recursos administrativos o contencioso-administrativos procedentes o transcurrido el plazo para recurrir, se requerirá un informe preceptivo emitido por la AMA y por la correspondiente federación internacional, y se notificará a todas las personas y órganos con legitimación para recurrirla.

Si bien no lo dice la LOCD, los informes de la AMA y de la correspondiente federación internacional no son vinculantes, si bien podrán recurrir la decisión de suspensión de la sanción si entienden que no es ajustada a derecho.

Cualquier parte del período de suspensión de licencia, inhabilitación o privación del derecho a obtenerla que hubiese sido suspendido podrá ser revocado total o parcialmente cuando el deportista u otra persona no proporcione finalmente o no continúe proporcionando la ayuda sustancial.

Este artículo también prevé la posibilidad de reconocer en España, previa comunicación a la CELAD, las decisiones adoptadas en el ejercicio de sus propias competencias por las autoridades extranjeras acerca de la reducción de las sanciones por dopaje como consecuencia de la ayuda que presten las personas sancionadas por dopaje.

Este precepto no aclara el organismo encargado de reconocer estas decisiones, pero parece que no será la CELAD ya que se establece que únicamente debe ser informada. Ahora bien, si la resolución sancionadora no ha sido reconocida en España, será irrelevante la decisión que adopte una autoridad extranjera sobre una sanción que no despliega efectos en España. Al contrario, si la resolución de esa autoridad extranjera ha sido reconocida en España, debería ser competente para reconocer en España la decisión de reducir esa sanción la propia entidad que ha reconocido la sanción en España, es decir, debería reconocerla la CELAD.

12. Prescripción de las infracciones y sanciones

El artículo 33 de la Ley Orgánica 11/2021 establece que las infracciones prescribirán a los 10 años a contar desde el día en que la infracción se hubiera cometido. Interrumpirá la prescripción la iniciación, con conocimiento del interesado, del procedimiento sancionador.

El Consejo de Estado, en su dictamen 135/2021, de 29 de abril de 2021, al Anteproyecto de ley orgánica de lucha contra el dopaje en el deporte, ya dijo que "por mucho que el Código Mundial Antidopaje establezca un plazo de prescripción de diez años (artículo 17), dicho plazo parece desproporcionado; de hecho, es superior al de prescripción de los delitos de dopaje, plazo este que no debería superarse."

Las sanciones de suspensión de licencia, inhabilitación o privación de derechos y las sanciones de multa prescribirán a los cinco años. El plazo de prescripción de las sanciones comenzará a contarse desde el día siguiente a aquel en que adquiera firmeza la resolución por la que se impone la sanción.

Interrumpirá la prescripción la iniciación, con conocimiento del interesado, del procedimiento de ejecución.

VI. COLABORACIÓN CON LAS AUTORIDADES JUDICIALES

El artículo 31 de la LOCD tiene rango de ley orgánica, según se establece en la Disposición final segunda de la LOCD, y regula la colaboración entre las autoridades judiciales penales y la CELAD. Este precepto tiene el mismo contenido que el artículo 33 de la derogada Ley Orgánica 3/2013.

Si bien este artículo está incluido en el Capítulo I del Título II, que regula los "Responsables, infracciones y sanciones", su contenido está totalmente desvinculado de esa materia, porque regula fundamentalmente cuestiones procedimentales.

En primer lugar, regula la obligación de la CELAD de denunciar a las Fuerzas y Cuerpos de Seguridad del Estado, al Ministerio Fiscal o al Juez competente para la instrucción del correspondiente proceso, todas las conductas que pudieran ser constitutivas del delito previsto en el artículo 362 quinquies del Código Penal, cuando ese conocimiento lo tenga en el ejercicio de sus funciones.

Este artículo no aporta nada nuevo teniendo en cuenta la obligación, impuesta en el artículo 262 de la Ley de Enjuiciamiento Criminal, a los que por razón de sus cargos, profesiones u oficios tuvieren noticia de algún delito público, estarán obligados a denunciarlo inmediatamente al Ministerio Fiscal, al Tribunal competente, al Juez de instrucción y, en su defecto, al municipal o al funcionario de policía más próximo al sitio si se tratare de un delito flagrante. Esto, además del artículo 450 del Código Penal que regula el delito de omisión del deber de perseguir delitos.

La colaboración con la autoridad judicial prevé que, en la instrucción de un proceso penal seguido por la presunta infracción del artículo 362 quinquies del Código Penal, el Juez de Instrucción podrá solicitar de la CELAD que emita un informe sobre la concurrencia de peligro para la vida o la salud de los deportistas. El precepto también prevé que esta diligencia pueda ser solicitada por el Ministerio Fiscal y el informe deberá ser emitido en el plazo de veinte días desde la fecha de la notificación a la CELAD de la resolución judicial por la que se solicita el informe.

A este fin, el Juez proporcionará a la CELAD los datos o las diligencias de instrucción practicadas que considere necesarias para emitir el informe.

Sobre este informe hay que decir que el juez de instrucción no está vinculado a solicitar dicho informe a la CELAD, aunque entendiera pertinente solicitar un informe sobre la concurrencia de peligro para la vida o la salud de los deportistas. Es más, habiendo perdido esta Agencia sus competencias en materia de salud, no parece que en la actualidad sea una institución adecuada para emitir informes en materia de salud.

Por otro lado, aunque este artículo se refiera a la posibilidad de que sea el Ministerio Fiscal el que solicite ese informe, esa previsión es innecesaria porque no solo el Ministerio Fiscal, sino cualquiera de las partes podrá solicitar al juez de instrucción la práctica de cualquier diligencia que estimen oportunas en defensa de sus intereses.

La LOCD contempla, en su apartado tercero, que una vez emitido el informe, en caso de que el Juez proceda a continuar las actuaciones, lo comunicará a la CELAD. Tanto en este caso, como en cualquier otro supuesto en que el informe no se haya solicitado, la CELAD suspenderá todos los procedimientos sancionadores que se estuvieran tramitando respecto de los presuntos responsables de la infracción penal, desde el momento en que por aquella se aprecie que existe identidad de hechos. Este precepto es corolario del principio *non bis in idem*, si bien este precepto únicamente contempla la identidad de dos condicionantes de dicho principio, la identidad de los sujetos y del hecho, no así del fundamento. Por lo tanto, según este precepto, la CELAD debe suspender todos los procedimientos sancionadores cuando se aprecie esa doble identidad, de sujeto y de hechos, aunque el fundamento sea distinto.

En este mismo apartado se prevé que el comienzo o la continuación de la fase de instrucción del proceso penal supondrá que la CELAD pueda acordar, si procede, previa audiencia de los interesados, la suspensión de la licencia federativa a la luz de los principios del artículo 10 del CMA en el Deporte. El tiempo de duración de la medida provisional se descontará de la medida asociada que pudiera derivarse de la condena del responsable del delito, sin perjuicio de que ese período se suspensión provisional se abone para la sanción definitiva que se imponga.

Parece que entra en contradicción que se suspendan todos los procedimientos que se estuvieran tramitando respecto de los presuntos responsables de la infracción penal y, a la vez, se pueda proceder a acordar la suspensión provisional de los mismos, cuando la adopción de esa medida provisional implica la tramitación de un procedimiento, así como un régimen de recursos frente a esa decisión.

En caso de que el proceso penal finalice con una condena firme por la comisión de un delito de dopaje, la misma llevará aparejada automáticamente, como medida asociada, la suspensión de la licencia federativa por el mismo plazo establecido en la LOCD para las infracciones administrativas equivalentes, incluso en el caso de reincidencia y concurso de infracciones. Dicha medida será adoptada por la CELAD una vez tenga conocimiento de la condena. En este caso ya no será posible sancionar a quien haya sido afectado por la medida asociada, siempre que entre el delito y la infracción administrativa se aprecie que existe identidad de hechos, sujetos y fundamento.

Este supuesto también parece que incurre en una evidente contradicción y en una posible violación del principio *non bis in idem*. En primer lugar, la medida asociada que se menciona en ese precepto es una sanción administrativa por infracción de la LOCD. Esa sanción debería imponerse previa tramitación del correspondiente procedimiento sancionador, en el que la persona condenada pueda alegar lo que estime oportuno, incluyendo la concurrencia de *bis in idem*. Por otro lado, establece la imposibilidad de sancionar administrativamente al condenado cuando se ha impuesto una medida asociada de suspensión de licencia federativa, cuando se aprecie la triple identidad de hechos, sujeto y fundamento. Ahora bien, si se aprecia la triple identidad, la adopción de esa medida asociada vulnerará el principio *non bis in idem*, porque esa medida asociada debe ser calificada como sanción. A este respecto, sentencias del Tribunal Constitucional como la 276/2000, de 16 de noviembre, o la 181/2014, de 6 de noviembre, han afirmado que "ni el nomen iuris empleado por la Administración o asignado por la Ley, ni clara voluntad del legislador de excluir una medida del ámbito sancionador constituyen un dato decisivo a la hora de precisar si los arts. 24.2 y 25 resultan aplicables". Por lo tanto, que la LOCD califique esa medida como "medida asociada" no impide que la misma sea calificada como sanción.

La LOCD también prevé que en los casos en que, como consecuencia del informe emitido por la CELAD o por cualquier otra causa, el Juez de Instrucción considerase que no procede continuar las actuaciones penales, indicará a la CELAD la finalización del procedimiento penal y ésta iniciará o continuará, en su caso, con la tramitación de los procedimientos administrativos sancionadores en curso. La CELAD podrá solicitar que le sea remitido el auto de sobreseimiento libre, de sobreseimiento provisional o la sentencia absolutoria con el fin de dar por acreditados los hechos probados que ésta contenga.

En cualquier caso, los hechos declarados probados en la sentencia vincularán a la Administración, haya sido o no remitida a la CELAD. Igual regla se aplicará si ya se hubiese dictado anteriormente una resolución administrativa firme.

Cuando cualquier Juez o Tribunal tenga conocimiento de la posible existencia de una infracción administrativa en materia de dopaje, podrá, a solicitud de la CELAD, pasar a esta el correspondiente tanto de culpa. Este precepto parece que obliga al Juez de lo penal a realizar calificaciones jurídicas que no le corresponden.

Más controvertido puede ser al apartado quinto del artículo 31, que establece que "La Agencia Estatal Comisión Española para la Lucha Antidopaje en el Deporte podrá solicitar que le sean remitidas aquellas diligencias de instrucción practicadas que sean necesarias para la continuación de los procedimientos sancionadores. Dicha petición será resuelta por el Juez de instrucción, previa audiencia de los interesados, en el plazo de veinte días. En dicha audiencia los interesados podrán solicitar que sean también remitidos los documentos que les puedan beneficiar. El Juez, mediante resolución motivada, podrá acordar entregar a la Administración únicamente las diligencias que la aplicación del principio de proporcionalidad autorice.

En el caso de que la causa penal ya no se encuentre en fase de instrucción la petición se dirigirá al órgano jurisdiccional que esté conociendo de las actuaciones respecto de las diligencias de instrucción o de las pruebas ya practicadas."

Este precepto es controvertido cuando las diligencias que se soliciten se hayan obtenido en el proceso penal con afectación en derechos fundamentales, no solo de los investigados en ese proceso penal, sino también de terceras personas, que principalmente serán deportistas que adquirieron sustancias prohibidas.

En la tramitación del Anteproyecto que terminó siendo la Ley Orgánica 3/2013, hubo unanimidad en los informes del Consejo General del Poder Judicial, del Consejo Fiscal y del Consejo de Estado, apreciando que no es posible trasvasar del procedimiento penal a la CELAD aquellas diligencias que se obtuvieron con afectación de derechos fundamentales.

Pues bien, el Tribunal Administrativo del Deporte está dando validez a pruebas obtenidas con afectación de derechos fundamentales, como actas de entrada y registro en el domicilio de deportistas, datos bancarios o el contenido de correos electrónicos (a modo de ejemplo, resoluciones de los expedientes 169/2015, 128/2018 bis y 392/2021), con afirmaciones como "El acta de entrada y registro puede considerarse como prueba de cargo en relación con la comisión de la infracción relativa a la posesión de sustancias prohibidas en el deporte, frente a la mera negativa de posesión hecha por el expedientado".

En la citada resolución del expediente 128/2018 bis puede leerse que:

> "Asimismo, tampoco resulta ser aquí de aplicación lo dispuesto en el también invocado artículo 33.5, pues el procedimiento penal de referencia no trae causa de la denuncia de la AEPSAD como consecuencia de la apertura del correspondiente procedimiento sancionador que, en su caso, habría de suspenderse como consecuencia de la apertura del procedimiento penal.
>
> Como relata en su precitado informe, la AEPSAD tuvo conocimiento de la causa de la que trae efecto el presente procedimiento por la prensa y, tras este conocimiento, solicitó y obtuvo su personación en las Diligencias Previas 225/2017, seguidas en el Juzgado de Instrucción nº 4 de Mataró (Barcelona), con el fin de poder dar cumplimiento a las obligaciones y ejercer las competencias que en materia de represión del dopaje establece la Ley Orgánica 3/2013. Acordado mediante auto el levantamiento del secreto del sumario por la Magistrada titular del citado Juzgado de Instrucción nº 4, procedió a dar traslado de las actuaciones a la AEPSAD, personada en la causa como acusación particular y, mediante resolución dictada por el mismo juzgado, se acordó dar traslado a la AEPSAD del Informe analítico de la Agencia Española de Medicamentos y Productos Sanitarios, relativo a los productos intervenidos en el domicilio del actor.
>
> En definitiva, la personación en forma legal de la AEPSAD en la causa penal es la que ha determinado la posibilidad de la toma de conocimiento por la misma de las actuaciones y, a mayor abundamiento, el traslado de la información sumarial a la que alude el recurrente se hizo por el Juzgado de Instrucción directamente a la AEPSAD".

En primer lugar, el artículo 33.5 de la Ley Orgánica 3/2013, que coincide con el artículo 31.5 de la LOCD, no exige para su aplicación que el procedimiento penal se haya iniciado como consecuencia de una denuncia de la AEPSAD, hoy CELAD, sino que la única exigencia es que esta Agencia solicite ciertas diligencias al Juez de instrucción.

En segundo lugar, la entrega de esas diligencias exige unas garantías para la persona afectada, que en muchos casos no es el investigado en el proceso penal sino el deportista sujeto pasivo del delito. En palabras del Tribunal Europeo de Derechos Humanos en sus sentencias de 29 de marzo de 2005, caso Matheron c. Francia, y de 3 de febrero de 2015, caso Pruteanu c. Rumanía, es necesario que la persona afectada disponga de un control eficaz sobre la medida limitativa de sus derechos fundamentales, siendo insuficiente que las afecciones hayan sido acordadas por un Juez, lo que parecería ya de por sí un control de la medida, porque este razonamiento conduciría a considerar que la calidad de Juez de quién ordena y sigue esas medidas implicaría, *ipso facto*, la legalidad de las injerencias y su conformidad con el artículo 8 del Convenio, haciendo inútil todo recurso para los interesados.

Por ello, cuando unas medidas que suponen una afectación en derechos fundamentales, obtenidas en un concreto proceso penal quieren ser utilizadas en otro proceso que se inicie frente a terceras personas no investigadas en el primer proceso, la ley debe prever un control eficaz para esta tercera persona sobre esa medida, concluyendo el Tribunal Europeo que "Esto fue lo que le ocurrió al demandante que, en este caso, no pudo disfrutar de la protección efectiva de la Ley nacional, que no distingue según el proceso en el marco del cual fueron ordenadas las escuchas … En consecuencia, el Tribunal considera que el interesado no se benefició de un «control eficaz» requerido por la preeminencia del derecho y apto para limitar que la injerencia en litigio era «necesaria en una sociedad democrática» … Ha habido, por tanto, violación del artículo 8 del Convenio".

El artículo 33.5 de la LOCD no otorga esa protección cuando las diligencias solicitadas se refieren a terceras personas no investigadas en el proceso penal, en primer lugar, porque al no ser parte en el proceso penal, se adoptarán sin ser escuchados y, en segundo lugar, porque no dispondrán de un control eficaz ni de cómo se obtuvieron esas diligencias de investigación, ni de su trasvase el procedimiento administrativo.

En cualquier caso, es evidente que ni siquiera cumpliendo esas garantías podrá entregar pruebas obtenidas con afectación de derechos fundamentales, porque el propio precepto prevé que únicamente se pueda acordar la entrega de "las diligencias que la aplicación del principio de proporcionalidad autorice".

Sobre esta cuestión debemos mencionar la sentencia de la Sala de lo Contencioso-Administrativo del Tribunal Supremo, de 30 de abril de 2012, que consideró que se vulneró el derecho fundamental protegido por el artículo 18.3 de la Constitución por utilizar en un procedimiento disciplinario unas conversaciones telefónicas obtenidas en un proceso penal en el que se estaba investigando a una tercera persona.

Por otro lado, si bien este artículo 31.5 se refiere a las diligencias de instrucción necesarias para la continuación del procedimiento, esas garantías deben aplicarse igualmente cuando CELAD haga esa solicitud al Juez de instrucción para iniciar el procedimiento. Es evidente que esas garantías, que afectan entre otros al derecho de defensa, no pueden depender de si el procedimiento se va a incoar o ya está incoado.

CAPÍTULO IV. EL PROCEDIMIENTO DISCIPLINARIO Y RÉGIMEN DE RECURSOS

Sumario: I.- CUESTIONES DE CARÁCTER GENERAL; II.- COMPETENCIA SANCIONADORA; III.- EL PROCEDIMIENTO PARA LA IMPOSICIÓN DE SANCIONES EN LA LUCHA CONTRA EL DOPAJE; 1.- Información y diligencias reservadas; 2.- Las medidas provisionales; 3.- Iniciación del procedimiento sancionador; 4.- alegaciones y medios de prueba; 5.- Finalización del procedimiento; 6.- Duración del procedimiento y caducidad; 7.- Efectos de la resolución sancionadora; 8.- La publicación de las resoluciones sancionadoras; 9. El régimen de notificaciones; IV.- EL PASAPORTE BIOLÓGICO; 1.- Referencia normativa al pasaporte biológico; 2.- La operativa del pasaporte biológico; 3.- el valor probatorio del pasaporte biológico; 4. Algunas cuestiones a tener en cuenta; V.- EL COMITÉ SANCIONADOR ANTIDOPAJE; 1.- El Comité Sancionador Antidopaje; 2.- Competencias del Comité Sancionador Antidopaje; VI.- LOS RECURSOS CONTRA LAS RESOLUCIONES DEL COMITÉ SANCIONADOR ANTIDOPAJE.

I. CUESTIONES DE CARÁCTER GENERAL

El Capítulo II del Título II de la LOCD tiene como título "Del procedimiento para la imposición de sanciones" si bien, en una muestra más de los errores de esta ley, también regula aspectos que no son procedimentales.

Lo primero que debemos destacar es que nos encontramos ante un procedimiento administrativo sancionador, en el que la CELAD, adscrita al Ministerio con competencias en la política deportiva, ejerce potestades sancionadoras públicas.

El Preámbulo de la LOCD nos dice que el capítulo II del Título II "desarrolla el procedimiento para la imposición de sanciones en materia de dopaje, asegurando, por un lado, el pleno respeto a las garantías propias del derecho de defensa de los presuntos infractores y, por otro, la necesaria observancia de la normativa internacional".

Cuando la norma se refiere a la normativa internacional, hay que tener en cuenta que el Programa Mundial Antidopaje, en el que se incluye el CMA, no es una norma directamente aplicable en España, y así lo confirma el Convenio contra el dopaje de la UNESCO, sin perjuicio de que esa normativa privada pueda ser efectivamente inspiradora de nuestra legislación[73]. Así lo ha entendido el Dictamen del Consejo de Estado 135/2021, "el texto articulado aprobado por la AMA, no es una norma jurídica internacional vinculante para los Estados parte en el Convenio de la UNESCO, como ya ha sido expuesto; dichos Estados parte han de adoptar medidas o normas "acordes con los principios del Código". No

[73] TEROL GÓMEZ, R., *Régimen jurídico de la lucha contra el dopaje en España,* cit., pp. 63-65.

deben, por tanto, proceder a la incorporación del Código Mundial Antidopaje directamente a los ordenamientos nacionales; deben atender a sus "principios", que el Código tampoco enuncia de forma clara, cuando adopten las medidas o aprueben las normas que regulen la lucha contra el dopaje, "principios" que de ese modo sirven de inspiración, o incluso de guía, en la elaboración de tales medidas o normas y en su posterior interpretación".

Teniendo en cuenta que regula aspectos procedimentales, habría sido conveniente modificar la disposición adicional primera de la LPACAP, que en su apartado 2 recoge las actuaciones y procedimientos que se regirán por su normativa específica y supletoriamente por lo dispuesto en esa Ley. En evidente que la LOCD regula actuaciones y procedimientos propios que se regulan en esta ley, y la disposición final cuarta de la LOCD prevé la aplicación supletoria de las reglas del procedimiento sancionador común y para el ejercicio de la potestad sancionadora, contenidas tanto en la Ley 39/2015 como en la Ley 40/2015.

II. COMPETENCIA SANCIONADORA

Hemos dicho anteriormente que este Capítulo II no regulaba únicamente cuestiones procedimentales y muestra de ello es el primer artículo de ese Capítulo, el artículo 35, que regula la competencia en materia de procedimientos sancionadores para la represión del dopaje en el deporte, estableciendo que la potestad sancionadora en materia de dopaje respecto de los deportistas y demás personas y entidades sujetas a la LOCD y en el ámbito objetivo de las misma corresponde al Comité Sancionador Antidopaje que se crea en el seno de la CELAD.

Como puede apreciarse, no estamos ante una cuestión meramente procedimental sino sustantiva, al otorgar la competencia al Comité Sancionador Antidopaje, que se crea al amparo del apartado 2 del artículo 6 de la LOCD, cuando al regular la CELAD se establece que "en todo caso, contará con un Comité Sancionador Antidopaje, con la naturaleza, composición y funciones previstas en el Capítulo III del Título I de esta ley".

Una de las novedades más importantes de la LOCD es la creación del Comité Sancionador Antidopaje y la supresión del Tribunal Administrativo del Deporte como órgano revisor de las decisiones sancionadoras en este ámbito, si bien esto se tratará más adelante.

Especial complejidad resulta la referencia que se realiza en el apartado 2 de este artículo a las Comunidades Autónomas. Este precepto establece que "Las Comunidades Autónomas podrán celebrar convenios para atribuir a la Agencia Estatal Comisión Española para la Lucha Antidopaje en el Deporte el ejercicio de la competencia sancionadora en materia de dopaje que les corresponda"[74].

Lo primero que debemos destacar es que este artículo reitera lo regulado en el artículo 12.3 de la LOCD, lo que indica una falta de rigor por parte del legislador: "Las Comunidades Autónomas podrán celebrar convenios con la Agencia Estatal Comisión Española para la Lucha Antidopaje en el Deporte, con el fin de que ésta asuma el ejercicio de las competencias en materia de control de dopaje relativas a deportistas con licencia expedida por sus respectivas federaciones deportivas de ámbito autonómico y en pruebas de ámbito autonómico".

---

[74] Sobre la legislación autonómica sobre dopaje, TEROL GÓMEZ, R., *Régimen jurídico de la lucha contra el dopaje en España*, cit., pp. 139-158.

La vertiente competencial del principio de legalidad, previsto en el artículo 25.2 de la LRJSP, prevé que el ejercicio de la potestad sancionadora corresponde a los órganos administrativos que la tengan expresamente atribuida, por disposición de rango legal o reglamentario. La delegación que pudieran realizar las Comunidades Autónomas a favor de la CELAD únicamente puede referirse, como así se indica en el propio precepto, al ejercicio de la competencia sancionadora, pero la Comunidad Autónoma, concretamente el órgano administrativo designado por la legislación autonómica, seguirá ostentando la competencia sancionadora aunque la CELAD pudiera llegar a tramitar los expedientes sancionadores por delegación de la Comunidad Autónoma. En cualquier caso, hay que entender que estos convenios se podrán celebrar en la medida en que la potestad sancionadora se establezca en la correspondiente ley autonómica y permita la celebración de estos convenios.

III. EL PROCEDIMIENTO PARA LA IMPOSICIÓN DE SANCIONES EN LA LUCHA CONTRA EL DOPAJE

1. Información y diligencias reservadas

El artículo 36 de la LOCD permite a la CELAD iniciar actuaciones previas a la incoación del expediente sancionador, consistentes en la realización de investigaciones y averiguaciones necesarias para asegurar el cumplimiento de la previsto en la LOCD. Estas actuaciones se deben orientar a determinar, con la mayor precisión posible, los hechos susceptibles de motivar la incoación del procedimiento sancionador, la identificación de la persona o personas que pudieran resultar responsables y las circunstancias relevantes que concurran en unos y otros.

La competencia para la tramitación de estas actuaciones y diligencias previas recae en los órganos y personal de la CELAD que tengan atribuidas funciones de investigación, averiguación e inspección en la materia, y, en defecto de éstos, por la persona u órgano administrativo que determine el órgano competente para la iniciación del procedimiento sancionador, es decir, el Director de la CELAD según se establece en el artículo 38.1 de la LOCD.

Los apartados 2 y 3 del artículo 36 de la LOCD se han limitado a reproducir el contenido del artículo 55.2 de la LPACAP, adaptado a las funciones y competencias previstas en la LOCD.

El apartado 4 del mismo artículo 36 de la LOCD prevé, de manera adicional, que la CELAD iniciará diligencias reservadas para investigar al personal de apoyo de los deportistas en los casos en que le conste la existencia de una infracción cometida con un menor o persona protegida, o cuando algún miembro del personal de apoyo de los deportistas haya trabajado o colaborado con más de un deportista sancionado por una infracción de materia de dopaje.

Este apartado 4 es innecesario porque esa posibilidad de investigar al personal de apoyo ya está prevista, con carácter general, en los apartados 1 y 2 del artículo 36 de la LOCD. Por otro lado, el hecho de incluir este apartado específico viene a contradecir el deber de secreto de la planificación del trabajo de la CELAD, regulado en el artículo 13.4

de la LOCD, puesto que está alertando al personal de apoyo que hubiera podido incumplir la LOCD de que va a ser investigado.

Las diligencias reservadas finalizarán bien con la incoación del expediente sancionador, cuando quede acreditada la existencia de indicios de la infracción, bien procediéndose al archivo de las actuaciones cuando no queden acreditados esos indicios.

Por último, el apartado 6 de este artículo establece la obligación de toda autoridad o funcionario público que tenga constancia de la posible existencia de una infracción administrativa en materia de dopaje de ponerlo, sin dilación, en conocimiento de la CELAD. Esta obligación de informar queda, en cierta manera, vacía de contenido, al no haber regulado ninguna consecuencia para su incumplimiento.

2. Las medidas provisionales

El artículo 37.1 de la LOCD prevé la posibilidad de adoptar medidas de carácter provisional, incluida la suspensión provisional de licencia federativa, la inhabilitación para obtenerla, la imposibilidad de ocupar ningún cargo deportivo o privar del ejercicio de funciones sanitarias o profesionales vinculadas a deportistas, entidades, clubes, equipos o federaciones o establecimientos deportivos, que resulten necesarias para asegurar la eficacia de la resolución que pudiera recaer, el buen fin del procedimiento o la protección cautelar de los intereses implicados. Estas medidas se podrán acordar por el órgano competente para la incoación del expediente sancionador que, como hemos visto, es el Director de la CELAD (art. 38.1), en cualquier momento, mediante acuerdo motivado y respetando los principios de audiencia al interesado y proporcionalidad.

El apartado 2 del artículo 37 regula el procedimiento para acordar las medidas provisionales, si bien el precepto dice que "La suspensión provisional de la licencia, así como cualquier otra medida provisional, se acordará, en su caso, previa comunicación al deportista de la correspondiente propuesta, a fin de que pueda formular alegaciones previas, conjuntamente con la resolución de incoación del procedimiento sancionador", para indicar en el apartado 3 que "El interesado podrá oponerse a la suspensión provisional acordada formulando alegaciones en el plazo improrrogable de los diez días naturales siguientes a la recepción de la notificación".

Este precepto añade confusión al referirse únicamente al deportista y a las medidas provisionales que se comuniquen con la resolución de incoación del procedimiento sancionador. Si con carácter general, el apartado 1 dice que las medidas se pueden adoptar en cualquier momento previa audiencia al interesado, este procedimiento debería seguirse independientemente de que el expediente se incoe a un deportista y otra persona, así como del momento en que pretendan acordarse estas medidas.

Una vez presentadas las alegaciones, el órgano competente (que es el Director de la CELAD) resolverá sin más trámites, en el plazo de otros diez días naturales, contados desde la presentación de las alegaciones. Transcurrido dicho plazo sin resolución expresa, los interesados podrán entender desestimada su oposición.

En relación con la medida provisional de suspensión de licencia federativa, la suspensión se prolongará durante toda la tramitación del procedimiento, salvo que se acuerde su levantamiento en atención a circunstancias no conocidas en el momento de su adopción y que pudieran ser relevantes para la resolución del procedimiento.

Nuevamente nos encontramos ante una imprecisión técnica relevante, al prever la duración y la posibilidad de su levantamiento únicamente para la medida provisional de suspensión de licencia federativa. Como ha afirmado la sentencia del Tribunal Constitucional 106/1994, de 11 de abril, las medidas cautelares han de mantenerse "*rebus sic stantibus*", por lo que deben ser moduladas y estar adaptadas a las circunstancias concurrentes o sobrevenidas durante la tramitación del procedimiento. Por lo tanto, todas las medidas provisionales que se acuerden, distintas de la suspensión provisional de licencia federativa, también podrán ser levantadas en atención a atención a circunstancias no conocidas en el momento de su adopción.

En cuanto a su duración, no puede exceder de la completa duración del procedimiento sancionador, marcando la resolución del expediente sancionador el límite temporal máximo de su eficacia (STC 104/1995, de 3 de julio). Por esto, cualquier medida provisional, aunque sea diferente a la suspensión provisional de licencia, tendrá una duración máxima de toda la tramitación del procedimiento.

Siempre que se acuerde la suspensión provisional de la licencia federativa, su duración será de abono para la sanción definitiva que se imponga, siempre y cuando la misma se haya respetado plena e íntegramente. De no haberse respetado, no será de abono ninguno de los períodos efectivamente cumplidos de suspensión provisional de la licencia, además de incurrir en una infracción por quebrantamiento de la medida provisional.

La medida provisional de suspensión o inhabilitación para obtener licencia federativa implicará la suspensión de cualquier otra licencia deportiva y la inhabilitación para obtener una nueva en otras modalidades o especialidades deportivas diferentes de aquella en cuya virtud se acordó la suspensión.

El apartado 5 del artículo 37 prevé que la persona que ha recibido el acuerdo de incoación del procedimiento sancionador en materia de dopaje y que no conlleve la suspensión provisional de licencia federativa, podrá voluntariamente pedir la medida provisional de suspensión de licencia hasta que se dicte la resolución del procedimiento, cuya duración será de abono a la suspensión definitiva que se impusiera.

Este precepto es ciertamente confuso porque al referirse a la persona que ha recibido el acuerdo de incoación obvia que ese acuerdo se envía, al menos, a la AMA, a las respectivas federaciones nacional e internacional y a todas las demás personas y entidades legitimadas para recurrir la resolución que se dicte en el procedimiento. Es mucho más claro el artículo 7.4.4 del CMA al regular que los deportistas y otras personas podrán aceptar voluntariamente y por su propia iniciativa la suspensión provisional dentro del plazo regulado en ese precepto. Ahora bien, al decir la LOCD que cualquier persona que ha recibido el acuerdo de incoación puede pedir la medida provisional de licencia, podría llegar a interpretarse que cualquier de esas personas puede solicitar que el Director de la CELAD suspenda provisionalmente los efectos de la licencia federativa.

Esta posibilidad parece posible atendiendo al tenor del artículo 47.2.b) de la LOCD, que permite formular recurso frente a las decisiones que desestimen una suspensión provisional de la licencia federativa, lo que indica que, en ese caso, ha habido una solicitud de suspensión provisional que ha sido desestimada.

3. Iniciación del procedimiento sancionador

Como ya adelantamos, el artículo 38.1 de la LOCD establece que el procedimiento sancionador se inicia por resolución del Director de la CELAD como consecuencia de la comunicación que haga, de forma directa, el laboratorio de control del dopaje actuante, o como consecuencia del conocimiento de hechos o la recepción de pruebas o indicios de cualquier tipo que permitan fundar la posible existencia de una infracción en materia de dopaje. En ese acuerdo se nombrará al instructor del procedimiento, con traslado de cuantas actuaciones existan al respecto, y se notificará a los interesados, entendiéndose en todo caso que el inculpado es uno de los interesados.

El acuerdo de incoación, así como la medida provisional que pudiera adoptarse, se comunicará igualmente a la AMA, a las respectivas federaciones nacional e internacional y a todas las demás personas y entidades legitimadas para recurrir la resolución que se dicte en su momento, que se enumeran en el artículo 47 de la LOCD.

El acuerdo de incoación deberá contener, al menos, la siguiente información:

a) Identificación de la persona o personas presuntamente responsables.

b) Los hechos que motivan la incoación del procedimiento, su posible calificación y las sanciones que pudieran corresponder, sin perjuicio de lo que resulte de la instrucción.

c) Identificación del instructor con expresa indicación del régimen de recusación del mismo.

d) Órgano competente para la resolución del procedimiento y norma que le atribuya tal competencia, indicando la posibilidad de que el presunto responsable pueda reconocer voluntariamente su responsabilidad, con el fin de poder aplicarse la atenuante de confesión inmediata de la existencia de la infracción prevista en el artículo 26.3.c) de la LOCD.

   En este punto, la LOCD dice que esta información también se dará con los efectos previstos en el artículo 26.3.d) de la LOCD, pero en este punto incurre en un nuevo error, porque el artículo 26.3 no tiene apartado d).

e) Medidas de carácter provisional que se hayan acordado por el órgano competente para iniciar el procedimiento sancionador, sin perjuicio de las que se puedan adoptar durante el mismo.

f) Cuando la infracción presuntamente cometida sea la presencia de una sustancia prohibida, o de sus metabolitos o marcadores en las muestras biológicas del deportista, el derecho del deportista a solicitar que se realice el análisis de la muestra B, al que podrá asistir acompañado o por medio de representante debidamente acreditado.

g) Indicación del derecho a formular alegaciones y a la audiencia en el procedimiento y de los plazos para su ejercicio, así como indicación de que, en caso de no efectuar alegaciones en el plazo previsto sobre el contenido del acuerdo de iniciación, éste podrá ser considerado propuesta de resolución cuando contenga un pronunciamiento preciso acerca de la responsabilidad imputada.

El apartado 6 del artículo 38 prevé que cuando el procedimiento sancionador se incoe como consecuencia de la comunicación realizada por el laboratorio de control de dopaje actuante de un resultado adverso, es decir, por haber detectado en la muestra biológica del deportista una sustancia prohibida, su metabolito o un marcador, la notificación del acuerdo de incoación del procedimiento se acompañará del resultado analítico del laboratorio y de la cadena de custodia de la muestra analizada.

El apartado 5 del artículo 38 también prevé que el procedimiento sancionador se inicie como consecuencia de la remisión por un agente habilitado para realizar controles de dopaje, a la CELAD, del documento que acredite la negativa de un deportista, sin justificación válida, a someterse a un control de dopaje.

Este apartado es superfluo porque la recepción de ese documento que acredite la negativa a someterse a un control de dopaje ya está incluida en el artículo 38.1 de la LOCD, al establecer que el procedimiento se inicia como consecuencia del conocimiento de hechos, la recepción de pruebas o indicios que pueda fundar la posible existencia de una infracción en materia de dopaje, en este caso, la infracción prevista en el artículo 20.c) de la LOCD.

4. Alegaciones y medios de prueba

El artículo 39.1 de la LOCD establece que en el acuerdo de iniciación del procedimiento sancionador, el Director de la CELAD debe conceder al interesado el plazo común e improrrogable de quince días para el trámite de alegaciones y proposición de pruebas.

En el procedimiento sancionador, tanto la Administración como la persona afectada por el procedimiento "podrán servirse de todos los medios de prueba admisibles en derecho, incluido el pasaporte biológico, si existiesen datos sobre el mismo". Esta es una garantía derivada del derecho de defensa protegido por el artículo 24.2 de la Constitución, como ha afirmado la sentencia del Tribunal Constitucional 27/2001, de 29 de enero, "es doctrina asentada que entre las garantías indudablemente aplicables ex art. 24.1 CE en los procedimientos sancionatorios [...] se encuentra el derecho a la utilización de los medios de prueba pertinentes para la defensa".

En cuanto a la valoración de la prueba, el apartado 2 del artículo 39 dice que "deberán valorarse de modo conjunto de acuerdo con las reglas de la sana crítica, de acuerdo con los principios y criterios de interpretación establecidos en el Código Mundial Antidopaje". Ahora bien, una vez establecida esta regla, el apartado 3 establece que "No obstante lo dispuesto en el apartado anterior, serán de inexcusable aplicación las siguientes reglas de prueba". Es llamativo que primero establezca un criterio general e, inmediatamente después, se intente privilegiar determinadas y concretas pruebas.

En cuanto a las reglas que la LOCD considera de "inexcusable aplicación", algunas de ellas son presunciones que operan en perjuicio del acusado de haber cometido una infracción de las normas antidopaje. En este sentido, el Tribunal Constitucional en su sentencia 105/1998, de 8 de junio, afirmó que la presunción legal que suponía que la sola tenencia de instrumentos idóneos para ejecutar un delito de robo hace presumir el especial destino a tal ejecución, a menos que el acusado facilite mediante el correspondiente descargo la prueba en contrario "es, como decíamos, contraria al art. 24.2. Contiene una presunción en contra del reo que es la presunción de mal uso o la presunción de la tendencia o finalidad, que se considera además como iuris tantum, produciendo una traslación o inversión de la carga de la prueba, de suerte que la destrucción o desvirtuación de tal presunción corresponde al acusado a través del descargo".

En este mismo sentido, GARBERÍ y BUITRÓN afirman respecto de las presunciones legales que "cuando su resultado entraña un efecto probatorio desfavorable a la posición del inculpado, son inadmisibles en la esfera del enjuiciamiento penal o administrativo de conductas ilícitas" [75].

Las reglas de "inexcusable aplicación" son las siguientes:

a) Un resultado analítico adverso en un control de dopaje constituirá prueba de cargo suficiente a los efectos de considerar existentes las infracciones tipificadas en el artículo 20, letras a) y b), de la LOCD. A estos efectos se considerará prueba suficiente la concurrencia de cualquiera de las circunstancias siguientes:

1.º Presencia de una sustancia prohibida o de sus metabolitos o marcadores en la muestra A del deportista, cuando éste renuncie al análisis de la muestra B y ésta no se analice.

2.º Cuando la muestra B del deportista se analice, aunque el deportista no haya solicitado su análisis, y el análisis confirme la presencia de la sustancia prohibida o de sus metabolitos o marcadores detectados en la muestra A del deportista.

3.º Si se divide la muestra B del deportista en dos partes y el análisis de la segunda parte confirma la presencia de la sustancia prohibida o de sus metabolitos o marcadores detectados en la primera parte.

4.º Si se divide la muestra B del deportista en dos partes y el deportista rehúsa el análisis de la segunda parte.

En cualquier caso, el deportista, podrá asistir, acompañado o por medio de representante debidamente acreditado, a la apertura de la muestra B, tanto si hubiera sido solicitada por él o en cualquiera de los otros supuestos.

La CELAD podrá solicitar a un laboratorio antidopaje acreditado, o aprobado por la AMA, la realización de análisis adicionales una vez iniciada la incoación del procedimiento, siempre que cuente con el consentimiento del deportista.

Nuevamente nos encontramos ante un precepto ciertamente confuso. En primer lugar, menciona unas reglas de prueba en relación con las infracciones del artículo 20.a) de la LOCD, consistente en la presencia de una sustancia prohibida, o de sus metabolitos o marcadores, en las muestras biológicas del deportista, así como del artículo 20.b), consistente en la utilización, uso o consumo de sustancias o métodos prohibidos en el deporte.

Sin embargo, a la hora de considerar la prueba que se debe considerar suficiente para acreditar esas infracciones, todas ellas se refieren a la infracción prevista en el artículo 20.a) de la LOCD, la presencia de una sustancia prohibida o de sus metabolitos o marcadores.

En relación con los apartados 2 y 3, referidos a la división de la muestra B, deberían definirse los requisitos y condiciones para adoptar la decisión de dividir la muestra B. La decisión de dividir la muestra B requiere criterios objetivos para evitar que esa decisión sea un acto arbitrario. Hay que tener en cuenta que el artículo 9.3 de la Constitución prohíbe

---

[75] GARBERÍ LLOBREGAT, J. y BUITRÓN RAMÍREZ, G., *El procedimiento administrativo sancionador (Comentarios, jurisprudencia y formularios) 7ª Edición, ampliada y actualizada 2021*, Tirant lo Blanch, Valencia, 2021, p. 1644, a donde pertenece el texto entrecomillado.

que la Administración incurra en una actuación arbitraria, incluso aunque esa conducta sea legal. Así, la sentencia del Tribunal Supremo de 24 de noviembre de 2009 ha afirmado que "Esa diferencia de trato debió ser explicada por la Administración y al no hacerlo incurrió en arbitrariedad, conducta proscrita constitucionalmente para todos los poderes públicos, y así debió reconocerlo la Sentencia de instancia que lejos de ello mantuvo que como la Administración al sancionar actuaba dentro de la legalidad no había posibilidad de incurrir en arbitrariedad, declaración claramente errónea cuando de lo que se trataba era de explicar no el trato desigual sino el tratamiento arbitrario consistente en sancionar a alguien por algo que era notorio practicaban cuantos se dedicaban a la misma actividad, aún cuando no hubieran sido denunciados por ello".

Sobre esta cuestión, el deportista debería ser notificado del momento y el lugar en que se dividirá el frasco B, además de los motivos que han llevado a tomar la decisión de dividir la muestra. Esa decisión podrá ser recurrida al amparo de apartado 2 de la Disposición final cuarta de la LOCD, "Los actos distintos de los previstos en el artículo 47 de la presente ley podrán ser objeto de recurso de conformidad con lo dispuesto en la Ley 39/2015, de 1 de octubre; así como en la Ley 29/1998, de 13 de julio, reguladora de la Jurisdicción Contencioso-administrativa".

Por otro lado, debemos tener en cuenta que es altamente probable que, cuando se adopta la decisión de dividir la muestra B para proceder a su análisis, ya exista un resultado del análisis de la muestra A indicando que en esa muestra no se detectó sustancia prohibida alguna. La valoración de la prueba, en ese caso, debe respetar el principio *in dubio pro reo*, puesto que la LOCD no privilegia el valor del análisis de la división de esta muestra B sobre el análisis de la muestra A y, por lo tanto, rige el principio de libre valoración de la prueba.

El apartado 4, nuevamente de forma confusa, no menciona que la prueba suficiente derivará de la detección de una sustancia prohibida en la primera parte de la división de la muestra B, sino que se limita a mencionar que se considerará acreditada la infracción cuando la muestra B se divida en dos partes y el deportista rehúse el análisis de la segunda parte, pero en este caso, aunque no se mencione, se debe considerar que el análisis de la primera parte de la muestra B ha detectado una sustancia prohibida.

En relación con el derecho del deportista a estar presente en la apertura de la muestra B, si bien no se menciona el derecho debe alcanzar a estar presente igualmente en el análisis de esa muestra B. Por otro lado, hay que recordar ese ese derecho va acompañado con la necesidad de que el deportista sea informado de los detalles de ese análisis, al menos el momento y el lugar en que se desarrollará. Así lo ha afirmado la sentencia de la Audiencia Nacional de 26 de enero de 2016 ha afirmado que "es cierto que el interesado tenía derecho a solicitar estar presente en la práctica del contraperitaje, por lo que si dicha posibilidad no le fue concedida se han mermado sus posibilidades a que el procedimiento sancionador se haya realizado con todas las garantías, es decir una cosa es que dicha posibilidad se le ofreciese y la rechazase y otra muy distinta es que no pudiese solicitarla por desconocer el momento y lugar en la que la misma iba a tener lugar por falta de notificación".

b) Un resultado adverso en el pasaporte biológico del deportista constituirá prueba de cargo suficiente a los efectos de considerar existente la infracción tipificada en el artículo 20.b) de esta ley.

Esta cuestión se tratará más adelante, cuando comentemos el artículo 40 de la LOCD que se refiere específicamente al pasaporte biológico.

c) Se presume que los laboratorios de control de dopaje que se encuentren acreditados o aprobados por la AMA, realizan los análisis de muestra y aplican los procedimientos de custodia conforme a la normativa aplicable.

No obstante, el deportista u otra persona pueden demostrar que el laboratorio ha contravenido la regulación aplicable y que esta circunstancia podría razonablemente haber causado el resultado analítico adverso, en cuyo caso el órgano competente tendrá la carga de demostrar que esa contravención de la normativa aplicable no ha dado lugar al mismo.

En estos casos la CELAD pondrá esta circunstancia en conocimiento de la AMA, a los efectos de la interposición de un posible recurso contra la decisión que se adopte.

Los laboratorios de control de dopaje deberán estar siempre en disposición de exhibir los documentos en los que conste la vigencia de la acreditación concedida por la AMA.

Para tratar esta cuestión debemos recordar que los laboratorios antidopaje, para poder contar con la acreditación de la AMA, deben cumplir con la norma de calidad ISO 17025, según se exige en el artículo 4.3.5 del Estándar Internacional para los Laboratorios[76] de la AMA. Según la sentencia de la Audiencia Nacional de 25 de noviembre de 2019, "el laboratorio que realiza la analítica de las muestras tiene la certificación ENAC y la acreditación nº 239/LE485. El alcance de dicha acreditación implica que el laboratorio IMIM cumple con la norma UNE-EN ISO/IEC 17025:2017, ampara los procedimientos … Procedimientos que si están amparados por la norma UNE-EN ISO/IEC 17025. La Norma ISO/IEC 17025 es una normativa internacional desarrollada por ISO (International Organization for Standardization) en la que se establecen los requisitos que deben cumplir los laboratorios de ensayo y calibración. Se trata de una Norma de Calidad que tiene base en la serie de normas ISO 9000, aunque introduce una serie de requisitos técnicos imprescindibles para lograr la acreditación de los laboratorios. La norma ISO/IEC 17025 es aplicada por los laboratorios de ensayo y calibración con el objetivo de demostrar que son técnicamente competentes y que sus resultados son veraces".

Es decir, el cumplimiento de los requisitos exigidos por la norma ISO 17025 es la única garantía de que ese laboratorio es técnicamente competente y sus resultados son veraces. A pesar de esto, este precepto nos dice que el incumplimiento por parte del laboratorio antidopaje de la norma ISO 17025 es irrelevante, si es deportista no acredita que ese incumplimiento ha podido, razonablemente, haber causado el resultado analítico adverso.

Esto ha sido afirmado por el Tribunal Arbitral del Deporte en el caso TAS 2010/A/2142[77], "Después de haber tomado atentamente en cuenta cada uno de los puntos manifestados por el Sr. … tras haber estudiado los informes de los expertos aportados por cada parte y haber escuchado a los expertos durante la audiencia, la Formación llega a la conclusión de que el Sr. … ha podido demostrar los errores en relación con los métodos de validación interna del laboratorio de Madrid, incluso, en un caso, a la norma ISO 17025

[76] Puede consultarse en https://celad.culturaydeporte.gob.es/dam/jcr:d6c9af81-4cb9-4e84-9d50-fd1c-de6d0813/isl-2021.pdf (´ltimo acceso: 18 de junio de 2022).

[77] Accesible en https://jurisprudence.tas-cas.org/Shared%20Documents/2141,%202142.pdf (último acceso: 18 de junio de 2022).

pero en ningún caso ha demostrado en qué esos errores de los métodos internos o al punto de la norma ISO 17025 eran de naturaleza de provocar un resultado anormal".

Sobre esta cuestión debemos recordar las sentencias del Tribunal Europeo de Derechos Humanos de 7 de octubre de 1988, caso Salabiaku c. Francia, y de 30 de junio de 2011, caso Klouve c. Francia, afirmando que el derecho a un proceso con todas las garantías permite las presunciones de hecho o de Derecho que se contengan en la ley, pero esas presunciones deben mantenerse dentro de límites razonables, teniendo en cuenta la gravedad de lo que está en juego y respetando los derechos de defensa.

Por lo tanto, el deportista podrá acreditar que el laboratorio no ha actuado de manera competente por haber incumplido los requisitos exigidos en la norma ISO 17025 pero, a la vez, le corresponderá acreditar que los resultados obtenidos sin garantías no son veraces. Dicho de otra manera, en esos casos los análisis realizados no reunirán las garantías suficientes para considerarse veraces, pero a pesar de ello se presumirá que son veraces, salvo que el deportista demuestre que el incumplimiento de la norma ISO 17025 ha podido, razonablemente, haber causado que se detectara esa sustancia prohibida en su muestra biológica. Pues bien, esta obligación que se impone al deportista puede ser contraria al artículo 24.2 de la Constitución, al exigir al deportista una prueba imposible o diabólica (por todas, sentencia del Tribunal Constitucional 165/2020, de 16 de noviembre).

Por otro lado, las organizaciones antidopaje vienen negando sistemáticamente al deportista la documentación interna del laboratorio, concretamente los procedimientos técnicos analíticos que han utilizado en el análisis de sus muestras. Aquí debemos diferenciar dos documentos, el llamado "Paquete de Documentación del Laboratorio" (*Laboratory Documentation Package*), que contiene la información de cómo se ha realizado ese concreto análisis, de los procedimientos técnicos analíticos (*Standard Operating Procedures*) que cada laboratorio tiene aprobados según la norma ISO, y que indican cómo deben realizarse los análisis. Es decir, para demostrar que un laboratorio no ha cumplido con la norma ISO 17025 es necesario tener acceso al procedimiento técnico analítico interno del laboratorio, que nos dice cómo debió hacerse el análisis, para poder compararlo con el "Paquete de Documentación del Laboratorio", que nos dice cómo se hizo realmente ese análisis. De esa comparación se verá si se respetaron o no los procedimientos aprobados según la norma ISO 17025.

Pues bien, las autoridades antidopaje se amparan en el documento técnico de la AMA TD2022LOCDC[78] para denegar el acceso a los procedimientos técnicos analíticos del laboratorio, causando verdadera indefensión. Así, el artículo 1.1 de ese documento dice que "el laboratorio no está obligado a proporcionar ninguna documentación adicional, como los *Standard Operating Procedures*", y al amparo de ese precepto niegan el acceso a esa documentación.

A este respecto hay que recordar la jurisprudencia del Tribunal Supremo, sentencias de 21 de marzo de 1985, 24 de octubre de 1988, 10 de febrero de 1989 o de 7 de abril de 1992, que nos dice en relación con los medios de prueba dentro del procedimiento administrativo que la limitación de los medios de prueba solo puede seguirse cuando esté así regulado expresamente en una Ley, no cabiendo ninguna limitación prevista en un Decreto

[78] Accesible en https://www.wada-ama.org/sites/default/files/2022-04/TD2022LOCDC-EN_2.pdf (último acceso: 14 de junio de 2022).

o una Orden Ministerial, por lo que mucho menos podrá limitarse por una norma privada, como son las normas técnicas aprobadas por la AMA.

Por lo tanto, cuando este precepto establece que "Los laboratorios de control de dopaje deberán estar siempre en disposición de exhibir los documentos en los que conste la vigencia de la acreditación concedida por la Agencia Mundial Antidopaje", no puede implicar que no se puedan exhibir otros documentos que sean pertinentes y útiles para la defensa, al ser esta una exigencia del artículo 24.2 de la Constitución.

d) Se presume, salvo prueba en contrario, la validez científica de los métodos analíticos y de los límites de decisión que apliquen los laboratorios de control antidopaje debidamente autorizados.

En este caso concreto debemos diferenciar la validez científica de los métodos analíticos, siempre que realmente su validez esté avalada por la ciencia, de los límites de decisión que apliquen los laboratorios de control de dopaje. Los límites de decisión no cuentan con aval científico, sino que son conveniados entre la AMA y los laboratorios antidopaje.

Los límites de decisión se definen en el Anexo de la LOCD como "Valor del resultado para una sustancia umbral en una muestra, por encima del cual se notificará un resultado analítico adverso según lo definido en la Norma Internacional para Laboratorios". Vimos anteriormente el laudo TAS 2005/A/958, R. c. UEFA, que afirmó: "La cuestión del nivel mínimo de detección exigido a todos los laboratorios es una cuestión de otra naturaleza [...] Este nivel mínimo no constituye del todo un umbral sino más bien al contrario, una exigencia impuesta a los laboratorios de detectar la sustancia hasta al menos ese nivel. Por el contrario, esto no excluye que los laboratorios pueden tener un mejor rendimiento y detectar sustancias por debajo de esos valores. Al contrario, como lo precisa el Documento Técnico de la AMA "Límites Mínimos de Rendimiento requeridos para la detección de sustancias prohibidas" (LMPR), está admitido que hay laboratorios que son más aptos que otros para detectar sustancias a más bajas concentraciones. Este mismo documento confirma que los resultados establecidos por esos laboratorios son perfectamente válidos. También en los casos de concentraciones inferiores a los LMPR. Esto explica necesariamente que pudiera haber casos donde un resultado dado, por hipótesis inferior a los LMPR, no sería detectado/informado por un laboratorio pero sí lo sería en otro".

El problema se plantearía si en unos casos se aplicara ese límite de decisión para decidir no iniciar un procedimiento sancionador, y en otros casos se iniciará ese procedimiento, aunque el umbral detectado esté por debajo de ese límite de decisión. Lógicamente podríamos encontrarnos ante una arbitrariedad prohibida por nuestro Ordenamiento Jurídico.

e) Cualquier contravención de una norma aplicable en los procedimientos de control del dopaje que no sea causa directa de un resultado analítico adverso o de otra infracción, no determinará la invalidez del resultado.

Nuevamente nos encontramos ante un precepto confuso, que en el ámbito sancionador debería evitarse. Uno de los puntos se refiere a que cualquier contravención de una norma aplicable en los procedimientos de control de dopaje, que no sea causa directa de otra infracción, no invalidará el resultado. Ahora bien, el resultado analítico únicamente podrá invalidarse cuando ha habido un análisis y se ha detectado una sustancia prohibida en la muestra biológica del deportista, es decir, cuando ha habido un resultado analítico adverso, que ya está incluido en el propio precepto.

Por otro lado, esta previsión, aplicada literalmente, elimina garantías básicas del procedimiento, como pueden ser los incumplimientos de la cadena de custodia. Si se rompe la cadena de custodia no se ve afectado el resultado analítico, sino la integridad de la muestra. Afortunadamente nuestros Tribunales no han aplicado esta regla de "inexcusable aplicación" que ya estaba presente en el artículo 39.6 de la Ley Orgánica 3/2013.

Así, la sentencia de la Audiencia Nacional de 7 de octubre de 2019 ha afirmado que "en el ámbito del derecho sancionador deben acentuarse las garantías que permitan sancionar a un deportista por el resultado adverso obtenido en una muestra biológica tomada de tal manera que, cualquier irregularidad que conlleve alguna duda en la seguridad de su transporte y en la recepción de la muestra por parte del laboratorio que pueda poner en duda la fiabilidad y seguridad en el resultado analítico obtenido debe conducir a salvaguardar el derecho de presunción de inocencia del deportista sancionado".

Por último, esta regla de "*inexcusable valoración*" no es aplicable al valorar el trabajo de los laboratorios, al aplicarse en ese caso la letra c) comentada anteriormente.

f) En caso de negativa o resistencia a someterse a los controles, el documento que acredite la negativa suscrito por el personal habilitado tendrá valor probatorio, sin perjuicio de las pruebas que en defensa de los respectivos derechos o intereses puedan señalar o aportar los propios interesados a los efectos de acreditar que existía justificación válida.

El artículo 15.4 de la LOCD regula este punto estableciendo que "El documento que acredite la negativa sin justificación válida a que se refiere el párrafo anterior, realizada por el personal habilitado, será suficiente para iniciar el correspondiente procedimiento disciplinario, sin perjuicio del derecho de defensa del interesado".

En relación con la justificación válida, el citado artículo 15.4 de la LOCD establece que no serán justificaciones válidas para negarse al control las circunstancias de tiempo o lugar o de cualquier otra naturaleza que hayan sido buscadas o decididas intencionadamente por el deportista.

Sobre esta cuestión hay que diferenciar, como acertadamente hizo el Tribunal Administrativo del Deporte en su Resolución 331/2016, de 7 de octubre de 2016, "Lo primero que debe señalarse es que debe diferenciarse el lugar de localización que deben indicar todos los deportistas a efectos de someterse a los eventuales controles de dopaje, del procedimiento y lugar en el que efectivamente se lleva a cabo dicho control como establece la normativa aplicable".

A modo de ejemplo, un deportista puede designar cualquier lugar para ser localizado (domicilio, centro de entrenamiento, …), pero eso no implica que el control de dopaje deba efectuarse en ese lugar. El control de dopaje deberá realizarse garantizando unas condiciones de intimidad e higiene, con pleno respeto a los derechos fundamentales de la persona, como indica el artículo 15.2 de la LOCD, y es la CELAD la que debe asegurarse de que dispone de un área de control de dopaje que cumple esas garantías.

g) El presunto infractor podrá refutar todos los hechos y presunciones que le perjudiquen y probar los hechos y circunstancias necesarios para su defensa.

Este precepto es absolutamente superfluo porque forma parte del derecho de defensa protegido por el artículo 24.2 de la Constitución.

5. Finalización del procedimiento

El artículo 41 de la LOCD prevé que, una vez finalizada la instrucción del procedimiento, el órgano instructor formulará propuesta de resolución que será notificado a los interesados para formular alegaciones en el plazo de diez días. Transcurrido dicho plazo y, en su caso, formuladas las alegaciones, el instructor elevará el expediente y la correspondiente propuesta de resolución al Comité Sancionador Antidopaje, el cual resolverá en el plazo de tres meses a contar desde que hubiese concluido el referido plazo de alegaciones.

El procedimiento sancionador terminará mediante resolución del Comité Sancionador Antidopaje. Si bien no se menciona en este artículo, debe entenderse que el procedimiento también finalizará por caducidad del procedimiento, como se menciona en el artículo 42 de la LOCD.

El artículo 41.4 de la LOCD prevé que la resolución sancionadora será notificada por el Comité Sancionador Antidopaje, en el plazo de diez días, al Director de la Comisión Española para la Lucha contra el Dopaje en el Deporte, a la AMA, a las federaciones nacionales e internacionales, al club o equipo deportivo al que pertenezca el deportista, en el caso de los deportes de equipo, y a las demás entidades legitimadas para recurrirla, mencionados en el artículo 49.3[79] de la LOCD. El retraso en la notificación no afectará a la validez de la resolución dictada.

En este artículo no se menciona que la resolución sancionadora será notificada a la persona afectada por la misma, si bien el artículo 45.2 de la LOCD prevé que las notificaciones de las resoluciones y actos que dicte la CELAD se realizarán en el domicilio postal del interesado.

Sobre el contenido del artículo 41.4 de la LOCD habría que matizar que, en ciertos casos, es confuso y deberían haberse matizado ciertas cuestiones. En primer lugar, al mencionar a las federaciones nacionales e internacionales debería haberse concretado que son las federaciones nacional e internacional correspondiente a la modalidad deportiva y licencia que disponía la persona afectada por la resolución. Con el contenido del precepto parece que debe notificarse a todas las federaciones nacionales e internacionales, lo que sería contrario al principio de limitación de la finalidad en la protección de datos de carácter personal.

6. Duración del procedimiento y caducidad

El artículo 42 de la LOCD establece que el procedimiento sancionador en materia de dopaje deberá concluir en el plazo máximo de doce meses a contar desde la adopción del acuerdo de incoación del procedimiento y, vencido ese plazo, se producirá la caducidad del procedimiento.

Este plazo de doce meses es excesivamente largo e incumple la duración prevista en las normas de la AMA, concretamente en el Estándar Internacional de Gestión de Resul-

[79] Este precepto prevé que están legitimadas para recurrir: el deportista o sujeto afectado por la resolución, la eventual parte contraria en la resolución o los perjudicados por la decisión, la federación deportiva internacional correspondiente, el Director de la CELAD, la Agencia Mundial Antidopaje y el Comité Olímpico Internacional o el Comité Paralímpico Internacional cuando la resolución afecte a los Juegos Olímpicos o Juegos Paralímpicos.

tados[80], al prever en su artículo 4.2 que "En aras de la justicia deportiva justa y efectiva, las violaciones de las normas antidopaje deben ser procesadas de manera oportuna. Independientemente del tipo de infracción de las normas antidopaje involucradas, y salvo para casos que involucren problemas complejos o retrasos que no están bajo el control de la Organización Antidopaje (por ejemplo, retrasos atribuibles al Deportista u otra Persona), las Organizaciones Antidopaje deberían poder concluir la Gestión de Resultados (incluido el proceso de audiencia en primera instancia) dentro de los seis (6) meses posteriores a la notificación según el Artículo 5 a continuación".

El artículo 39.6 de la Ley Orgánica 3/2013, de 20 de junio, de protección de la salud del deportista y lucha contra el dopaje en la actividad deportiva preveía que el procedimiento disciplinario en materia de dopaje debía concluir en el plazo máximo de seis meses desde la adopción del acuerdo de incoación del procedimiento. Este precepto fue modificado mediante el Real Decreto-ley 3/2017, de 17 de febrero, y amplió al plazo máximo a doce meses a contar desde la adopción del acuerdo de incoación del procedimiento. Esta modificación se llevó a cabo, para adecuar nuestra legislación al CMA que había entrado en vigor el día 1 de enero de 2015. Sin embargo, el CMA no preveía un plazo de doce meses para tramitar los procedimientos disciplinarios por dopaje.

La aprobación de la LOCD debería haber aprovechado para establecer un plazo más acorde con las necesidades del mundo del deporte y de la lucha contra el dopaje, que requiere la adopción de decisiones en un plazo de tiempo corto. El artículo 8 del CMA exige que las decisiones sancionadoras se adopten en un plazo razonable y el plazo de doce meses no es razonable.

Hay que tener en cuenta que la persona acusada de la infracción tendrá un plazo de quince días para el trámite de alegaciones y proposición de pruebas tras la notificación del acuerdo de incoación del procedimiento (art. 39.1 LOCD) y un plazo de diez días para formular alegaciones a la propuesta de resolución (art. 42.1 LOCD). Sin embargo, el Comité Sancionador Antidopaje dispondrá de un plazo de tres meses para resolver el procedimiento.

Parece más razonable haber acogido el plazo de seis meses previsto en el artículo 21.2 de la LPACAP, con la posibilidad de ampliar hasta tres meses más si las circunstancias del caso así lo aconsejaran, según se prevé en el artículo 32 de la ley LPACAP.

El artículo 42.3 de la LOCD establece que la declaración de caducidad podrá dictarse de oficio o a instancia del interesado e implicará el archivo de las actuaciones, si bien la caducidad no impedirá iniciar un nuevo procedimiento sancionador dentro del plazo legal de prescripción, que es de diez años.

Los efectos que se prevén para la caducidad son que no producirá por si sola la prescripción de las acciones del particular o de la Administración, pero los procedimientos caducados no interrumpirán el plazo de prescripción. Por otro lado, cuando se inicie un nuevo procedimiento sancionador después de haber caducado el anterior procedimiento iniciado contra el presunto responsable, podrán incorporarse a éste los actos y trámites cuyo contenido se hubiera mantenido igual de no haberse producido la caducidad, si bien

---

[80] Puede consultarse en https://celad.culturaydeporte.gob.es/dam/jcr:994cbe63-fdcd-43c5-8053-1868bc14d01b/estandar-internacional-gestion-resultados-2021.pdf (último acceso: 8 de junio de 2022).

deberán cumplimentarse los trámites de alegaciones, proposición de prueba y audiencia al interesado.

7. Efectos de la resolución sancionadora

El artículo 43 de la LOCD regula la inmediata ejecutividad de las sanciones impuestas por infracción de la LOCD, con efectos desde la notificación de la resolución administrativa, salvo que el órgano que deba conocer del recurso que contra las mismas pudiera interponerse acuerde su suspensión de conformidad con lo establecido en el párrafo segundo del artículo 90.3 o en el artículo 117.2 de la LPACAP[81].

Los citados preceptos de la LPACAP regulan los supuestos de suspensión de la sanción y de ejecución en vía de recurso. El citado párrafo segundo del artículo 90.3 de la LPACAP establece lo siguiente:

> "Cuando la resolución sea ejecutiva, se podrá suspender cautelarmente, si el interesado manifiesta a la Administración su intención de interponer recurso contencioso-administrativo contra la resolución firme en vía administrativa. Dicha suspensión cautelar finalizará cuando:
>
> a) Haya transcurrido el plazo legalmente previsto sin que el interesado haya interpuesto recurso contencioso administrativo.
>
> b) Habiendo el interesado interpuesto recurso contencioso-administrativo:
>
> 1.º No se haya solicitado en el mismo trámite la suspensión cautelar de la resolución impugnada.
>
> 2.º El órgano judicial se pronuncie sobre la suspensión cautelar solicitada, en los términos previstos en ella".

Por su parte, el artículo 117.2[82] de la Ley 30/2015 establece que:

> "No obstante lo dispuesto en el apartado anterior, el órgano a quien competa resolver el recurso, previa ponderación, suficientemente razonada, entre el perjuicio que causaría al interés público o a terceros la suspensión y el ocasionado al recurrente como consecuencia de la eficacia inmediata del acto recurrido, podrá suspender, de oficio o a solicitud del recurrente, la ejecución del acto impugnado cuando concurran alguna de las siguientes circunstancias:
>
> a) Que la ejecución pudiera causar perjuicios de imposible o difícil reparación.
>
> b) Que la impugnación se fundamente en alguna de las causas de nulidad de pleno derecho previstas en el artículo 47.1 de esta Ley".

La ejecutividad inmediata se ampara, según el Preámbulo de la LOCD, en que "el aplazamiento o la demora de la eficacia de estas resoluciones en espera de la decisión de

---

[81] Sobre este régimen, PALOMAR OLMEDA, A., "Los principios del procedimiento sancionador", en *Practicum Derecho Sancionador Administrativo 2022*, Aranzadi Thomson Reuters, Cizur Menor (Navarra), 2022, pp. 102-104.

[82] Sobre su contenido y alcance, PALOMAR OLMEDA, A. *Procedimiento Administrativo*, 2.ª ed., Aranzadi Thomson Reuters, Cizur menor (Navarra), 2017, pp. 767-794.

los recursos interpuestos produciría una dilación en la ejecución que permitiría a deportistas finalmente sancionados prolongar el cumplimiento de las sanciones durante años; de modo que les permitiría seguir participando en competiciones, en perjuicio de éstas y de otros deportistas y, naturalmente, de la imagen del deporte español y del compromiso con la firmeza en la lucha contra el dopaje".

Sin embargo, esa urgencia no se aprecia para regular la duración máxima del procedimiento sancionador, lo que permite presumir que las medidas provisionales de suspensión de licencia federativa durante la entera tramitación del procedimiento sancionador van a ser la regla general y no la excepción.

8. La publicación de las resoluciones sancionadoras

El artículo 44 de la LOCD prevé la publicación de las resoluciones sancionadoras firmes, si bien la publicación únicamente contendrá el nombre y apellidos de la persona infractora, especialidad deportiva, precepto vulnerado, sustancia o método empleado y la sanción impuesta.

Sin embargo, cuando la resolución afecte a menores, personas protegidas o deportistas aficionados, las resoluciones sancionadoras no se publicarán a menos que razonadamente se valore la conveniencia de proceder a la publicación atendiendo a la pertinencia de la misma y las circunstancias del caso.

También se podrá excepcionar la obligación de publicación de la resolución sancionadora con el fin de proteger la identidad de las personas que presten su colaboración para descubrir o demostrar una infracción de las normas antidopaje, un delito de dopaje o una infracción de las normas profesionales cometidos por otra persona (art. 34.1 LOCD), si se estimara que la publicación pudiera revelar la prestación de la ayuda sustancial o colaboración y con ello poner en riesgo o causar perjuicios a quienes colaboren.

También serán objeto de publicación la adopción de medidas de suspensión provisional, si bien en estos casos la publicación únicamente contendrá la identidad de la persona infractora y la duración de la medida provisional.

Cuando como consecuencia de un recurso interpuesto contra la resolución sancionadora se anulara la sanción, o se redujera, se podría proceder a la publicación de la estimación de dicho recurso, siempre que la persona afectada por esa decisión otorgue su consentimiento a dicha publicación. En este caso, la publicación podrá divulgar la decisión íntegra o redactada de una forma aceptable para la persona afectada.

El artículo 44.4 de la LOCD prevé que para proceder a la publicación se utilizarán, de manera preferente, medios electrónicos.

9. El régimen de notificaciones

El artículo 45.1 de la LOCD regula el régimen de notificaciones que deban hacerse en el procedimiento sancionador remitiendo a los artículos 41 y siguientes de la LPACAP[83].

---

[83] Sobre esta cuestión, PALOMAR OLMEDA, A., *Procedimiento Administrativo*, cit., pp. 455-469, y TEROL GÓMEZ, R., "De los actos administrativos. Requisitos, eficacia, notificación y publicación. Nulidad y

Si bien con esta remisión habría sido suficiente, la LOCD regula algunos aspectos que son superfluos, por estar previstos en los artículos mencionados de la LPACAP.

Así, regula las notificaciones de las resoluciones y actos que se dicten dentro del procedimiento sancionador se realizarán en el domicilio postal del interesado o a través de medios electrónicos. Asimismo, se establece que el deportista podrá designar como domicilio de notificaciones el del club, equipo o entidad deportiva a la que pertenezca, o el de su representante. Realmente el deportista podrá designar como domicilio a efecto de notificaciones el que considere adecuado, no tiene por qué limitarse a esas entidades o personas.

Se regula igualmente que en cualquier momento del procedimiento sancionador, el expedientado podrá facilitar un nuevo domicilio de notificaciones que surtirá efecto a partir de dicha comunicación.

En relación con las notificaciones electrónicas, los interesados que no estén obligados a recibir notificaciones electrónicas, podrán comunicar en cualquier momento a la CELAD que las notificaciones sucesivas se practiquen o dejen de practicarse por medios electrónicos. Con este fin se prepararán modelos normalizados que se pondrán a disposición de los interesados.

Complementariamente, el interesado podrá identificar un dispositivo electrónico y/o una dirección de correo electrónico para el envío de cualesquiera otros avisos y comunicaciones distintas de las notificaciones, considerándose, en otro caso, como dirección de correo electrónico para el envío de dichos avisos la que el deportista facilite en el mismo formulario de control de dopaje.

En este caso, para que la dirección de correo electrónico que el deportista facilite en el formulario de control de dopaje sea útil para recibir avisos o comunicaciones distintas de las notificaciones, el deportista debería ser consciente de ese hecho y consentir que esa dirección se utilice para ese fin.

IV. EL PASAPORTE BIOLÓGICO

1. Referencia normativa al pasaporte biológico

El pasaporte biológico ha resultado la cuestión más controvertida en estos últimos tiempos en relación con la lucha contra el dopaje en España. La primera vez que se mencionó el pasaporte biológico en la legislación española fue con la aprobación de la Ley Orgánica 3/2013, simplemente para mencionar que podía ser un medio de prueba. Esa referencia no se incluía en el Proyecto de Ley remitido por el Gobierno al Congreso de los Diputados[84], si bien se aprobaron dos enmiendas en el Congreso de los Diputados, ambas del Grupo Popular que en aquel momento tenía mayoría absoluta, y se incorporaron al texto finalmente aprobado. Ahora bien, el pasaporte biológico únicamente se mencionaba en la Ley pero no se regulaba ningún aspecto relacionado con el mismo.

---

anulabilidad. Ejecución de los actos administrativos", en *Practicum Procedimiento Administrativo Común 2021*, cit., pp. 203-255.

[84] Boletín Oficial de las Cortes Generales. Congreso de los Diputados. Serie A, Proyectos de Ley, Núm. 42-1, de 15 de marzo de 2013.

La modificación efectuada en la Ley Orgánica 3/2013, mediante el Real Decreto-ley 3/2017, reguló por primera vez determinados aspectos relacionados con el pasaporte biológico. La aplicación de esas normas en el primer procedimiento sancionador iniciado como consecuencia de los datos del pasaporte biológico resultó ciertamente controvertida. En ese caso, tras la imposición de la correspondiente sanción por parte de la Agencia Española de Protección de la Salud en el Deporte, el Tribunal Administrativo del Deporte anuló la sanción. No estando conforme con la citada resolución, la AMA interpuso recurso contencioso-administrativo y el Juzgado Central de lo Contencioso-Administrativo Nº 7 lo desestimó mediante sentencia de 20 de octubre de 2020, estando en la actualidad a la espera de conocer la sentencia de la Audiencia Nacional.

La citada sentencia del Juzgado Central de lo Contencioso-Administrativo afirma:

> "Lo pretendido por la actora es dar al Pasaporte Biológico el valor de prueba amparado por las presunciones del precepto que acabamos de transcribir[85] lo que vulneraría el derecho fundamental a la presunción de inocencia, que ha de regir en el procedimiento administrativo sancionador, como ha señalado constante jurisprudencia, por todas STS, Sala 3ª, de 20 de marzo de 2006, al indicar que "el derecho a la presunción de inocencia proyecta sus exigencias y garantías al Derecho administrativo sancionador y, por ende, corresponde a la Administración que ejercita la potestad sancionadora la carga de acreditar los hechos sancionados y la culpabilidad integrantes de las infracción que sanciona".

No respetando la pretensión de la Agencia Mundial Antidopaje el citado derecho a la presunción de inocencia su recurso contencioso-administrativo debe ser desestimado, por lesionar el artículo 24 de la Constitución, como sostuvo la resolución impugnada, sin necesidad de entrar a analizar el resto de las consideraciones que realiza la demandante en su recurso".

La LOCD ha intentado dotar de mayor validez a la prueba del pasaporte biológico, en primer lugar afirmando en su Preámbulo que el pasaporte biológico es un "instrumento eficaz y solvente en la persecución del dopaje en el deporte", para, a continuación, decir que un resultado adverso en el pasaporte biológico del deportista constituirá prueba de cargo suficiente a los efectos de considerar existente la infracción por uso, utilización o consumo de una sustancia o método prohibido (art. 39.3.b LOCD).

El Dictamen del Consejo de Estado de 29 de abril de 2021, en el Expediente 135/2021, al Anteproyecto de ley orgánica de lucha contra el dopaje en el deporte, al respecto del pasaporte biológico dijo:

> "En el apartado 3 b) se dice: "Un resultado adverso en el pasaporte biológico del deportista constituirá prueba de cargo suficiente a los efectos de considerar existente la infracción tipificada en el artículo 20 b) de esta ley", o sea, para considerar cometida la infracción relativa a "utilización, uso o consumo de sustancias o métodos prohibidos en el deporte". Debe por tanto precisarse que esa prueba lo es iuris tantum [...] Por lo que se refiere a las menciones al pasaporte biológico que contienen los artículos 39.3.b) y 40, ha de tenerse en cuenta, por un lado, que el artículo 40 supone

[85] Se había transcrito el artículo 39.6 de la Ley Orgánica 3/2013.

la reproducción casi literal de los artículos 39 bis y ter incorporados a la L. O. 2013 por el Real Decreto-ley 3/2017, de 17 de febrero; por otro lado, el proyectado artículo 39.3.b) introduce una novedad en materia probatoria que ha de ajustarse a las reflexiones anteriores, acerca de su carácter de prueba indiciaria, no plena, debiendo recordarse que en los procedimientos sancionadores que se tramiten en materia de lucha contra el dopaje "podrán servirse de todos los medios de prueba admisibles en derecho, incluido el pasaporte biológico, si existiesen datos sobre el mismo. Dichas pruebas deberán valorarse de modo conjunto de acuerdo con las reglas de la sana crítica, de acuerdo con los principios y criterios de interpretación establecidos en el Código Mundial Antidopaje" (proyectado artículo 39.2, que reproduce con alguna novedad el vigente artículo 39.5)*".*

Este pasaporte biológico aparece definido en el Anexo de la LOCD y regulado en el artículo 40 de la LOCD.

La definición del Anexo dice que pasaporte biológico es "El programa y métodos de recogida y cotejo de datos descrito en la Norma Internacional para Controles e Investigaciones y en la Norma Internacional para Laboratorios de la Agencia Mundial Antidopaje".

Por su parte, el artículo 40 de la LOCD establece:

> "1. En el caso de resultados anómalos en el pasaporte biológico, la Agencia Estatal Comisión Española para la Lucha Antidopaje en el Deporte realizará las investigaciones correspondientes recogiendo pruebas a fin de determinar si se ha producido una infracción de las normas antidopaje.
>
> 2. Sin perjuicio de lo dispuesto en el artículo anterior, en la tramitación de los procedimientos sancionadores como consecuencia de resultados adversos en el pasaporte biológico, se respetará, en todo caso, el contenido esencial de las Normas y los Estándares Internacionales sobre gestión de resultados, sobre controles e investigaciones y sobre laboratorios de la Agencia Mundial Antidopaje".

Sin embargo, la regulación del pasaporte no se encuentra en los estándares mencionados en el apartado de definiciones de la LOCD, sino en un documento de la AMA llamado "Athlete Biological Passport Operating Guidelines"[86] (Guía Operativa del Pasaporte Biológico del Deportista),, disponible únicamente en inglés.

Aparte de lo mencionado, la LOCD no regula ningún aspecto del pasaporte biológico, no prevé la elaboración de perfiles con los datos de salud de los deportistas ni cualquier otra medida que pueda afectar a los derechos fundamentales de los deportistas

2. La operativa del pasaporte biológico

Como acabamos de mencionar, la operativa del pasaporte biológico figura en la "Guía Operativa del Pasaporte Biológico del Deportista", cuya última versión es la 8.0 de abril de 2021. En el pasaporte biológico, los resultados analíticos obtenidos de las muestras bio-

[86] Accesible en https://www.wada-ama.org/sites/default/files/resources/files/guidelines_abp_v8_final.pdf (último acceso: 27 de junio de 2022).

lógicas se van colocando secuencialmente por orden cronológico según las muestras han sido tomadas. Esos parámetros[87] se someten a un algoritmo, llamado "Modelo Adaptativo" que calcula el rango de valores hematológicos que el algoritmo considera normales para cada concreto deportista, predice el rango dentro del cual deben situarse los valores de ese deportista asumiendo la existencia de un estado fisiológico normal, identifica valores o perfiles que pueden considerarse atípicos en ese deportista y calcula el porcentaje de posibilidades de que ese perfil no se considere normal para ese deportista[88].

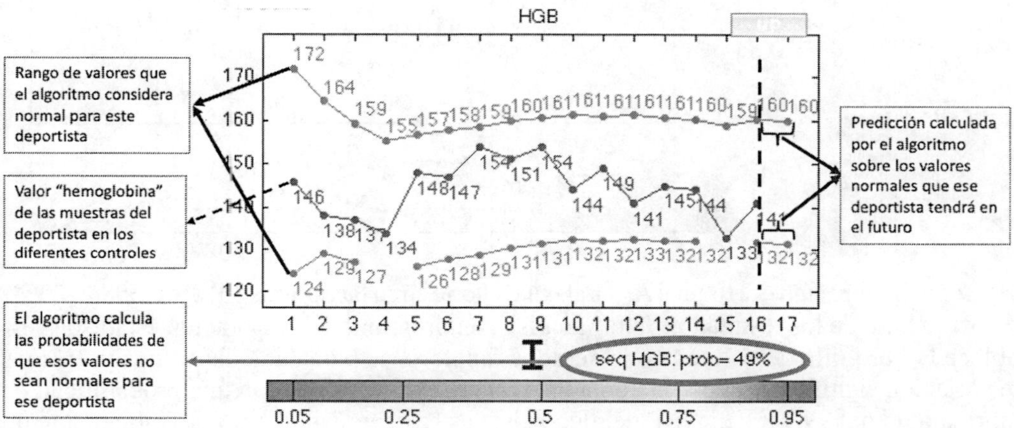

Cuando los valores detectados a un concreto deportista superan los umbrales máximo o mínimo calculado por el Modelo Adaptativo, este algoritmo calcula las probabilidades de que esos valores sean consecuencia de factores ajenos a un estado saludable del deportista, como pudiera ser el uso o consumo de sustancias o métodos prohibidos en el deporte. De esta manera, el pasaporte biológico se considera como una prueba indiciaria de haber incurrido en la infracción prevista en el artículo 20.b) de la LOCD.

Un ejemplo de pasaporte biológico considerado como anormal o atípico lo podemos ver en la siguiente imagen, en la que el porcentaje de reticulocitos (RET%) de ese deportista ha superado los umbrales calculados por el Modelo Adaptativo como normales para ese concreto deportista, y el mismo algoritmo ha calculado que las probabilidades de que esos datos no sean normales es del 99,99%.

---

[87] Concretamente los valores de hemoglobina y el OFF-hr Score, que se calcula teniendo en cuenta los valores de hemoglobina y el porcentaje de reticulocitos, según la fórmula Hb [g/L] – 60*√Ret[%]

[88] La imagen ha sido adaptada de la original de ZORZOLI M, "Biological passport parameters", *Journal of Human Sport and Exercise*, Vol. 6, núm. 2 Supplement, 2011, pp. 205-217, 2011.

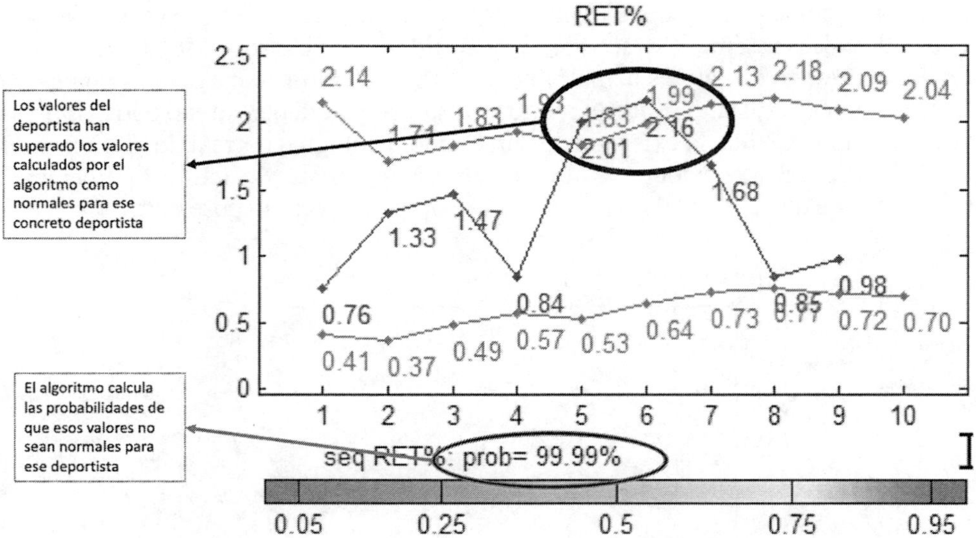

Como ha afirmado el Tribunal Arbitral del Deporte en su laudo TAS 2010/A/2308&2335[89], "Sobre la base de los resultados de los análisis, un programa de elaboración estadística establece la horquilla de valores considerados fisiológicos para cada deportista y, en caso de variación significativa en relación a los valores establecidos (con una probabilidad de anormalidad del 99,9%), el ABP del deportista es seleccionado como probablemente no fisiológico y sometido a un grupo de expertos nombrados por la UCI. En otros términos, en este estadio, la anormalidad cuantitativa de los valores se define en relación con los valores esperados del individuo seguido y la aplicación del modelo estadístico sirve para seleccionar los perfiles que hayan sobrepasado el umbral elegido como nivel de alerta".

El pasaporte biológico consta de dos módulos, el hematológico y el esteroideo, si bien el más utilizado es el hematológico porque el esteroideo está todavía poco desarrollado.

En el módulo hematológico se emplean 12 marcadores, que son los siguientes, HCT: Hematocrito, HGB: Hemoglobina, RBC: Conteo de glóbulos rojos, RET%: Porcentaje de reticulocitos, RET#: Conteo de reticulocitos, MCV: Volumen corpuscular medio, MCH: Hemoglobina corpuscular media, MCHC: Concentración de hemoglobina corpuscular media, RDW-SD: Amplitud de distribución eritrocitaria (desviación estándar), IRF: Fracción de reticulocitos inmaduros, PLT: Plaquetas, WBC: Conteo de glóbulos blancos, además de otros marcadores calculados en combinación de estos anteriormente mencionados, el OFF hr score y el ABPS[90].

[89] Accesible en https://jurisprudence.tas-cas.org/Shared%20Documents/2308,%202335.pdf (último acceso: 28 de junio de 2022).

[90] En la tesis doctoral de DÍAZ-GARZÓN MARCO, J. *Variación biológica de magnitudes bioquímicas, hematológicas y gasometría en atletas*, de la Facultad de Medicina de la Universidad Autónoma de Madrid, Madrid, 2019, se concluye que "8. Las magnitudes hematológicas de la serie eritrocitaria estudiadas son aptas para su aplicación en el módulo hematológico del pasaporte biológico, con la excepción del porcentaje y recuento absoluto de reticulocitos. Además, Las magnitudes incluidas en este estudio con un índice de individualidad bajo (< 0,6) podrían ser adecuadas para su inclusión en el pasaporte biológico del atleta, siempre y cuando estén involucradas en rutas metabólicas alteradas por las sustancias ilícitas que se pretendan detectar. 9. El índice OFF-hr utilizado por la AMA como marcador primario en el despistaje del dopaje parece no ser adecuado para el seguimiento de

En el módulo esteroideo se utilizan los siguientes parámetros: A: Androsterona, Etio: Etiolcolanolona, 5αAdiol: 5α-Androstane-3α,17β-diol, 5βAdiol: 5β-Androstane-3α,17β-diol, T: Testosterona, E: Epitestosterona, además de 5 ratios obtenidos de diversas combinaciones de esos parámetros.

Según la "Guía Operativa del Pasaporte Biológico del Deportista", el pasaporte biológico tiene dos objetivos fundamentales:

1. Usar los datos biológicos para identificar a los deportistas con vistas a la realización de controles dirigidos. Para ello, los datos obtenidos de la sangre y orina de los deportistas se utilizan para detectar deportistas sospechosos de estar incurriendo en prácticas prohibidas y, sobre esos datos, realizar un mayor número de controles antidopaje a esos deportistas.
2. Como prueba indirecta de la infracción prevista en el artículo 20.b) de la LOCD, utilización, uso o consumo de sustancias o métodos prohibidos en el deporte.

El pasaporte biológico restringe significativamente los derechos fundamentales de los deportistas, desde la toma de muestras de sangre y orina, hasta su análisis y la creación de un perfil con los datos obtenidos. El uso que se haga de esos datos debe estar previsto en una norma de rango legal y cumplir el principio de limitación de la finalidad. Según el artículo 5.1.b) del Reglamento (UE) 2016/679 del Parlamento Europeo y del Consejo de 27 de abril de 2016, relativo a la protección de personas físicas en lo que respecta al tratamiento de datos personales y a la libre circulación de datos, "Los datos personales serán: recogidos con fines determinados, explícitos y legítimos, y no serán tratados ulteriormente de manera incompatible con dichos fines; de acuerdo con el artículo 89, apartado 1, el tratamiento ulterior de los datos personales con fines de archivo en interés público, fines de investigación científica e histórica o fines estadísticos no se considerará incompatible con los fines iniciales («limitación de la finalidad»)".

El Considerando 45 del citado Reglamento comunitario dice que "Cuando se realice [el tratamiento de datos] en cumplimiento de una obligación legal aplicable al responsable del tratamiento, o si es necesario para el cumplimiento de una misión realizada en interés público o en el ejercicio de poderes públicos, el tratamiento debe tener una base en el Derecho de la Unión o de los Estados miembros … La finalidad del tratamiento también debe determinase en virtud del Derecho de la Unión o de los Estados miembros".

Pues bien, en el caso concreto del primer objetivo señalado anteriormente, la identificación de deportistas sospechosos para realizar sobre ellos controles dirigidos, el mismo carece de cobertura legal porque el único objetivo contemplado en la LOCD es el segundo de los indicados, es decir, como prueba indiciaria de una infracción de las normas antidopaje. Así se indica tanto en el artículo 39.2 como en el artículo 39.3.b) y 40 de la LOCD.

Sin embargo, las distintas Memorias[91] anuales de la Agencia Española de Protección de la Salud en el Deporte reconocen que la CELAD está haciendo ese uso de los datos hematológicos no previsto legalmente. A modo de ejemplo, la Memoria Anual 2020 afir-

---

los atletas, siendo discutible su aplicación en el pasaporte biológico del atleta. De la misma manera, el índice ABPS podría tener un rendimiento insuficiente para discriminar a los atletas sospechosos de dopaje debido a su elevada imprecisión y falta de especificidad". Accesible en: https://repositorio.uam.es/handle/10486/690491 (último acceso: 12 de junio de 2022).

[91] Accesibles en https://celad.culturaydeporte.gob.es/agencia/memorias-anuales.html (último acceso: 19 de junio de 2022).

ma que la CELAD tiene acceso a a los datos de más de 800 pasaportes hematológicos, afirmando que "el programa ha seguido muy activo en cuanto a controles dirigidos en la última parte del año, lo cual ha permitido dar gran solidez a este programa y fruto de lo cual ha sido la capacidad que en la actualidad tiene la AEPSAD para efectuar controles dirigidos en base a alteraciones del pasaporte biológico".

Por otro lado, el uso de los datos obtenidos para la elaboración del pasaporte biológico con la finalidad de identificar a los deportistas para la realización de controles dirigidos podría considerarse como una "*inquisitio generalis*", también llamada "*fishing expedition*", puesto que se inicia la investigación sobre los deportistas sin tener ningún indicio de la comisión de cualquier infracción, es decir, se inicia la investigación para obtener esos indicios. En relación con los procesos penales, el Tribunal Constitucional ha tenido la ocasión de declarar en varias sentencias, entre ellas la 87/2001, de 2 de abril, que la "inquisición general" es "incompatible, ciertamente, con los principios que inspiran el proceso penal en un Estado de Derecho como el que consagra la Constitución Española".

Según las normas de la AMA, el responsable de la gestión administrativa del pasaporte biológico es la llamada "Unidad de Gestión del Pasaporte del Deportista"[92], que se encarga de la comunicación con la organización antidopaje que le encarga la gestión del Pasaporte Biológico, de gestionar la valoración de los parámetros biológicos de los deportistas, de producir la documentación del pasaporte y de comunicar a la organización antidopaje y a la AMA los resultados adversos que detecte.

El procedimiento que se sigue es el siguiente:

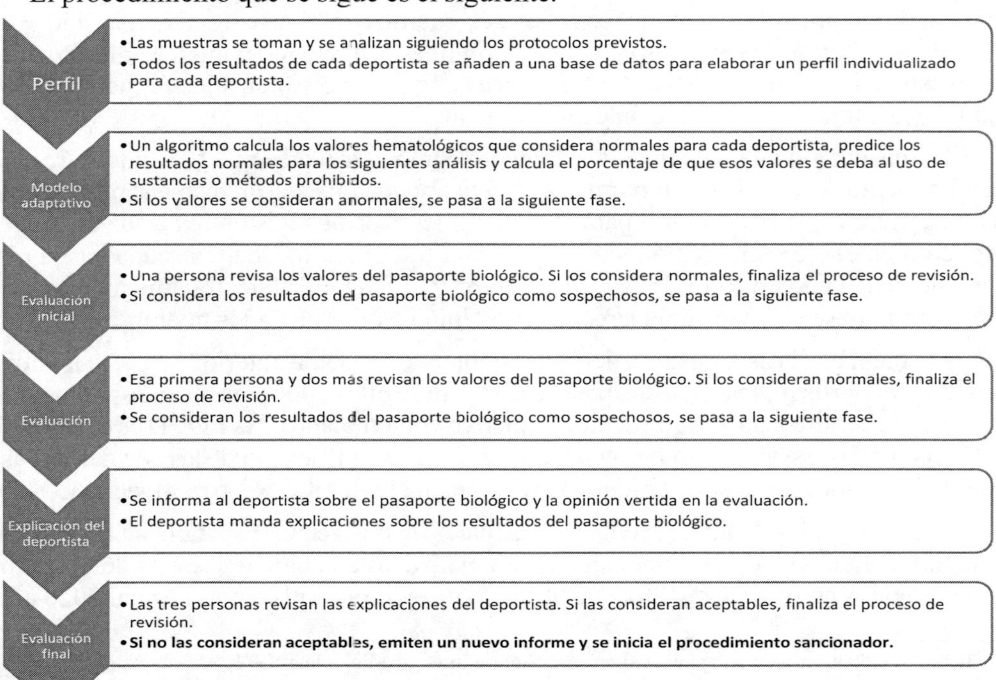

[92] La lista de Unidades de Gestión del Pasaporte biológico del Deportista asociadas a laboratorios acreditados por la AMA puede encontrarse en https://www.wada-ama.org/sites/default/files/2022-03/APMU%20list%20-%20Updated%20Mar%202022_0.pdf (último acceso: 19 de junio de 2022).

1. El proceso para elaborar el pasaporte biológico se inicia con la toma de muestras, su posterior transporte y el análisis por parte del laboratorio[93]. En estos casos no es necesario que los laboratorios cuenten con la acreditación de la AMA, es suficiente con que el laboratorio esté aprobado por la AMA para realizar análisis para el pasaporte biológico.
2. Los datos se incorporan a una base de datos y se someten al denominado "Modelo adaptativo", como vimos anteriormente.
3. Cuando el algoritmo "Modelo adaptativo" detecta un resultado atípico, el pasaporte biológico de ese deportista es revisado por una persona y si cataloga ese perfil como "posible dopaje", pasará a una segunda revisión; en caso contrario, finaliza el proceso de revisión.
4. Si procede continuar el proceso de revisión, esa primera persona que ha revisado el pasaporte biológico y otras dos personas más vuelven a realizar la revisión. Si las tres personas catalogan el pasaporte biológico como "posible dopaje" continúa el proceso de revisión; en caso contrario, finaliza el proceso.
5. El proceso de revisión continúa informando al deportista de la opinión de las tres personas de "posible dopaje", poniendo a su disposición el informe emitido por esas personas y la documentación de los análisis, para que el deportista pueda dar las explicaciones que estime pertinentes.
6. Las explicaciones del deportista se remiten nuevamente a las tres personas que emitieron su opinión, las revisan y si mantienen su calificación de que es muy probable que el deportista haya incurrido en una infracción, calificará ese pasaporte biológico como resultado adverso e informará a la autoridad antidopaje y a la AMA de esa opinión.
7. La autoridad antidopaje, en el caso de España la CELAD, iniciará el procedimiento sancionador con los datos del pasaporte biológico, los informes de las tres personas, las explicaciones del deportista y la documentación de los análisis.

Este proceso, hasta la incoación del procedimiento sancionador, se enmarca dentro de lo regulado en el artículo 40.1 de la LOCD, "En el caso de resultados anómalos en el pasaporte biológico, la CELAD realizará las investigaciones correspondientes recogiendo pruebas a fin de determinar si se ha producido una infracción de las normas antidopaje".

El hecho de que las únicas investigaciones que se llevan a cabo sea la solicitud al deportista de explicaciones llevó al Tribunal Administrativo del Deporte, en la Resolución del Expediente 217/2018, a afirmar que "en el presente caso, no consta actuación alguna de la AEPSAD de actuaciones de investigación que haya realizado "recogiendo pruebas", cuyo resultado, conforme a la Ley Orgánica, sería el que podría probar la comisión de la infracción … en vez de realizar una actividad investigadora la Agencia, tal y como le

[93] DÍAZ-GARZÓN MARCO, J., FERNÁNDEZ-CALLE, P. y RICÓS, C., "Modelos para estimar la variación biológica y la interpretación de resultados seriados: bondades y limitaciones", *Advances in Laboratoty Medicine*, 1(3), Sept. 2020, en relación con la red de datos bayesiana, como es la utilizada para el pasaporte biológico, afirman que "La red de datos bayesiana asume que no existe error analítico, para conseguir esto, todos los resultados deben ser obtenidos con el mismo procedimiento analítico, asegurando que no existe sesgo y que la imprecisión es baja y está absolutamente controlada. Esta circunstancia hoy en día no se cumple para muchas de las magnitudes utilizadas a diario en el laboratorio para el seguimiento de muchas patologías", p. 5.

impone el artículo 39 bis, ha pretendido que sea el imputado el que le aporte hechos, documentos, informes y análisis. Con tal actuación no solo ha incumplido lo dispuesto en el citado artículo, sino que ha utilizado el pasaporte biológico como si estuviera amparado por una de las presunciones del 39.6, aspirando a que fuera el deportista el que tenía que demostrar su inocencia. Esta actuación vulnera el artículo 24 de la Constitución".

Cuando el resultado del pasaporte biológico se considera como adverso, se aplica el artículo 40.2 de la LOCD, "Sin perjuicio de lo dispuesto en el artículo anterior, en la tramitación de los procedimientos sancionadores como consecuencia de resultados adversos en el pasaporte biológico, se respetará, en todo caso, el contenido esencial de las Normas y los Estándares Internacionales sobre gestión de resultados, sobre controles e investigaciones y sobre laboratorios de la Agencia Mundial Antidopaje".

3. El valor probatorio del pasaporte biológico

El valor probatorio del pasaporte biológico es una de las cuestiones más controvertidas, si bien parece evidente que puede considerarse como prueba indiciaria, como afirmó el Consejo de Estado. Como prueba indiciaria, carece de valor probatorio pleno y de presunción de veracidad porque, como hemos visto, la calificación del resultado del pasaporte biológico como adverso es consecuencia final de la opinión de las personas que lo valoran.

El art. 77.5 de la LPACAP, y la doctrina sobre el valor probatorio de las actas y diligencias elaborados por funcionarios a los que se reconoce la condición de autoridad determinan que únicamente cabe dar valor probatorio a los hechos comprobados directamente por esos funcionarios, quedando fuera de su alcance las calificaciones jurídicas, los juicios de valor o las simples opiniones que consten en el informe. Así lo ha afirmado, entre otras, la sentencia del Tribunal Constitucional 76/1990, de 26 de abril, al afirmar que "Es igualmente evidente que la norma impugnada no establece tampoco una presunción iuris et de iure de veracidad o certeza de los documentos de la Inspección (que sería también incompatible con la presunción constitucional de inocencia), ya que expresamente admite la acreditación en contrario. El precepto combatido constituye un primer medio de prueba sobre los hechos que constan en las actas y diligencias de la Inspección tributaria, cuyo valor o eficacia ha de medirse a la luz del principio de la libre valoración de la prueba. A ello debe añadirse que ese valor probatorio sólo puede referirse a los hechos comprobados directamente por el funcionario, quedando fuera de su alcance las calificaciones jurídicas, los juicios de valor o las simples opiniones que los inspectores consignen en las actas y diligencias".

Ahora bien, un factor que hay que tener en cuenta es que la principal prueba de cargo que utilizará la CELAD, en el procedimiento sancionador, se ha obtenido incluso antes de la iniciación de las diligencias reservadas y, por supuesto, antes del acuerdo de iniciación del procedimiento sancionador. En este caso, según ha afirmado la sentencia del Tribunal Constitucional 56/1998, de 16 de marzo, se debe garantizar el derecho de defensa del acusado incorporando esa prueba al expediente y teniendo la oportunidad de rebatir su contenido, para lo que podrá solicitar las diligencias probatorias que estime convenientes para sustentar su contradicción.

4. Algunas cuestiones a tener en cuenta

Si la aplicación en España de las normas de la AMA puede generar problemas por su distinta naturaleza, unas privadas y otras públicas, especialmente en el ámbito sancionador que debe respetar ciertas garantías constitucionalmente protegidas, ese problema es todavía mayor cuando se trata de aplicar en España las normas del pasaporte biológico, aprobadas por la AMA.

Hay algunas cuestiones, ciertamente complejas, derivadas de la aplicación en España del programa del pasaporte biológico, algunas de ellas vamos a plantear a continuación.

Una de estas cuestiones es que el Modelo Adaptativo no es público y, al menos en dos ocasiones, el Tribunal Arbitral del Deporte lo ha denegado cuando el deportista lo ha solicitado como un medio de prueba en que basar su defensa.

En el laudo TAS 2014/A/3561&3614[94] afirmó que "Es importante señalar que, dada la relación entre el modelo adaptativo y el software del PBD (es decir, que el primero se asemeja a una fórmula y el segundo a una aplicación informática), la Formación considera innecesario poner a disposición el software PBD para evaluar la fiabilidad del modelo PBD". Según el tribunal arbitral, la deportista conocía los motivos en los que se basaba la acusación, conocía todos los documentos y observaciones presentados por las partes y pudo hacer observaciones al respecto, por lo que los resultados proporcionados por el software PBD constituyen simplemente pruebas que se valorarán teniendo en cuenta todos los argumentos y pruebas presentadas.

En el laudo, se afirmó que no procedía admitir la solicitud del deportista de conocer el Modelo Adaptativo por su falta de relevancia, "porque el modelo adaptativo (y el programa informático en el que se basa) es sólo un modelo estadístico que activa alertas que identifican perfiles anormales que merecen mayor atención y examen; no constituye en sí mismo una prueba de dopaje. De hecho ... el caso contra un deportista se basa en el examen por un grupo de expertos formado por tres miembros de los parámetros hematológicos del deportista (junto con otra información pertinente, como el paradero del deportista y el calendario de competiciones), datos a los que el deportista tiene acceso y que no dependen del Modelo Adaptativo. Además, el deportista tiene la opción de impugnar las conclusiones de la Formación y, en particular, explicar los valores supuestamente anormales".

Ahora bien, estas decisiones no solo son discutibles por privar al interesado de la posibilidad de demostrar que su rango de "anormalidad" está incorrectamente calculado y, por lo tanto, su pasaporte biológico debería haber sido considerado normal desde el primer momento, sino que también hay que tener en cuenta que esas decisiones no serían admisibles en un procedimiento administrativo sancionador.

Como afirma HUERGO[95], "Es muy frecuente que las Administraciones encargadas de perseguir el fraude o el incumplimiento de normas, utilicen, incluso sin que una norma lo prevea o autorice, aplicaciones que, analizando datos, ayuden a descubrir casos en los que se pueda estar cometiendo un fraude y sea conveniente iniciar un procedimiento. No solo

---

[94] Accesible en https://jurisprudence.tas-cas.org/Shared%20Documents/3561,%203614.pdf (último acceso: 8 de junio de 2022).

[95] HUERGO LORA, A., "Una aproximación a los algoritmos desde el derecho administrativo", *La regulación de los algoritmos* (Huergo Lora, A., Dir.), Thomson Reuters Aranzadi, Cizur Menor (Navarra), 2020, p. 34.

eso, sino que hay Leyes que prevén la utilización de este tipo de sistemas para detectar casos en los que pueda ser procedente la iniciación de un procedimiento". Ahora bien, según este mismo autor[96], "En la medida en que los algoritmos predictivos contribuyan a determinar el contenido de las decisiones administrativas, estarán sujetos al mismo tipo de control que la decisión administrativa en su conjunto … los modelos algorítmicos que sirven para determinar el contenido de la decisión administrativa pueden ser cuestionados por toda persona a la que dicha decisión afecte en sus derechos o intereses legítimos, o por cualquier otro legitimado para impugnarla (o por los órganos con funciones de control interno o externo). Un vicio o distorsión en el modelo provoca la disconformidad a derecho del acto o reglamento, exactamente igual que cualquier otro vicio".

Respecto a la opacidad de los algoritmos, este autor considera que "en la medida en que las predicciones algorítmicas produzcan efectos jurídicos por integrarse en la toma de decisiones administrativas, es obligatorio otorgar acceso a los algoritmos, pues en otro caso el control de la decisión administrativa será ineficaz. Como dice el Consejo Constitucional francés[97], cuando se interponga un recurso contencioso contra una decisión basada en la aplicación de un algoritmo, el juez puede pedir a la Administración que comunique las características de este".

A modo de ejemplo, la conocida sentencia del Tribunal de Distrito de La Haya[98] de 5 de febrero de 2020, conocida como sentencia SYRI, que declaró contrario al derecho a la vida privada, protegido por el artículo 8 del Convenio Europeo de Derechos Humanos, el instrumento tecnológico que se utilizaba por la Administración de los Países Bajos para seleccionar posibles casos de fraude, entre ellos el fraude fiscal, beneficios sociales o subsidios.

Comentando esta sentencia, COTINO[99] considera respecto al uso de inteligencia artificial en el sector público que "las obligaciones de transparencia, auditabilidad y explicabilidad del algoritmo derivan de derechos fundamentales como el derecho de acceso a la información, el debido proceso y las garantías judiciales y administrativas o el derecho a la protección de datos (acceso, transparencia y derecho específico del artículo 22 RGPD), el derecho a la buena Administración, así como principios como la interdicción de la arbitrariedad y la rendición de cuentas".

A este respecto hay que recordar la sentencia del Tribunal Europeo de Derechos Humanos (Gran Sala) de 4 de diciembre de 2008, caso S. y Marper c. Reino Unido, al afirmar que "la protección que ofrece el artículo 8 del Convenio se debilitaría de forma inaceptable si se autorizase a cualquier precio el uso de las técnicas científicas modernas en el sistema judicial penal, sin sopesar cuidadosamente los beneficios que pudieran resultar de un amplio recurso a estas técnicas, de un lado y de los intereses esenciales relacionados con la protección de la vida privada, de otro … El Tribunal considera que todo Estado que

---

[96] Ibidem, pp. 80-83.

[97] Decisión del Consejo Constitucional 2018-765 DC de 12 de junio de 2018, accesible en https://www.conseil-constitutionnel.fr/decision/2018/2018765DC.htm (último acceso: 12 de junio de 2022).

[98] ECLI:NL:RBDHA:2020:865

[99] Sobre esta sentencia, COTINO HUESO, L., "Syri, ¿a quién sanciono?" Garantías frente al uso de la inteligencia artificial y decisiones automatizadas en el sector público y la sentencia holandesa de febrero de 2020", *La Ley Privacidad*, núm. 4, 2020.

reivindique el rol de pionero en la evolución de nuevas tecnologías tiene la responsabilidad particular de hallar el equilibrio justo en la materia".

En este mismo sentido, VALERO[100] afirma que "En definitiva, se trata de apuntalar en enorme potencial de la tecnología como refuerzo para la efectividad de los principios del Estado democrático de derecho, sin que por ello se vea resentida la posición jurídica de los ciudadanos, desafío que resulta especialmente problemático en algunos ámbitos de la actuación de los poderes públicos."

El problema puede plantearse si el Modelo Adaptativo es de propiedad privada y la CELAD no ha previsto en la contratación de su uso el necesario respeto por los derechos que estamos viendo. Sobre esta cuestión VALERO afirma que "la falta de transparencia puede ser un problema de singular importancia debido al relevante liderazgo del sector privado en el desarrollo de aplicaciones basadas en el uso de algoritmos, lo que, además de reforzar la dependencia de las entidades privadas pudiera suponer un problema de cierta gravedad a la hora de negociar las condiciones contractuales. En todo caso, es preciso enfatizar que la decisión que deniegue el acceso no solo habrá de estar motivada, sino que, además, ha de ser proporcionada y ponderar por qué razón esos intereses han de prevalecer en el caso concreto; de modo que en dicho razonamiento habrán de atenderse de manera particular los problemas y dificultades específicos que plantea la inteligencia artificial, especialmente cuando se trate de derechos fundamentales". En este caso, estando en juego el derecho de defensa de los acusados de haber cometido una infracción de la LOCD, este derecho fundamental debe prevalecer sobre los intereses privados que pudiera alegar la entidad que ha desarrollado el algoritmo.

Sobre esta cuestión hay que tener en cuenta las sentencias del Tribunal Superior de Justicia de Aragón (2), de 5 de junio de 2012 cuando afirman que "Es claro según establece el art. 137 de la Ley 30/1992 que indica la sentencia apelada que puede constituir prueba los hechos constatados por funcionarios con condición de autoridad, formalizados en documento público y observando los requisitos legales pertinentes. Pero también lo es que cuando la apreciación técnica de un hecho ilícito depende de la lectura o apreciación de datos por aparatos técnicos es exigible un cumplimiento de los requisitos técnicos y de comprobación de la corrección de su funcionamiento, sopena de dar validez a mediciones erróneas. También es exigible un riguroso control del procedimiento llevado a cabo por los funcionarios".

A este respecto debemos mencionar el artículo 23 de la recientemente aprobada Ley 15/2022, de 12 de julio, integral para la igualdad de trato y la no discriminación, que establece:

> "1. En el marco de la Estrategia Nacional de Inteligencia Artificial, de la Carta de Derechos Digitales y de las iniciativas europeas en torno a la Inteligencia Artificial, las administraciones públicas favorecerán la puesta en marcha de mecanismos para que los algoritmos involucrados en la toma de decisiones que se utilicen en las administraciones públicas tengan en cuenta criterios de minimización de sesgos, transparencia y rendición de cuentas, siempre que sea factible técnicamente. En estos mecanismos se incluirán su diseño y datos de entrenamiento, y abordarán su

[100] VALERO TORRIJOS, J., "Las garantías jurídicas de la inteligencia artificial en la actividad administrativa desde la perspectiva de la buena administración", *Revista catalana de dret públic,*,núm. 58, 2019, pp. 82-96.

potencial impacto discriminatorio. Para lograr este fin, se promoverá la realización de evaluaciones de impacto que determinen el posible sesgo discriminatorio.

2. Las administraciones públicas, en el marco de sus competencias en el ámbito de los algoritmos involucrados en procesos de toma de decisiones, priorizarán la transparencia en el diseño y la implementación y la capacidad de interpretación de las decisiones adoptadas por los mismos.

3. Las administraciones públicas y las empresas promoverán el uso de una Inteligencia Artificial ética, confiable y respetuosa con los derechos fundamentales, siguiendo especialmente las recomendaciones de la Unión Europea en este sentido.

4. Se promoverá un sello de calidad de los algoritmos".

Como puede apreciarse, teniendo en cuenta que el algoritmo "Modelo Adaptativo" va a ser utilizado por la CELAD para la toma de decisiones, este precepto crea unas obligaciones que imperativamente deben ser tenidas en cuenta en la gestión del pasaporte biológico.

Otra cuestión a tener en cuenta es que el informe que se emita tras la evaluación del pasaporte biológico por la Unidad de Gestión del Pasaporte del Deportista, y que servirá para iniciar el procedimiento sancionador, contendrá una valoración de "probable dopaje" o, incluso, de "muy probable dopaje".

Como puede apreciarse, el informe en que se basará la acusación menciona la posible comisión de la infracción en términos probabilísticos, es decir, afirmando que es probable, o muy probable, que se haya cometido la infracción. Ahora bien, utilizando esos términos probabilísticos también puede afirmarse que es probable, incluso muy poco probable, que la infracción no se haya cometido.

En España, uno de los derechos del procedimiento administrativo sancionador es la presunción de inocencia. Como han afirmado las sentencias del Tribunal Supremo de 15 de junio de 1999 y de 15 de noviembre de 2004, "El derecho a la presunción de inocencia, según refiere el Tribunal Constitucional en la sentencia 174/2003, de 29 de septiembre, en su vertiente de regla de juicio opera, en el ámbito de la jurisdicción ordinaria, como el derecho del acusado o del presunto responsable a no sufrir una condena o sanción a menos que la culpabilidad haya quedado establecida más allá de toda duda razonable".

Por lo tanto, el procedimiento sancionador en casos de dopaje deberá resolverse valorando toda la prueba practicada de acuerdo con las reglas de la sana crítica, debiendo imponer una sanción únicamente cuando la culpabilidad del acusado quede establecida más allá de toda duda razonable.

La cuestión que planteamos a continuación es que en esos procedimientos sancionadores, cuando la prueba de la infracción sea el pasaporte biológico, es muy probable que entre las pruebas que se practiquen esté la aportación de los resultados analíticos obtenidos de los distintos controles de dopaje realizados a ese concreto deportista. Esos resultados analíticos demostrarán que en las muestras biológicas del deportista no se ha detectado ninguna sustancia prohibida porque, de haberse detectado, se habría iniciado el correspondiente procedimiento sancionador.

Pues bien, en esos casos, frente a la prueba indiciaria que es el pasaporte biológico, que tratará la infracción en términos probabilísticos, se alzarán los resultados de los análisis de dopaje que demostrarán que en las muestras biológicas de ese deportista no había el más mínimo rastro de sustancias prohibidas. Además, estos análisis de dopaje se aprovecharán de las presunciones establecidas en el artículo 39.3 de la LOCD: el laboratorio ha realizado los análisis conforme a la normativa aplicable y ha aplicado unos métodos analíticos científicamente válidos.

Aquí podrá entrar en juego otra de las garantías del principio administrativo sancionador, mencionada, entre otras, por la sentencia del Tribunal Supremo de 27 de junio de 1988, "La presunción de inocencia está entroncada con los principios del *«favor rei»* o *« favor delincuentis »* y de la regla *«in dubio pro reo»,* enunciados de benignidad que ya hacen acto de presencia en el Derecho Romano (Digesto 50.17, 35 y 155), mas sin confundirse con ellos por cuanto dicha presunción ha sido elaborada como un derecho a ser reconocido inocente en tanto no se cuente con unos elementos probatorios suficientemente significativos".

Aunque no sea una sentencia relacionada con el dopaje, hay que traer a colación la sentencia del Tribunal Superior de Justicia de Cataluña, de 28 de junio de 2001, que ante una prueba de alcohol en aire espirado, que superaba los umbrales permitidos, se realizó por parte de Instituto Nacional de Toxicología otra prueba de alcohol en sangre, que no superaba los valores permitidos. Según la sentencia "sin cuestionarse eficazmente por la Administración la realización y resultado de las pruebas de alcohol en sangre realizadas por personal técnico y especializado por razón de la materia, ineludiblemente el convencimiento debe recaer en su mayor fundamento, fidelidad, ajuste a la realidad y mayor fuerza de convicción lo que conlleva la estimación del recurso formulado por la parte actora. Y, todavía más, en el peor de los casos para la parte actora, ante la contradicción existente, bien se puede comprender que se ha generado la profunda duda de la infracción reglamentaria estimada por la Administración lo que en aplicación del Principio *«pro reo»* debe producir igualmente la estimación de la demanda formulada".

Para finalizar con estas cuestiones a tener en cuenta en relación con el pasaporte biológico, debemos mencionar el papel que desempeña la Unidad de Gestión del Pasaporte del Deportista[101] en la gestión, valoración y emisión de informes en los procedimientos sancionadores, incluidos los informes que emite a las alegaciones del deportista.

En este punto debemos mencionar la clara jurisprudencia del Tribunal Supremo, entre otras sus sentencias de 14 de septiembre de 2020 y de 7 de octubre de 2020, afirmando que "como regla general, la tramitación de los procedimientos sancionadores incoados por las Administraciones Públicas han de ser tramitados por el personal al servicio de tales administraciones sin que sea admisible que, con carácter general, de permanencia y de manera continua, pueda encomendarse funciones de auxilio material o de asistencia técnica a Entidades Públicas Empresariales, sin perjuicio de poder recurrir ocasionalmente y cuando la Administración careciera de los medios para ello, al auxilio de Entidades Públicas Empresariales, como medios propios de la Administración, a prestar dicho auxilio o asistencia".

La Resolución del Tribunal Administrativo del Deporte de 8 de febrero de 2019, Expediente 217/2018, puso en evidencia algunos de los problemas que surgen de la aplicación

[101] En España, la CELAD ha contratado los servicios de la Fundación IMIM que gestiona el laboratorio antidopaje de Barcelona para los años 2022 y 2023. Los anuncios de formalización de contratos pueden verse en https://www.boe.es/boe/dias/2022/01/04/pdfs/BOE-B-2022-444.pdf y en https://www.boe.es/boe/dias/2022/01/04/pdfs/BOE-B-2022-443.pdf. (último acceso: 6 de julio de 2022).

práctica del pasaporte biológico en España, con las garantías de nuestro Ordenamiento jurídico. A modo de ejemplo, vamos a reproducir una parte de esa resolución:

> "El procedimiento disciplinario se inició y la sanción se ha impuesto, por tanto, por una evaluación del pasaporte biológico del deportista por parte de un panel formado por tres expertos científicos independientes, los cuales han declarado, de forma unánime, que el perfil hematológico indica que "es altamente probable que usted haya usado una Sustancia y/o Método Prohibido y que no es probable que sea resultado de cualquier otra causa".
>
> Teniendo en cuenta el término utilizado en el informe, el hecho por el que se habría sancionado al deportista sería la alta probabilidad de uso de una sustancia o de un método prohibido, o de ambos y la no probabilidad de cualquier otra causa. Pero teniendo en cuenta, también, que la probabilidad de uso no está tipificada, podría concluirse que el hecho, primero imputado y, luego sancionado, es el uso de una sustancia o método prohibido o de ambos. Sin embargo, esta interpretación parece contradecirse en el fundamento cuarto, en la pagina 12 de la resolución, en la que expresamente se dice: "Lo que se imputa al deportista es haber utilizado, usado, consumido sustancia o métodos prohibidos".
>
> Debe concluirse, entonces, que lo que se imputó, y por lo que se ha sancionado al deportista, es por la utilización, uso o consumo de una sustancia o método prohibido. La resolución no concreta más allá de estos términos, que son precisamente los mismos que la Ley Orgánica utiliza en la tipificación de la infracción.
>
> La utilización de esta técnica de imputación de hechos es discutible, en la medida que no concreta ni en el espacio ni en el tiempo la producción de una determinada acción u omisión. Prueba de ello es que utiliza tres acciones (uso, utilización y consumo), referidas a dos medios de dopaje, las sustancias y los métodos prohibidos."

Como puede apreciarse, el hecho de que la LOCD contemple el pasaporte biológico como un medio de prueba no implica que su aplicación práctica sea una cuestión exenta de problemas, también de orden constitucional, al afectar a derechos constitucionales que deben ser protegidos por la Administración.

V. EL COMITÉ SANCIONADOR ANTIDOPAJE

El Capítulo III del Título II de la LOCD regula el Comité Sancionador Antidopaje, sus competencias y los recursos frente a sus decisiones. Este Capítulo contiene alguna de las principales novedades de la LOCD, como es la supresión del Tribunal Administrativo del Deporte como órgano revisor de última instancia en el ámbito administrativo.

1. El Comité Sancionador Antidopaje

En concordancia con el artículo 6.2 de la LOCD, el artículo 46 nos dice que el Comité Sancionador es un órgano colegiado adscrito a la CELAD. El Anexo[102] de la LOCD define este Comité como el "Órgano competente para resolver los expedientes sancionadores por

[102] Apartado 13.

infracciones de dopaje previstos en esta ley, de acuerdo con el artículo 47". Más adelante veremos que sus competencias exceden de lo previsto en el Anexo.

Como garantía en el ejercicio de sus competencias y para el cumplimiento de sus funciones, el Comité Sancionador Antidopaje actúa con plena independencia, sin que pueda recibir órdenes o instrucciones de ningún otro órgano o autoridad, ya sea de la propia CELAD o externo a ella.

La independencia es tanto institucional, es decir, "Los miembros de Comité Sancionador Antidopaje en fase de resolución de recursos tendrán plena independencia institucional de la organización antidopaje encargada de la gestión de los resultados, por lo que no deberán estar en modo alguno sometidos a su autoridad"[103], como operacional, es decir, "La instrucción de los procedimientos deberá ser llevada a cabo por personas no miembros del Comité Sancionador Antidopaje. Los miembros del Comité Sancionador Antidopaje llevarán a cabo los procesos de audiencia y resolución sin injerencias de la organización antidopaje o de terceros"[104].

El Comité Sancionador Antidopaje estará formado por siete vocales, todos ellos nombrados por acuerdo del Consejo Rector, a propuesta de la CELAD, cuatro serán elegidos entre juristas de reconocida competencia y prestigio profesional en el ámbito del derecho deportivo y tres entre profesionales del ámbito científico, médico o deportivo, con conocimientos específicos en materia de dopaje y reconocida trayectoria en su actividad profesional. Su composición deberá garantizar la presencia equilibrada de mujeres y hombres, salvo por razones fundadas y objetivas, debidamente motivadas, si bien esta previsión es superflua al estar regulada por el artículo 54 de la Ley Orgánica 3/2007, de 22 de marzo, para la igualdad efectiva de mujeres y hombres.

Sin duda, debe valorarse de manera positiva la incorporación de profesionales del ámbito médico a este Comité, teniendo en cuenta la trascendencia que tienen los aspectos médicos en muchos procedimientos sancionadores en esta materia. Por otro lado, deberían haberse evitados criterios tan sumamente indeterminadas como "profesionales del ámbito científico … o deportivo" o "reconocida trayectoria en su actividad profesional". No alcanza a comprenderse bien qué tipología de profesionales pueden incluirse según estos criterios o, dicho de otro modo, puede abarcar tan amplio número de profesionales que debería concretarse, al menos, su campo de conocimiento. A modo de ejemplo, un profesional del ámbito científico también investiga aspectos muy alejados de la medicina o el dopaje, como aquel que investiga sobre cómo mejorar la resistencia de los materiales de construcción de edificios o sobre la mejora de la capacidad de autonomía de los drones. Un profesional del ámbito deportivo es un socorrista de una piscina o un monitor de tenis.

También habría sido deseable una mayor concreción en lo que se refiere al nombramiento de los juristas, porque hablar de "reconocida competencia y prestigio profesional en el ámbito del derecho deportivo" genera bastante inseguridad, ¿quién y cómo califica a un jurista como de reconocida competencia y prestigio profesional? ¿quién es un profesional del derecho deportivo?[105]

---

103 Apartado 32 del Anexo de definiciones de la LOCD.

104 Apartado 33 del Anexo de definiciones de la LOCD.

105 El artículo L232-7-2 del Código de Deportes de la República Francesa regula la composición de la comisión de sanciones de la Agencia francesa de lucha contra el dopaje, estableciendo que estará compuesta por diez miembros:

En su composición, la LOCD sigue los criterios del Estándar Internacional de Gestión de Resultados de la AMA, en cuyo artículo 8.2 establece que "se establecerá un grupo más amplio de miembros del panel de audiencia, a partir del cual se designarán los paneles de audiencia para casos específicos. La designación del grupo debe hacerse con base en la experiencia antidopaje, incluida la experiencia legal, deportiva, médica y/o científica. Todos los miembros del grupo serán nombrados por un período no menor de dos (2) años (que puede ser renovable)".

El Presidente del Comité Sancionador Antidopaje será nombrado por el Consejo Rector, a propuesta y de entre los miembros del Comité. En casos de vacante, ausencia, enfermedad u otra causa legal, el Presidente será sustituido por el miembro de mayor antigüedad, y en caso de igual antigüedad, por el de mayor edad de entre ellos.

En el caso del Comité Sancionador Antidopaje, los vocales serán inamovibles durante el periodo de su mandato, que será de cuatro años, pudiendo ser reelegidos por un solo mandato. Su renovación se hará parcialmente cada dos años, sin que en ningún caso la duración del mandato pueda exceder del previsto de cuatro años. Cuando la renovación alcance al Presidente del Comité Sancionador Antidopaje, se seguirá el mismo procedimiento para designar un nuevo Presidente.

El Consejo Rector designará, a propuesta del Director de la CELAD, un Secretario, con voz, pero sin voto, entre funcionarios de carrera pertenecientes a un cuerpo del subgrupo A1, destinados en ésta[106]. Esta previsión debería haberse evitado, teniendo en cuenta que la presencia de un miembro de la CELAD en las reuniones y deliberaciones del Comité Sancionador Antidopaje puede poner en duda que el mismo actúe con plena independencia, por las posibilidades que existen de que ese Secretario pueda ejercer presión, directa o indirecta, sobre los miembros del Comité. La apariencia de independencia es fundamental para que se genere confianza en el Comité Sancionador Antidopaje, y la presencia de un miembro que forma parte de la CELAD generará esa desconfianza, especialmente porque en las reuniones y deliberaciones habrá un miembro dependiente del Director de la CELAD, que acordó iniciar el procedimiento sancionador y, además, legitimado para recurrir contra las resoluciones del citado Comité.

Ahora bien, la LOCD prevé un régimen de incompatibilidades, estableciendo que "No podrán ser designados miembros del Comité Sancionador Antidopaje quienes sean o hayan sido, durante los dos años anteriores a su nombramiento, miembros de los órganos de gobierno, de representación o complementarios de las federaciones deportivas españolas,

---

1º: Cuatro miembros de las jurisdicciones administrativa y judicial, dos de ellos miembros del Consejo de Estado, en el que al menos uno será consejero de Estado, designados por el vicepresidente del Consejo de Estado, y dos de ellos magistrados de la Corte de casación, en el que al menos uno será consejero, designados por el primer presidente de la Corte de casación.

Cuatro personas competentes en el ámbito de la farmacología, la toxicología y la medicina del deporte, designadas dos de ellas por el presidente de la Academia nacional de medicina y dos de ellas por el presidente de la Academia nacional de farmacia.

Dos personas designadas respectivamente por el presidente del Comité Olímpico Francés y el presidente del Comité Paralímpico Francés, en razón de su experiencia en materia de lucha contra el dopaje o de su experiencia jurídica o deportiva.

[106] La relación de puestos de funcionarios de la Agencia puede consultarse en https://transparencia.gob.es/transparencia/dam/jcr:1173ebd1-d965-4936-a2cb-3980d95c10d4/RPT-AEPSD-PF.pdf (último acceso: 12 de junio de 2022).

ligas profesionales o clubes deportivos; quienes hayan asesorado directa o indirectamente a éstas durante el mismo periodo, o quienes hayan prestado servicios profesionales a deportistas, y/o a cualquier persona jurídica, que participen en competiciones o actividades deportivas de carácter oficial"[107].

Contrasta el régimen de incompatibilidades para ser miembro del Comité Sancionador Antidopaje con la carencia de tal régimen para formar parte del Comité de Autorizaciones de Uso Terapéutico o para ser personal habilitado para la realización de controles de dopaje, cuando todos ellos pueden tener una incidencia directa en los distintos procesos de control de dopaje. Sin lugar a duda, debería establecerse un régimen de incompatibilidades para realizar esas otras tareas tan importantes en la lucha contra el dopaje.

Por otro lado, las causas de inelegibilidad deberían ser más concretas y haber tenido en cuenta la mundialización actual del deporte. Así, no alcanza a conocerse los órganos que deben incluirse dentro de los "complementarios de las federaciones españolas", y mucho menos las de los "clubes deportivos", o el alcance del "asesoramiento indirecto". Sin embargo, pueden ser designadas para formar parte de este Comité esas mismas personas si forman parte o asesoran a federaciones internacionales, si forman parte de un comité olímpico, sea internacional o nacional, o si es miembro del Tribunal Arbitral del Deporte.

La LOCD también prevé que los miembros del Comité Sancionador Antidopaje firmen una declaración de ausencia de conflictos de intereses relacionados con las competencias de dicho Comité, si bien esta previsión es superflua puesto que el artículo 19.3 de la LRJ-SP establece que "Los miembros del órgano colegiado no podrán ejercer estas funciones cuando concurra conflicto de interés".

El artículo 41.4 de la LOCD prevé las causas por las que los miembros del Comité Sancionador cesarán en el ejercicio de su cargo, que son las siguientes:

a) Por expiración de su mandato.

b) Por renuncia previamente comunicada al Presidente del Consejo Rector de la CELAD.

c) Por fallecimiento.

d) Por pérdida de la nacionalidad española.

e) Por incumplimiento grave de sus obligaciones, incluidas las infracciones graves a la legislación deportiva.

f) Por condena a pena privativa de libertad o de inhabilitación absoluta o especial para empleo o cargo público por razón de delito.

g) Por incapacidad sobrevenida para el ejercicio de su función.

h) Por incurrir en alguna de las causas que impiden el ejercicio de funciones públicas o en alguna de las causas de inelegibilidad o incompatibilidad como miembro del propio Comité Sancionador Antidopaje.

---

[107] El artículo L232-7-2 del Código de Deportes de la República Francesa regula las incompatibilidades para formar parte de la comisión de sanciones de la Agencia francesa de lucha contra el dopaje, estableciendo que "No puede ser nombrado miembro de la comisión de sanciones cualquier persona implicada en la gestión o las actividades de una federación internacional, una federación nacional, una organización responsable de grandes manifestaciones, un comité nacional olímpico, un comité nacional paralímpico, la Agencia nacional del deporte, del ministerio encargado del deporte o de uno de sus establecimientos".

La remoción por las causas previstas por cualquiera de las últimas cuatro causas deberá ser acordada por el Consejo Rector de la CELAD, tras la tramitación de un expediente contradictorio.

En el caso de que alguno de los miembros del Comité cese en su cargo, el Consejo Rector procederá a realizar una nueva designación y, en estos casos, la duración del mandato, sea de un vocal o del Presidente, no podrá exceder del tiempo que restare al del vocal sustituido.

Los miembros del Comité cuyo mandato hubiera expirado continuarán en el ejercicio de sus funciones hasta que tomen posesión de su cargo los vocales que hayan de sustituirles. Contraste esta previsión con la del apartado 3, vista anteriormente, que dice que en ningún caso la duración del mandato podrá exceder de cuatro años, u ocho si son reelegidos.

Finalmente, el artículo 46.5 de la LOCD prevé que "en defecto de lo previsto específicamente por la normativa reguladora del Comité Sancionador Antidopaje, será de aplicación lo dispuesto en materia de órganos colegiados por los artículos 15 y siguientes de la Ley 40/2015, de 1 de octubre".

2. Competencias del Comité Sancionador Antidopaje

El artículo 47 de la LOCD regula la competencia del Comité Sancionador Antidopaje para resolver los expedientes sancionadores por infracciones de dopaje previstas en la LOCD, cuya incoación acuerde el Director de la CELAD. En el ejercicio de sus competencias, actúa con plena independencia respecto de los demás órganos de la CELAD.

Ya dijimos anteriormente que esta independencia respecto de los demás órganos de la CELAD podrá verse truncada por la presencia en sus deliberaciones de un Secretario, que será un funcionario dependiente del Director de la CELAD que inició el procedimiento sancionador.

Además de resolver los procedimientos sancionadores tras la instrucción y la remisión de la propuesta de resolución y alegaciones del interesado, el Comité Sancionador Antidopaje conocerá del recurso administrativo especial que se plantee en determinados casos.

El recurso administrativo especial que prevé la LOCD tasa las resoluciones que pueden ser objeto del mismo. El apartado 2 del artículo 47 de la LOCD establece que ese recurso podrá interponerse contra las siguientes resoluciones:

a) Las dictadas por el instructor acordando el archivo de cualquier procedimiento sancionador seguido por infracción de las normas previstas en la LOCD, bien por motivos formales o por causas de fondo

Este precepto contempla el recurso contra cualquier resolución dictada por el instructor que ponga fin al procedimiento. El recurso cabrá tanto si el archivo es por causas formales o por motivos de fondo, como podría ser la prescripción de la infracción.

b) Las que acuerden o desestimen una suspensión provisional de las licencias federativas

Este caso se refiere a la medida provisional de licencia federativa prevista en el artículo 37.1 de la LOCD. Ahora bien, ese precepto prevé otras medidas provisionales que no se contemplan en este precepto. Esta previsión, que creemos que ha podido ser un nuevo error del legislador, lleva a instaurar dos tipos de recursos distintos en función de la medida provisional que se acuerde: si la medida provisional es la suspensión provisional de licencia federativa, se sigue el régimen que estamos comentando; si nos encontramos ante otra medida provisional, se seguiré el régimen general previsto en la LPACAP, según se prevé en la Disposición final cuarta de la LOCD.

c) Las relativas a las autorizaciones de uso terapéutico

Este es un supuesto en que la decisión adoptada no es de naturaleza sancionadora. Habría sido deseable una mayor precisión en la redacción de este precepto, porque si bien parece que podría referirse a aquellas decisiones que concedan o denieguen una autorización de uso terapéutico, al referirse a decisiones relativas a las autorizaciones de uso terapéutico también podrían incluirse a aquellas decisiones que aprecien la eximente prevista en el artículo 26.2.) de la LOCD, por estar en posesión de una autorización de uso terapéutico.

En este punto, si bien la Ley Orgánica 3/2013, en su versión original, fue mucho más precisa, al prever el recurso frente a las resoluciones "que contengan la denegación de las autorizaciones de uso terapéutico adoptadas conforme a la presente Ley", la redacción dada por la modificación de la ley mediante el Real Decreto-ley 3/2017 fue mucho más deficiente, y esa redacción es la que se ha mantenido en la LOCD.

d) Las decisiones de la CELAD de reconocer o no reconocer la decisión de otra organización antidopaje, de acuerdo con lo previsto en el artículo 30.2 de la LOCD

El Anexo de la LOCD nos permite conocer las organizaciones antidopaje que nos podemos encontrar: la Agencia Mundial Antidopaje, el Comité Olímpico Internacional, el Comité Paralímpico Internacional, organizaciones responsables de grandes eventos deportivos que realizan controles de dopaje en esos eventos, las federaciones internacionales y las organizaciones nacionales antidopaje, que son las entidades designadas por cada país como autoridad en la lucha contra el dopaje.

Ahora bien, el artículo 30.2 de la LOCD prevé el reconocimiento por parte de la CELAD de cualesquiera resoluciones dictadas por las autoridades antidopaje de otros Estados, por las federaciones o entidades internacionales competentes o por los tribunales arbitrales cuando actúen como instancia de apelación de las decisiones de las federaciones deportivas internacionales o de la AMA.

En este caso, el apartado que estamos comentando se refiere exclusivamente a las decisiones adoptadas por otras organizaciones antidopaje, lo que excluiría de este recurso especial las decisiones de reconocer los laudos arbitrales cuando actúen como instancia de apelación de las decisiones de las federaciones deportivas internacionales o de la AMA.

En ese caso, las decisiones de la CELAD de reconocer esos laudos podrían ser recurridos siguiendo el sistema de recursos previstos en la LPACAP, según se prevé en la Disposición final cuarta de la LOCD.

e) Las resoluciones que decidan sobre la suspensión de las sanciones impuestas, así como el reintegro o no reintegro de los periodos suspendidos, en los casos previstos en el artículo 34 de la LOCD

En este caso se está refiriendo a las decisiones adoptadas como consecuencia de la colaboración por parte de la persona acusada de haber incurrido en una infracción de las normas antidopaje, para ayudar a descubrir otras infracciones, sean de la LOCD, de delito de dopaje o de las normas profesionales cometidas por terceras personas.

f) Los actos de trámite dictados en los procedimientos anteriores, cuando decidan directa o indirectamente el fondo del asunto, determinen la imposibilidad de continuar el procedimiento o causen indefensión o perjuicio irreparable para los derechos e intereses legítimos de los afectados

Esta posibilidad está prevista en el artículo 112.1 de la LPACAP, si bien nuevamente habría sido deseable una mayor precisión en la redacción de este precepto. Cuando se refiere a los "procedimientos anteriores", ¿se está refiriendo a los procedimientos que se tramiten como un recurso administrativo especial de los regulados en el apartado 2 del artículo 47 de la LOCD o también a los procedimientos mencionados en el apartado 1 de ese artículo, es decir, frente a cualquier acto de trámite que reúna esos requisitos que se adopte dentro del procedimiento sancionador?

Por otro lado, Colomer[108] considera que el parámetro subjetivo a tener en cuenta, en relación con los actos de trámite que causen indefensión, es la persona imputada de la comisión de las normas antidopaje. En relación con el término "afectado", considera que debe hacerse una interpretación restrictiva del término, para considerar exclusivamente como afectado por el procedimiento al imputado de la comisión de la infracción antidopaje.

La legitimación para interponer el recurso especial ante el Comité Sancionador Antidopaje recae en cualquier persona que tenga la condición de interesado[109] conforme el artículo 4[110] de la LPACAP y, además, a las siguientes personas:

---

[108] COLOMER HERNÁNDEZ, I., "Cuestiones procesales relevantes en la Ley Orgánica de protección de la salud del deportista y lucha contra el dopaje en la actividad deportiva", *El dopaje en el deporte. Comentarios a la Ley Orgánica de protección de la salud del deportista y lucha contra el dopaje en la actividad deportiva* (Palomar Olmeda, A., Dir.), Dykinson, Madrid, 2013, p. 588.

[109] La sentencia de la Audiencia Nacional de 16 de diciembre de 2016 reconoció la legitimación de una federación deportiva de ámbito estatal para recurrir frente a las resoluciones del Tribunal Administrativo del Deporte en materia de dopaje.

[110] Este artículo establece: "1. Se consideran interesados en el procedimiento administrativo: a) Quienes lo promuevan como titulares de derechos o intereses legítimos individuales o colectivos. b) Los que, sin haber iniciado el procedimiento, tengan derechos que puedan resultar afectados por la decisión que en el mismo se adopte. c) Aquellos cuyos intereses legítimos, individuales o colectivos, puedan resultar afectados por la resolución y se personen en el procedimiento en tanto no haya recaído resolución definitiva. 2. Las asociaciones y

a) El deportista o sujeto afectado por la resolución.

b) La eventual parte contraria en la resolución o los perjudicados por la decisión.

c) La federación deportiva internacional correspondiente.

d) El Director de la CELAD.

e) La Agencia Mundial Antidopaje.

f) El COI o el Comité Paralímpico Internacional cuando la resolución afecte a los Juegos Olímpicos o Juegos Paralímpicos.

Es reiterativo mencionar al deportista o sujeto afectado por la resolución y a la eventual parte contraria o perjudicados por la decisión, porque todos ellos reúnen la condición de interesados regulada en el artículo 4 de la LPACAP.

Por otro lado, como afirma COLOMER[111], en esta LOCD también "es un paradigma de la deficiente técnica legislativa, de los errores y del despropósito que supone la norma como está configurada. Y es que no se debe perder de vista que se está reconociendo legitimación para recurrir al órgano administrativo que dicta la resolución objeto de recurso".

Todas las decisiones que se pueden recurrir siguiendo este recurso especial son adoptadas directamente por la propia CELAD o por su Director (las referidas a la suspensión provisional de licencia [art. 37], las de reconocer o no decisiones de otras organizaciones antidopaje [art. 31.2] y las referidas a la suspensión de las sanciones impuestas [art. 34.1]), bien por el instructor designado por el Director de la CELAD o por la CAUT que forma parte de la CELAD (art. 6.2 LOCD).

En relación con la legitimación de las organizaciones privadas extranjeras, Colomer[112] considera que la ley ha debido prever un régimen exorbitante para otorgar la legitimación *ex lege* a entidades que no podrían tener la condición de interesados[113], desnaturalizando con ello el procedimiento sancionador al reconocer una especie de *ius puniendi* a favor de entidades de derecho privado.

Sobre la legitimación del Comité Olímpico Internacional y el Comité Paralímpico Internacional, la técnica legislativa vuelve a ser muy deficiente por la inseguridad que genera el referirse a resoluciones que afectan a los Juegos Olímpicos o Paralímpicos. Si la duración de una autorización de uso terapéutico alcanzara al período de disputa de los Juegos Olímpicos o Paralímpicos, ¿afectaría esa resolución a esas competiciones?

Sobre esta cuestión hay que decir que la condición de interesado en el procedimiento ha debido ser valorada por la CELAD para remitir el acuerdo de iniciación del procedimiento sancionador, porque el artículo 38.1 de la LOCD exige la notificación de dicho acuerdo a

organizaciones representativas de intereses económicos y sociales serán titulares de intereses legítimos colectivos en los términos que la Ley reconozca".

[111] COLOMER HERNÁNDEZ, I., "Cuestiones procesales relevantes en la Ley Orgánica de protección de la salud del deportista y lucha contra el dopaje en la actividad deportiva", cit., nota al pie núm. 10, p. 577.

[112] Ibidem, pp. 578-579.

[113] Sobre esta cuestión, pueden consultarse la sentencia de la Audiencia Nacional de 19 de diciembre de 2013 y SARDINA CÁMARA, P., "La cuestionada legitimación de la AMA para recurrir una decisión federativa en materia de dopaje. A propósito de la sentencia del Juzgado Central de lo Contencioso-Administrativo Nº 3 de fecha 2 de noviembre de 2011", *Revista Aranzadi de Derecho de deporte y entretenimiento*, núm. 35, 2012, pp.: 267-275.

todos los interesados. Por lo tanto, aquella persona que no haya recibido esa notificación, a priori no tendrá la condición de interesado.

Por otro lado, se pone en evidencia, una vez más, la inconveniencia de nombrar un Secretario del Comité Sancionador Antidopaje que dependa orgánicamente del Director de la CELAD, cuando este Director puede ser parte recurrente, lo que minará la apariencia de independencia del Comité Sancionador Antidopaje.

En cuanto a las reglas del este procedimiento especial ante el Comité Sancionador antidopaje, el artículo 48 establece algunas normas:

a) El plazo para la interposición del recurso será de un mes si el acto fuera expreso. Si el acto no fuera expreso, podrá interponerse el recurso en cualquier momento a partir del día siguiente a aquél en que, de acuerdo con lo previsto en la LOCD, se produzca el acto presunto.

   A este respecto hay que tener en cuenta que el plazo para resolver sobre la solicitud de una autorización de uso terapéutico es de un mes desde que la solicitud haya tenido entrada en el Comité de Autorizaciones de Uso Terapéutico y transcurrido ese plazo sin resolución expresa, se considerará denegada.

   En el caso de las medidas provisionales, el plazo para resolver será de diez días desde que el interesado formule alegaciones a la propuesta de acuerdo de medidas provisionales.

   En los demás casos, o bien siempre debe existir una decisión sin que sean posibles los actos presuntos, o bien la LOCD no prevé plazos para resolver, por lo que será de aplicación los plazos previstos en el artículo 21.3 de la LPACAP.

b) Transcurridos dichos plazos sin haberse interpuesto el recurso, el acto devendrá consentido y firme.

   Este apartado únicamente puede referirse a los actos expresos, porque los actos que no sean expresos podrán recurrirse en cualquier momento, como se reconoce en el apartado anterior.

c) El plazo máximo para dictar y notificar la resolución del recurso será de un mes.

VI. LOS RECURSOS CONTRA LAS RESOLUCIONES DEL COMITÉ SANCIONADOR ANTIDOPAJE

El artículo 49 de la LOCD distingue entre las resoluciones del Comité Sancionador Antidopaje dictadas resolviendo el recurso especial visto en el apartado anterior, que ponen fin a la vía administrativa y contra las mismas únicamente cabrá recurso ante la jurisdicción contencioso-administrativa, de las resoluciones de dicho Comité dictadas al amparo del artículo 41 de la LOCD, "El procedimiento sancionador en materia de dopaje terminará mediante resolución del Comité Sancionador Antidopaje".

Las resoluciones sancionadoras del Comité Sancionador Antidopaje son inmediatamente ejecutivas, ponen fin a la vía administrativa y podrán ser recurridas directamente ante la jurisdicción contencioso-administrativa, si bien se podrá interponer recurso potestativo de reposición ante el mismo Comité y en los términos dispuestos por los artículos 123 y 124 de la LPACAP.

Los recursos administrativos y contencioso-administrativos son algunas de las materias que más cambios han sufrido en relación con la legislación vigente hasta la aprobación de la LOCD. Uno de los principales cambios ha sido la supresión del Tribunal Administrativo del Deporte como órgano que conocía los recursos frente a las resoluciones de la Agencia Española de Protección de la Salud en el Deporte en materia de dopaje. La LOCD configura una instancia única administrativa, el Comité Sancionador Antidopaje, cuyas resoluciones agotan la vía administrativa.

Ahora bien, la supresión en este ámbito del recurso ante el Tribunal Administrativo del Deporte tiene otras connotaciones que restan seguridad jurídica a una materia consolidada y que no era objeto de discusión. A este respecto, lo primero que debemos señalar es que la LOCD no ha modificado la Ley 29/1998, de 13 de julio, reguladora de la Jurisdicción Contencioso-administrativa.

Según el artículo 9.1.f) de la Ley 29/1998, los Juzgados Centrales de lo Contencioso-administrativo conocen en única o primera instancia, de las resoluciones que, en vía de fiscalización, sean dictadas por el Tribunal Administrativo del Deporte en materia de disciplina deportiva. La cuestión es que el Tribunal Administrativo del Deporte carece de competencias en materia de dopaje, por lo que la competencia de los Juzgados Centrales de lo Contencioso-administrativo en este ámbito ya no podrá ampararse en ese artículo.

La duda que cabe es si la competencia de los Juzgados Centrales de los Contencioso-Administrativo podrá ampararse en el artículo 9.1.c) de la Ley 29/1998, por considerarse "actos emanados de los organismos públicos con personalidad jurídica propia y entidades pertenecientes al sector público estatal con competencia en todo el territorio nacional" o, por el contrario, será aplicable el artículo 10.1.m) de esa Ley, que otorgar la competencia a las Salas de lo Contencioso-Administrativo de los Tribunales Superiores de Justicia en "Cualesquiera otras actuaciones administrativas no atribuidas expresamente a la competencia de otros órganos de este orden jurisdiccional".

La CELAD es un organismo de los previstos en el artículo 84.1.3 de la LRJSP, que contempla a las agencias estatales como una entidad integrada en el sector público institucional estatal, concretamente entre los organismos públicos vinculados o dependientes de la Administración General del Estado con competencia en todo el territorio nacional, por lo que parece defendible que la competencia recae en los Juzgados Centrales de lo Contencioso-administrativo.

El plazo para recurrir será de dos meses contados desde el día siguiente al de la notificación de la resolución del Comité Sancionador Antidopaje, según se establece en el artículo 46 de la Ley 29/1998.

La legitimación para formular recurso contencioso-administrativo contra las resoluciones del Comité Sancionador Antidopaje recae en las mismas personas y entidades mencionadas en el artículo 47 en relación con el recurso administrativo especial.

Debemos recordar en este punto lo comentado anteriormente en relación con las entidades con legitimación para recurrir. La duda que se plantea es si estas entidades pueden formular recursos contra las resoluciones que resulten absolutorias. Esa posibilidad estaba expresamente prevista en el artículo 40.1.a) de la Ley Orgánica 3/2013, lo que llevó a COLOMER[114] a criticar esa posibilidad que "implica una involución en el sistema de garantías del procedimiento sancionador al reconocer la legitimación exorbitante a favor de instituciones privadas no afectadas por la resolución y que pueden recurrir in peius en perjuicio del deportista, lo que plantea serias dudas sobre su engarce constitucional, en particular por contravenir la doctrina del Tribunal Supremo en este punto".

Fruto de la deficiente técnica legislativa, la LOCD no ha derogado el artículo 19.5 de la Ley de la Jurisdicción Contencioso-Administrativa, que establece: "Tendrán legitimación para recurrir ante el orden jurisdiccional contencioso-administrativo las resoluciones del Tribunal Administrativo del Deporte que se dicten en asuntos de disciplina deportiva en materia de dopaje, todas las personas mencionadas en el artículo 40.4 de la Ley Orgánica de Protección de la Salud del Deportista y Lucha contra el Dopaje en la Actividad Deportiva".

Por lo tanto, nos encontramos con que el artículo 19.5 de la Ley 29/1998 ha quedado totalmente vacío de contenido, y la legitimación para recurrir ante la jurisdicción contencioso-administrativa ahora no se regula en la Ley reguladora de esa jurisdicción, sino en el artículo 49.3 de la LOCD.

Ahora bien, el artículo 49 de la LOCD prevé un régimen alternativo de recursos a la vía jurisdiccional[115]. En primer lugar, respecto de las resoluciones sancionadoras del Comité Sancionador Antidopaje dictadas en relación con deportistas calificados oficialmente como de nivel internacional, o a las que se dicten en el marco de una competición internacional, también podrán ser recurridas, alternativamente, ante el órgano y con arreglo al sistema de resolución de conflictos contemplado en la normativa prevista en el CMA o, en su caso, en la de la correspondiente federación internacional.

Este artículo también prevé que cualesquiera resoluciones sancionadoras del Comité Sancionador Antidopaje podrán ser recurridas, asimismo, por la AMA, por la correspondiente federación deportiva internacional y por el Comité Olímpico Internacional o el Comité Paralímpico Internacional, ante el órgano y con arreglo al sistema de resolución de conflictos previsto en sus respectivas normativas reguladoras.

Tenemos que recordar la vinculación de los Comités Olímpico y Paralímpico Internacionales y las federaciones internacionales al CMA. Como ha afirmado el Tribunal Arbitral del Deporte en su laudo laudo CAS 2011/O/2422, USOC v. CIO[116], "El Código WADA ni es una ley ni un tratado internacional. Más bien es un instrumento contractual obligatorio para los que lo firman de acuerdo con el derecho internacional privado". En la opinión del Tribunal Arbitral del Deporte CAS 2005/C/976 & 986, FIFA & WADA[117], afirmó que "El Código Mundial Antidopaje no es por sí mismo legalmente obligatorio. Los firmantes del Código Mundial Antidopaje están obligados para implementar las disposiciones aplicables

[114] COLOMER HERNÁNDEZ, I., "Cuestiones procesales relevantes en la Ley Orgánica de protección de la salud del deportista y lucha contra el dopaje en la actividad deportiva", cit., p. 580.

[115] El artículo 40.6 de la Ley Orgánica 3/2013 ya preveía un sistema similar al establecer que "Sin perjuicio de lo dispuesto en el apartado anterior, las resoluciones que en él se refieren podrán ser recurridas por la Agencia Mundial Antidopaje, las correspondiente Federación deportiva internacional y el Comité Olímpico Internacional o el Comité Paralímpico Internacional ante el órgano y con arreglo al sistema de resolución de conflictos previsto en sus respectivas normativas reguladoras".

[116] Accesible en https://jurisprudence.tas-cas.org/Shared%20Documents/2422.pdf (último acceso: 12 de junio de 2022).

[117] Accesible en https://www.wada-ama.org/sites/default/files/resources/files/CAS_Opinion_FIFA.pdf (último acceso: 12 de junio de 2022).

a través de sus decisiones, estatutos, reglamentos o regulaciones en función de su autoridad y dentro de sus respectivos ámbitos de autoridad".

Esto implica que todas las organizaciones privadas mencionadas en los apartados 4 y 5 del artículo 49 de la LOCD deben respetar e implementar en sus respectivas normativas el órgano y el sistema de resolución de conflictos previstos en el CMA[118]. Pues bien, como afirma el CMA en el comentario al artículo 13, "El objeto de este Código es que las cuestiones antidopaje se resuelvan por medio de procesos internos justos y transparentes, sobre cuya decisión pueda recaer una resolución firme". El órgano de recurso que prevé el artículo 13 del CMA es el Tribunal Arbitral del Deporte, por lo que el sistema de resolución de conflictos es el arbitraje, con exclusión del acceso a la jurisdicción ordinaria.

Esta obligación de recurrir ante el Tribunal Arbitral del Deporte implica que sus laudos únicamente podrán ser recurridos ante el Tribunal Federal Suizo que no podrá entrar a conocer sobre el fondo del asunto, por lo tanto, no podrá entrar a conocer sobre la aplicación incorrecta del derecho o la arbitrariedad del tribunal arbitral[119], es decir, el control judicial sobre el laudo se limita a las garantías formales o aspectos meramente externos, sin alcanzar al fondo del asunto sometido a la decisión arbitral.

Esta posibilidad de recurrir ante el órgano y con arreglo al sistema de resolución de conflictos previsto en los reglamentos de las citadas entidades privadas extranjeras es rigurosamente inconstitucional, como afirmó el Consejo de Estado en su dictamen 135/2021, "La defectuosa formulación legal examinada puede derivar en el desapoderamiento de la jurisdicción contencioso-administrativa para el enjuiciamiento de la actividad de una entidad pública española, como es la reiterada Agencia, desapoderamiento que ofrece serias dudas de encaje con el mandato del artículo 106 de la Constitución".

El artículo 106.1 de la Constitución establece que "Los Tribunales controlan la potestad reglamentaria y la legalidad de la actuación administrativa, así como el sometimiento de ésta a los fines que la justifican". La interpretación del Tribunal Constitucional queda expuesta, entre otras, en la sentencia 140/2016, de 21 de julio, afirmando que "La Justicia administrativa debe conectarse a su vez con los pronunciamientos que ha hecho este Tribunal en cuanto a la necesidad de preservar la eficacia del mandato constitucional del art. 106.1 CE, garantizando el control judicial de la actividad administrativa, con sujeción plena de ésta a la ley y al Derecho (artículo 103 CE), sin permitir zonas de inmunidad de jurisdicción. Así lo recuerda la STC 20/2012, de 16 de febrero, FJ 4; con cita de las SSTC 294/1994, de 7 de noviembre, FJ 3; y 177/2011, de 8 de noviembre, FJ 3; pudiendo destacarse también ahora, en este mismo sentido, las SSTC 219/2004, de 29 de noviembre, FJ 6; 17/2009, de 26 de enero, FJ 5; 203/2013, de 5 de diciembre, FJ 8, y 52/2014, de 10 de abril, FJ 2. En esta última se precisa que los criterios para el enjuiciamiento constitucional de aquellas normas que regulan el acceso a la jurisdicción (criterios tales como el reconocimiento de la libertad inicial del legislador para establecer límites a su ejercicio, siempre que estos resulten constitucionalmente válidos en función de los derechos, bienes o intereses protegidos y su proporcionalidad), "deben operar de forma más incisiva en los

---

[118] Según se prevé en el artículo 23.2.2 del Código Mundial Antidopaje, el artículo 13 del Código, que regula los recursos, es obligatorio para los firmantes del mismo, con algunas excepciones que no afectan a lo que estamos comentando.

[119] Sobre esta cuestión, LIÉBANA ORTIZ, J.R., *Justicia deportiva internacional. El procedimiento ante el Tribunal de Arbitraje Deportivo,* Atelier, Barcelona, 2021, pp. 259-270

supuestos, como el presente, en que el acceso a la justicia sirve para asegurar el control judicial de la actividad administrativa"".

Es evidente que la posibilidad de recurrir ante el Tribunal Arbitral del Deporte las resoluciones del Comité Sancionador Antidopaje, que están sometidas al derecho administrativo, crea una zona de inmunidad de jurisdicción puesto que los Tribunales españoles no tendrán la posibilidad de revisar la legalidad de las resoluciones del Comité Sancionador Antidopaje.

Por otro lado, los preceptos comentados están creando una obligación legal de someterse a arbitraje, lo que es contrario al derecho a la tutela judicial efectiva protegido por el artículo 24 de la Constitución. En primer lugar, nuestro Tribunal Constitucional ha afirmado, entre otras en su sentencia 1/2018, de 11 de enero, que "el arbitraje obligatorio no resulta conforme al derecho a la tutela judicial efectiva cuando el control judicial sobre el laudo previsto en la ley se limita a las garantías formales o aspectos meramente externos, sin alcanzar al fondo del asunto sometido a la decisión arbitral". En este caso concreto, ya hemos visto que los laudos del Tribunal Arbitral del Deporte no serán revisados por órganos judiciales con pleno conocimiento sobre los hechos y el derecho aplicado, sino que la revisión judicial se limitará a las garantías formales o aspectos meramente externos.

Por otro lado, el arbitraje se llevará a cabo incluso ante la ausencia del consentimiento por parte del deportista[120]. Esta cuestión fue analizada por el Tribunal Arbitral del Deporte en su laudo CAS 2019/A/6226[121], AMA c. AEPSAD & I.S.Z., afirmando que "El artículo R47 del Código TAS establece explícitamente que, en el contexto deportivo, el consentimiento para arbitrar puede basarse en una cláusula de arbitraje contenida en las normas aplicables. Una cláusula de arbitraje puede ser incorporada y aceptada por referencia; no es necesario que se incorpore plenamente en las normas o reglamentos aplicables. Las normas o reglamentos aplicables –en este caso, la Ley Orgánica 3/2013 de 20 de junio, de protección de la salud del deportista y lucha contra el dopaje en la actividad deportiva, modificada por el Real Decreto-Ley 3/2017 de 17 de febrero, que se adapta a las modificaciones introducidas por el Código Mundial Antidopaje de 2015 (normativa española antidopaje) contiene una cláusula de arbitraje del TAS que incorpora por referencia la cláusula de arbitraje contenida en el Código Mundial Antidopaje (CMA). A este respecto, el artículo 40.6 de la LO 3/2013 otorga a la AMA el derecho a recurrir las resoluciones del Tribunal Administrativo del Deporte (TAD) ante el TAS y el artículo 13.2.3 del CMA establece claramente que en los casos en que se adopte una resolución por una instancia de apelación de ámbito nacional (como el TAD), la AMA tiene derecho a recurrir ante el CAS. El deportista dio su consentimiento al artículo 40.6 de la LO 3/2013 y al incorporado artículo 13.2.3 del CMA cuando solicitó y obtuvo una licencia para competir a nivel nacional".

Sin embargo, olvida este laudo lo afirmado tanto por el Tribunal Europeo de Derechos Humanos como por el Tribunal Supremo en relación con el consentimiento a arbitraje de los deportistas. El Tribunal Europeo de Derechos Humanos en su sentencia de 2 de octubre

---

[120] Esta cuestión ya fue mencionada por COLOMER HERNÁNDEZ, I., "Cuestiones procesales relevantes en la Ley Orgánica de protección de la salud del deportista y lucha contra el dopaje en la actividad deportiva", cit., p. 602.

[121] Accesible en https://jurisprudence.tas-cas.org/Shared%20Documents/6226.pdf#search=Ibai%20Salas (último acceso : 12 de junio de 2022).

de 2018, casos Pechstein y Mutu c. Suiza, ya afirmó que las restricciones que implican la no aceptación de la cláusula de arbitraje en la vida profesional de los deportistas suponen que esa cláusula no sea aceptada de una manera libre e inequívoca.

Por su parte, la sentencia de la Sala de lo Contencioso-Administrativo del Tribunal Supremo, de 11 de diciembre de 2012, también afirmó que "En el presente caso no consta que el recurrente haya prestado libremente su consentimiento a la sumisión al TAS, pues no se puede considerar que se ha otorgado libremente dicho compromiso si se exige como requisito sine qua non para ejercer su profesión, estando la cláusula compromisoria incluida en un documento de adhesión (la licencia federativa)".

En este sentido, como ha afirmado la sentencia del Tribunal Constitucional 54/1989, de 23 de febrero, "como señaló la STC 43/1986, aunque los derechos fundamentales y libertades públicas que garantiza la Constitución sólo alcanza plena eficacia allí donde se ejerce la soberanía española, nuestras autoridades públicas, incluidos los Jueces y Tribunales, no pueden reconocer ni recibir resoluciones dictadas por autoridades extranjeras (incluidas también las judiciales) que supongan vulneración de aquellos derechos y libertades públicos. El orden público del foro ha adquirido así un contenido peculiar impregnado por las exigencias de la Constitución y, en particular, para lo que aquí interesa, por las que impone su art. 24".

Esta protección de las garantías del artículo 24 de la Constitución cuando nuestras autoridades pretendan reconocer una decisión extranjera implica que, en caso de un laudo arbitral, se deba verificar si el arbitraje contaba con el consentimiento válido de las partes. En este sentido, la sentencia de la Sala de lo Civil y Penal del Tribunal Superior de Justicia del País Vasco, de 7 de noviembre de 2018 ha afirmado que "se ha de tratar de una violación manifiesta de una norma considerada esencial o de un derecho reconocido como fundamental por el ordenamiento del Estado receptor –sentencias as. C-7/98 y C-38/98–.; deduciéndose de la jurisprudencia del TEDH (ver sentencia de 13 de febrero de 2001, (Asunto 29731/96), conocido como caso Krombach c. Bamberki, estimando la violación del artículo 6.1, en relación con el artículo 6.3, del Convenio Europeo para la protección de los Derechos Humanos y de las Libertades Fundamentales), que la valoración de la voluntad inequívoca como prueba del consentimiento es una cuestión de orden público".

La cuestión se complica porque estos laudos del Tribunal Arbitral del Deporte se deberían reconocer según lo establecido en el Título V de la Ley 29/2015, de 30 de julio, de cooperación jurídica internacional en materia civil y de las demás normas internacionales aplicables en España, según se establece en el artículo 30.8 de la LOCD. Entre estas normas internacionales se encuentra el Convenio de Nueva York sobre el reconocimiento y ejecución de sentencias arbitrales extranjeras.

Según el anteriormente mencionado Auto de la Sala de lo Civil y Penal del Tribunal Superior de Justicia de Cataluña, de 22 de marzo de 2021, que ha afirmado "Las normas referidas a los exequátur de sentencias judiciales extranjeras contenidas en la LCJI no son todas de aplicación al exequátur de los laudos extranjeros. No lo son las que establecen los documentos que han de ser presentados junto con la demanda ni tampoco las causas de oposición en tanto que ambos supuestos se hallan regulados en el Convenio de Nueva York, norma de rango preferente como hemos expuesto (ATSJMu 12 de abril de 2019) … La competencia para el conocimiento y resolución del exequátur ha quedado residenciada, tras la promulgación de la LO. 5/2011, de 20 de mayo, complementaria a la Ley 11/2011, de 20 de mayo, de reforma de la Ley 60/2003, de 23 de diciembre, de Arbitraje (art. 8) en las Salas civiles y penales de los Tribunales Superiores de Justicia y se sustanciará según el procedimiento establecido en el ordenamiento procesal civil español.

En la actualidad, derogada definitivamente la Lec de 1881, deberá estarse al procedimiento establecido en el art. 54 de la LCJI, si bien adaptado como se ha dicho a las normas del CNY en cuanto a los documentos que deben acompañarse con la demanda, los motivos de oposición y las normas sobre la carga de la prueba".

Los motivos de oposición al reconocimiento del laudo extranjero se contienen en el artículo V del Convenio de Nueva York y, entre todas las causas previstas, vamos a destacar las siguientes:

1.- Que según la ley donde se pide el reconocimiento del laudo, en este caso España, el objeto de la diferencia no es susceptible de solución por vía de arbitraje. Un principio fundamental del arbitraje es que únicamente es posible sobre aquellas materias de libre disposición para las partes.

El artículo 87 de la Ley 10/1990, de 15 de octubre, del Deporte, prevé la posibilidad de resolver litigios de naturaleza deportiva mediante la aplicación de fórmulas específicas de conciliación y arbitraje. Sin embargo, el artículo 34 del Real Decreto 1835/1991, de 20 de diciembre, sobre Federaciones deportivas españolas, establece: "No podrán ser objeto de conciliación o arbitraje las siguientes cuestiones: b) Aquellas que se relacionen con el control de las sustancias y métodos prohibidos en el deporte y seguridad en la práctica deportiva".

En este sentido, la sentencia del Tribunal Supremo de 25 de abril de 2017 ha afirmado que "la posibilidad de establecer un arbitraje en cuestiones de Derecho público no está permitido ya que el art. 1 de la Ley de Arbitraje de 1988 excluye de su ámbito las materias que no sean de libre disposición, como son las normas públicas imperativas o de carácter irrenunciable. Quedan, por ello, fuera de la posibilidad de sumisión a arbitraje aquellas normas relativas a funciones públicas de carácter administrativo ejercidas por las Federaciones, tales como las disciplinarias, el dopaje".

Como puede apreciarse, parece que nos encontramos ante uno de los supuestos que impediría reconocer en España los laudos que dicte el Tribunal Arbitral del Deporte en casos de dopaje, al no permitir nuestra legislación el arbitraje en materia de dopaje.

2.- Que el reconocimiento o la ejecución del laudo arbitral sean contrarios al orden público de ese país. Ya hemos visto la importancia del consentimiento al arbitraje, por afectar al derecho a la tutela judicial efectiva protegida por el artículo 24 de nuestra Constitución. Así, se ha considerado que la validez del consentimiento al arbitraje forma parte del orden público español.

También hemos visto la opinión del Tribunal Arbitral del Deporte en relación con el consentimiento de los deportistas a someterse a arbitraje, afirmando que el mero hecho de solicitar una licencia federativa implica el sometimiento a arbitraje previsto en las reglas federativas.

Sin embargo, la opinión del Tribunal Arbitral del Deporte se ve contradicha no solo por las citadas sentencias del Tribunal Europeo de Derechos Humanos y del Tribunal Supremo, sino también por la propia legislación española.

Según el artículo 88.2 de la Ley 10/1990, de 15 de octubre, del Deporte, los sistemas de conciliación o arbitraje debe preverse en los estatutos de los Clubes deportivos, Federaciones deportivas españolas y Ligas profesionales. Entre los requisitos que deben figurar en los estatutos están el método de manifestar la inequívoca voluntad de sumisión de los interesados a dicho sistema, las materias, causas y requisitos de aplicación de las fórmulas de conciliación o arbitraje, el organismo o personas encargadas de resolver o decidir las cuestiones sometidas a arbitraje y el procedimiento aplicable al arbitraje.

El artículo 35 del Real Decreto 1835/1991, de 20 de diciembre, sobre Federaciones deportivas españolas, especifica cómo debe otorgarse el consentimiento a arbitraje, estableciendo lo siguiente:

> "a) El método de manifestar la inequívoca voluntad de sumisión a dicho sistema será la suscripción por las partes de un convenio arbitral, en el que se exprese la renuncia a la vía judicial y la intención de las mismas de someter la solución de la cuestión litigiosa a la decisión de uno o más árbitros, así como la obligación de cumplir tal decisión.
> b) El convenio arbitral deberá formalizarse por escrito".

Por lo tanto, en contra de lo afirmado por el Tribunal Arbitral del Deporte, el consentimiento a arbitraje no puede ampararse en la solicitud de licencia, porque esa solicitud no cumple con estos requisitos impuestos por nuestra legislación. En estas condiciones, ese consentimiento no sería válido y el laudo no debería reconocerse por vulnerar el orden público español, al dictarse con violación del artículo 24 de la Constitución.

Y aquí enlazamos con otra de las causas de denegación del reconocimiento de los laudos arbitrales extranjeros, como es que el acuerdo de sumisión a arbitraje no sea válido de acuerdo con la ley a que las partes lo han sometido. En este caso, el sometimiento a arbitraje únicamente está sometido a la ley española porque se ampara en la vinculación a una Federación deportiva española establecida con la licencia federativa. Es evidente que el consentimiento basado únicamente en la solicitud de licencia contraviene la legislación española y, por lo tanto, impide el reconocimiento en España del laudo dictado por el Tribunal Arbitral del Deporte en esta materia.

Por último, el apartado 6 del artículo 49 de la LOCD establece que "Cuando la Agencia Estatal Comisión Española para la Lucha Antidopaje en el Deporte ejerciera competencias sancionadoras delegadas por otras organizaciones o entidades nacionales o internacionales antidopaje en virtud de acuerdo, convenio o memorando, el régimen de los recursos contra las resoluciones dictadas por el Comité Sancionador Antidopaje quedará sometido a lo establecido a tal efecto en el acuerdo, convenio o memorando y, en su caso, en la normativa propia de la entidad u organización delegante".

Como vimos al comentar el artículo 35 de la LOCD, la vertiente competencial del principio de legalidad, previsto en el artículo 25.2 de la LRJSP, prevé que el ejercicio de la potestad sancionadora corresponde a los órganos administrativos que la tengan expresamente atribuida, por disposición de rango legal o reglamentario. Por lo tanto, la delegación a que se refiere este artículo parece referirse a entidades de derecho privado.

Para poder admitir este tipo de delegaciones, esa posibilidad debería estar prevista en los estatutos de la CELAD. En cualquier caso, sería muy discutible que la CELAD pudiera ejercer este tipo de competencias delegadas de un privado salvo que se efectúe a cambio de un precio.

CAPÍTULO V. CONTROL Y SUPERVISIÓN GENERAL DE LOS PRODUCTOS SUSCEPTIBLES DE PRODUCIR DOPAJE EN EL DEPORTE

Sumario: I. ANTECEDENTES DE LA REGULACIÓN Y ADMINISTRACIONES IMPLICADAS. LA COOPERACIÓN INTERADMINISTRATIVA. II. MEDIDAS DE CONTROL Y SUPERVISIÓN DE PRODUCTOS, MEDICAMENTOS Y COMPLEMENTOS NUTRICIONALES. 1. Obligación de declaración de los productos susceptibles de producir dopaje en el deporte. 2. Información sobre la comercialización de determinados productos. 3. La novedosa potestad de inspección. 3.1. Aspectos generales. Caracterización. 3.2. Los inspectores y sus funciones. 3.3. Especial referencia a la inspección de botiquines "deportivos", locales y otros elementos. 3.4. Una breve referencia a la potestad sancionadora en otros ámbitos. 4. El decomiso. III. CONDICIONES DE UTILIZACIÓN DE LOS PRODUCTOS SUSCEPTIBLES DE PRODUCIR DOPAJE EN EL DEPORTE. 1. Aspectos generales de la regulación. 2. Comercialización y utilización de productos alimenticios. 3. Prohibiciones específicas a la comercialización, en establecimientos dedicados a actividades deportivas, de determinados productos que contengan sustancias prohibidas en el deporte por ser susceptibles de producir dopaje. 4. Publicidad y venta a través de sistemas electrónicos.

I. ANTECEDENTES DE LA REGULACIÓN Y ADMINISTRACIONES IMPLICADAS. LA COOPERACION INTERADMINISTRATIVA

En la lucha contra el dopaje, desde los inicios de la primera norma aprobada en nuestro país que trata de modo integral la lucha contra el dopaje, la Ley Orgánica 7/2006, además del control y la represión del uso de sustancias y métodos prohibidos hay otro aspecto de esa lucha que es el de la prevención, esto es, adoptar medidas en relación con los productos que pueden ocasionar dopaje, y que se encuentran principalmente en medicamentos y, también, en determinados alimentos y suplementos nutricionales.

Este aspecto es imprescindible de abordar si se quiere llevar a cabo una política integral de lucha contra el dopaje, lo que requiere de mecanismo de colaboración y coordinación con distintos organismos y Administraciones que ejercen responsabilidades públicas en los ámbitos sanitarios, farmacológico y alimenticio.

A esta cuestión ya se refería el Proyecto del Plan de Lucha Contra el Dopaje en el Deporte de 11 de febrero de 2005[122], cuyas cincuenta y nueve medidas se concretaron en la aprobación de la indicada Ley Orgánica 7/2006. En concreto, se hacía referencia a

[122] Disponible en: http://iusport.es/leg-esp/dopaje/20050211-Proyecto-Plan-de-Lucha-contra-Dopaje.pdf (último acceso: 12 de junio de 2022).

investigar y perseguir la venta ilegal de productos no autorizados[123], a la trazabilidad de medicamentos con sustancias prohibidas en el deporte o susceptibles de ser usados como dopaje[124], o al control e inspección de complementos dietéticos[125], lo que requiere de la cooperación con los organismos competentes en los indicados ámbitos.

Todo ello se concretó en el Título III de la Ley Orgánica 7/2006, bajo la rúbrica "De las medidas de control y supervisión de productos, medicamentos y complementos nutricionales, que contengan sustancias prohibidas en la actividad deportiva", cuyo Capítulo I se ocupaba "Del control de los productos susceptibles de producir dopaje en la actividad deportiva" (artículos 37 a 40) y el II "De las condiciones de utilización de los productos susceptibles de producir dopaje en la actividad deportiva" (artículos 41 a 43)[126].

Las previsiones y los mecanismos allí indicados pasaron a la Ley Orgánica 3/2031, de 20 de junio, de protección de la salud del deportista y lucha contra el dopaje en la actividad deportiva, cuyo Título III se ocupa de las "Políticas públicas de control y supervisión general de los productos que pueden utilizarse para el dopaje en la actividad deportiva", que a su vez quedaba integrado por dos Capítulos, el correspondiente a "Medidas de control y supervisión de productos, medicamentos y complementos nutricionales" (Capítulo I, artículos 55 a 58), y el "De las condiciones de utilización de los productos susceptibles de producir dopaje en la actividad deportiva" (Capítulo II, artículo 59 a 63)[127].

---

[123] La medida número 7 señalaba "Investigar y perseguir la venta ilegal de productos no autorizados mediante la coordinación entre el ministerio de Sanidad y Consumo, el ministerio del Interior y el Consejo Superior de Deportes, reforzar los mecanismos de información, control, inspección e investigación, así como la ampliación de normas sancionadoras a través de la Agencia Española de Seguridad Alimentaria (AESA) que hagan efectiva la prohibición de vender productos no autorizados en gimnasios u otros establecimientos y en medios telemáticos".

[124] La medida número 11 es la referida a "Trazabilidad de medicamentos con sustancias prohibidas en el deporte o susceptibles de ser usados como dopaje Elaboración de normas o procedimientos de coordinación para garantizar la trazabilidad de medicamentos con sustancias prohibidas en el deporte, con participación de la Agencia Española de Medicamentos y Productos Sanitarios, de los correspondientes servicios de inspección de las Comunidades Autónomas y de la Agencia Española de Seguridad Alimentaria".

[125] Es la medida 52 la relativa al "Control e inspección de complementos dietéticos. Se establecerá un mecanismo de coordinación y consulta entre la Agencia Española de Seguridad Alimentaria (AESA) y el Consejo Superior de Deportes (CSD) para establecer los sistemas de inspección y control de la composición y el etiquetado de este tipo de productos, con el objetivo de garantizar la seguridad de los mismos. La Agencia Española de Seguridad Alimentaria (AESA) velará, asimismo, por el cumplimiento efectivo de la prohibición ya en vigor de comercializar estos productos en gimnasios o cualquier otro tipo de instalaciones deportivas".

[126] Sobre la regulación allí contenida, por todos, CANTERO MARTÍNEZ, J., "Política antidopaje y sistema nacional de salud: el nuevo marco de conexiones establecido en la Ley Orgánica 7/2006, de 21 de noviembre", *Revista Aranzadi de Derecho de Deporte y Entretenimiento*, núm. 23, 2008; PALOMAR OLMEDA, A., "Salud pública y dopaje: un mínimo balance de la actuación tras la Ley Orgánica 7/2006", *Revista Aranzadi de Derecho de Deporte y Entretenimiento*, núm. 32, 2011, pp. 223-251; PERELLÓ JORQUERA, A., "La protección de la salud en la Ley Orgánica 7/2006, de 21 de noviembre", *Revista Aranzadi de Derecho de Deporte y Entretenimiento*, núm. 23, 2008, pp. 119-155; VIDA FERNÁNDEZ, J., "De las medidas de control y supervisión de productos, medicamentos y complementos nutricionales, que contengan sustancias prohibidas en la actividad deportiva", *Comentarios a la Ley Antidopaje en el Deporte* (Cazorla Prieto, L.M. y Palomar Olmeda, A., Dirs.), Thomson Aranzadi, Cizur Menor (Navarra), 2007, pp. 477-515, y RECUERDA GILERA, M.A., "El control de los productos susceptibles de producir dopaje en el deporte", y "Condiciones de utilización de productos nutricionales susceptibles de producir dopaje en el deporte", ambos en *Comentarios a la Ley Orgánica de Protección de la Salud y de la Lucha contra el Dopaje en el Deporte* (Millán Garrido, A., Coord.), Bosch, Barcelona, 2007, pp. 389-406 y 407-418, respectivamente.

[127] Estas previsiones siguen las de la Ley Orgánica 7/2006. Al respecto, ROBINA BLANCO-MORALES, A.T., *El dopaje en el deporte. La ley frente al dopaje, Dykinson*, Madrid, 2016, pp. 573-576.

Tal regulación, las indicadas previsiones, han tenido su continuidad en la vigente LOCD, en concreto en su Título IV, cuya rúbrica es "Control y supervisión general de los productos susceptibles de producir dopaje en el deporte". Sobre ello, la exposición de motivos de la LOCD:

> "... Por último, el título IV se ocupa del control y supervisión general de los productos susceptibles de producir dopaje en el deporte. Diferencia dos capítulos, el primero de ellos dedicado a recoger las medidas de control y supervisión de productos, medicamentos y complementos nutricionales. Se trata de previsiones específicas, encaminadas a garantizar el adecuado control de los productos susceptibles de producir dopaje en el deporte. Para ello, se reconoce a la Agencia Estatal Comisión Española para la Lucha Antidopaje en el Deporte la facultad de realizar actuaciones de inspección con el fin de asegurar el cumplimiento de la ley. En el ejercicio de estas actuaciones, los inspectores de la Agencia Estatal tendrán la consideración de autoridad pública, ostentando, entre otras, la potestad de entrar libremente en establecimientos o instalaciones deportivas, o de tomar muestras biológicas para constatar el respeto a la normativa.
>
> El capítulo II recoge las condiciones de utilización de estos productos, en lo que se refiere a la comercialización y utilización de productos alimenticios, manteniendo las obligaciones de establecer mecanismos y procedimientos de información y declaración de tales productos; así como la prohibición de comercializarlos en establecimientos dedicados a actividades deportivas. Asimismo, se prevé la implementación de programas específicos en materia de publicidad y venta electrónica...".

Es claro, y no es preciso insistir en ello, que determinados alimentos, los complementos nutricionales y desde luego los medicamentos, pueden contener sustancias susceptibles de producir dopaje, y en ese sentido, las regulaciones indicadas se centran en la imposición de obligaciones en orden a la declaración de tales productos con carácter previo a entrar en nuestro país, lo que es controlable en frontera, la potestad de inspección por parte de la autoridad competente y el intercambio de información entre las Administraciones implicadas en los señalados productos, lo que implica directamente además de a la Agencia responsable de la lucha contra el dopaje, a las autoridades sanitarias, la Agencia Española de Medicamentos y Productos Sanitarios (AEMPS)[128] y a la Agencia Española de Seguridad Alimentaria y Nutrición (AESAN)[129], y que afecta a la comercialización y control de tales productos.

---

[128] Creada por el artículo 98 de la Ley 66/1997, de 30 de diciembre, de Medidas Fiscales, Administrativas y del Orden Social, con la naturaleza de organismo autónomo. Posteriormente, tras la progresiva ampliación de funciones con distintos cambios normativos, adoptó la forma de agencia estatal, aprobándose su estatuto con el Real Decreto 1275/2011, de 16 de septiembre, por el que se crea la Agencia estatal "Agencia Española de Medicamentos y Productos Sanitarios" y se aprueba su Estatuto, siendo posteriormente modificado, entre otros, por el Real Decreto 271/2022, de 12 de abril, por el que se modifica el Real Decreto 1275/2011, de 16 de septiembre, por el que se crea la Agencia estatal "Agencia Española de Medicamentos y Productos Sanitarios" y se aprueba su Estatuto, con objeto de adaptar su estructura organizativa a las previsiones del Reglamento (UE) 2017/745, del Parlamento Europeo y del Consejo, de 5 de abril de 2017, sobre los productos sanitarios.

[129] Hay que estar a la Ley 11/2001, de 5 de julio, por la que se crea la Agencia Española de Seguridad Alimentaria, que fue modificada por la Ley 44/2006, de 29 de diciembre, de mejora de la protección de los consumidores y usuarios, para introducir en su ámbito de aplicación los aspectos relacionados con la nutrición, pasando a denominarse Agencia Española de Seguridad Alimentaria y Nutrición. Posteriormente, con la aprobación de su

Todo lo relativo a los alimentos, los productos farmacéuticos y sanitarios, y principalmente su regulación en lo tocante a su autorización, comercialización y control, nos remite a sendos grupos normativos de extraordinaria amplitud, encabezados por normativa de la Unión Europea dadas las importantes implicaciones para la salud. Así, además de la legislación sanitaria, son normas de referencia en los aspectos a que nos referimos, el Real Decreto-legislativo 1/2015, de 24 de julio, por el que se aprueba el texto refundido de la Ley de garantías y uso racional de los medicamentos y productos sanitarios, y la Ley 17/2011, de 5 de julio, de seguridad alimentaria y nutrición, así como sus correspondientes desarrollos reglamentarios.

El punto de conexión tanto en las normativas de referencia como en lo que se refiere a la cooperación entre las Administraciones públicas implicadas, está en la protección de la salud de las personas y, más en concreto, de los deportistas. Esto se explicita incluso en el título competencial que se esgrime en la LOCD, que con arreglo a su Disposición final tercera es fundamentalmente el artículo 149.1.16ª de la Constitución, esto es, el que atribute al Estado competencias en materia de "Sanidad exterior. Bases y coordinación general de la sanidad. Legislación sobre productos farmacéuticos", empleando exactamente los mismos términos que utilizaba la Disposición final primera de la derogada Ley Orgánica 3/2013.

La protección de la salud está en el objeto, funciones y competencias tanto de la AEMPS[130] como de la AESAN[131]. Y hay que advertir que no sucede lo mismo respecto de la Agencia antidopaje española, renombrada por la LOCD como Agencia Estatal Comisión Española para la Lucha Antidopaje (CELAD). No solo se vació de competencias en materia de protección de la salud a la indicada agencia, lo que ya hizo el Real Decreto-ley 3/2017, de 17 de febrero, por el que se modificó la Ley Orgánica 3/2013[132], sino que además la protección de la salud de los deportistas ha salido del objeto de la propia LOCD tal y como se establece en su artículo 1, en el que ello ni siquiera se menciona[133].

---

estatuto con el Real Decreto 19/2014, de 17 de enero, se unieron esta Agencia y el Instituto Nacional de Consumo, creándose la Agencia Española de Consumo, Seguridad Alimentaria y Nutrición, con la naturaleza de organismo autónomo. Tras distintas modificaciones del estatuto, la Disposición final primera de la Ley 16/2021, de 14 de diciembre, por la que se modifica la Ley 12/2013, de 2 de agosto, de medidas para mejorar el funcionamiento de la cadena alimentaria, modificó la Ley 11/2001, para volver a adoptar la denominación y funciones de Agencia Española de Seguridad Alimentaria y Nutrición.

[130] El artículo 6 del Real Decreto 1275/2011, de 16 de septiembre, por el que se crea la Agencia estatal "Agencia Española de Medicamentos y Productos Sanitarios" y se aprueba su Estatuto, establece que "El objeto de la Agencia es el de garantizar que tanto los medicamentos de uso humano como los de uso veterinario y los productos sanitarios, cosméticos y productos de higiene personal cumplan con estrictos criterios de calidad, seguridad, eficacia y correcta información con arreglo a la normativa vigente sobre dichas materias en el ámbito estatal y de la Unión Europea".

[131] De acuerdo con el artículo 2 de la Ley 11/2001, de 8 de julio, por la que se crea la Agencia Española de Seguridad Alimentaria, tras la reforma operada por la Ley 16/2021, "Los fines generales de la Agencia son los de promover la seguridad alimentaria, como aspecto fundamental de la salud pública, y ofrecer garantías e información objetiva a los consumidores y agentes económicos del sector agroalimentario español, en el ámbito de actuación de las competencias de la Administración General del Estado y con la cooperación de las demás Administraciones públicas y sectores interesados" (apartado 1).

[132] Sobre esta reforma, por todos, PALOMAR OLMEDA, A., "La reforma de la represión del dopaje de 2017 y las reformas urgentes", *Revista Aranzadi de Derecho del Deporte y Entretenimiento*, núm. 55, 2017, pp. 271-308.

[133] Establece que "La presente ley tiene por objeto establecer las normas antidopaje en el ámbito de la práctica deportiva en consonancia con los compromisos internacionales asumidos por España, con la finalidad de garantizar el desarrollo de las competiciones deportivas en condiciones de igualdad y adaptación a las propias capacidades

Nos remitimos a lo ya indicado respecto del título competencial en el Capítulo correspondiente de la presente obra. Sólo queremos poner de relieve que, con la exclusión de la protección de la salud del objeto de la LOCD, la articulación de una política integral de lucha contra el dopaje se hace ciertamente compleja al evidenciarse que la LOCD se sitúa sólo del lado de la represión de esta lacra.

Pensemos en el delito de dopaje, introducido en el Código Penal (CP) por la Ley Orgánica 7/2006, y que actualmente está en el artículo 362 quinquies CP, cuyo bien jurídico protegido es claramente la protección de la salud, tanto por la ubicación del precepto en el Capítulo III relativo a "De los delitos contra la salud pública", del Título XVII del mismo CP, como por la afirmación en la indicada Ley Orgánica que lo estableció, señalando en la exposición de motivos que su "... finalidad es castigar al entorno del deportista y preservar la salud pública, gravemente amenazada por la comercialización y dispensación sin control de productos carentes de garantía alguna y dañinos para la salud...". No es de extrañar por tanto que pueda haber una vinculación nítida entre suplementos dietéticos y el delito de dopaje[134].

Sin perjuicio de que el bien jurídico protegido por el delito podría haber sido otro más adecuado, lo que es objeto de discusión en la doctrina penalista[135], así como su naturaleza[136], la realidad es que –como venimos señalando– la exclusión de la salud tanto del objeto de la LOCD como de las competencias de la CELAD es problemática, pues aleja a esta de lo de común que pueda tener con otros organismos públicos en términos de articular políticas globales y transversales respecto de la prevención del dopaje, esto es, de políticas que eviten que las prácticas prohibidas lleguen o alcancen a los deportistas que quedan fuera del ámbito competitivo internacional, estatal y oficial. En este aspecto, dentro de la

---

naturales de los y las deportistas, evitando su adulteración mediante la utilización de sustancias prohibidas o de métodos prohibidos, en los términos establecidos en la normativa internacional y en la propia ley" (apartado 1).

Por su parte, el artículo 1.1 de la Ley Orgánica 3/2013 establecía que "El objeto de la presente Ley es establecer un marco general de prevención de la salud y de lucha contra el dopaje en el ámbito de la práctica deportiva, en particular en el ámbito del deporte organizado o con licencia deportiva, en consonancia con los compromisos internacionales asumidos por España, con el propósito de establecer un entorno en el que predominen el juego limpio, la superación personal y la realización saludable del deporte".

[134] Al respecto, SÁNCHEZ-MORALEDA VILCHES, N., *Suplementos deportivos, dopaje y salud pública*, Tirant lo blanch, Valencia, 2018.

[135] Pueden consultarse los trabajos de BENÍTEZ ORTÚZAR, I.F., "El bien jurídico en el delito de dopaje en el deporte", *Tratamiento jurídico penal y procesal del dopaje en el deporte* (Benítez Ortúzar, I.F., Coord.), Dykinson, Madrid, 2015, pp. 131-160 y "De los delitos contra la integridad deportiva. Acerca de la necesidad de un título autónomo aglutinador de las conductas delictivas intrínsecas a la práctica deportiva", *Respuestas jurídicas al fraude en el deporte* (Morillas Cueva, L., Dir.), Dykinson, Madrid, 2017, pp. 31-58; ALCINA LOZANO, A., "El delito de dopaje, especial consideración al bien jurídico protegido", *Revista Aranzadi de Derecho de Deporte y Entretenimiento*, núm. 69, 2020; COMPANY CATALÁ, J.M. y BASAULI HERRERO, E., "El tipo penal", *Comentarios a la Ley Orgánica de Protección de la Salud y de la Lucha contra el Dopaje en el Deporte* (Millán Garrido, A., Coord.), Bosch, Barcelona, 2007, pp. 419-451; DÍAZ GARCÍA-CONLLEDO, M., "Dopaje y Derecho Penal (otra vez): Reflexiones generales y valoración del delito de dopaje del art. 361 bis del Código Penal", *Libro homenaje al profesor Luis Rodríguez Ramos*, Tirant lo blanch, Valencia, 2013, pp. 491-544; SUÁREZ LÓPEZ, J.M. y MORILLAS FERNÁNDEZ, D.L., "Derecho penal y deporte. Planteamiento general. Las lesiones deportivas. El tratamiento penal del dopaje", Derecho del Deporte (Palomar Olmeda, A., Dir.; Rodríguez García, j., Coord.), 2ª ed., Cizur Menor (Navarra), 2017, especialmente pp. 635-659.

[136] Por todos, MORILLAS CUEVA, L., "Naturaleza jurídica del delito de dopaje en el deporte", *Tratamiento jurídico penal y procesal del dopaje en el deporte* (Benítez Ortúzar, I.F., Coord.), Dykinson, Madrid, 2015, pp. 161-185.

Administración general del Estado, se siguen residenciando en el CSD facultades en este ámbito, pues se ha dejado en vigor el precepto de la Ley Orgánica 3/2013 que establece que "El Consejo Superior de Deportes establecerá una política efectiva de protección de la salud de los deportistas y de las personas que realizan actividad deportiva...", tal y como señala su artículo 41.1.

Está por lo demás establecido y consolidado en nuestro ordenamiento el deber de colaboración entre las Administraciones públicas, así como las necesarias relaciones de cooperación, lo que es objeto de regulación en la LRJSP, y que respecto de distintos organismos de la misma Administración no requiere de mayores acicates.

Resulta una necesidad la cooperación y de hecho existen órganos de coordinación para coadyuvar a las funciones de la AESAN, como es el caso de la Comisión de Coordinación entre el Ministerio de Consumo, el Ministerio de Sanidad y el Ministerio de Agricultura, Pesca y Alimentación, en relación con la Agencia Española de Seguridad Alimentaria y Nutrición, creada por el Real Decreto 44/2021, de 26 de enero, como órgano colegiado interministerial.

Ni el CSD ni la CELAD forman parte de esa Comisión, aunque es evidente que la incidencia de todo lo relativo a la alimentación y la nutrición sobre la práctica deportiva es evidente. Sin ir más lejos, y por poner un solo ejemplo, en las Recomendaciones de consumo de bebidas energéticas presentadas por la AESAN el 22 de marzo de 2022, se señala expresamente con el ordinal 8 que "Si eres deportista, ten en cuenta que las bebidas energéticas no son bebidas diseñadas para la rehidratación. Por ello, las bebidas energéticas no deben sustituir a la hidratación y recuperación de metabolitos por medios convencionales como el agua o, en su caso, a través de bebidas isotónicas"[137].

Sin perjuicio de que han existido convenios de la Agencia antidopaje con otras entidades públicas, como el acuerdo marco de colaboración con la AEMPS de 16 de marzo de 2015, cuya vigencia actual no nos consta[138], se dio cuenta de la primera reunión de la denominada "Plataforma Nacional Antidopaje" en una nota de prensa publicada en el Boletín de noticias de la Agencia española antidopaje de 11 de mayo de 2021[139]. Allí se indicaba que bajo su liderazgo "... cuenta con la participación de representantes de los siguientes organismos e instituciones: Consejo Superior de Deportes - Ministerio de Cultura y Deporte, Agencia Española de Medicamentos y Productos Sanitarios - Ministerio de Sanidad, Agencia Española de Seguridad Alimentaria y Nutrición - Ministerio de Consumo, Dirección General de la Administración General del Estado en el Territorio (Servicios de Inspección Farmacéutica de las Áreas de Sanidad y Política Social de las Delegaciones de Gobierno) - Ministerio de Política Territorial y Función Pública, Secretaría de Estado de Justicia - Ministerio de Justicia, Cuerpo Nacional de Policía - Ministerio de Interior, Guardia Civil - Ministerio de Interior, Agencia Estatal de Administración Tributaria

---

[137] El texto de las indicadas Recomendaciones está disponible en: https://www.aesan.gob.es/AECOSAN/web/noticias_y_actualizaciones/noticias/2022/recomendaciones_bebidas_energeticas.htm (último acceso: 19 junio 2022).

[138] Sobre el contenido del convenio, BOMBILLAR SÁENZ, F.M., "El papel de la Agencia Española de Medicamentos y Productos sanitarios en la licha contra el dopaje en el deporte", *Los retos del deporte profesional y profesionalizado en la sociedad actual* (Jiménez Soto, I. y Pérez-Serrabona González, J.L:, Dirs.), Reus, Madrid, 2017, pp. 399-411.

[139] Disponible en: http://deportelimpio.com/media/3147/20210512-boletin-digital-aepsad.pdf (último acceso: 20 de junio de 2022).

(Dirección Adjunta de Vigilancia Aduanera del Departamento de Aduanas e Impuestos Especiales) - Ministerio de Hacienda, Comité Olímpico Español (COE) y representante de los deportistas". Y que "... Entre los objetivos de esta plataforma de trabajo destacan el de favorecer la implementación de un sistema eficiente de intercambio de información que garantice una adecuada comunicación, coordinación, cooperación y colaboración entre los miembros; promover enfoques multidisciplinarios y multisectoriales que establezcan metodologías y procedimientos de trabajo consensuados y conjuntos entre las partes implicadas, que favorezcan la prevención, el control, la detección, la investigación, la sanción y la criminalización, cuando proceda, de determinadas prácticas asociadas al dopaje en el deporte y promover la generación y mejora de normativas relacionadas con la prevención y lucha contra el dopaje"[140].

Apuntado todo lo anterior, vamos a referirnos seguidamente al contenido del Título IV de la LOCD, que como se ha indicado, su rúbrica es "Control y supervisión general de los productos susceptibles de producir dopaje en el deporte", lo que abordaremos refiriéndonos por separado al contenido de cada uno de los dos capítulos que lo integran.

II. MEDIDAS DE CONTROL Y SUPERVISIÓN DE PRODUCTOS, MEDICAMENTOS Y COMPLEMENTOS NUTRICIONALES

1. Obligación de declaración de los productos susceptibles de producir dopaje en el deporte

Con amparo en el título competencial contenido en el artículo 149.1.16ª de la Constitución, de acuerdo con la disposición final tercera de la LOCD, su artículo 53 –de nítida inspiración en el artículo 55 de la derogada Ley Orgánica 3/2013–, se refiere a la obligación que pesa sobre deportistas, equipos o grupos deportivos y los directivos que los representen, de declarar cuando entren en España para participar en actividades o competiciones deportivas, los medicamentos y productos sanitarios que lleven consigo en la medida en que pueden ser susceptibles de producir dopaje.

Se indica previamente, sin que resulte necesario, que la entrada en España de tales productos queda sometido a la normativa reguladora de los controles sanitarios en frontera (artículo 53.1 de la LOCD[141]), lo que corresponde realizar a los servicios de Inspección de Sanidad Exterior, Sanidad Animal y Sanidad Vegetal y Farmacia que ostentan las competencias que para la sanidad exterior establece la Ley 33/2011, de 4 de octubre, general de salud pública (artículos 36 a 39), y el Real Decreto Legislativo 1/2015, de 24 de julio, por el que se aprueba el texto refundido de la Ley de garantías y uso racional de los medicamentos y productos sanitario, que encabezan un conjunto normativo en el que se incluye la Orden

[140] Ibidem, a donde pertenece el texto entrecomillado del párrafo.

[141] Establece el precepto que:

"Los productos y sustancias susceptibles de dar un resultado analítico adverso en un control de dopaje originarios de un tercer país, que vayan a introducirse en territorio español, serán considerados a todos los efectos como procedentes de un tercer país requiriendo el correspondiente control sanitario en frontera de acuerdo con la legislación vigente en la materia.

La introducción en el país de productos y sustancias susceptibles de dar un resultado analítico adverso en un control de dopaje, originarios de un país del Espacio Económico Europeo, se regirá por la normativa nacional y europea aplicable".

SPI/2136/2011, de 19 de julio, por la que se fijan las modalidades de control sanitario en frontera por la inspección farmacéutica y se regula el Sistema Informático de Inspección Farmacéutica de Sanidad Exterior. La norma europea de referencia es el Reglamento (CE) núm. 765/2008 del Parlamento Europeo y del Consejo, de 9 de julio de 2008, por el que se establecen los requisitos de acreditación y vigilancia del mercado relativos a la comercialización de los productos y por el que se deroga el Reglamento (CEE) núm. 339/93.

La indicada obligación para los sujetos señalados la concreta el apartado 2 del artículo 53 de la LOCD, disponiendo que "..., independientemente del país de procedencia, están obligados, previamente a su entrada o en el momento de entrar en España para participar en una actividad o competición deportiva, a remitir a la Agencia Estatal Comisión Española para la Lucha Antidopaje en el Deporte, debidamente cumplimentados, los formularios de notificación de entrada en el país que la misma establezca en los que se identifiquen los medicamentos y productos sanitarios que transporten para su uso o puedan ser necesarios para atender las contingencias derivadas de cualquier urgencia médica, las unidades de los mismos y el médico responsable de su administración. Estos productos no deberán tener por finalidad aumentar las capacidades físicas de los y las deportistas o modificar los resultados de las competiciones en las que participan. Dichos productos podrán acompañar a los viajeros o ser enviados de un modo separado para tal fin". Previsión la indicada que se completa con una referencia al caso en que la actividad deportiva o la competición sea organizada por federaciones deportivas de ámbito autonómico, en cuyo caso "..., será la Comunidad Autónoma respectiva quien reciba los formularios de notificación a que se refiere el párrafo anterior, dando traslado de la información a la Agencia Estatal, y ejerza las obligaciones de control en el ámbito de su respectivo territorio".

Todo lo anterior, desde luego, que es sin perjuicio del cumplimiento por los sujetos indicados de las obligaciones "establecidas en materia de control de aduanas para autorizar la circulación de los medicamentos o productos sanitarios en territorio español", tal y como concluye el artículo 53.2 de la LOCD.

Esta obligación de comunicación está contemplada también en el artículo 74.3 del Real Decreto Legislativo 1/2015, de 24 de julio, por el que se aprueba el texto refundido de la Ley de garantías y uso racional de los medicamentos y productos sanitarios, cuando dispone que "De acuerdo con lo previsto en la legislación sobre protección de la salud y lucha contra el dopaje en el deporte, los deportistas, equipos o grupos deportivos y los directivos extranjeros que los representen están obligados, cuando entren en España para participar en una actividad deportiva, a remitir debidamente cumplimentados a la Agencia Española de Protección de la Salud en el Deporte los formularios que la misma establezca, en los que se identifiquen los productos que transportan para su uso, las unidades de los mismos y el médico responsable de su prescripción o, en el caso de animales que participen en eventos deportivos, el veterinario".

En lo que se refiere a las actuaciones a desplegar por la CELAD una vez esta ha recibido el correspondiente formulario cumplimentado, resulta novedosa la previsión del apartado 3 del artículo 53 de la LOCD, al señalar que "..., en orden a la comprobación del cumplimiento de lo previsto en esta ley y en las disposiciones para su desarrollo, podrá inspeccionar en el recinto aduanero o en cualquier otro lugar en el que puedan presentarse mercancías ante las autoridades aduaneras, bajo la coordinación de los órganos competentes en la aplicación del sistema aduanero de la Agencia Estatal de Administración Tributaria, de conformidad con lo previsto en el artículo 42 del Reglamento (UE) n.º 952/2013 del Parlamento Europeo y del Consejo, de 9 de octubre de 2013, por el que se establece el código aduanero de la Unión, los productos y sustancias susceptibles de dar un resultado analítico adverso en un control de dopaje que vengan reflejados en la misma, así como los documentos que los acompañen".

Sin perjuicio de que no termina de entenderse la mención del artículo 42 del Reglamento (UE) n.º 952/2013, que se ocupa de las sanciones que pueden establecer los Estados miembros en caso de incumplimiento de la legislación aduanera[142], lo cierto es que el título competencial en base al que se dicta este precepto no resulta adecuado, y debería ser el mismo que la Disposición final tercera de la LOCD señala para el artículo 55, referido a la inaugurada potestad de inspección de la CELAD, se legitima en el del artículo 149.1.29ª de la Constitución, que establece la competencia exclusiva del Estado sobre seguridad pública. Sobre esta cuestión volveremos.

En cuanto a la consecuencia de no cumplimentar los formularios y, así y todo, detectarse la introducción en España "... de medicamentos o productos sanitarios sin haber realizado la preceptiva notificación de entrada en el país a la Agencia Estatal Comisión Española para la Lucha Antidopaje en el Deporte, éstos podrán ser incautados por la citada comisión. Los productos incautados podrán ser utilizados para fines de investigación, cuando así se considere necesario", tal y como establece el artículo 53.4 de la LOCD.

2. Información sobre la comercialización de determinados productos

La autorización y comercialización de medicamentos y productos sanitarios y, por otro lado, de los alimentos y complementos alimenticios y nutricionales, queda dentro del ámbito de competencias, respectivamente, de la AEMPS y de la AESAN, y remite a distintos conjuntos normativos[143].

---

[142] En concreto, rubricado "sanciones", establece el precepto lo siguiente:

"1. Cada Estado miembro establecerá sanciones en caso de incumplimiento de la legislación aduanera. Dichas sanciones serán efectivas, proporcionadas y disuasorias.

2. Cuando se impongan sanciones administrativas, estas podrán adoptar, inter alia, una o ambas de las dos formas siguientes:

a) una carga pecuniaria impuesta por las autoridades aduaneras, incluido, cuando proceda, un pago suplementario que sustituya a la sanción penal aplicable;

b) la revocación, suspensión o modificación de cualquier autorización de la que goce la persona sancionada.

3. Los Estados miembros notificarán a la Comisión, en el plazo de 180 días a partir de la fecha de aplicación del presente artículos e determine con arreglo al artículo 288, apartado 2, las disposiciones nacionales vigentes contempladas en el apartado 1 del presente artículo y comunicarán sin demora cualquier modificación posterior que afecte a dichas disposiciones".

[143] En lo que se refiere a los medicamentos, por todos, FAUS SANTASUSANA, J., "La autorización de comercialización", *Tratado de Derecho Farmacéutico* (Faus Santasusana, J. y Vida Fernández, J., Dirs.), Thomson Reuters Aranzadi, Cizur Menor (Navarra), 2017, pp. 335-376, y la monografía de VIDA FERNÁNDEZ, J., *Concepto y régimen jurídico de los medicamentos. Su distinción de otros productos para el cuidado de la salud*, Tirant lo blanch, Valencia, 2015.

Respecto de los complementos alimenticios, por todos, TRONCOSO, A., "Requisitos de seguridad alimentaria III", *Tratado de Derecho Alimentario* (Recuerda Gilera, M.A., Dir.), Aranzadi Thomson Reuters, Cizur Menor (Navarra), 2011, pp 613-670, SÁNCHEZ-MORALEDA VILCHES, N., cit., especialmente pp.33-53 y RECUERDA GILERA, M.A., "Autorizaciones administrativas y presunción de riesgo en el Derecho alimentario europeo: el caso de los nuevos alimentos", *Revista Española de Derecho Europeo*, núm. 31, 2009, pp. 279-307.

Como ya hemos indicado, resulta imprescindible la coordinación si se quiere afrontar una política integral de lucha contra el dopaje que no se centre exclusivamente en el control y la represión. Ello, como también hemos indicado, resulta complicado cuando el punto común de la protección de salud ya no es común a los fines de las agencias implicadas al haber sido excluido por la LOCD para la CELAD, aunque se mantiene el título competencial del artículo 149.1.16ª de la Constitución.

Reiterado lo anterior, el intercambio de información entre las agencias indicadas ya estaba en el artículo 56 de la derogada Ley Orgánica 3/2013, y vuelve a contemplarse en el artículo 54 de la LOCD como posibilidad, pues la CELAD "podrá" solicitar colaboración de la AEMPS y la AESAN para que se le informe sobra la comercialización de los productos a que nos referimos. Este es su tenor literal:

> "La Agencia Estatal Comisión Española para la Lucha Antidopaje en el Deporte podrá solicitar la colaboración de la Agencia Española de Medicamentos y Productos Sanitarios para que le informe sobre la comercialización de aquellos medicamentos autorizados susceptibles de producir dopaje en el ámbito del deporte. En caso necesario, y en el ámbito de su competencia, podrá solicitar la misma colaboración de la Agencia Española de Seguridad Alimentaria y Nutrición".

Ni que decir tiene que el intercambio de información constituye una de las técnicas de colaboración de la Ley 40/2014, de 1 de octubre, de régimen jurídico del sector público, y que esta puede articularse a través de órganos y de compromisos establecidos en convenios, como el antes referido de 2015 de la Agencia antidopaje y la AEMPS, y desde luego la denominada "Plataforma Nacional Antidopaje", que bien podría adoptar una estructura estable y formalizarse con arreglo a la misma LRJSP.

La derogada Ley Orgánica 7/2006 contemplaba también la indicada colaboración en su artículo 38 advirtiendo de la finalidad de la misma en su rúbrica al expresar "trazabilidad de determinados productos"[144], en una línea similar a la también derogada y posterior Ley Orgánica 3/2013, cuyo artículo 56 establecía que la Agencia antidopaje "podrá solicitar la colaboración" de la AEMPS y, excepcionalmente, de la AESAN "para que se adopten las medidas necesarias para conocer, en todo el ciclo productivo y de distribución y comercialización, aquellos productos susceptibles de producir dopaje en el ámbito del deporte, por considerar que sus circunstancias intrínsecas y su potencial afección a la salud pública deban ser objeto de un especial seguimiento para facilitar el régimen de control que se prevé en esta Ley".

---

[144] Establecía que:

"La Comisión de Control y Seguimiento de la Salud y el Dopaje podrá solicitar de la Agencia Española de Medicamentos y Productos Sanitarios, así como de la Agencia Española de Seguridad Alimentaria, que se adopten las medidas necesarias para conocer, en todo el ciclo productivo y de dispensación y comercialización, aquellos productos susceptibles de producir dopaje en el ámbito del deporte, por considerar que sus circunstancias intrínsecas y su potencial afección a la salud pública, deban ser objeto de un especial seguimiento para facilitar el régimen de control que se prevé en esta Ley.

Las medidas de ejecución y control previstas en el párrafo anterior se llevarán a cabo mediante sistemas de cooperación entre el Consejo Superior de Deportes y los órganos competentes de las Comunidades Autónomas que permitan la ejecución por éstas y la utilización de la información por las respectivas Administraciones".

El alcance del trascrito y vigente artículo 54 de la LOCD es, como hemos visto, más genérico, limitado a la solicitud de información a la AEMPS y –excepcionalmente– a la AESAN, y centrado exclusivamente en la comercialización de los productos a que se refiere.

La colaboración es, insistimos, imprescindible, y una materialización de la misma más allá del intercambio de información está en el hecho de que los prospectos de los medicamentos, cuya regulación está más que consolidada[145], incluyen información sobre el "Uso en deportistas", que generalmente consiste en indicar que "Este medicamento contiene ... que puede producir un resultado positivo en las pruebas de control de dopaje", tal y como rezan los distintos prospectos de medicamentos en los que se da esta circunstancia.

Sin perjuicio de lo anterior, en el plano de la información la CELAD ofrece en su página web la posibilidad de acceder a la plataforma NØDopWeb, o descargarse la aplicación NØDopApp, que permite consultar si un medicamento autorizado en los distintos países integrados en la indicada plataforma contiene alguna sustancia incluida en la Lista de sustancias y métodos prohibidos de la AMA[146].

3. La novedosa potestad de inspección

3.1. Aspectos generales. Caracterización

Constituye una novedad de la LOCD el reconocimiento de facultades de inspección a la CELAD, hasta el punto de crear un cuerpo de inspectores con el carácter de autoridad para su ejercicio, concretando incluso las facultades de los mismos. Como advierte la exposición de motivos de la LOCD, todo ello "... con el fin de asegurar el cumplimiento de la ley. En el ejercicio de estas actuaciones, los inspectores de la CELAD tendrán la consideración de autoridad pública, ostentando, entre otras, la potestad de entrar libremente en establecimientos o instalaciones deportivas, o de tomar muestras biológicas para constatar el respeto a la normativa".

En la derogada Ley Orgánica 3/2013 se establecía que "Las Fuerzas y Cuerpos de Seguridad del Estado, los Servicios de Inspección Sanitaria del Estado así como los órganos de las Comunidades Autónomas que tengan atribuida la competencia, por su propia iniciativa o a instancia de la Agencia Española de Protección de la Salud en el Deporte, podrán inspeccionar los botiquines y demás instrumentos que permitan custodiar o albergar los productos y sustancias susceptibles de dar un resultado analítico adverso en un control de dopaje, sin perjuicio de lo dispuesto en el apartado sexto del artículo 8 de la Ley 29/1998, de 13 de julio, Reguladora de la Jurisdicción Contencioso-Administrativa, en los casos en que sea aplicable ..." (artículo 57, primer párrafo).

El cambio es sustancial, pues ahora, es la CELAD la que asume directamente las funciones de inspección con su propio cuerpo de inspectores y, como más adelante veremos, no sólo respecto del contenido de botiquines. También de locales y "otros elementos".

---

[145] Por todos, BOMBILLAR SÁENZ, F.M., "Garantías de calidad, identificación e información del medicamento: fabricación y etiquetado", *Tratado de Derecho Farmacéutico* (Faus Santasusana, J. y Vida Fernández, J., Dirs.), Thomson Reuters Aranzadi, Cizur Menor (Navarra), 2017, pp. 433-479.

[146] Disponible en: https://celad.culturaydeporte.gob.es/inicio/nodopapp-nodopweb.html (último acceso: 11 de junio de 2022).

El precepto de referencia, en el que se contiene la regulación a que nos referimos, es el extenso artículo 55 de la LOCD, que con arreglo a la Disposición final tercera de la misma, se ha dictado "al amparo del artículo 149.1.29.ª de la Constitución, que se refiere a la competencia exclusiva del Estado sobre seguridad pública" (letra b). Exactamente el mismo título competencial que esgrimía la Ley Orgánica 3/2013 para el antes trascrito artículo 57.

La inspectora es una potestad administrativa que, como tal, tiene que estar atribuida por el ordenamiento jurídico que como indicara Bermejo resulta "consustancial a la actividad de control, siempre de trámite o interlocutoria de decisiones definitivas que se adoptan, precisamente, tras la realización material de la inspección"[147]. Y, añade, se caracteriza por tratarse de una actividad de ejecución en la que quienes quedan obligados a soportarla son "sólo las personas físicas o jurídicas que las Leyes determinen deben someterse al control que se deriva de la potestad de inspección, en la medida que precisamente prescribe la norma"[148].

La atribución de la potestad la realiza a la CELAD el indicado artículo 55 de la LOCD, en su apartado 1, indicando que corresponde a esta "... en el ámbito de sus competencias la realización de las inspecciones necesarias para asegurar el cumplimiento de lo previsto en esta ley", la cual "... velará por el cumplimiento de esta ley, realizando las inspecciones oportunas, con funcionarios con la debida cualificación y formación universitaria en las materias pertinentes".

Concluye el precepto en su último párrafo indicando que la potestad de inspección de la CELAD "... se desarrollará en los términos y con los límites y condiciones establecidos en la presente ley y sin perjuicio de la necesidad de recabar, en su caso, la autorización o ratificación judicial prevista en el apartado sexto del artículo 8 de la Ley 29/1998, de 13 de julio, reguladora de la Jurisdicción Contencioso-administrativa"(LJCA) [149], precepto modificado en diversas ocasiones, cuyo tenor literal es el siguiente:

> "Conocerán también los Juzgados de lo Contencioso-administrativo de las autorizaciones para la entrada en domicilios y restantes lugares cuyo acceso requiera el consentimiento de su titular, siempre que ello proceda para la ejecución forzosa de actos de la administración pública, salvo que se trate de la ejecución de medidas de protección de menores acordadas por la Entidad Pública competente en la materia.
>
> Asimismo, corresponderá a los Juzgados de lo Contencioso-administrativo la autorización o ratificación judicial de las medidas adoptadas con arreglo a la legislación sanitaria que las autoridades sanitarias consideren urgentes y necesarias para la salud pública e impliquen limitación o restricción de derechos fundamentales cuando dichas medidas estén plasmadas en actos administrativos singulares que afecten únicamente a uno o varios particulares concretos e identificados de manera individualizada.

---

[147] BERMEJO VERA, J., "La Administración inspectora", *Revista de Administración Pública*, núm. 147, 1998, p. 43.

[148] Ibidem, p. 45.

[149] Sobre el alcance del precepto, por todos, PALOMAR OLMEDA, A., "Órganos y competencias", *Tratado de la Jurisdicción Contencioso-Administrativa. Tomo I. Parte General. Los Procedimiento Contencioso-Administrativos* (Palomar Olmeda, A., Dir.), 4ª ed., Thomson Reuters Aranzadi, Cizur Menor (Navarra), 2021, especialmente pp. 216-222.

> Además, los Juzgados de lo Contencioso-administrativo conocerán de las autorizaciones para la entrada e inspección de domicilios, locales, terrenos y medios de transporte que haya sido acordada por la Comisión Nacional de los Mercados y la Competencia, cuando, requiriendo dicho acceso e inspección el consentimiento de su titular, este se oponga a ello o exista riesgo de tal oposición.
>
> Los Juzgados de lo Contencioso-administrativo conocerán también de las autorizaciones para la entrada en domicilios y otros lugares constitucionalmente protegidos, que haya sido acordada por la Administración Tributaria en el marco de una actuación o procedimiento de aplicación de los tributos aún con carácter previo a su inicio formal cuando, requiriendo dicho acceso el consentimiento de su titular, este se oponga a ello o exista riesgo de tal oposición".

Con las referencias expresas a las autoridades sanitarias, a la Administración Tributaria y a la Comisión Nacional de los Mercados y la Competencia, es claro que el espacio que el precepto parece dejar a la CELAD está en su primer párrafo respecto de la ejecución forzosa de actos administrativos, lo que dejamos apuntado.

3.2. Los inspectores y sus funciones

Ostentando la CELAD funciones de inspección como hemos señalado, la LOCD establece que las actuaciones de inspección que lleve a cabo en el ejercicio de tal función, ello "se realizarán por funcionarios públicos que, en el ejercicio de sus funciones, tendrán la condición de agentes de la autoridad y, por tanto, la consideración de autoridad pública" (artículo 55.2, párrafo primero).

Tales funcionarios son los inspectores de la CELAD, a los que esta los proveerá de "un documento oficial que acredite su condición, que será expedido por el Director de la misma" (artículo 55.2, párrafo segundo), que en el ejercicio de sus funciones "gozarán de plena autonomía técnica y funcional, y se les garantizará protección frente a todo tipo de violencia, coacción y amenaza, e independencia frente a cualquier influencia indebida" (artículo 55.2, párrafo tercero).

La reserva de tales funciones a funcionarios públicos de carrera va de suyo dado que las mismas suponen nítidamente ejercicio de poder público, en los términos que señala el apartado 2 del artículo 9 del Real Decreto Legislativo 5/2015, de 30 de octubre, por el que se aprueba el texto refundido de la Ley del Estatuto Básico del Empleado Público, al disponer que "En todo caso, el ejercicio de las funciones que impliquen la participación directa o indirecta en el ejercicio de las potestades públicas o en la salvaguardia de los intereses generales del Estado y de las Administraciones Públicas corresponden exclusivamente a los funcionarios públicos, en los términos que en la ley de desarrollo de cada Administración Pública se establezca"[150].

En lo que se refiere a las funciones que se encomiendan a los inspectores, la fórmula que emplea el extenso artículo 55.2 de la LOCD es la consistente en establecer que estos, "... cuando ejerzan tales funciones y acrediten su identidad, estarán autorizados para:

[150] Sobre esta cuestión, por todos, PALOMAR OLMEDA, A., *Derecho de la función pública. Régimen jurídico de los funcionarios públicos*, 12ª ed., Dykinson, Madrid, 2020. pp. 162-163.

a) Entrar libremente y sin previa notificación, en cualquier momento, en todo establecimiento o instalación deportiva, centro deportivo, servicio deportivo, entidad deportiva o evento deportivo que pueda estar sujeto a esta ley.

b) Proceder a las pruebas, investigaciones o exámenes necesarios para comprobar el cumplimiento de esta ley y de las normas que se dicten para su desarrollo.

c) Tomar muestras de productos o muestras biológicas, en orden a la comprobación del cumplimiento de lo previsto en esta ley y en las disposiciones para su desarrollo. En todo caso, la toma de muestras biológicas deberá sujetarse a lo dispuesto en esta ley para la protección de datos en la toma de muestras en los controles de dopaje.

d) Incautar los medicamentos y productos sanitarios que no hayan sido notificados tal y como se prevé en el artículo 53.

e) Realizar cuantas actuaciones sean precisas en orden al cumplimiento de las funciones de inspección que desarrollen" (artículo 55.2, párrafo cuarto).

Llama la atención que el precepto sea casi una transcripción literal del apartado 3 del artículo 108 del Real Decreto Legislativo 1/2015, de 24 de julio, por el que se aprueba el texto refundido de la Ley de garantías y uso racional de los medicamentos y productos sanitarios[151]. Es evidente que tanto las facultades que esa ley otorga a las autoridades sanitarias como el ámbito subjetivo de aplicación de la misma no resulta equiparable al que establece la LOCD.

En cuanto a la facultad establecida en la letra a), tal y como está formulada, requiere de alguna precisión. La referencia a "entrar libremente y sin previa notificación" hay que situarla en su justa dimensión. A ello se refirió el Consejo de Estado en el Dictamen al Anteproyecto de ley orgánica de lucha contra el dopaje en el deporte, aprobado el 29 de abril de 2021[152].

El contenido del artículo 54 del Anteproyecto de ley, antecedente del vigente artículo 55 de la LOCD, fue observado por el Consejo de Estado en los siguientes términos:

> "... el artículo 54 del Anteproyecto ha de entenderse desde la perspectiva de la debida garantía de los derechos fundamentales en presencia, de modo que la intervención judicial será, en su caso, exigencia ineludible para la adecuada defensa de dichos derechos, como prevé el artículo 8.6 de la Ley 29/1998 (LJCA).

---

[151] Este es su tenor literal:

"El personal al servicio de las Administraciones públicas que desarrolle las funciones de inspección, cuando ejerza tales funciones y acredite su identidad, estará autorizado para:

a) Entrar libremente y sin previa notificación, en cualquier momento, en todo centro o establecimiento sujeto a esta ley.

b) Proceder a las pruebas, investigaciones o exámenes necesarios para comprobar el cumplimiento de esta ley y de las normas que se dicten para su desarrollo.

c) Tomar o sacar muestras, en orden a la comprobación del cumplimiento de lo previsto en esta ley y en las disposiciones para su desarrollo.

d) Realizar cuantas actuaciones sean precisas en orden al cumplimiento de las funciones de inspección que desarrollen".

[152] Referencia: 135/2021, publicado en la *Revista Aranzadi de Derecho de Deporte y Entretenimiento*, núm. 74, 2022.

> Tanto con el derecho vigente como con el proyectado, la mención a este precepto de la LJCA supone, a juicio del Consejo de Estado, la introducción en la normativa propia de la lucha contra el dopaje, primero, de la necesaria intervención judicial como órganos instituidos por la Constitución para la tutela de los derechos y libertades de las personas, ya sea físicas, ya sean jurídicas, y, segundo, de los límites que a las injerencias por los poderes públicos ha ido decantando la jurisprudencia constitucional.
>
> Así, aunque el Tribunal Constitucional tiene admitido (entre otras, las Sentencias 173/2011, de 7 de noviembre, o 54/2015, de 16 de marzo), en interpretación del artículo 18 de la Constitución, que para entrada, por ejemplo, en locales comerciales, no se está ante un caso de domicilio en el sentido a que se refiere ese precepto, de suerte que para entrar en él no hace falta autorización judicial, ha considerado protegidos por ese mismo artículo los aspectos que afectan a la intimidad o esfera personal, aplicando para ello un determinado sentido del término domicilio. Así, por ejemplo, aunque se pueda acceder sin autorización judicial a zonas compartidas, el acceso concreto a determinadas dependencias o instrumentos solo podrá llevarse a cabo en los términos en que lo ha señalado la jurisprudencia constitucional, de manera que, en función de las circunstancias, habrá de recabarse el pertinente consentimiento o, en su caso, la correspondiente autorización judicial.
>
> Por estas razones, la redacción de este extenso artículo 54 del Anteproyecto debe revisarse, en línea con lo que ya se sugirió en 2012; es decir, debería indicarse que la potestad de inspección de la Agencia, como la de las Fuerzas y Cuerpos de Seguridad del Estado, podrá desarrollarse en los términos de la ley, sin perjuicio de que haya de recabarse, en su caso (esto es, por exigencia de la debida protección de los derechos fundamentales en presencia), la autorización o ratificación judicial, prevista en el artículo 8.6 de la LJCA. Y así debería recogerse en el apartado 1 del precepto. Así, de este modo, se entendería mejor el listado de actividades para los que están autorizados los inspectores de la Agencia (párrafo 4.º del apartado 2 del precepto), cuyas facultades de "entrada libre y sin previa notificación, en todo momento, en todo establecimiento o instalación...", no puede ser en modo alguno entendida como una competencia libérrima e irrestricta"[153].

En cuanto a las actas que levanten los inspectores de la CELAD en el ejercicio de sus funciones, se establece su presunción de veracidad, al señalar el último párrafo del artículo 55.2 de la LOCD que "... tendrán el carácter de documento público y, salvo que se acredite lo contrario, harán prueba de los hechos que en ellas se recojan". Previsión esta que viene a reiterar la previsión general del artículo 77.5 de la LPACAP, cuando dispone que "Los documentos formalizados por los funcionarios a los que se reconoce la condición de autoridad y en los que, observándose los requisitos legales correspondientes se recojan los hechos constatados por aquéllos harán prueba de éstos salvo que se acredite lo contrario".

Por lo demás, establece el artículo 55.3 de la LOCD que la CELAD "..., en el desempeño de sus funciones, podrá solicitar la colaboración de las Fuerzas y Cuerpos de Seguridad", y que en los casos en que el Director de la CELAD "... considere oportuno, los funcionarios debidamente acreditados de la Agencia Estatal Comisión Española para la Lucha Antidopaje en el Deporte podrán auxiliarse de expertos, técnicos y especialistas

[153] Ibidem, a donde pertenece el texto entrecomillado del párrafo.

que resulten de especial interés en las tareas de inspección. Los mismos no tendrán la consideración de agentes de la autoridad y su actividad únicamente se circunscribirá al auxilio y colaboración con el personal inspector, a las órdenes de los cuales ejercerán su labor".

3.3. Especial referencia a la inspección de botiquines "deportivos", locales y otros elementos

En la derogada Ley Orgánica 3/2013 se preveía la facultad de las Fuerzas y Cuerpos de Seguridad del Estado y de las autoridades sanitarias para, de oficio o a iniciativa de la Agencia antidopaje, "... inspeccionar los botiquines y demás instrumentos que permitan custodiar o albergar los productos y sustancias susceptibles de dar un resultado analítico adverso en un control de dopaje, sin perjuicio de lo dispuesto en el apartado sexto del artículo 8 de la Ley 29/1998, de 13 de julio, Reguladora de la Jurisdicción Contencioso-Administrativa, en los casos en que sea aplicable", tal y como rezaba su artículo 57. El sistema se completaba con una referencia a las consecuencias sancionadoras que pudieran resultar de tales inspecciones, que de los resultados de los controles aduaneros que realice la Agencia Estatal de Administración Tributaria (AEAT) se informará a los órganos competentes, y que será una disposición reglamentaria la que determine "el contenido admisible de los botiquines y, específicamente, de aquellos medicamentos y productos sanitarios que resultan necesarios para atender las contingencias derivadas de cualquier urgencia médica", todo ello de acuerdo con el mismo precepto.

Tal reglamento está contenido en la todavía vigente Orden SPI/2401/2011, de 24 de agosto, reguladora del contenido admisible de los botiquines en el deporte, dictado en desarrollo del artículo 18.1 del aún vigente, y previo a la Ley Orgánica 3/2013, Real Decreto 641/2009, de 17 de abril, por el que se regulan los procesos de control de dopaje y los laboratorios de análisis autorizados, y por el que se establecen medidas complementarias de prevención del dopaje y de protección de las salud en el deporte[154].

Las novedades que incorpora la LOCD están, además de en la asunción directa de la potestad de inspección por la CELAD con su propio cuerpo de inspectores, en la introducción de un concepto nuevo, el de "botiquines deportivos", y la extensión de las posibilidades de inspección a "locales y otros elementos que permitan custodiar o albergar los productos y sustancias susceptibles de dar un resultado analítico adverso en un control de dopaje...", tal y como reza su artículo 55.4, lo que es de mayor extensión que la expresión "botiquines y demás instrumentos" de la norma derogada.

La inspección de lo indicado corresponde, de acuerdo con el apartado 4 del artículo 55 de la LOCD, directamente a la CELAD, añadiendo que "... Las personas o entidades que tengan acceso a estos botiquines deportivos, locales y otros elementos, deberán permitir, en todo momento, el acceso a sus locales y archivos a la Agencia Estatal Comisión Española para la Lucha Antidopaje en el Deporte para realizar dichas inspecciones" (párrafo primero).

---

[154] Establece que "Mediante orden, a propuesta del Ministerio de Sanidad y Política Social y previa consulta al Consejo Superior de Deportes, se establecerán los criterios relacionados con el contenido admisible de los botiquines y, específicamente, de aquellos principios activos y productos sanitarios que resultan necesarios para atender las contingencias derivadas de cualquier urgencia médica".

También se establece a continuación, manteniendo casi la literalidad del artículo 57 de la derogada Ley Orgánica 3/2013, que:

> "Del mismo modo, las Fuerzas y Cuerpos de Seguridad del Estado, los servicios de inspección sanitaria del Estado así como los órganos de las Comunidades Autónomas que tengan atribuida competencia para ello, por su propia iniciativa o a instancia de la Agencia Estatal Comisión Española para la Lucha Antidopaje en el Deporte, podrán inspeccionar los botiquines deportivos, locales y otros elementos que permitan custodiar o albergar los productos y sustancias susceptibles de dar un resultado analítico adverso en un control de dopaje, sin perjuicio de lo dispuesto en el apartado sexto del artículo 8 de la Ley 29/1998, de 13 de julio, reguladora de la Jurisdicción Contencioso-Administrativa, en los casos en que sea aplicable".

Lo mismo cabe decir del apartado 6 del artículo 55 de la LOCD, cuando establece que "Mediante orden de la persona titular del Ministerio de Cultura y Deporte, se establecerá el contenido admisible de los botiquines y, específicamente, de aquellos medicamentos y productos sanitarios que resultan necesarios para atender las contingencias derivadas de cualquier urgencia médica", aunque aquí añade una obviedad cuando recuerda que "La custodia, conservación y dispensación de estos medicamentos deberá cumplir con lo establecido en la normativa específica vigente que le sea de aplicación", lo que remite a la legislación farmacéutica que sin ningún género de dudas resulta de aplicación.

También se mantiene la referencia a los controles aduaneros de la AEAT que contenía el artículo 57 de la Ley Orgánica 3/2013, lo que se hace de un modo tan respetuoso con la norma derogada que se mantiene incluso la terminología por la misma empleada. Establece el apartado 7 del artículo 55 de la LOCD que:

> "De los resultados de los controles aduaneros sobre botiquines y demás instrumentos previstos en el apartado 4 de este artículo que realicen la Agencia Estatal de Administración Tributaria y los órganos competentes para el control sanitario en frontera en el desarrollo de sus funciones se informará al órgano competente en los términos que se establezcan mediante Orden de la persona titular del Ministerio de Cultura y Deporte".

Finalmente, volviendo a los controles aduaneros, el apartado 8 del artículo 55 de la LOCD viene a establecer que la CELAD "..., de oficio o a requerimiento de las autoridades aduaneras, podrá inspeccionar dichos botiquines, en orden a la comprobación del cumplimiento de lo previsto en esta ley y en las disposiciones para su desarrollo, en relación con los productos y sustancias susceptibles de dar un resultado analítico adverso en un control de dopaje. Ambos tipos de actuaciones se realizarán aplicando lo previsto en el artículo 42 del Reglamento (UE) n.º 952/2013 del Parlamento Europeo y del Consejo, de 9 de octubre de 2013, por el que se establece el código aduanero de la Unión".

Como podemos observar en la misma LOCD, mientras el artículo 53.3 habilita a la CELAD para hacer directamente inspecciones "en el recinto aduanero o cualquier otro lugar" tras la recepción de los formularios de entrada a que se refiere el precepto, el 55.8 le otorga un mayor alcance a tal posibilidad de inspección respecto de los botiquines, que ya no han de ser necesariamente "deportivos". El primero, como vimos, tiene base en las competencias estatales del artículo 149.1.16ª de la Constitución, y el segundo en el 149.1.29ª, lo que no tiene mucho sentido –o si lo tiene no lo encontramos con facilidad–, lo mismo que la mención, otra vez, del precepto relativo a sanciones del Reglamento (UE) n.º 952/2013.

3.4. Una breve referencia a la potestad sancionadora en otros ámbitos

La presencia en el artículo 55 de la LOCD del contenido de su apartado 5 resulta ciertamente desconcertante. Y más si tenemos en cuenta que el precepto va referido a la potestad de inspección que la LOCD otorga de forma novedosa a la CELAD. Siendo esto así, lo lógico sería entender que las disposiciones allí contenidas van dirigidas a la CELAD, aunque el precepto, como hemos visto, contiene menciones a otras entidades que ostentan también potestad de inspección, aunque en ámbitos que no son los de la lucha contra el dopaje.

Ni que decir tiene que la inspección de botiquines y elementos que contengan productos dopantes remite a la legislación de productos farmacéuticos, y que ni decir tiene también que "La custodia, conservación y dispensación de estos medicamentos deberá cumplir con lo establecido en la normativa específica vigente que le sea de aplicación", tal y como señala el segundo párrafo del artículo 55.6 de la LOCD, como vimos.

Que se aplica la legislación farmacéutica es evidente, como lo es que el régimen sancionar establecido en la misma contiene tipos infractores perfectamente detectables y perseguibles si además los medicamentos en cuestión contienen sustancias dopantes. No es preciso insistir en ello[155].

Sólo así se entiende la previsión contenida en el mencionado artículo 55.5 de la LOCD que, por cierto, comparte tenor literal con el párrafo segundo del artículo 57 de la derogada Ley Orgánica 3/2013. Este es su tenor:

> "A los efectos del ejercicio de la potestad sancionadora por la Administración, se tendrá en cuenta el tipo de sustancias, el número de unidades, la justificación terapéutica, así como el resto de cuestiones directamente vinculadas a su ejercicio profesional".

Recordemos que el mentado artículo 57 de la ley derogada se situaba en un ámbito en el que la Agencia antidopaje carecía de facultades de inspección, debiendo solicitarlas de las Fuerzas y Cuerpos de Seguridad del Estado o de las autoridades sanitarias. Es claro que el mandato del precepto transcrito va dirigido a Administraciones competentes con potestad sancionadora en ámbitos que no son los de la lucha contra el dopaje y que no son la CELAD.

---

[155] Sobre esta cuestión, por todos, PALOMAR OLMEDA, A., "Régimen sancionador administrativo en el ámbito de los medicamentos", *Tratado de Derecho Farmacéutico* (Faus Santasusana, J. y Vida Fernández, J., Dirs.), Thomson Reuters Aranzadi, Cizur Menor (Navarra), 2017, pp. 1069-1098.

De hecho, la intervención misma de las Fuerzas y Cuerpos de Seguridad del Estado tiene sentido dada la existencia de tipos penales específicos relacionados con los medicamentos[156], además desde luego del delito de dopaje del artículo 362 quinquies CP.

4. El decomiso

En el mismo marco que lo antes indicado, se prevé el decomiso de "... las sustancias y productos susceptibles de producir dopaje en el deporte o en la actividad deportiva y los instrumentos o útiles empleados a tal fin...", tal y como señala el primer apartado del artículo 56 de la LOCD.

El decomiso consiste en la privación de los instrumentos y/o el producto de infracciones, y en el ámbito penal ha sido objeto de regulación principalmente tras la reforma operada en el CP por la Ley Orgánica 1/2015, de 30 de marzo, y en la Ley de Enjuiciamiento Criminal, por la Ley 41/2015, de 5 de octubre. Regulación claro está que ha afectado al delito de dopaje establecido en el artículo 362 quinquies CP[157].

En el ámbito de la represión del dopaje no es nueva esta figura y ya se contemplaba en la Ley Orgánica 7/2006, desde una doble perspectiva: como sanción accesoria en procedimientos sancionadores por dopaje con arreglo a su artículo 21.3[158], y como medida cautelar en procedimientos sancionadores ex artículo 40 de la indicada norma[159], dentro del Título relativo a las medidas de control de productos susceptibles de producir dopaje.

La figura se recogió también en la Ley Orgánica 3/2013, pero perdiendo la naturaleza de sanción accesoria, de modo que se recogía únicamente como medida cautelar a adoptar en el procedimiento sancionador o con carácter previo a la incoación del mismo, de

[156] Puede consultarse, por todos, CASTELLÓ NICÁS, N., "El delito farmacológico del artículo 361 del Código Penal", Derecho y consumo. Aspectos penales, civiles y administrativos (Morillas Cueva, L., Dir.; Suárez López, J.M:, Coord.), Dykinson, Madrid, 2013, pp. 345-386, y CASTRO MORENO, A., "La responsabilidad penal relacionada con los medicamentos: tipos específicos", *Tratado de Derecho Farmacéutico* (Faus Santasusana, J. y Vida Fernández, J., Dirs.), Thomson Reuters Aranzadi, Cizur Menor (Navarra), 2017, pp. 1099-1132.

[157] Por todos, FERNÁNDEZ PANTOJA, P., "El decomiso en el delito de dopaje en el deporte", *Tratamiento jurídico penal y procesal del dopaje en el deporte* (Benítez Ortúzar, I.F., Coord.), Dykinson, Madrid, 2015, pp. 345-366.

[158] Establecía que "Cuando por la naturaleza de la infracción sea posible, toda sanción que se impusiere llevará consigo el comiso de las sustancias y útiles que hayan producido o sean susceptibles de producir dopaje en el deporte. Las sustancias y útiles que hayan sido definitivamente decomisados por resolución sancionadora serán adjudicados a la Agencia Estatal Antidopaje, hasta que, reglamentariamente, se determine el destino final de los mismos, todo ello, sin perjuicio de lo dispuesto en el artículo 40 de la presente Ley para el decomiso como medida cautelar".

[159] De acuerdo con el mismo:

"Las sustancias y productos susceptibles de producir dopaje en el deporte o en la actividad deportiva y los instrumentos o útiles empleados a tal fin podrán ser objeto de decomiso por las autoridades administrativas que inicien los correspondientes procedimientos sancionadores, como medida cautelar dentro de los mismos o previa a aquéllos. En este segundo supuesto, el órgano instructor deberá ratificar esta medida en el curso de la tramitación del expediente".

acuerdo con lo que establecía el artículo 58[160], que comparte literalidad con el artículo 56 de la vigente LOCD.

El título competencial que esgrime la Disposición final tercera LOCD para la aprobación de este precepto es el artículo 149.1.29.ª de la Constitución, que se refiere como es sabido a la competencia exclusiva del Estado sobre seguridad pública. Exactamente el mismo que se esgrimía en la Ley Orgánica 3/2013 para su artículo 58.

Al igual que el indicado precepto de la norma derogada, el artículo 56 de la LOCD establece en su apartado 1 lo siguiente:

> "Las sustancias y productos susceptibles de producir dopaje en el deporte o en la actividad deportiva y los instrumentos o útiles empleados a tal fin podrán ser objeto de decomiso por las autoridades administrativas competentes, como medida provisional, dentro de los procedimientos sancionadores, o previa a aquéllos.
>
> En este segundo supuesto, el órgano competente para incoar el procedimiento sancionador deberá ratificar esta medida en el curso de la tramitación del expediente. Cuando se impongan las correspondientes sanciones, esta medida podrá convertirse en definitiva. Los elementos decomisados podrán ser destinados por la Agencia Estatal Comisión Española para la Lucha Antidopaje en el Deporte a fines de investigación".

La anterior disposición se completa con una determinación adicional –y novedosa respecto de la Ley Orgánica 3/2013– de carácter negativo, pues "no será de aplicación cuando la conducta fuese constitutiva de infracción de contrabando, en cuyo caso se estará a lo dispuesto en la Ley Orgánica 12/1995, de 12 de diciembre, de Represión del Contrabando".

La regulación del decomiso en este Título IV de la LOCD, de modo separado respecto del relativo al procedimiento sancionador por dopaje, resulta asistemática ya que tratándose de una medida cautelar previa a un procedimiento sancionador, toda vez que existen infracciones por dopaje directamente relacionada con la tenencia o posesión de sustancias o productos dopantes o su tráfico ex artículo 20 de la LOCD. De ahí que por el Consejo de Estado se sugiriera en su Dictamen al Anteproyecto de ley orgánica de lucha contra el dopaje en el deporte, aprobado el 29 de abril de 2021, que el precepto se recogiera dentro del correspondiente a las medidas cautelares en el procedimiento sancionador por dopaje, que es el artículo 37 de la LOCD.

La sugerencia indicada no fue atendida, y parece que la regulación de esta figura va referida a actuaciones previas en procedimientos sancionadores que no sean por dopaje por "las autoridades administrativas competentes", que no son la CELAD, lo que causa extrañeza ya que con la LOCD esta inaugura la potestad inspectora como competencia propia.

---

[160] Este era su tenor literal:

"Las sustancias y productos susceptibles de producir dopaje en el deporte o en la actividad deportiva y los instrumentos o útiles empleados a tal fin podrán ser objeto de decomiso por las autoridades administrativas que inicien los correspondientes procedimientos sancionadores, como medida cautelar dentro de los mismos o previa a aquéllos. En este segundo supuesto, el órgano instructor deberá ratificar esta medida en el curso de la tramitación del expediente. Cuando se impongan las correspondientes sanciones, esta medida podrá convertirse en definitiva. Los elementos decomisados podrán ser destinados por la Agencia Española de Protección de la Salud en el Deporte a fines de investigación".

III. CONDICIONES DE UTILIZACIÓN DE LOS PRODUCTOS SUSCEPTIBLES DE PRODUCIR DOPAJE EN EL DEPORTE

1. Aspectos generales de la regulación

La referencia a las "condiciones de utilización de los productos susceptibles de producir dopaje en el deporte" no es ni mucho menos extraña en nuestra legislación antidopaje. Esa era la rúbrica del Capítulo II del Título II de la Ley Orgánica 7/2006 (artículos 41 a 43), y también del Capítulo II del Título III de la Ley Orgánica 3/2013 (artículos 59 a 63), ambas derogadas.

Sin entrar en las evidentes similitudes entre las indicadas normas derogadas[161], la vigente LOCD viene a prácticamente trascribir los preceptos de la Ley Orgánica 3/2013, por lo que es claro que no existen novedades en este aspecto.

Las cuestiones que se regulan aquí y que veremos seguidamente se legitiman claramente en el título competencial del artículo 149.1.16ª de la Constitución y se remiten a normas cuyo objeto es la protección de salud de las personas, contenidas en los grupos normativos que regulan los productos alimenticios o los medicamentos. Tal objeto, insistimos en ello, ahora no es compartido por la Agencia antidopaje, hasta el punto de que la mención a la salud ha salido del objeto de la LOCD, lo que hace todo ciertamente complejas las relaciones entre las autoridades competentes cuando no se comparten finalidades.

2. Comercialización y utilización de productos alimenticios

Empleando el mismo tenor literal que el artículo 59 de la Ley Orgánica 3/2013 –salvo la mención de la CELAD–, el artículo 57 de la LOCD viene a establecer la necesidad de colaboración entre el Ministerio de Sanidad y la CELAD, junto con las Comunidades Autónomas, para establecer "... mecanismos de información y de publicidad específicos de los productos alimenticios que, sin ser medicamentos, puedan producir en el ámbito del deporte un resultado analítico adverso de dopaje", lo que se completa señalando que "Específicamente, las autoridades administrativas españolas establecerán los procedimientos adecuados para la declaración de los productos alimenticios que se introduzcan en España y que puedan entenderse incluidos en el ámbito de esta ley".

Sin que existan iniciativas perceptibles por parte del Ministerio de Sanidad, que de acuerdo con el precepto es el que "... establecerá, de común acuerdo con ...", entendemos que la previsión indicada viene a completar las previsiones que al respecto se establecen en la legislación alimentaria respecto de la información y la publicidad de estos productos[162].

La Ley 17/2011, de 5 de julio, de seguridad alimentaria y nutrición se remite en este sentido a toda la normativa reguladora de la publicidad. Específicamente, cuando de publicidad de alimentos se trata, hay que estar al Real Decreto 1907/1996, de 2 de agosto,

---

[161] Así lo pone de manifiesto, por todos, ROBINA BLANCO-MORALES, A.T., cit., pp. 574-575.

[162] Por todos, GONZÁLEZ BOTIJA, F., "Comunicaciones comerciales", *Tratado de Derecho Alimentario* (Recuerda Gilera, M.A., Dir.), Aranzadi Thomson Reuters, Cizur Menor (Navarra), 2011, pp. 725-862, y ROYO BORDONADA, M.A. y RODRÍGUEZ ARTALEJO, F., "Publicidad alimentaria y salud. Estado de la situación en España", *Mediterráneo Económico*, núm. 27, 2015, pp. 319-330.

sobre publicidad y promoción comercial de productos, actividades o servicios con pretendida finalidad sanitaria y, desde luego, al Reglamento (CE) n.º 1924/2006 del Parlamento Europeo y del Consejo, de 20 de diciembre de 2006, relativo a las declaraciones nutricionales y de propiedades saludables en los alimentos, en la publicidad o promoción directa o indirecta de alimentos. Reglamento este que fue modificado por el Reglamento (UE) nº 1169/2011, del Parlamento Europeo y del Consejo, de 25 de octubre de 2011, sobre la información alimentaria facilitada al consumidor, que en su parte más sustancial entró en vigor el 13 de diciembre de 2014.

Asimismo, mecanismos de información existen incluso a nivel internacional desde el ámbito privado, destacando el programa denominado *Informed Sport* desarrollado por la compañía británica LGC de certificación de productos alimenticios. Esta entidad proporciona a través de una web con su correspondiente aplicación, una herramienta para que los deportistas –principalmente– puedan obtener confirmación de la ausencia de sustancias dopantes en productos alimenticios identificando a los fabricantes, los productos y los correspondientes lotes[163].

También hay que destacar, en el ámbito de la normalización, esto es, el establecimiento de criterios de calidad o estándares de productos y procedimientos, la aprobación de la norma UNE-EN 17444:2021 - *Prevención del dopaje en el deporte. Buenas prácticas de desarrollo y fabricación destinadas a prevenir la presencia de sustancias prohibidas en alimentos destinados a los deportistas y complementos alimenticios*. En vigor desde el 30 de junio de 2021, ha sido elaborada por el Comité Técnico CTN-34-*Productos Alimentarios* de la Asociación Española de Normalización, habiendo desempeñado las funciones de secretaría del indicado Comité la Federación Española de Industrias de Alimentación y Bebidas (FIAB).

Además, no podemos obviar que existe una mención a los productores y distribuidores de suplementos nutricionales en el artículo 10 de la Convención Internacional contra el dopaje en el deporte de 2005, donde se señala que "Los Estados Parte instarán, cuando proceda, a los productores y distribuidores de suplementos nutricionales a que establezcan prácticas ejemplares en la comercialización y distribución de dichos suplementos, incluida la información relativa a su composición analítica y la garantía de calidad". Es claro que el "cuando proceda" se deja a la apreciación de los distintos Estados.

3. Prohibiciones específicas a la comercialización, en establecimientos dedicados a actividades deportivas, de determinados productos que contengan sustancias prohibidas en el deporte por ser susceptibles de producir dopaje

El establecimiento de limitaciones a la comercialización de productos que contengan sustancias susceptibles de producir dopaje tiene una directa conexión con lo que señala el artículo 8 de la Convención Internacional contra el dopaje en el deporte de 2005, cuya rúbrica es, precisamente, "Restringir la disponibilidad y la utilización en el deporte de sustancias y métodos prohibidos", lo que puede incluir como señala el precepto, "... medidas

[163] Disponible en: https://sport.wetestyoutrust.com/ (último acceso: 2 de julio de 2022).
Una explicación sobre ello está en ATIENZA MACÍAS, E., *Las respuestas del Derecho a las nuevas manifestaciones de dopaje en el deporte*, Dykinson, Madrid, 2020, pp. 193-194.

para luchar contra el tráfico destinado a los deportistas y, con tal fin, medidas para controlar la producción, el transporte, la importación, la distribución y la venta" (apartado 1)[164].

Idéntico al artículo 60 de la Ley Orgánica 3/2013, y es a su vez inspirado en el 42 de la Ley Orgánica 7/2006, el artículo 58 de la LOCD viene a establecer una prohibición –como su rúbrica indica– que adjetiva de "específica" respecto de la "... comercialización, en establecimientos dedicados a actividades deportivas, de determinados productos que contengan sustancias prohibidas en el deporte por ser susceptibles de producir dopaje".

El tenor literal del indicado artículo 58 –idéntico al señalado de la norma de 2013– es el siguiente:

> "1. A efectos de la presente ley quedan prohibidos la venta, el depósito, la comercialización o la distribución, bajo cualquier modalidad, en establecimientos, instalaciones, centros, servicios y entidades dedicados a actividades deportivas, y en eventos deportivos, de aquellos productos que contengan sustancias prohibidas en el deporte por ser susceptibles de producir dopaje, declaradas como tales de conformidad con esta ley.
>
> 2. Igualmente se prohíbe incitar al consumo de los productos determinados en el apartado anterior en los lugares a que se refiere el mismo".

La misma prohibición la situaba la Ley Orgánica 7/2006 en el marco de la legislación de protección ciudadana[165], lo que dejó de hacer la Ley Orgánica 3/2013, y que llevó a que el Consejo de Estado, en el Dictamen al anteproyecto de tal norma advirtiera que "Este precepto realiza una suerte de tipificación de una infracción de la legislación de seguridad ciudadana (prohibición de incitación al consumo de los productos previstos en el artículo 60.1 del Anteproyecto en establecimientos dedicados a actividades deportivas). Podría valorarse su ubicación en una disposición final de la norma proyectada"[166].

---

164 El tenor literal del artículo 8 es el siguiente:

"1. Los Estados Parte deberán adoptar, cuando proceda, medidas encaminadas a restringir la disponibilidad de sustancias y métodos prohibidos, a fin de limitar su utilización en el deporte por los deportistas, a menos que su utilización se base en una exención para uso con fines terapéuticos. Lo anterior comprende medidas para luchar contra el tráfico destinado a los deportistas y, con tal fin, medidas para controlar la producción, el transporte, la importación, la distribución y la venta.

2. Los Estados Parte deberán adoptar, o instar a adoptar, si procede, a las entidades competentes de su jurisdicción, medidas encaminadas a impedir o limitar el uso y posesión por los deportistas de sustancias y métodos prohibidos, a menos que su utilización se base en una exención para uso con fines terapéuticos.

3. Ninguna medida adoptada en cumplimiento de la presente Convención impedirá que se disponga, para usos legítimos, de sustancias y métodos que de otra forma están prohibidos o sometidos a control en el deporte".

165 Establecía el artículo 42 de la Ley Orgánica 7/2006 lo siguiente:

"1. De conformidad con la legislación de protección de la seguridad ciudadana, se prohíbe el depósito, comercialización o distribución, bajo cualquier modalidad, en establecimientos dedicados a actividades deportivas, de aquellos productos que contengan sustancias prohibidas en el deporte por ser susceptibles de producir dopaje, declaradas como tales de conformidad con esta Ley.

2. Igualmente, de conformidad con la legislación de protección de la seguridad ciudadana, se prohíbe incitar al consumo de los productos a que se refiere el apartado anterior en los lugares a que se refiere el mismo".

166 Dictamen al Anteproyecto de Ley Orgánica de Protección de la salud del deportista y lucha contra el dopaje en la actividad deportiva, aprobado el 14 de febrero de 2013. Referencia: 1450/2012.

Como certeramente indicara CANTERO respecto de la norma de 2006, esta prohibición "..., se trata de una medida de carácter general que excede del ámbito estrictamente deportivo, para situarse más bien en la órbita de las políticas de salud pública..."[167]. Y siguiendo a VIDA, consideramos que tal norma contendida en el artículo 42 de la Ley Orgánica 7/2006 "... no es más que un artículo de renvío que remite a la normativa sobre seguridad ciudadana en la que se introducen las prohibiciones específicas a la comercialización de determinados productos..."[168], pues la Disposición final tercera de tal ley orgánica modificó la Ley Orgánica 1/1992, de 21 de febrero, de Protección de la Seguridad Ciudadana, introduciendo dos infracciones de carácter grave en su artículo 23[169].

La Ley Orgánica 3/2013 derogó tanto la Ley Orgánica 7/2006 como tales tipos de infracción de la Ley Orgánica 1/1992, que hoy tampoco se recogen en la vigente Ley Orgánica 4/2015, de 30 de marzo, de protección de la seguridad ciudadana.

Es claro que tanto la norma de 2013 como la vigente han cambiado tal referencia o remisión a la ley reguladora de la seguridad ciudadana por la expresión "... A efectos de la presente Ley...", lo que sitúa la prohibición en un terreno ciertamente complicado, ya que si eso es así los destinatarios de la prohibición serán los mismos que entran en el ámbito subjetivo de aplicación de la LOCD, lo que resulta redundante dadas las infracciones establecidas en su artículo 20. Todo ello sin perjuicio de que no se establece una retribución negativa clara y directa frente a quienes incumplan la indicada prohibición.

4. Publicidad y venta a través de sistemas electrónicos

Compartiendo tenor literal, salvo la mención a la CELAD, con el artículo 61 de la Ley Orgánica 3/2013, el artículo 59 de la LOCD, rubricado "Publicidad y venta a través de sistemas electrónicos" establece:

> "1. La Agencia Estatal Comisión Española para la Lucha Antidopaje en el Deporte establecerá un programa específico de lucha contra la publicidad engañosa en esta materia y, en general, contra aquellas conductas publicitarias que inciten a su consumo.

---

[167] CANTERO MARTÍNEZ, J., "Política antidopaje y sistema nacional de salud: el nuevo marco de conexiones establecido en la Ley Orgánica 7/2006, de 21 de noviembre", *Revista Aranzadi de Derecho de Deporte y Entretenimiento*, núm. 23, 2008, p. 53.

[168] VIDA FERNÁNDEZ, J., "De las medidas de control y supervisión de productos, medicamentos y complementos nutricionales, que contengan sustancias prohibidas en la actividad deportiva", *Comentarios a la Ley Antidopaje en el Deporte* (Cazorla Prieto, L.M. y Palomar Olmeda, A., Dirs.), Thomson Aranzadi, Cizur Menor (Navarra), 2007, p. 506.

[169] Estableció lo siguiente:

"Uno. Se incorpora una letra p) al artículo 23, con la siguiente redacción:

«p) El depósito, comercialización o distribución, bajo cualquier modalidad, en establecimientos dedicados a actividades deportivas, de productos que contengan sustancias prohibidas en el deporte por ser susceptibles de producir dopaje, declaradas como tales de conformidad con su legislación específica.»

Dos. Se incorpora una letra q) al artículo 23, con la siguiente redacción:

«q) La incitación al consumo, en establecimientos dedicados a actividades deportivas, de productos que contengan sustancias prohibidas en el deporte por ser susceptibles de producir dopaje, declaradas como tales de conformidad con su legislación específica.»".

2. Específicamente y en coordinación con los órganos competentes de la Administración General del Estado se establecerá un programa de control de la venta y comercialización de estos productos por Internet y otros medios de venta electrónica".

A falta de una concreción de los obligaciones que se vienen estableciendo para la CELAD en este ámbito, es clara la motivación en la protección de la salud de las personas de la normativa que establece limitaciones y controles respecto de la publicidad y la venta por internet de productos alimenticios y sanitarios, lo que nos remite a regulaciones como las contenidas en el ya mencionado Real Decreto 1907/1996, de 2 de agosto, sobre publicidad y promoción comercial de productos, actividades o servicios con pretendida finalidad sanitaria.

Es de destacar también, en cuanto a medicamentos, el Real Decreto 870/2013, de 8 de noviembre, por el que se regula la venta a distancia al público, a través de sitios web, de medicamentos de uso humano no sujetos a prescripción médica, como norma de referencia de un grupo normativo mucho más amplio[170].

[170] Puede consultarse, por todos, ECHEVERRY VELÁSQUEZ, S.L., "La publicidad que incita al consumo de medicamentos en el deporte", Revista Aranzadi de derecho de deporte y entretenimiento, núm. 47, 2015, pp. 259-275; BALLESTEROS POMAR, R., "Publicidad de medicamentos dirigida al público", *Tratado de Derecho Farmacéutico* (Faus Santasusana, J. y Vida Fernández, J., Dirs.), Thomson Reuters Aranzadi, Cizur Menor (Navarra), 2017, pp. 851-884, y la monografía de IRÁCULIS ARREGUI, N., *La publicidad de los medicamentos*, La Ley, Madrid, 2009.

CAPÍTULO VI. LA PROTECCIÓN DE DATOS DE CARÁCTER PERSONAL

Sumario: I. LA NORMATIVA APLICABLE; II.- LOS DATOS PERSONALES EN LA LUCHA CONTRA EL DOPAJE. ESPECIAL REFERENCIA A LOS DATOS SENSIBLES; III.- LA BASE LEGITIMADORA PARA EL TRATAMIENTO DE DATOS DE CARÁCTER PERSONAL; IV.- LAS GARANTÍAS DE LA LOCD PARA EL TRATAMIENTO DE DATOS DE CARÁCTER PERSONAL; V.- LA RESPONSABILIDAD EN LA PROTECCIÓN DE DATOS DE CARÁCTER PERSONAL.

I. LA NORMATIVA APLICABLE

La lucha contra el dopaje se basa, principalmente, en la toma de muestras biológicas y su posterior análisis para conocer si se halla presente algún medicamento prohibido, o para obtener los valores que se necesitan para el pasaporte biológico.

Por lo tanto, es inevitable traer a colación lo afirmado por el TEDH en sus sentencias de 4 de diciembre de 2008, caso S. y Marper contra Reino Unido, de 19 de julio de 2011, caso Goggins y otros contra Reino Unido, y 13 de febrero de 2020, caso Gaughran contra Reino Unido: "… Al margen de su carácter eminentemente personal, el Tribunal señala que las muestras celulares contienen mucha información sensible de la persona, concretamente sobre su salud. Además, las muestras contienen un código genético único de gran importancia tanto para la persona afectada como para los miembros de su familia (par. 72) … La conservación de muestras celulares es particularmente intrusiva, teniendo en cuenta la profusión de información genética y sobre la salud que contienen … (par. 120)".

Es evidente que en la lucha contra el dopaje se tratan datos de salud, además de otros datos, unos considerados sensibles y otros no, como vamos a ver, pues se trata esta de una cuestión que ha venido siendo objeto de atención en el ámbito de la lucha contra dopaje tanto por la Ley Orgánica 7/2006 como por la también derogada Ley Orgánica 3/2013[171].

---

[171] GARCÍA CABA, M.M., "La protección de datos de carácter personal y el dopaje", *Comentarios a la Ley Orgánica de Protección de la Salud y de la Lucha contra el Dopaje en el Deporte* (Millán Garrido, A., Coord.), Bosch, Barcelona, 2007, pp. 347-388; PUENTE ESCOBAR, A., "Confidencialidad de los datos relativos al dopaje en el deporte y cesión de datos", *Comentarios a la Ley Antidopaje en el Deporte* (L. Mª. Cazorla y A. Palomar, Dirs.), Thomson-Aranzadi, Cizur Menor (Navarra), 2007, pp. 391-427, y MORTE FERRER, R., "La lucha contra el dopaje y la protección de datos", *Dopaje deportivo y Código Mundial Antidopaje* (De Vicente Martínez, R., Dir.; Millán Garrido, A., Coord.), Reus, Madrid, 2014, pp. 179-209.

El derecho fundamental a la protección de datos de carácter personal se regula en el artículo 18.4 de la Constitución, en el Reglamento (UE) 2016/679 del Parlamento Europeo y del Consejo, de 27 de abril de 2016, relativo a la protección de las personas físicas en lo que respecta al tratamiento de datos personales y a la libre circulación de estos datos y por el que se deroga la Directiva 95/46/CE (RGPD), y en la Ley Orgánica 3/2018, de 5 de diciembre, de Protección de Datos Personales y garantía de los derechos digitales, así como en el Convenio Nº 108 del Consejo de Europa, para la protección de las personas con respecto al tratamiento automatizado de datos de carácter personal, enmendado por los Protocolos Nº 181 y Nº 223.

En el ámbito privado de la lucha contra el dopaje, la AMA ha aprobado el Estándar Internacional para la protección de los datos personales[172], si bien este Estándar prevé la aplicación de las legislaciones nacionales que prevean un régimen mayor de protección: "El Código reconoce y confirma que es esencial garantizar el pleno respeto de los derechos a la protección a la vida privada de las personas sometidas a los programas antidopaje basados en el Código. En apoyo de este compromiso, el presente estándar internacional fija un conjunto mínimo de reglas comunes a las que las organizaciones antidopaje deben conformarse para tratar los datos personales conforme al Código. En ciertos casos, las organizaciones antidopaje pueden estar obligadas, en virtud del derecho aplicable, a aplicar reglas o normas más estrictas que las previstas en el presente estándar internacional"[173].

El Título III de la LOCD regula el "Tratamiento de datos personales relativos al dopaje" junto con la Disposición adicional cuarta que regula la "Protección de datos de carácter personal".

II. LOS DATOS PERSONALES EN LA LUCHA CONTRA EL DOPAJE. ESPECIAL REFERENCIA A LOS DATOS SENSIBLES

Como afirma el Informe de la Agencia Española de Protección de Datos 77/2020, relativo al Anteproyecto de Ley Orgánica de lucha contra el dopaje en el deporte[174], en la legislación antidopaje "… se desprende el tratamiento de un gran número de datos de carácter personal relacionados con la salud de las personas …". El artículo 4.15 del Reglamento general de protección datos dice que los datos relativos a la salud son aquellos "… datos personales relativos a la salud física o mental de una persona física, incluida la prestación de servicios de atención sanitaria, que revelen información sobre su estado de salud".

Este precepto hay que ponerlo en relación con el Considerando 35 del Reglamento general, que indica "Entre los datos personales relativos a la salud se deben incluir todos los datos relativos al estado de salud del interesado que dan información sobre su estado de salud física o mental pasado, presente o futuro. Se incluye la información sobre la persona física recogida con ocasión de su inscripción a efectos de asistencia sanitaria, o con

---

172 Accesible en https://www.wada-ama.org/sites/default/files/2022-01/international_standard_ispppi_-_november_2021_0.pdf (último acceso: 24 de julio de 2022).

173 Puede consultarse BLANCO BARRIOS, A., "El sistema ADAMS. La protección y el tratamiento de datos de carácter personal de los deportistas como derecho fundamental a la luz de la normativa antidopaje y el Reglamento Europeo de Protección de Datos", *Revista Aranzadi de Derecho de Deporte y Entretenimiento*, núm. 70, 2021, pp. 199-228.

174 Accesible en https://www.aepd.es/es/documento/2020-0077.pdf (último acceso: 4 de julio de 2022).

ocasión de la prestación de tal asistencia, de conformidad con la Directiva 2011/24/UE del Parlamento Europeo y del Consejo; todo número, símbolo o dato asignado a una persona física que la identifique de manera unívoca a efectos sanitarios; la información obtenida de pruebas o exámenes de una parte del cuerpo o de una sustancia corporal, incluida la procedente de datos genéticos y muestras biológicas, y cualquier información relativa, a título de ejemplo, a una enfermedad, una discapacidad, el riesgo de padecer enfermedades, el historial médico, el tratamiento clínico o el estado fisiológico o biomédico del interesado, independientemente de su fuente, por ejemplo un médico u otro profesional sanitario, un hospital, un dispositivo médico, o una prueba diagnóstica in vitro".

A este respecto es irrelevante que la LOCD no aparezca mencionada en la Disposición adicional decimoséptima de la Ley Orgánica 3/2018, de 5 de diciembre, que trata sobre los "Tratamientos de salud", porque, como ha afirmado el Informe 101/2019 de la Agencia Española de Protección de Datos[175], " … lo que hace la disposición adicional objeto de análisis, es identificar en determinados apartados del artículo 9.2 del RGPD, aquellos tratamientos de datos que se deriven de la aplicación de las leyes que se citan, lo que no implica que los tratamientos de datos personales que se lleven a cabo como consecuencia de la aplicación de otras normas no encuentren acomodo en las excepciones del citado precepto, pues la referencia a la reserva de ley que contiene el articulo 9.2 LOPDGDD permitira que pueda haber normas que no estén incluidas, incluso aquellas que aún no se hayan aprobado, que puedan dar cobertura a la excepción de prohibición de tratamiento de categorías especiales de datos.

De no ser así, supondría la imposibilidad de llevar a cabo el tratamiento de categorías especiales de datos, en concreto datos de salud, que no derivaran de las mismas y se vaciaría de contenido material los apartados g), h), i) y j) del artículo 9.2. RGPD por imposibilidad de aplicación efectiva.

Piénsese por ejemplo, en el tratamiento de datos de salud derivado de la aplicación de la Ley Orgánica 3/2013, de 20 de junio, de protección de la salud del deportista y lucha contra el dopaje en la actividad deportiva, es una ley que no se cita en la disposición adicional objeto de análisis, y que ampara el tratamiento de datos de salud y permite levantar la prohibición del artículo 9.1 del RGPD".

Es evidente que en la lucha contra el dopaje se tratan datos de salud, a modo de ejemplo, el Estándar Internacional sobre la protección de datos define "Datos personales sensibles" como "Datos personales relativos al origen racial o étnico de un participante, a infracciones (penales u otras) que hubiera podido cometer, a su salud (principalmente los datos obtenidos del análisis de las muestras del deportista) y a informaciones biométricas y genéticas".

En este sentido, la sentencia de la Audiencia Nacional de 24 de noviembre de 2020[176] ha afirmado que "No existe, pues, ningún apoyo para la pretensión de la actora ni en la normativa española, ni en la de la Unión Europea, ni en la internacional, de que los datos sobre dopaje en el deporte no son datos de salud del deportista, sin perjuicio de que en la lucha

---

[175] Accesible en https://www.aepd.es/es/documento/2019-0101.pdf (último acceso: 24 de julio de 2022).

[176] Esta sentencia fue subsanada mediante Auto de 28 de enero de 2021 y, frente a la misma, se ha admitido recurso de casación mediante Auto del Tribunal Supremo de 17 de noviembre de 2021, y el procedimiento ha sido suspendido mediante Auto de 5 de julio de 2022, en el que se acuerda "Suspender la tramitación del presente recurso de casación hasta que el Tribunal de Justicia de la Unión Europea resuelva el asunto C-115/22".

contra el dopaje se regule detalladamente la determinación de existencia de infracciones y su publicidad para evitar el falseamiento de las competiciones y, en definitiva, tratar de que el juego sea limpio, pero no se deriva de tales normas que las infracciones en materia de protección de datos no tengan la calificación de gravedad que corresponde a los categorías especiales de datos que están particularmente protegidos, como son los datos de salud".

La LOCD contiene en sus preceptos distintas obligaciones que afectan a los datos de salud, además de los obtenidos de los análisis de sus muestras biológicas, así se puede afirmar que son datos de salud los que el deportista debe facilitar, en el momento de someterse a la toma de muestras, al indicar los tratamientos médicos y el alcance de dichos tratamientos (art. 10.3), la información del registro de tratamientos médicos regulada en el artículo 16 de la LOCD, que la propia Ley considera que el libro registro y las certificaciones tiene la consideración de documento sanitario y está sometido a la legislación vigente en materia de derechos y obligaciones de información y documentación clínica, receta médica y órdenes de dispensación, y al resto de la legislación general sobre salud pública y acceso a la información pública, o las autorizaciones de uso terapéutico, para cuya solicitud el deportista deberá aportar la historia médica completa y todas las pruebas diagnósticas, según se establece en el anexo II de la Convención internacional contra el dopaje de la UNESCO.

Como es lógico, en el hipotético caso de que se utilizaran los datos obtenidos del análisis de otras matrices del deportista (artículo 12.2), nos encontraríamos igualmente ante datos de salud o, incluso, datos genéticos o biométricos.

Ahora bien, especialmente significativos son los datos de salud que se derivan de la aplicación del artículo 18 de la LOCD[177]. Esta cuestión la trataremos más adelante, al tratar sobre las garantías en el tratamiento de datos de salud.

En la actualidad se está tramitando la cuestión prejudicial C-115/22, planteada por un Tribunal austriaco, en la que se plantea lo siguiente:

> "1) ¿La información de que una determinada persona ha cometido una determinada infracción en materia de dopaje y, en consecuencia, queda suspendida su participación en competiciones (nacionales o internacionales) constituye un «dato relativo a la salud» a efectos del artículo 9 del Reglamento (UE) 2016/679 (1) (en lo sucesivo, «Reglamento general de protección de datos»)?
>
> 2) ¿Se opone el Reglamento general de protección de datos, en particular su artículo 6, apartado 3, párrafo segundo, a una normativa nacional que ordena la publicación del nombre de las personas afectadas por las decisiones de la Unabhängige Schiedskommission (Comisión Independiente de Arbitraje), de la duración de la suspensión y de la motivación de esta, sin que deban poderse deducir datos relativos a la salud de dichas personas? ¿Tiene alguna relevancia a este respecto que, con arreglo a la normativa nacional, solo deba omitirse la divulgación pública de dicha información si el interesado es un deportista aficionado, un menor de edad o una persona que, facilitando información u otras indicaciones, haya contribuido significativamente al esclarecimiento de posibles infracciones en materia de dopaje?
>
> 3) ¿Exige el Reglamento general de protección de datos, en particular los principios del artículo 5, apartado 1, letras a) y c), que antes de toda publicación se

[177] Sobre esta cuestión, véase el Capítulo II, apartado VIII de esta obra.

lleve a cabo una ponderación entre, por un lado, los intereses de la personalidad del interesado que se vean afectados por la publicación y, por otro, el interés general en la información sobre las infracciones en materia de dopaje cometidas por los deportistas?

4) ¿La información de que una determinada persona ha cometido una determinada infracción en materia de dopaje y, en consecuencia, queda suspendida su participación en competiciones (nacionales o internacionales) constituye un tratamiento de datos personales relativos a condenas e infracciones penales en el sentido del artículo 10 del Reglamento general de protección de datos?

5) En caso de respuesta afirmativa a la cuarta cuestión: ¿Procede considerar que la Unabhängige Schiedskommission constituida con arreglo al artículo 8 de la Ley federal antidopaje de 2021 es una autoridad pública a efectos del artículo 10 del Reglamento general de protección de datos?".

También son datos de carácter personal los que debe facilitar el deportista para permitir su localización habitual (artículo 10.3). Si bien parece que estos datos no son sensibles, la Agencia Española de Protección de Datos recuerda en su Informe 77/2020 que "La misma mención cabe hacer respecto del apartado 3 de dicho artículo 10, en cuanto a la referencia al reglamento para la determinación por los deportistas y otros de los datos de localización habitual. Los datos que permiten la localización habitual de los deportistas son datos personales. Tal y como expresó en su momento el Grupo de Trabajo del art. 29 de la Directiva 95/46, estos datos pueden llegar a revelar creencias, ideologías y hábitos particulares de cada deportista que podría incluirse en las categorías de datos especiales (por ejemplo, acudir a un determinado centro religioso etc.)".

La LOCD contempla la posibilidad de tratar datos de condenas penales (art. 31) y de infracciones administrativas (art. 44), permitiendo incluso la publicación de las resoluciones sancionadoras firmes en lo que se refiere al nombre y apellidos de la persona infractora, especialidad deportiva, precepto vulnerado, sustancia o método empleados y sanción impuesta.

Esta publicación puede afectar a datos sensibles, como datos de salud, teniendo en cuenta que la sustancia detectada o método empleado puede caer dentro del ámbito de aplicación del Considerando 35 del Reglamento general de datos.

III. LA BASE LEGITIMADORA PARA EL TRATAMIENTO DE DATOS DE CARÁCTER PERSONAL

La Disposición adicional cuarta de la LOCD establece, en su apartado 1, la obligación de tratar los datos personales regulados en dicha Ley con respeto al Reglamento general de protección de datos de la Unión Europea, así como con respeto a la Ley Orgánica 3/2018, de 5 de diciembre, de Protección de Datos Personales y garantía de los derechos digitales y en la Ley Orgánica 7/2021, de 26 de mayo, de protección de datos personales tratados para fines de prevención, detección, investigación y enjuiciamiento de infracciones penales y de ejecución de sanciones penales.

El apartado 2 de la Disposición adicional cuarta de la LOCD nos dice que "Son datos de carácter personal objeto de su tratamiento para la consecución de las finalidades de interés público previstas en esta ley todos aquellos que resulten imprescindibles para el desarrollo y ejecución de las actuaciones, técnicas y procedimientos que se articulan en garantía del desarrollo de las competiciones deportivas limpias, en condiciones de igualdad y de protección de la salud de los y las deportistas. En particular son objeto de tratamiento datos identificativos de los y las deportistas, de salud, de localización de deportistas, de infracciones y sanciones administrativas y en su caso penales, entre otros".

Como puede apreciarse, en contra de lo dispuesto en artículo 1.1 de la LOCD, en este punto se contempla la protección de la salud de los deportistas como una de las finalidades de interés público de la LOCD. Si esto es así, debería haberse regulado explícitamente en la definición del objeto de la ley para no dejar un aspecto tan relevante a la interpretación de los tribunales.

Para añadir más inseguridad jurídica sobre este punto que acabamos de comentar, el apartado 3 de la Disposición adicional cuarta establece que "Las finalidades perseguidas con el tratamiento de los datos recabados en virtud de las disposiciones de la presente ley son la prevención y persecución del dopaje en el deporte, así como también garantizar el desarrollo de las competiciones deportivas en términos de igualdad y de acuerdo con las capacidades naturales y preparación de los y las deportistas. También lo será el tratamiento de los datos recabados con fines estadísticos o para la realización de estudios de investigación científica".

Como podemos apreciar, nuevamente desaparece la protección de la salud de los deportistas de entre las finalidades de la LOCD para el tratamiento de datos, lo que añade más inseguridad.

El apartado 7 dice que la base jurídica principal para el tratamiento de datos, de acuerdo con el objetivo y finalidad de la ley, es el cumplimiento de un interés público esencial, así como el ejercicio de poderes públicos en el cumplimiento de una misión realizada en interés público de acuerdo con los dispuesto en los artículos 9.2g)[178], 6.1.e)[179] y 89[180] del Reglamento general de protección de datos.

En primer lugar, hay que recordar que la sentencia del Tribunal de Justicia de la Unión Europea, de 6 de octubre de 2020 (C-623/17), ha afirmado que "… debe recordarse que la protección del derecho fundamental a la intimidad exige, conforme a la jurisprudencia reiterada del Tribunal de Justicia, que las excepciones a la protección de los datos personales y las restricciones a dicha protección se establezcan sin sobrepasar los límites de lo estrictamente necesario. Además, no puede perseguirse un objetivo de interés general sin tener en cuenta que debe conciliarse con los derechos fundamentales afectados por la medida, y debe efectuarse una ponderación equilibrada entre el objetivo y los intereses y derechos de que se trate".

---

178 Este artículo se refiere al tratamiento de datos especiales cuando "el tratamiento es necesario por razones de un interés público esencial, sobre la base del Derecho de la Unión o de los Estados miembros, que debe ser proporcional al objetivo perseguido, respetar en lo esencial el derecho a la protección de datos y establecer medidas adecuadas y específicas para proteger los intereses y derechos fundamentales del interesado".

179 Este precepto se refiere a la licitud del tratamiento cuando "es necesario para el cumplimiento de una misión realizada en interés público o en el ejercicio de poderes públicos conferidos al responsable del tratamiento".

180 Este artículo regula las garantías y excepciones aplicables al tratamiento con fines de archivo en interés público, fines de investigación científica o histórica o fines estadísticos.

Como puede apreciarse, incluso aunque se persiga un interés público o la CELAD esté ejerciendo poderes públicos, debe efectuarse una ponderación equilibrada entre los objetivos que persigue la lucha contra el dopaje y los derechos de los deportistas, para no sobrepasar los límites de lo estrictamente necesario.

Según la LOCD, también existen tratamientos cuya base jurídica se encuentra en la necesidad de una obligación legal aplicable al responsable del tratamiento e, incluso, en el consentimiento del interesado para uno o varios fines específicos.

En relación con el consentimiento, hay que recordar que el artículo 4.11 del Reglamento general de protección de datos lo define como "toda manifestación de voluntad libre, específica, informada e inequívoca por la que el interesado acepta, ya sea mediante una declaración o una clara acción afirmativa, el tratamiento de datos personales que le conciernen".

En la lucha contra el dopaje se están tratando datos sobre un supuesto consentimiento del deportista que no es tal, que no cumple con los requisitos establecidos en el artículo 4.11 del Reglamento general. A modo de ejemplo, el consentimiento del deportista que se contiene en el reverso del formulario de control de dopaje[181] contenido en su Anexo I.

El deportista está obligado a firmar el citado formulario[182] y en ese Anexo I se dice que el deportista, al firmar el formulario, está aceptando, entre otras cuestiones, cesiones de datos sobre los medicamentos utilizados, información derivada de las muestras biológicas, con entidades que algunas están identificadas en el formulario pero otras ni siquiera se mencionan. Incluso el propio formulario advierte al deportista que evitar el tratamiento de datos puede implicar incurrir en una infracción de las normas antidopaje e, incluso, se puede evitar su participación en eventos deportivos.

Es evidente que ese consentimiento es nulo por no ser libre, ya que el deportista no puede evitar la firma del formulario. A este respecto hay que recordar lo afirmado sobre el consentimiento por el Tribunal Europeo de Derechos Humanos en su sentencia de 2 de octubre de 2018, casos Pechstein y Mutu contra Suiza, ya comentada anteriormente.

En cuanto al tratamiento de categorías especiales de datos, entre los que se encuentran los datos de salud, la base jurídica será la prevista en el artículo 9.2.g) del Reglamento y, en su caso, en el artículo 9.1.i)[183] y concordantes de los previstos en el artículo 6 del Reglamento.

Finalmente, la base jurídica aplicable a las transferencias de datos personales a terceros países y organizaciones internacionales, y de acuerdo con el Considerando 112[184] del

---

[181] Resolución de 29 de septiembre de 2020, de la Presidencia del Consejo Superior de Deportes, por la que se aprueban los formularios para los controles de dopaje. BOE núm. 267 de 9 de octubre de 2020, pp. 86556-86587.

[182] Artículo 89 del RDCD.

[183] Este precepto se refiere al tratamiento "*por razones de interés público en el ámbito de la salud pública, como la protección frente a amenazas* transfronterizas graves para la salud, o para garantizar elevados niveles de calidad y de seguridad de la asistencia sanitaria y de los medicamentos o productos sanitarios, sobre la base del Derecho de la Unión o de los Estados miembros que establezca medidas adecuadas y específicas para proteger los derechos y libertades del interesado, en particular el secreto profesional".

[184] El Considerando 112 dice que "Dichas excepciones deben aplicarse en particular a las transferencias de datos requeridas y necesarias por razones importantes de interés público, por ejemplo en caso de intercambios internacionales de datos entre autoridades en el ámbito de la competencia, administraciones fiscales o aduaneras,

Reglamento general de protección de datos, será el artículo 49.1.d) del citado Reglamento, que se refiere a la transferencia por razones importantes de interés público.

En relación con la base jurídica prevista en el artículo 9.2.g) del Reglamento general de protección de datos, la sentencia del Tribunal Constitucional 76/2019, de 22 de mayo, trata esta cuestión en relación con el tratamiento de datos personales considerados como categorías especiales, entre los que se incluyen los datos de salud.

El Tribunal Constitucional comienza recordando que " … toda injerencia estatal en el ámbito de los derechos fundamentales y las libertades públicas debe responder a un fin constitucionalmente legítimo o encaminarse a la protección o la salvaguarda de un bien constitucionalmente relevante … por mandato expreso de la Constitución, toda injerencia estatal en el ámbito de los derechos fundamentales y las libertades públicas, ora incida directamente sobre su desarrollo (art. 81.1 CE), ora limite o condicione su ejercicio (art. 53.1 CE), precisa una habilitación legal … Esta doble función de la reserva de ley se traduce en una doble exigencia: por un lado, la necesaria intervención de la ley para habilitar la injerencia; y, por otro lado, esa norma legal "ha de reunir todas aquellas características indispensables como garantía de la seguridad jurídica", esto es, "ha de expresar todos y cada uno de los presupuestos y condiciones de la intervención" (STC 49/1999, FJ 4). En otras palabras, "no sólo excluye apoderamientos a favor de las normas reglamentarias [...], sino que también implica otras exigencias respecto al contenido de la Ley que establece tales límites" (STC 292/2000, FJ 15) … ".

Pues bien, en relación con el ámbito de las categorías especiales de datos personales, entre los que se incluyen los datos de salud, el Tribunal Constitucional afirma que "el Reglamento General de Protección de Datos establece las garantías mínimas, comunes o generales para el tratamiento de datos personales que no son especiales. En cambio, no establece por sí mismo el régimen jurídico aplicable a los tratamientos de datos personales especiales, ni en el ámbito de los Estados miembros ni para el Derecho de la Unión. Por ende, tampoco fija las garantías que deben observar los diversos tratamientos posibles de datos sensibles, adecuadas a los riesgos de diversa probabilidad y gravedad que existan en cada caso; tratamientos y categorías especiales de datos que son, o pueden ser, muy diversos entre sí. El Reglamento se limita a contemplar la posibilidad de que el legislador de la Unión Europea o el de los Estados miembros, cada uno en su ámbito de competencias, prevean y regulen tales tratamientos, y a indicar las pautas que deben observar en su regulación. Una de esas pautas es que el Derecho del Estado miembro establezca "medidas

---

entre autoridades de supervisión financiera, entre servicios competentes en materia de seguridad social o de sanidad pública, por ejemplo en caso contactos destinados a localizar enfermedades contagiosas o para reducir y/o eliminar el dopaje en el deporte. La transferencia de datos personales también debe considerarse lícita en caso de que sea necesaria para proteger un interés esencial para los intereses vitales del interesado o de otra persona, incluida la integridad física o la vida, si el interesado no está en condiciones de dar su consentimiento. En ausencia de una decisión de adecuación, el Derecho de la Unión o de los Estados miembros puede limitar expresamente, por razones importantes de interés público, la transferencia de categorías específicas de datos a un tercer país o a una organización internacional. Los Estados miembros deben notificar esas disposiciones a la Comisión. Puede considerarse necesaria, por una razón importante de interés público o por ser de interés vital para el interesado, toda transferencia a una organización internacional humanitaria de datos personales de un interesado que no tenga capacidad física o jurídica para dar su consentimiento, con el fin de desempeñar un cometido basado en las Convenciones de Ginebra o de conformarse al Derecho internacional humanitario aplicable en caso de conflictos armados".

adecuadas y específicas para proteger los intereses y derechos fundamentales del interesado" [art. 9.2 g) RGPD] y que "se ofrezcan garantías adecuadas" (considerando 56 RGPD)".

Como puede apreciarse, el Tribunal Constitucional exige que la ley que prevea ciertas injerencias en el derecho fundamental a la protección de datos personales, como en este caso serían los datos de salud, regule determinados aspectos mencionados en la citada sentencia.

En relación con el tratamiento de los datos contemplados en las letras g), h) e i) del artículo 9.2 del Reglamento general de datos, el artículo 9.2 de la Ley Orgánica 3/2018 prevé que "… deberán estar amparados en una norma con rango de ley, que podrá establecer requisitos adicionales relativos a su seguridad y confidencialidad". Según el Tribunal Constitucional, "Es patente que ese establecimiento de medidas adecuadas y específicas solo puede ser expreso. Si la norma interna que regula el tratamiento de datos personales relativos a opiniones políticas, no prevé esas garantías adecuadas, sino que, todo lo más, se remite implícitamente a las garantías generales contenidas en el Reglamento General de Protección de Datos, no puede considerarse que haya llevado a cabo la tarea normativa que aquel le exige".

Por lo tanto, las garantías que debe reunir la ley se concretan en lo siguiente:

- Se debe especificar el interés público esencial que fundamenta la restricción del derecho fundamental.
- La ley debe regular pormenorizadamente las injerencias al derecho fundamental estableciendo reglas claras sobre el alcance y contenido de los tratamientos que autoriza, estableciendo cuáles son los presupuestos y condiciones del tratamiento de datos personales mediante reglas claras y precisas.
- La propia ley debe contener las garantías adecuadas frente al tratamiento de datos personales que autoriza, y la previsión de esas garantías adecuadas "no puede deferirse a un momento posterior a la regulación legal del tratamiento de datos personales de que se trate. Las garantías adecuadas deben estar incorporadas a la propia regulación legal del tratamiento, ya sea directamente o por remisión expresa y perfectamente delimitada a fuentes externas que posean el rango normativo adecuado".
- Por último, como cualquier medida restrictiva de derechos fundamentales, debe respetar el principio de proporcionalidad y ser respetuosa con el contenido esencial del derecho.

En el mismo sentido, la sentencia del Tribunal de Justicia de la Unión Europea de 16 de julio de 2020 afirmó que "… para cumplir el requisito de proporcionalidad según el cual las excepciones a la protección de los datos personales y las limitaciones de esa protección no deben exceder de lo estrictamente necesario, la normativa controvertida que conlleve la injerencia debe establecer reglas claras y precisas que regulen el alcance y la aplicación de la medida en cuestión e impongan unas exigencias mínimas, de modo que las personas cuyos datos se hayan transferido dispongan de garantías suficientes que permitan proteger de manera eficaz sus datos de carácter personal contra los riesgos de abuso. En particular, dicha normativa deberá indicar en qué circunstancias y con arreglo a qué requisitos puede adoptarse una medida que contemple el tratamiento de tales datos, garantizando así que la injerencia se limite a lo estrictamente necesario. La necesidad de disponer de tales garantías reviste especial importancia cuando los datos personales se someten a un tratamiento automatizado".

Estas garantías se aplican especialmente cuando se trata de datos sensibles, como ha afirmado la sentencia del Tribunal de Justicia de la Unión Europea de 6 de octubre de 2020, "… Para cumplir el requisito de proporcionalidad, una normativa debe establecer reglas claras y precisas que regulen el alcance y la aplicación de la medida en cuestión e impongan unas exigencias mínimas, de modo que las personas cuyos datos personales resulten afectados dispongan de garantías suficientes que permitan proteger de manera eficaz esos datos frente a los riesgos de abuso. Dicha normativa debe ser legalmente imperativa en Derecho interno y, en particular, indicar en qué circunstancias y con arreglo a qué requisitos puede adoptarse una medida que contemple el tratamiento de tales datos, garantizando así que la injerencia se limite a lo estrictamente necesario. La necesidad de disponer de esas garantías es aún más importante cuando los datos personales se someten a un tratamiento automatizado, sobre todo cuando existe un riesgo elevado de acceso ilícito a ellos. Estas consideraciones son aplicables en particular cuando está en juego la protección de esa categoría particular de datos personales que son los datos sensibles".

Ahora bien, una de las cuestiones que quedan en evidencia en la LOCD es que la misma no especifica el interés público esencial que fundamenta la restricción del derecho fundamental a la protección de datos. En este sentido, la sentencia del Tribunal Constitucional 292/2000 ya afirmó que "… la legitimidad constitucional de la restricción de este derecho no puede estar basada, por sí sola, en la actividad de la Administración Pública … de un modo tal que … permite reconducir a las mismas prácticamente toda actividad administrativa … Iguales reproches merece, asimismo, el empleo … de la expresión «interés público» como fundamento de la imposición de límites a los derechos fundamentales del art. 18.1 y 4 CE, pues encierra un grado de incertidumbre aún mayor. Basta reparar que toda actividad administrativa, en último término, persigue la salvaguardia de intereses generales, cuya consecución constituye la finalidad a la que debe servir con objetividad la Administración con arreglo al art. 103.1 CE".

Sobre esta cuestión, la sentencia del Tribunal Constitucional 76/2019, de 22 de mayo, ha afirmado que "… al no poderse identificar con la suficiente precisión la finalidad del tratamiento de datos, tampoco puede enjuiciarse el carácter constitucionalmente legítimo de esa finalidad, ni, en su caso, la proporcionalidad de la medida prevista de acuerdo con los principios de idoneidad, necesidad y proporcionalidad en sentido escrito".

La Disposición adicional cuarta no identifica qué categoría de datos se ampara en cada una de las distintas bases legitimadoras invocadas en esa Disposición de la LOCD, por lo que no es posible conocer con precisión la legitimidad constitucional de cada tratamiento de datos, pero, además, se plantea el problema de si estas restricciones al derecho fundamental a la protección de datos de carácter personal responde a un fin constitucionalmente legítimo si la LOCD no busca la protección de la salud.

IV. LAS GARANTÍAS DE LA LOCD PARA EL TRATAMIENTO DE DATOS DE CARÁCTER PERSONAL

El primer requisito exigido por el Tribunal Constitucional para restringir el derecho fundamental a la protección de datos de carácter personal, establecido con carácter general para todas las injerencias en derechos fundamentales, es que " … toda injerencia estatal en el ámbito de los derechos fundamentales y las libertades públicas debe responder a un fin constitucionalmente legítimo o encaminarse a la protección o la salvaguarda de un bien constitucionalmente relevante …".

Hasta la aprobación de la LOCD parecía evidente que todas las medidas previstas en las normas antidopaje, restrictivas de derechos fundamentales, se amparaban en cuestiones de salud pública, de protección de la salud de los deportistas. Esa era el fin constitucionalmente legítimo que justificaba esas restricciones. Ahora bien, ese fin parece que ha desaparecido de la LOCD cuando en su artículo 1.1 establece que su finalidad es "… garantizar el desarrollo de las competiciones deportivas en condiciones de igualdad y adaptación a las propias capacidades naturales de los y las deportistas, evitando su adulteración mediante la utilización de sustancias prohibidas o de métodos prohibidos, en los términos establecidos en la normativa internacional y en la propia ley"[185].

Siendo esto así, resulta ciertamente complejo justificar las restricciones de derechos fundamentales previstas en la LOCD, no solo en relación con el derecho fundamental a la protección de datos de carácter personal, también con cualquier otro derecho fundamental.

Como dijimos anteriormente, en relación con la necesidad de especificar la base jurídica principal que justifica cada tratamiento de datos, la Disposición adicional cuarta contiene una amalgama de justificaciones sin que se pueda precisar qué tratamiento de datos se justifica en cada concreta base jurídica. Este aspecto es fundamental para valorar si cada concreto tratamiento de datos está respetando lo dispuesto en el Reglamento general de protección de datos y la Ley Orgánica 3/2018.

En relación con la regulación pormenorizada de las injerencias en el derecho fundamental estableciendo reglas claras sobre el alcance y contenido de los tratamientos que autoriza, estableciendo cuáles son los presupuestos y condiciones del tratamiento de datos personales mediante reglas claras y precisas, la LOCD carece de esa claridad.

A modo de ejemplo, el apartado 6 de la Disposición adicional cuarta establece que los destinatarios de los datos serán "el Consejo Superior de Deportes, los laboratorios de control de dopaje, organizaciones nacionales e internacionales antidopaje, las federaciones deportivas nacionales e internacionales, los organizadores de competiciones deportivas, ligas profesionales o clubes o sociedades deportivas que tengan interés legítimo, órganos de resolución de conflictos cualquiera que sea su ámbito territorial, los órganos jurisdiccionales, el Ministerio Fiscal y las Fuerzas y Cuerpos de Seguridad"[186].

Sin embargo, el artículo 52 de la LOCD establece que "Los datos relativos a los controles de dopaje[187] podrán ser cedidos, en los términos previstos en la Ley Orgánica 3/2018, de

---

[185] Sobre esta cuestión, nos remitimos al Capítulo I, apartado II.2 de esta obra.

[186] Según el apartado 9 de la Disposición adicional cuarta de la LOCD, los datos también podrán ser comunicados "a los órganos jurisdiccionales, al Ministerio Fiscal o a las Fuerzas y Cuerpos de Seguridad para el ejercicio de sus competencias de investigación de delitos o faltas de acuerdo con lo previsto en esta ley orgánica, sin perjuicio de la aplicación a su tratamiento de la legislación reguladora del ejercicio de la potestad jurisdiccional o las que en su caso resultaren de aplicación".

[187] Hay que recordar que el artículo 9 de la LOCD establece que "A los efectos de esta ley, se consideran controles de dopaje todos los procesos y fases, desde la planificación de la distribución de los controles hasta la resolución definitiva de los recursos, si los hubiere, y la imposición de las sanciones, incluidos, a título meramente enunciativo, todos los procesos y fases intermedios, entre ellos los controles, las investigaciones relativas a las localizaciones, las autorizaciones de uso terapéutico, la recogida y gestión de las muestras, los análisis de laboratorio, la substanciación y resolución del eventual procedimiento sancionador, los recursos y su resolución y las investigaciones o procedimientos relativos a infracciones".

5 de diciembre, de Protección de Datos Personales y garantías de los derechos digitales, en consonancia con lo establecido en el Reglamento (UE) 2016/679 del Parlamento Europeo y del Consejo, de 27 de abril de 2016, relativo a la protección de las personas físicas en lo que respecta al tratamiento de datos personales y a la libre circulación de estos datos, a los organismos internacionales públicos o privados de los que España sea parte y que participen en la lucha contra el dopaje en el ámbito deportivo, en el marco de lo que dispongan los compromisos internacionales legalmente vinculantes asumidos por España, o para realizar estadísticas o estudios de investigación".

Como puede apreciarse, lejos de dictar unas reglas claras, ambos preceptos entran en evidente contradicción, cuando en el artículo 52 se autorizan únicamente las cesiones de datos a los organismos públicos o privados de los que España sea parte, lo que excluye a entidades privadas como ciertas organizaciones internacionales antidopaje, federaciones deportivas, organizadores de competiciones, ligas profesionales, clubes, sociedades anónimas deportivas y órganos privados de resolución de litigios, y la Disposición adicional cuarta prevé la cesión a esos organismos.

En evidente contradicción con el citado artículo 52 entran los artículos 10.3 y 18 de la LOCD, cuando prevén cesiones de datos a las federaciones internacionales, a la Agencia Mundial Antidopaje o se prevé la posibilidad de permitir el análisis de muestras de los deportistas por otras autoridades antidopaje con competencia para ello, cuando muchas de estas autoridades son entidades privadas y España no forma parte de ellas.

Este artículo 18 de la LOCD carece de la necesaria claridad para que los deportistas conozcan en qué condiciones se cederán sus muestras o las mismas serán analizadas, así como las condiciones para el ejercicio de sus derechos.

Esta misma ausencia de claridad podemos afirmarla del tratamiento de datos personales relacionados con el pasaporte biológico, si bien este aspecto se tratará más adelante.

Otra de las garantías previstas es que la propia ley debe contener las garantías adecuadas frente al tratamiento de datos personales que autoriza, y la previsión de esas garantías adecuadas "no puede deferirse a un momento posterior a la regulación legal del tratamiento de datos personales de que se trate. Las garantías adecuadas deben estar incorporadas a la propia regulación legal del tratamiento, ya sea directamente o por remisión expresa y perfectamente delimitada a fuentes externas que posean el rango normativo adecuado".

La LOCD contempla la obligatoriedad de que los controles de dopaje se realicen con pleno respeto a los derechos fundamentales de la persona y a la protección de su intimidad y datos personales, ajustándose al principio de mínima intervención, con observancia del principio de proporcionalidad (art. 15.2).

Asimismo, el artículo 15.3 de la LOCD establece la obligatoriedad de informar a los deportistas, en el momento de recibir la notificación del control y, en su caso, al iniciarse la recogida de la muestra, de los derechos y obligaciones que le asisten en relación con el citado control, de los trámites esenciales del procedimiento y de sus principales consecuencias, del tratamiento y cesión de datos previstos en la LOCD, así como de la posibilidad del ejercitar los derechos de acceso, rectificación, supresión y oposición previstos en el Reglamento general de protección de datos y en la Ley Orgánica 3/2013.

En concordancia con este precepto, el segundo párrafo del apartado 1 de la Disposición adicional cuarta de la LOCD prevé que los derechos de acceso, rectificación y supresión se ejerciten de conforme a la citada normativa, es decir, el Reglamento general de protección de datos y la Ley Orgánica 3/2018.

Pues bien, el artículo 12.1 del Reglamento general de protección de datos obliga a facilitar al interesado toda la información indicada en los artículos 13 y 14 del citado Reglamento de forma concisa, transparente, inteligible y de fácil acceso, con un lenguaje claro y sencillo, y deberá facilitarse por escrito o por medios electrónicos. Pues bien, si vemos los formularios de control de dopaje, en los mismos no se incluye esa información.

La LOCD no contempla garantías para las cesiones de datos contempladas en el artículo 18 de la LOCD[188], ni contempla garantías para el uso de datos personales obtenidos en un proceso penal para un procedimiento sancionador por dopaje (art. 31.5), especialmente cuando se han obtenido con injerencias en derechos fundamentales.

Finalmente, hay que referirse al principio de proporcionalidad y al respeto por el contenido esencial del derecho fundamental a la protección de datos de carácter personal. Este derecho, según la sentencia del Tribunal Constitucional 292/2000, de 30 de noviembre, otorga a su titular "un poder de disposición y de control sobre los datos personales", de tal manera que "es evidente que el interesado debe ser informado tanto de la posibilidad de cesión de sus datos personales y sus circunstancias como del destino de éstos, pues sólo así será eficaz su derecho a consentir, en cuanto facultad esencial de su derecho a controlar y disponer de sus datos personales. Para lo que no basta que conozca que tal cesión es posible según la disposición que ha creado o modificado el fichero, sino también las circunstancias de cada cesión concreta. Pues en otro caso sería fácil al responsable del fichero soslayar el consentimiento del interesado mediante la genérica información de que sus datos pueden ser cedidos. De suerte que, sin la garantía que supone el derecho a una información apropiada mediante el cumplimiento de determinados requisitos legales (art. 5 LOPD) quedaría sin duda frustrado el derecho del interesado a controlar y disponer de sus datos personales, pues es claro que le impedirían ejercer otras facultades que se integran en el contenido del derecho fundamental al que estamos haciendo referencia".

Según la citada sentencia del Tribunal Constitucional 292/2000, el derecho fundamental a la protección de datos supone "por un lado, la facultad de saber en todo momento quién dispone de esos datos personales y a qué uso los está sometiendo y, por otro, el poder oponerse a esa posesión y usos, exigiendo del titular del fichero que le informe de qué datos posee sobre su persona, accediendo a sus oportunos registros y asientos, y qué destino han tenido, lo que alcanza también a posibles cesionarios".

Pues bien, las cesiones de datos previstas en el artículo 18 de la LOCD quiebran el principio de proporcionalidad y son contrarias a esa facultad esencial del derecho a los deportistas a controlar y disponer de sus datos personales, por cuanto estos deportistas perderán todo el control sobre sus datos de carácter personal, incluidos los datos de salud, ya que se podrán ceder de manera indiscriminada, sin ninguna garantía, sin ni siquiera la obligación de motivar o de informar al deportista. Esto mismo puede afirmarse en relación con la posibilidad de analizar sus muestras en tantas ocasiones como sea necesario, sin necesidad de motivar las causas que motivan la repetición de los análisis, ni de informar al deportista de los análisis.

---

[188] Sobre esta cuestión, véase el Capítulo II, apartado VIII de esta obra.

En cualquier caso, según el apartado 8 de la Disposición adicional cuarta de la LOCD, los datos recogidos se limitarán a los necesarios para el cumplimiento de las finalidades descritas, de acuerdo con el principio de minimización de datos y la recolección de datos se hará conforme a la legislación vigente con especial atención al cumplimiento del deber de información previa a los interesados sobre las condiciones, derechos y obligaciones del tratamiento, así como a los posibles destinatarios en los términos previstos en la LOCD (apartado 9).

La comunicación de datos en los procesos de control de dopaje se realiza según la normativa de protección de datos aplicable y la establecida en la LOCD y en su normativa de desarrollo. Asimismo, las muestras obtenidas de los controles de dopaje no irán acompañadas de información personal de los sujetos objeto del control, sino que serán categorizadas con un código numérico que evite la identificación de los interesados.

El ejercicio de derechos para las personas físicas sujetas a la normativa de protección de datos se garantizará conforme a dicha normativa. Serán atendidas las solicitudes de tales derechos por el responsable del tratamiento en los términos establecidos en la legislación vigente.

V. LA RESPONSABILIDAD EN LA PROTECCIÓN DE DATOS DE CARÁCTER PERSONAL

Según el apartado 4, el responsable del tratamiento será la CELAD y las Comunidades Autónomas de acuerdo con sus respectivos ámbitos competenciales y de acuerdo con los Convenios suscritos entre la CELAD y las comunidades que resulten de aplicación.

Encargados del tratamiento lo serán todas aquellas empresas, entidades, organizaciones o profesionales autónomos que, para prestar servicios a la CELAD de un servicio a un tercero (otra empresa, entidad, organización o profesional autónomo), accedan y traten necesariamente datos de carácter personal de los que la CELAD sea responsable de tratamiento.

Los destinatarios de los datos, que pueden ser, como vimos anteriormente, el Consejo Superior de Deportes, los laboratorios de control de dopaje, organizaciones nacionales e internacionales antidopaje, las federaciones deportivas nacionales e internacionales, los organizadores de competiciones deportivas, ligas profesionales o clubes o sociedades deportivas que tengan interés legítimo, órganos de resolución de conflictos cualquiera que sea su ámbito territorial, los órganos jurisdiccionales, el Ministerio Fiscal y las Fuerzas y Cuerpos de Seguridad, serán también responsables del tratamiento .de los datos que hubiera sido objeto de comunicación conforma a las disposiciones de la LOCD y a la normativa que resulte de aplicación.

Cuando los responsables del tratamiento sean administraciones públicas, el apartado 11 de la disposición adicional cuarta de la LOCD establece que "deberán garantizar la aplicación de las medidas de seguridad preceptivas que resulten del correspondiente análisis de riesgos, teniendo en cuenta, en todo caso, lo prevenido en el Real Decreto 3/2010, de 8 de enero, por el que se regula el Esquema Nacional de Seguridad en el ámbito de la Administración Electrónica".

Cuando el responsable del tratamiento no sea una administración pública, "deberán garantizar la aplicación de las medidas de seguridad análogas a las anteriores, garantizándose el empleo de la tecnología adecuada para el tratamiento de datos, de acuerdo con el estado de la técnica y de las necesidades y procurándose, en las comunicaciones que contengan información personal, el uso del cifrado o encriptado".

En relación con el personal que presta servicios para la realización de controles, el artículo 50 de la LOCD establece la obligación de guardar confidencialidad y secreto respecto de los asuntos que conozca por razón de la función que desarrolla. Los datos obtenidos en el desarrollo de sus funciones, incluidos los que se deriven del análisis de las muestras cedidas conforme a los previsto en el artículo 18 de la LOCD, solo podrán utilizarse para los fines para los cuales han sido recogidos y, en su caso, para la denuncia de hechos que puedan ser constitutivos de infracción administrativa o de delito. También podrán ser utilizados para estudios científicos, siempre que no se revele la identidad de las personas.

Este personal podrá incurrir en responsabilidad por las infracciones en la custodia y, en su caso la divulgación, comunicación y cesión ilegítima de los datos relativos a los controles y procedimientos en materia de dopaje, que en todo caso tendrán la consideración de infracción muy grave respecto del personal que tenga la condición de empleado público de acuerdo con lo previsto en el artículo 95.2.p) del texto refundido de la Ley del Estatuto Básico del Empleado Público aprobado por Real Decreto Legislativo 5/2015, de 30 de octubre, y su legislación de desarrollo. Esta responsabilidad será independiente de la que proceda de acuerdo con la legislación específicamente aplicable.

El artículo 51 de la LOCD regula la responsabilidad de los dirigentes, del personal de entidades deportistas y de otras personas, estableciendo que los datos personales obtenidos en el desarrollo de sus funciones solo podrán utilizarse para los fines para los cuales han sido recogidos y, en su caso, para la denuncia de hechos que pudieran ser constitutivos de infracción administrativa o de delito.

Sin perjuicio de las responsabilidades que procedan, de acuerdo con la legislación vigente, las infracciones a que se refiere el apartado anterior tendrán la consideración de muy graves de entre las previstas en el artículo 76.2 de la Ley 10/1990, de 15 de octubre.

Este artículo 76.2 regula las infracciones muy graves de los presidentes y demás miembros directivos de los órganos de las Federaciones deportivas españolas y Ligas Profesionales. A este respecto es significativo que la LOCD no haya modificado la LD para incluir esta infracción y, teniendo en cuenta la redacción del artículo 76.2 de la LD, la responsabilidad no alcanzará a personas que no sean los presidentes o miembros directivos de los órganos de las Federaciones deportivas españolas y Ligas Profesionales.

El apartado 3 del artículo 51 de la LOCD regula que "Cualesquiera otras personas que participen en los controles de dopaje, tendrán la misma obligación de confidencialidad y secreto respecto de los datos personales o informaciones que conozcan en el ejercicio de sus funciones. La infracción de esta obligación será sancionada y comunicada a los respectivos colegios profesionales a los efectos disciplinarios oportunos".

Como puede apreciarse, salvo que el incumplidor de esta obligación sea un presidente o miembro directivo de la una Federación deportiva española o una Liga Profesional, o sea miembro de un colegio profesional, el incumplimiento de esta obligación quedará impune, porque no están previstas infracciones ni sanciones para ese incumplimiento.

VI. EL PASAPORTE BIOLÓGICO Y LOS DATOS DE CARÁCTER PERSONAL

La LOCD regula el pasaporte biológico[189] como un medio de prueba que permitiría sancionar al deportista por una infracción por uso, utilización o consumo de sustancias o métodos prohibidos. La regulación de la LOCD es muy escasa, limitándose a decir que en el procedimiento sancionador el pasaporte biológico es un medio de prueba admisible en derecho (art. 39.2), que un resultado adverso en el pasaporte biológico constituirá prueba de cargo suficiente a los efectos de considerar existente la anteriormente citada infracción (art. 39.3.b), las reglas específicas en relación con el pasaporte biológico (art. 40), así como en el apartado de definiciones, en particular la definición 49 que dice que pasaporte biológico es "El programa y métodos de recogida y cotejo de datos descrito en la Norma Internacional para Controles e Investigaciones y en la Norma Internacional para Laboratorios de la Agencia Mundial Antidopaje".

Por lo tanto, una característica esencial del pasaporte biológico es que su regulación no se encuentra en la LOCD, sino, según el apartado de definiciones de la LOCD, en los Estándares Internacionales de la AMA. Ahora bien, aunque la LOCD mencione los Estándares Internacionales, lo cierto es que la regulación no se encuentra en dichos estándares sino en el documento titulado *Athlete Biological Passport Operating Guidelines*[190] de la AMA, que únicamente se encuentra disponible en inglés.

Esta ausencia de regulación en la LOCD impide, a su vez, conocer la base legitimadora para el tratamiento de los datos de carácter personal, si bien sería difícil justificar que se tratan esos datos para proteger la salud de los deportistas, teniendo en cuenta que el documento Athlete Biological Passport Operating Guidelines dice que el propósito del pasaporte biológico no es servir de revisón médica o forma de control médico, sino detectar el posible uso de sustancias o métodos prohibidos[191].

Si se pretendiera aplicar directamente en España estos Estándares internacionales y/o el documento *Athlete Biological Passport Operating Guidelines* de la AMA, al amparo de las definiciones de la LOCD, con el ánimo de cubrir esa ausencia de normas sobre el pasaporte biológico del deportista, nos encontraríamos ante una deslegalización en materia de derechos fundamentales, prohibida por el artículo 53.1 de la Constitución.

El pasaporte biológico se encuentra sometido a la regulación sobre la elaboración de perfiles y decisiones automatizadas. El artículo 4.4 RGPD define "elaboración de perfiles" como "toda forma de tratamiento automatizado de datos personales consistente en utilizar datos personales para evaluar determinados aspectos personales de una persona física, en particular para analizar o predecir aspectos relativos al rendimiento profesional, situación económica, salud, preferencias personales, intereses, fiabilidad, comportamiento, ubicación o movimientos de dicha persona física".

---

[189] Sobre la regulación del pasaporte biológico, véase el Capítulo IV, apartado IV de esta obra.

[190] Disponible en: https://www.wada-ama.org/en/resources/world-anti-doping-program/athlete-biological-passport-abp-operating-guidelines#resource-download (último acceso: 25 de julio de 2022).

[191] También cabría la posibilidad de que se informara al deportista si los datos obtenidos para el pasaporte biológico pudieran demostrar una alta probabilidad de patología.

Según las "Directrices sobre decisiones individuales automatizadas y elaboración de perfiles a los efectos del Reglamento 2016/679"[192], la elaboración de perfiles está formada por tres elementos: 1) debe ser una forma automatizada de tratamiento; 2) debe llevarse a cabo respecto a datos personales; y 3), el objetivo de la elaboración de perfiles debe ser evaluar aspectos personales sobre una persona física.

En general, la elaboración de perfiles implica la recogida de información sobre una persona (o grupo de personas) y la evaluación de sus características o patrones de comportamiento con el fin de asignarla a una determinada categoría o grupo, en particular para analizar o hacer predicciones sobre, por ejemplo, su capacidad para realizar una tarea, sus intereses o su comportamiento probable.

Por lo tanto, es evidente que el programa del pasaporte biológico implica la elaboración de perfiles de los deportistas, que pretende evaluar los datos de salud que se deben considerar fisiológicos en cada deportista para, a partir de ahí, predecir esos resultados fisiológicos y conocer cuándo un resultado se sale de ese rango predicho por el algoritmo "Modelo Adaptativo", para descubrir infracciones de las normas antidopaje.

Las decisiones automatizadas tienen un ámbito de aplicación distinto y pueden solaparse parcialmente con la elaboración de perfiles o derivarse de esta, de tal manera que las decisiones automatizadas pueden llevarse a cabo con o sin elaboración de perfiles y la elaboración de perfiles puede darse sin realizar decisiones automatizadas. Las decisiones que no están basadas únicamente en el tratamiento automatizado pueden incluir también la elaboración de perfiles. Las tres posibles formas de utilizar la elaboración de perfiles son las siguientes: 1) elaboración de perfiles general; 2) decisiones basadas en la elaboración de perfiles; y 3) decisiones basadas únicamente en el tratamiento automatizado, incluida la elaboración de perfiles, que producen efectos jurídicos en el interesado o le afectan significativamente de modo similar. En el caso concreto del pasaporte biológico, nos encontramos ante la toma de decisiones automatizadas basadas en la elaboración de perfiles.

Los responsables del tratamiento pueden llevar a cabo la elaboración de perfiles y adoptar decisiones automatizadas siempre que cumplan con todos los principios y dispongan de bases para el tratamiento. Por lo tanto, en la elaboración de perfiles y en caso de decisiones automatizadas es importante respetar los principios y los derechos previstos en el Reglamento general de protección de datos, especialmente el derecho de transparencia, el derecho a ser informado de forma clara y sencilla el funcionamiento de la elaboración de perfiles o las decisiones automatizadas, o el derecho de rectificación, supresión o limitación del tratamiento, especialmente cuando pueda haber algún error con el algoritmo utilizado.

Según el Considerando 71 del Reglamento general de datos, la elaboración de perfiles y las decisiones automatizadas pueden ser autorizadas por las legislaciones nacionales de los Estados Miembro si bien dicho tratamiento debe estar sujeto a garantías apropiadas.

Un factor fundamental cuando se refiere al tratamiento de datos de salud es el establecimiento de esas garantías apropiadas para garantizar los derechos de los interesados. Así, el artículo 6 del Convenio para la protección de las personas con respecto al tratamiento automatizado de datos de carácter personal, del Consejo de Europa, prevé que los datos

[192] Disponible en: https://www.aepd.es/sites/default/files/2019-12/wp251rev01-es.pdf#page31 (último acceso: 26 de julio de 2022).

de carácter personal relativos a la salud no podrán tratarse automáticamente a menos que el derecho interno prevea garantías apropiadas.

Cuando se trate de autorizar excepciones a la prohibición de tratar categorías especiales de datos personales cuando lo establezca la legislación nacional de los Estados Miembros, el Considerando 52 del Reglamento general de protección de datos y el artículo 9.2, apartados g) e i), exige que cuando el tratamiento es necesario por razones de interés público esencial o por razones de interés público en el ámbito de la salud pública, se deben establecer las medidas adecuadas y específicas para proteger los intereses y derechos fundamentales del interesado. Estos preceptos son dos de los invocados por la Disposición adicional cuarta de la LOCD para tratar los datos derivados de la LOCD.

La regulación del pasaporte biológico presenta importantes problemas en relación con la regulación sobre protección de datos de carácter personal. No solo es la escasa regulación, o inexistente, en la LOCD, sino que nos encontramos ante la elaboración de perfiles y decisiones individuales automatizadas que gozan de especial protección en el Reglamento general de protección de datos.

En relación con la escasa regulación sobre el pasaporte biológico, debemos recordar que una garantía de la protección de derechos fundamentales es, por mandato expreso de la Constitución, que toda injerencia estatal en el ámbito de los derechos fundamentales y las libertades públicas, ora incida directamente sobre su desarrollo, ora limite o condicione su ejercicio, precisa de una habilitación legal. Esa ley debe reunir todas aquellas características indispensables como garantía de la seguridad jurídica, esto es, ha de expresar todos y cada uno de los presupuestos y condiciones de la intervención. Esto implica que la ley que habilita una injerencia puede vulnerar la Constitución si adolece de falta de certeza y previsibilidad en los propios límites que impone y su modo de aplicación.

En palabras de la sentencia del Tribunal Constitucional 76/2019, de 22 de mayo:

a) La necesidad de establecer las garantías adecuadas para procurar el respeto del contenido esencial del derecho fundamental a la protección de datos personales se fija en las siguientes condiciones:

- La previsión legal y la legitimidad del fin perseguido son requisitos necesarios pero no suficientes para fundamentar la validez constitucional de una regulación del tratamiento de datos personales, pues para ello se requieren también "garantías adecuadas frente al uso potencialmente invasor de la vida privada del ciudadano a través de su tratamiento informático".

- Esas garantías son necesarias "para el reconocimiento e identidad constitucionales del derecho fundamental a la protección de datos" y "para que los intereses jurídicamente protegibles, que constituyen la razón de ser del aludido derecho fundamental, resulten real, concreta y efectivamente protegidos".

- La mera inexistencia de "garantías adecuadas" o de las "mínimas exigibles a la Ley" constituye de por sí una injerencia en el derecho fundamental, de gravedad similar a la que causarían intromisiones directas en su contenido nuclear.

- La exigencia de "garantías adecuadas" se fundamenta, por tanto, en el respeto del contenido esencial del derecho fundamental.

Asimismo, las "garantías adecuadas" o "garantías mínimas exigibles a una Ley sometida al insoslayable respeto al contenido esencial del derecho fundamental cuyo ejercicio regula" deben diferenciarse también del "haz de facultades que componen el contenido del derecho fundamental a la protección de datos de carácter personal", que, como se indicó antes, son aquellas que otorgan al titular del derecho fundamental "un poder de disposición y de control sobre los datos personales".

b) La necesidad de disponer de garantías adecuadas es especialmente importante cuando el tratamiento afecta a categorías especiales de datos, también llamados datos sensibles, pues el uso de estos últimos es susceptible de comprometer más directamente la dignidad, la libertad y el libre desarrollo de la personalidad.

c) La previsión de las garantías adecuadas no puede deferirse a un momento posterior a la regulación legal del tratamiento de datos personales de que se trate. Las garantías adecuadas deben estar incorporadas a la propia regulación legal del tratamiento, ya sea directamente o por remisión expresa y perfectamente delimitada a fuentes externas que posean el rango normativo adecuado. Solo ese entendimiento es compatible con la doble exigencia que dimana del art. 53.1 CE para el legislador de los derechos fundamentales: la reserva de ley para la regulación del ejercicio de los derechos fundamentales reconocidos en el capítulo segundo del título primero de la Constitución y el respeto del contenido esencial de dichos derechos fundamentales.

Pues bien, el pasaporte biológico trata datos de salud, elaborando perfiles individuales de cada deportista y sometiéndolo a un algoritmo que analiza y predice el comportamiento de los futuros datos de salud de cada deportista. Esta regulación no se encuentra contenida en la LOCD, sino que su regulación se contiene en el documento "Athlete Biological Passport Operating Guidelines" de la AMA. Al pretender una aplicación directa de esta guía en virtud del apartado de definiciones de la LOCD, nos encontramos ante una deslegalización que vulnera la reserva de ley prevista en el artículo 53.1 de la Constitución. Esta infracción vicia de inconstitucionalidad la regulación del pasaporte biológico, puesto que afectando muy significativamente al derecho fundamental a la protección de datos de carácter personal, concretamente a los datos de salud, pretende deferirse su regulación a lo dictado por la AMA, que no posee rango normativo adecuado.

Como hemos visto, la LOCD debería contener la regulación clara y precisa del pasaporte biológico así como las garantías adecuadas que permitan respetar el contenido esencial del derecho fundamental a la protección de datos de carácter personal en la regulación y aplicación del pasaporte biológico. Estas garantías adecuadas deben velar para que los intereses jurídicamente protegibles, que constituyen la razón de ser del aludido derecho fundamental, resulten real, concreta y efectivamente protegidos (STC 76/2019, de 22 de mayo). Sin embargo, la LOCD ha optado por no regular el pasaporte biológico ni esas garantías, lo que supone que la aplicación en España del pasaporte biológico vulnera el derecho fundamental a lo protección de datos de carácter personal de los deportistas.

CAPÍTULO VII. UN BREVE EXCURSO SOBRE EL ANTEPROYECTO DE LEY CONTRA EL DOPAJE ANIMAL EN LAS COMPETICIONES DEPORTIVAS

Sumario: I. CONSIDERACIONES DE CARÁCTER GENERAL; II. SOBRE EL ANTEPROYECTO DE LEY DE LUCHA CONTRA EL DOPAJE ANIMAL EN LAS COMPETICIONES DEPORTIVAS; 1. El objeto del anteproyecto; 2. El ámbito de aplicación; 3. Sobre la lista de sustancias prohibidas; 4. Infracciones y sanciones; 5. El procedimiento sancionador; 6. Toma y análisis de las muestras; 7. La revisión de sanciones en materia de dopaje animal.

I. CONSIDERACIONES DE CARÁCTER GENERAL

Recientemente se ha sometido a información pública el Anteproyecto de Ley de lucha contra el dopaje animal en las competiciones deportivas[193], iniciando así el trámite destinado al cumplir con el mandato contenido en la Disposición adicional tercera de la Ley Orgánica 11/2021, de 28 de diciembre, de lucha contra el dopaje en el deporte (LOCD). La citada Disposición adicional establece que "En el plazo de seis meses a contar desde la entrada en vigor de la presente ley, el Gobierno deberá presentar un proyecto de ley de lucha contra el dopaje animal".

Ese mismo mandato ya se contenía en la Disposición adicional primera de la Ley Orgánica 7/2006, de 21 de noviembre, y en el apartado cuarto de la Disposición final tercera de la Ley Orgánica 3/2013, de 20 de junio, si bien los sucesivos Gobiernos hicieron caso omiso de ese mandato.

Un caso omiso que llevó a que quedara extramuros del sistema que se establece para la lucha contra el dopaje en seres humanos, por ejemplo, el que se produzca en las carreras de caballos que organiza actualmente el Jockey Club Español y que antes realizaba la extinta Sociedad de Fomento de la Cría Caballar. Tanto es así, que de las sanciones por dopaje en estas carreras termina conociendo la jurisdicción civil[194].

---

[193] Publicándose el Anteproyecto el 4 de julio de 2022, se dio por concluido el trámite el 12 de julio. El texto anteproyecto está disponible en: https://www.culturaydeporte.gob.es/servicios-al-ciudadano/informacion-publica/audiencia-informacion-publica/cerrados/2022.html (último acceso: 19 julio 2022).

Este proyecto normativo se anunciaba ya en el Plan Anual Normativo 2022 de la Administración General del Estado, p. 96. Disponible en: https://transparencia.gob.es/transparencia/transparencia_Home/index/PublicidadActiva/Normativa/PlanAnualNormativo.html (último acceso: 19 julio 2022).

[194] Sobre el indicado régimen, RODRÍGUEZ GARCÍA, J., "Control y represión del dopaje en el deporte", *El deporte en la jurisprudencia* (Palomar Olmeda, A. y Terol Gómez, R., Dirs.), Aranzadi Thomson Reuters, Cizur Menor (Navarra), 2009, pp. 701-703.

En cuanto al deporte federado, mientras la Disposición transitoria de la Ley Orgánica 7/2006 vino a "congelar" el régimen establecido para el dopaje de animales en las normas de desarrollo de la Ley 10/1990, de 15 de octubre del deporte, hasta que se aprobara la anunciada ley, la Ley Orgánica 3/2013 derogó la anterior sin ninguna matización ni previsión transitoria al respecto.

Esta indefinición supuso que desde hace años –y así seguimos– tengamos un régimen inacabado para el dopaje de animales generando un problema evidente de seguridad jurídica[195], lo que se puso especialmente de manifiesto cuando la Audiencia Nacional, en sus sentencias de 17 de octubre de 2019 y 18 de junio de 2020 afirmó que "A día de hoy no se ha producido la iniciativa del Gobierno a la que se refiere esta Disposición Adicional, por lo que la sanción del dopaje de animales, desde la vigencia de la Disposición Derogatoria de la misma Ley Orgánica 7/2006, no tendría otra cobertura que la del Real Decreto 255/1996, insuficiente por su rango reglamentario … Trazada por el mismo legislador una clara diferencia entre el tratamiento que merece el dopaje humano y el de animales, ha de concluirse que la sanción impuesta en este caso lo ha sido por la comisión de una infracción prevista en una norma reglamentaria que carece de cobertura legal, lo que ha de conllevar su anulación por vulneración del artículo 25 de la Constitución".

Es cierto que, por otra parte, la lucha contra el dopaje en animales no forma parte de las acciones imprescindibles para respetar el CMA, según se dispone en su artículo 23.2.2, el artículo 16 se refiere a este ámbito estableciendo:

> "16.1 En todos los deportes en los que participen animales en competición, la federación internacional del deporte en cuestión deberá establecer y aplicar normas antidopaje para los animales participantes. Las normas antidopaje deberán comprender una lista de sustancias prohibidas, procedimientos de control adecuados y una lista de laboratorios aprobados para el análisis de muestras.
>
> 16.2 En lo que respecta a la determinación de las infracciones de normas antidopaje, la gestión de resultados, la celebración de audiencias imparciales, las sanciones y los recursos relacionados con animales que participen en deportes, corresponderá a la federación internacional del deporte en cuestión establecer y aplicar normas que sean conformes en su conjunto con los artículos 1, 2, 3, 9, 10, 11, 13 y 17 del Código".

Si bien el CMA remite a las normas de la respectiva federación internacional, el Consejo de Estado, en su Dictamen de 29 de abril de 2021, al Anteproyecto de Ley Orgánica de lucha contra el dopaje en el deporte, afirmó:

> "En cuanto al dopaje de animales, debe modificarse la proyectada disposición adicional tercera para volver a lo previsto (e incumplido) en la vigente L. O. 3/2013 (antes en la L. O. 7/2006, de 21 de noviembre), que establece lo siguiente: "En el plazo de seis meses a contar desde la entrada en vigor de la presente Ley, el Gobierno deberá presentar un proyecto de Ley de lucha contra el dopaje animal".

[195] Al respecto, TEROL GÓMEZ, R., "La lucha contra el dopaje en las carreras y competiciones de caballos. El complejo e inacabado y continuamente postpuesto régimen jurídico español", *Revista General de Derecho Animal y Estudios Interdisciplinares de Bienestar Animal*, núm. 4, 2019, pp. 1-40 y *Régimen jurídico de la lucha contra el dopaje en España*, cit., pp. 259-303.

Incumplida –pese a los muchos años transcurridos– tal previsión, debe llevarse efectivamente a cabo la aprobación de una ley que regule esta cuestión en vez de dejar la materia en las manos de las federaciones.

Es más, la proyectada disposición adicional tercera reenvía a lo que establezca la correspondiente federación internacional o el CMA, pero este no regula la materia, sino que remite en blanco –en su artículo 16, único que trata el tema–, que dice algo parecido en el primer inciso de su primer apartado: "En todos los deportes en los que participen animales en Competición, la federación internacional del deporte en cuestión deberá establecer y aplicar normas antidopaje para los animales participantes".

Debe por tanto afrontarse la tarea de regular el dopaje en el deporte en relación con los animales. Independientemente de que existan normas que regulen el maltrato animal (Código Penal, Ley 32/2007 de protección de los animales y Ley 8/2003 de sanidad animal, aparte de múltiples leyes autonómicas), no cabe hacer dejación de esa competencia a base de dejar la cuestión en manos de las federaciones deportivas.

Existe además en vigor cierta regulación sobre el dopaje de animales en el deporte, en particular el Real Decreto 63/2008, de 25 de enero (vigente en parte) y el Real Decreto 811/2007, de 11 de junio (que incluye la posibilidad de que haya veterinarios en la Comisión de Control y Seguimiento de la Salud y el Dopaje).

Entiende el Consejo de Estado que no es correcto deferir la regulación de una cuestión tan relevante a las diferentes federaciones deportivas de deportes con animales; el Estado ha de garantizar que la regulación en esas modalidades deportivas de la lucha contra el dopaje de los animales participantes responda a los estándares y los principios a los que se refiere en el CMA en ese artículo 16, atendiendo a la tipificación de infracciones y sanciones, así como a las debidas garantías de procedimiento y de acceso a los tribunales, como elementos primordiales que, una vez determinados por el legislador, podrán ser completados por las respectivas federaciones.

Esta observación es esencial conforme al artículo 130 del Reglamento del Consejo de Estado".

En este escenario, el Ministerio de Cultura y Deportes ha sometido como se ha indicado a información pública el Anteproyecto de Ley que vamos a comentar, que se compone de 21 artículos, dos disposiciones adicionales, una disposición transitoria una disposición derogatoria y tres disposiciones finales.

II. SOBRE EL ANTEPROYECTO DE LEY DE LUCHA CONTRA EL DOPAJE ANIMAL EN LAS COMPETICIONES DEPORTIVAS

1. El Objeto del anteproyecto

El artículo 1 del Anteproyecto dice que el objeto de la ley es "evitar, prevenir y sancionar el dopaje en los animales que intervengan en pruebas deportivas, y establecer las condiciones para garantizar el desarrollo de las competiciones deportivas en condiciones de igualdad evitando su adulteración mediante la utilización de sustancias prohibidas o de métodos prohibidos, en los términos establecidos en la presente ley".

El apartado segundo del artículo 1 entra a definir "dopaje" alejándose del concepto regulado en la LOCD, que en su artículo 2 define dopaje como "A los efectos de la presente ley, se entiende por dopaje la comisión de una o varias de las infracciones previstas en el artículo 20".

Sin embargo, en relación con el dopaje en animales, el artículo 1.2 del Anteproyecto establece: "A los efectos previstos en el apartado anterior, se considera dopaje la administración a los animales de sustancias prohibidas o el uso de métodos prohibidos para aumentar artificialmente su rendimiento deportivo, representando todo ello un acto contrario a las reglas deportivas".

Esta diferencia es fundamental en la aplicación del régimen sancionador porque añade un elemento de intencionalidad dolosa que no está presente en el dopaje en humanos. Así, solo se considera dopaje en animales cuando la administración de sustancias o uso de métodos prohibidos tiene como finalidad aumentar el rendimiento deportivo, lo que excluye que la administración o uso tenga otras finalidades, como las curativas, aunque la administración o el uso se lleve a cabo sin contar con una autorización de uso terapéutico.

Por otra parte, hay que al menos apuntar que en ningún pasaje ni apartado del Anteproyecto se menciona una cuestión que juzgamos fundamental y que debería instalarse en el frontispicio de la norma proyectada. Nos referimos al bienestar del animal como bien superior, que colocaría la norma en sintonía además con lo que establece el artículo 13 del Tratado de Funcionamiento de la Unión Europea, cuando señala que "Al formular y aplicar las políticas de la Unión en materia de agricultura, pesca, transporte, mercado interior, investigación y desarrollo tecnológico y espacio, la Unión y los Estados miembros tendrán plenamente en cuenta las exigencias en materia de bienestar de los animales como seres sensibles, respetando al mismo tiempo las disposiciones legales o administrativas y las costumbres de los Estados miembros relativas, en particular, a ritos religiosos, tradiciones culturales y patrimonio regional"[196].

Si del objeto de la LOCD ha desparecido la referencia a la salud de los deportistas, era previsible que la de los animales, su bienestar, brillara por su ausencia en el objeto del Anteproyecto a que nos referimos. El bienestar del animal se menciona únicamente en el artículo 17 del Anteproyecto, referido a las funciones del veterinario –presente solo en los deportes cuyas federaciones expresamente lo prevean– entre las que se señala la de "Asesorar al juez de competición, así como atender a su instancia cualquier incidencia que durante el transcurso de la prueba ponga en riesgo la salud o el bienestar de los animales participantes" (apartado 2, letra b).

2. El ámbito de aplicación

Si bien el ámbito objetivo se refiere a las competiciones deportivas oficiales o autorizadas que se organicen en el marco de la ley 10/1990, de 15 de octubre, del Deporte en cuya práctica intervengan o de cualquier modo participen animales mansos o amansados, el ámbito subjetivo se vuelva a alejar de lo previsto en la ley Orgánica 11/2021, porque la responsabilidad en la lucha contra el dopaje con animales no se vincula a la tenencia

[196] Un trabajo de referencia en este ámbito es el de ALONSO GARCÍA, E., "El bienestar de los animales como seres sensibles-sentientes: su valor como principio general, de rango constitucional, en el derecho español", *Los principios jurídicos del derecho administrativo* (Santamaría Pastor, J.A., Dir.) La Ley, Madrid, 2010, pp. 1427-1510.

de licencia federativa, lo que implica un cambio sustancial en relación con la normativa antidopaje vigente hasta este momento en España.

El artículo 2.1 regula las personas que se considerarán responsables de vulnerar las reglas deportivas, estableciendo que, en el caso de administración de sustancias o métodos dopantes, la persona física o jurídica propietaria del animal al que se hubiese administrado sustancias dopantes o métodos prohibidos que se hubieran detectado.

Como puede observarse, si bien el Anteproyecto de ley unas veces se refiere de manera separada, por un lado, a la administración de sustancias prohibidas y, por otro lado, al uso de métodos prohibidos, en otras ocasiones se refiere a la administración tanto para sustancias como para métodos prohibidos.

Por otro lado, el sistema de responsabilidad administrativa se separa ligeramente del régimen de responsabilidad civil que hace responsable al poseedor del animal o al que se sirve de él. En este caso, la responsabilidad administrativa recae en el propietario del animal, si bien el apartado b) hace responsables a "Cualesquiera otras que cometan materialmente, por acción u omisión, las infracciones previstas en el artículo 5, así como aquellos hagan uso de los animales en la competición deportiva, y que hayan participado materialmente, mediante acción u omisión, en el dopaje del animal de cualquier modo".

La referencia a las personas que hagan uso de los animales en competición es ciertamente compleja, porque uso hace no solamente el propietario o poseedor del animal, sino también la persona que dirija su participación, el organizador de la competición e, incluso, los que organizan apuestas también hacen uso del animal.

Por último, también son responsables y están sometidos a las disposiciones de la ley los veterinarios y auxiliares, así como todas aquellas personas que, según la normativa federativa de cada modalidad deportiva, forman parte del equipo técnico o del personal de apoyo, en las competiciones de esta naturaleza. En este punto habría sido deseable aclarar que la normativa federativa será aquella aprobada por la federación de ámbito estatal, porque también está la normativa de la federación internacional y las normativas de las federaciones autonómicas.

El hecho de que el ámbito subjetivo de la ley no exija la tenencia de licencia federativa va a entrañar algunos problemas, como que se aplique a personas que no se encuentran sometidas a una relación especial de sujeción con la Administración, por lo que las exigencias del artículo 25 de la Constitución se van a aplicar íntegramente, siendo muy discutibles ciertas remisiones a las normas federativas en el ámbito sancionador.

3. Sobre la lista de sustancias prohibidas

El artículo 4 del Anteproyecto de ley regula la lista de sustancias y métodos prohibidos de una manera ciertamente confusa. Si bien está claro que la lista se aprobará por resolución del presidente del Consejo Superior de Deportes, que se publicará en el Boletín Oficial del Estado, y que contendrá anexos separados para cada disciplina deportiva incluida en el ámbito de aplicación de la ley, parece que en cada anexo se incluirán las sustancias y métodos remitidos por cada federación deportiva de acuerdo con la normativa nacional e internacional sobre la materia.

Es decir, según este precepto, parece que el presidente del Consejo Superior de Deportes se limitará a refrendar cada listado elaborado por la correspondiente federación deportiva (sin mencionar si el listado lo enviará la federación internacional, la nacional o las autonómicas), lo cual implica, ciertamente, una cierta dejación de funciones al dejar al arbitrio de las federaciones la sustancias y métodos a prohibir en cada modalidad deportiva.

4. Infracciones y sanciones

Como vamos a ver, si bien el régimen de infracciones intenta seguir lo previsto en el artículo 20 LOCD, la definición de dopaje contenida en el artículo 1.2 del Anteproyecto de ley va a condicionar su aplicación.

Así, son infracciones de la ley contra el dopaje animal en competiciones deportivas, las siguientes:

a) La detección de la presencia de una sustancia prohibida, o de sus metabolitos o marcadores, en las muestras biológicas de un animal, así como el uso, o tentativa de uso, de una sustancia o método prohibido.

Como vimos anteriormente, esta infracción estará condicionada a que la detección de la sustancia prohibida derive de la administración de esa sustancia con el fin de aumentar artificialmente el rendimiento deportivo del animal. Si la administración no se efectúa con ese fin, el acto no se considerará incluido en la definición de dopaje del artículo 1.2.

b) La resistencia o negativa a someter al animal a los controles de dopaje, dentro y fuera de la competición, cuando sean exigidos o requeridos por los órganos o personas competentes.

c) Impedir, perturbar o no permitir, tanto por acción como por omisión, a otro u otros que se atiendan los requerimientos formulados por órganos o personas competentes para la recogida de muestras.

d) La alteración, falsificación o manipulación de cualquier elemento de los procedimientos de control y de represión del dopaje.

e) La posesión de sustancias prohibidas en el deporte, cuando se carezca de una autorización de uso terapéutico para su administración o dispensación, o cuando el volumen o cantidad de las sustancias, sea injustificadamente elevado o desproporcionado para su administración o aplicación con fines terapéuticos, o de los elementos necesarios para la utilización de métodos prohibidos, de acuerdo con lo establecido en la lista de sustancias y métodos prohibidos vigente, publicada por el Consejo Superior de Deportes (CSD) conforme a lo previsto en el artículo 4, o en las reglamentaciones de las federaciones nacionales o internacionales correspondientes.

Nuevamente nos encontramos ante un precepto ciertamente confuso. En primer lugar, menciona las autorizaciones para uso terapéutico cuando el Anteproyecto de ley no contempla la posibilidad de solicitar ese tipo de autorizaciones, ni se prevé un procedimiento para ello.

En segundo lugar, remite a las reglamentaciones de las federaciones nacionales o internacionales correspondientes para completar el tipo infractor. Si bien es muy dudoso que esta infracción se pueda completar con los reglamentos de la federación nacional en aquellos casos en que la persona infractora no esté en posesión de licencia federativa, lo que no puede admitirse es la remisión a las normas de la federación internacional correspondiente, que será una organización no gubernamental privada extranjera, que no ejerce funciones públicas ni sus normas gozan de publicidad en España y, además, los posibles infractores no serán miembros de esa federación.

Por otro lado, nuevamente nos encontramos con la dificultad para sancionar por posesión de sustancias prohibidas con que habría que asumir que la posesión tiene como fin el uso ilícito de esa sustancia, porque si solo está prohibida la administración para aumentar artificialmente el rendimiento deportivo del animal, la posesión únicamente estará prohibida si su fin es precisamente ese, la administración para aumentar el rendimiento deportivo.

f) La administración, dispensa, ofrecimiento, facilitación o suministro a la persona responsable del animal de sustancias prohibidas o la utilización de métodos no reglamentarios o prohibidos en la práctica deportiva.

Como vemos, en este caso se refiere a la persona responsable del animal, cuando la ley menciona, en otros preceptos, al propietario del animal, al equipo técnico o personal de apoyo, pero en ningún caso se menciona quién será, a efectos de la ley, el responsable del animal.

g) La colaboración o participación, por acción u omisión, en la puesta en práctica de conductas que vulneren la normativa contra el dopaje.

h) El quebrantamiento de las sanciones impuestas de acuerdo con lo dispuesto en esta ley.

En relación con las sanciones, el artículo 6 regula las sanciones a deportistas, propietarios de los animales, miembros del equipo técnico y personal de apoyo, y el artículo 7 regula las sanciones a directivos, técnicos y árbitros.

Como puede apreciarse, el Anteproyecto de ley no prevé sanciones específicas para veterinarios y auxiliares. Hay que recordar que el artículo 2.2 regulaba la responsabilidad de veterinarios y auxiliares, así como de todas aquellas personas que, según la normativa federativa de cada modalidad deportiva, forman parte del equipo técnico o del personal de apoyo. Pues bien, siendo muy discutible que esta regulación pueda remitirse a lo regulado por la respectiva federación, si esa normativa federativa no incluye a los veterinarios o auxiliares entre el equipo técnico o el personal de apoyo, no podrá sancionarse a estas personas.

Las sanciones que se prevén son la suspensión de licencia, la inhabilitación para el desempeño de cargos federativos y las multas en aquellos casos en que se obtengan o se hayan obtenido ingresos asociados a la actividad deportiva desarrollada.

La graduación de las sanciones se efectuará atendiendo al criterio de proporcionalidad y a las circunstancias que concurran en cada caso y, en particular, las siguientes:

a) Intencionalidad, conocimiento, grado de responsabilidad de sus funciones y naturaleza de los perjuicios causados.

b) La trascendencia social o sanitaria y el perjuicio causado por la infracción cometida.

c) El ánimo de lucro ilícito y la cuantía del beneficio obtenido en la comisión de la infracción.

d) La reiteración en la comisión de infracciones. Existe reiteración cuando se hubiere impuesto sanción mediante resolución firme en vía administrativa por comisión de una de las infracciones previstas en la presente ley en el plazo de cinco años anteriores al inicio del expediente disciplinario.

El Anteproyecto de ley igualmente contempla que cuando unos hechos sean constitutivos de dos o más infracciones administrativas tipificadas en distintas normas se impondrá la sanción de mayor cuantía.

5. El procedimiento sancionador

La potestad sancionadora recae en los órganos disciplinarios que estén previstos en los Estatutos y reglamentos de las federaciones deportivas españolas, que a este fin ejercerán funciones públicas sancionadoras, salvo en aquellos casos en que afecte al personal directivo de las federaciones deportivas y entidades con funciones análogas, que corresponderá en única instancia administrativa al Comité Sancionador Antidopaje de la Agencia Estatal Comisión Española para la Lucha Antidopaje en el Deporte (CELAD).

Nos encontramos con una cuestión compleja cuando los órganos federativos deben sancionar a personas que no tengan licencia federativa, teniendo en cuenta que el ámbito subjetivo del Anteproyecto de ley no exige la tenencia de licencia para estar sometido al ámbito de aplicación de la ley.

Los expedientes deberán se resueltos en el plazo máximo de doce meses y se tramitarán de acuerdo con lo previsto en los reglamentos federativos de aquellas federaciones en cuya práctica deportiva participen animales. A este fin, los reglamentos federativos deberán prever, además de las reglas y normas procedimentales precisas, las reguladoras de la toma y análisis de muestras biológicas que regule los aspectos esenciales de dichos actos en competición así como las que determinen las condiciones requisitos y procedimientos los profesionales que deben realizar dichas actividades, tras la habilitación por el CSD.

En este caso parece que el CSD deberá habilitar a los profesionales que realicen las actividades mencionadas anteriormente.

6. Toma y análisis de las muestras

El Anteproyecto de ley no regula el organismo responsable de planificar los controles de dopaje, siendo deseable que lo estableciera claramente. Eso sí, regula que los costes derivados de la recogida de muestras, transporte y análisis del laboratorio corresponde a las entidades organizadoras de competiciones comprendidas en el ámbito objetivo de la ley.

Salvo que las reglamentaciones federativas prevean otra cosa, la federación deberá designar para cada prueba la presencia de personal veterinario autorizado con experiencia clínica en la especie correspondiente a la prueba. Este personal realizará el reconocimiento previo a los animales participantes en la prueba, asesorará al juez de competición y atenderá a su instancia cualquier incidencia que durante el transcurso de la prueba ponga en riesgo la salud o el bienestar de los animales participantes y realizará, cuando corresponda, la toma de muestras y remisión al laboratorio autorizado.

A pesar de esta competencia del personal veterinario autorizado, el artículo 15.4 del Anteproyecto de ley también prevé que los jueces y comisarios de competición puedan someter a control antes o después de la competición a los animales que participen o hayan participado en las mismas.

Todo el proceso de toma de muestras deberá hacerse en presencia de la persona responsable del animal, o a quién ésta delegue, un representante de la organización y el juez, comisario o personal técnico que se determine en los reglamentos federativos, para lo cual el veterinario los convocará cuando vaya a realizar el control y levantará el acta correspondiente que será firmada por todos los citados.

Los análisis se llevarán a cabo en los laboratorios homologados y acreditados por el Estado u otros homologados y acreditados por la federación internacional o nacional respectiva. Los análisis de muestras y la comunicación de los resultados analíticos se realizarán conforme a lo determinado por la reglamentación federativa.

7. La revisión de sanciones en materia de dopaje animal

Si bien los Estatutos y reglamentos de las federaciones deportivas españolas podrán establecer un Comité de Apelación con competencias para la revisión de las sanciones impuestas por los órganos disciplinarios que actúen en primera instancia, el artículo 21 del Anteproyecto de ley regula un recurso especial en materia de dopaje animal ante el Comité Sancionador Antidopaje de la CELAD, frente a las resoluciones y actos de trámite que decidan directa o indirectamente el fondo del asunto, determinen la imposibilidad de continuar el procedimiento, causen indefensión o perjuicio irreparable para los derechos e intereses legítimos de los afectados, dictadas por los órganos disciplinarios de las federaciones deportivas españolas

El Anteproyecto de ley prevé que, en todo caso podrán ser recurridas las siguientes resoluciones:

a) Las que determinen la comisión de infracciones antidopaje, ya impongan una sanción o resulten absolutorias.

b) Las que archiven cualquier procedimiento seguido por infracción de las normas previstas en la Ley, bien por motivos formales o bien por causas de fondo, determinando la no continuación del procedimiento.

c) Las que declaren el quebrantamiento de una sanción, incluyendo el incumplimiento de la prohibición de participación durante la suspensión.

d) Las que fijen la incompetencia del órgano que las dicta.

e) Las que impongan una suspensión provisional.

f) Las relativas a las suspensiones provisionales de las licencias.

Tendrán legitimación para recurrir las personas físicas o jurídicas afectadas por la resolución dictada y en todo caso:

a) El sujeto afectado por la resolución.

b) La eventual parte contraria en la resolución o los perjudicados por la decisión.

c) La Federación deportiva nacional correspondiente.

d) El organismo antidopaje del país emisor de la licencia deportiva del sujeto afectado.

e) La federación deportiva internacional correspondiente.

El plazo para interponer el recurso será de treinta días, contado desde el siguiente a la notificación de la resolución y se tramitará conforme a las reglas establecidas en la LPACAP para el recurso de alzada con las siguientes especialidades:

a) El plazo máximo de resolución y notificación de la resolución será de tres meses, a contar desde la fecha en que el escrito de iniciación tenga entrada en el registro de la CELAD. Tales resoluciones deberán ser comunicadas por la CELAD en todo caso a la Federación Deportiva nacional correspondiente.

b) Transcurrido dicho plazo sin resolución expresa, los interesados podrán entender desestimado el recurso.

c) Las resoluciones del Comité Sancionador Antidopaje de la CELAD en esta materia son inmediatamente ejecutivas, agotan la vía administrativa, y contra las mismas las personas legitimadas mencionadas podrán interponer recurso contencioso-administrativo.

BIBLIOGRAFÍA

AA.VV. Comentarios a la Ley Antidopaje en el Deporte (Cazorla Prieto, L.M. y Palomar Olmeda, A., Dirs,) Thomson Aranzadi, Cizur Menor (Navarra), 2007.

- *Comentarios a la Ley Orgánica de Protección de la Salud y de Lucha contra el Dopaje en el Deporte* (Millán Garrido, A., Coord.), Bosch, Barcelona, 2007.
- *El dopaje en el deporte. Comentarios a la Ley Orgánica 3/2013, de 20 de junio, de protección de la salud del deportista y lucha contra el dopaje en la actividad deportiva*, (Palomar Olmeda, A., Dir.) Dykinson, Madrid, 2013.

ALCINA LOZANO, A., "El delito de dopaje, especial consideración al bien jurídico protegido", *Revista Aranzadi de Derecho de Deporte y Entretenimiento*, núm. 69, 2020.

ALFAYA PEREIRA, E., "Sustancias dopantes y técnicas antidopaje: una visión histórica", *Gaceta Internacional de Ciencias Forenses*, núm. 28, 2018.

ALONSO GARCÍA, E., "El bienestar de los animales como seres sensibles-sentientes: su valor como principio general, de rango constitucional, en el derecho español", *Los principios jurídicos del derecho administrativo* (Santamaría Pastor, J.A., Dir.) La Ley, Madrid, 2010.

ATIENZA MACÍAS, E., *Las respuestas del Derecho a las nuevas manifestaciones de dopaje en el deporte*, Dykinson, Madrid, 2020.

- "Sobre la colisión que desencadena el control antidopaje con el derecho a la intimidad del deportista. ¿El Alto Tribunal pone fin al debate "localización habitual versus localización permanente"?: Comentario a la Sentencia del Tribunal Supremo, Sala de lo Contencioso-Administrativo, Sección Cuarta, de 28 de julio de 2016", *Revista Aranzadi de Derecho de Deporte y Entretenimiento*, núm. 54, 2017.

BALLESTEROS POMAR, R., "Publicidad de medicamentos dirigida al público", *Tratado de Derecho Farmacéutico* (Faus Santasusana, J. y Vida Fernández, J., Dirs.), Thomson Reuters Aranzadi, Cizur Menor (Navarra), 2017.

BENÍTEZ ORTÚZAR, I.F., "El bien jurídico en el delito de dopaje en el deporte", *Tratamiento jurídico penal y procesal del dopaje en el deporte* (Benítez Ortúzar, I.F., Coord.), Dykinson, Madrid, 2015.

- "De los delitos contra la integridad deportiva. Acerca de la necesidad de un título autónomo aglutinador de las conductas delictivas intrínsecas a la práctica deportiva", *Respuestas jurídicas al fraude en el deporte* (Morillas Cueva, L., Dir.), Dykinson, Madrid, 2017.

BERMEJO VERA, J., "La Administración inspectora", *Revista de Administración Pública*, núm. 147, 1998.

BESTAGNO, F., "Regulation of Sport Activities and Right to Respect to Private Life under the European Convention on Human Rights", *European Papers*, Vol. 3, núm. 1, 2018.

BLANCO BARRIOS, A., "El sistema ADAMS. La protección y el tratamiento de datos de carácter personal de los deportistas como derecho fundamental a la luz de la normativa antidopaje y el Reglamento Europeo de Protección de Datos*", Revista Aranzadi de Derecho de Deporte y Entretenimiento*, núm. 70, 2021.

BOMBILLAR SÁENZ, F.M., "El papel de la Agencia Española de Medicamentos y Productos sanitarios en la licha contra el dopaje en el deporte", *Los retos del deporte profesional y profesionalizado en la sociedad actual* (Jiménez Soto, I. y Pérez-Serrabona González, J.L:, Dirs.), Reus, Madrid, 2017.

- "Garantías de calidad, identificación e información del medicamento: fabricación y etiquetado", *Tratado de Derecho Farmacéutico* (Faus Santasusana, J. y Vida Fernández, J., Dirs.), Thomson Reuters Aranzadi, Cizur Menor (Navarra), 2017.

BOUAZZA ARIÑO, O., "Notas de jurisprudencia del Tribunal Europeo de Derechos Humanos", *Revista de Administración Pública*, núm. 217, 2018.

CANTERO MARTÍNEZ, J., "Política antidopaje y sistema nacional de salud: el nuevo marco de conexiones establecido en la Ley Orgánica 7/2006, de 21 de noviembre", *Revista Aranzadi de Derecho de Deporte y Entretenimiento*, núm. 23, 2008.

CASTELLÓ NICÁS, N., "El delito farmacológico del artículo 361 del Código Penal", Derecho y consumo. Aspectos penales, civiles y administrativos (Morillas Cueva, L., Dir.; Suárez López, J.M:, Coord.), Dykinson, Madrid, 2013.

CASTRO MORENO, A., "La responsabilidad penal relacionada con los medicamentos: tipos específicos", *Tratado de Derecho Farmacéutico* (Faus Santasusana, J. y Vida Fernández, J., Dirs.), Thomson Reuters Aranzadi, Cizur Menor (Navarra), 2017.

COLOMER HERNÁNDEZ, I., "Cuestiones procesales relevantes en la Ley Orgánica de protección de la salud del deportista y lucha contra el dopaje en la actividad deportiva", *El dopaje en el deporte. Comentarios a la Ley Orgánica de protección de la salud del deportista y lucha contra el dopaje en la actividad deportiva* (Palomar Olmeda, A., Dir.), Dykinson, Madrid, 2013.

COMPANY CATALÁ, J.M. y BASAULI HERRERO, E., "El tipo penal", *Comentarios a la Ley Orgánica de Protección de la Salud y de la Lucha contra el Dopaje en el Deporte* (Millán Garrido, A., Coord.), Bosch, Barcelona, 2007.

COTINO HUESO, L., "Syri, ¿a quién sanciono?" Garantías frente al uso de la inteligencia artificial y decisiones automatizadas en el sector público y la sentencia holandesa de febrero de 2020", *La Ley Privacidad*, núm. 4, 2020.

DÍAZ GARCÍA-CONLLEDO, M., "Dopaje y Derecho Penal (otra vez): Reflexiones generales y valoración del delito de dopaje del art. 361 bis del Código Penal", *Libro homenaje al profesor Luis Rodríguez Ramos*, Tirant lo blanch, Valencia, 2013.

MAISONNEUVE, M., "Le Cour EDH et les obligations des sportifs: le doute profite à la conventionalité de la lutte contre le dopage", *Cahiers du Droit du Sport*, núm. 49, 2018.

DE MIGUEL PAJUELO, F., "Vulneración del derecho a la intimidad al exigir una localización permanente de los deportistas para el control del dopaje (Comentario a la Sentencia de la Audiencia Nacional de 24 de junio de 2014", *Revista Aranzadi de Derecho de Deporte y Entretenimiento*, núm. 45, 2014.

DÍAZ-GARZÓN MARCO, J. *Variación biológica de magnitudes bioquímicas, hematológicas y gasometría en atletas*, Facultad de Medicina de la Universidad Autónoma de Madrid, Madrid, 2019.

DÍAZ-GARZÓN MARCO, J., FERNÁNDEZ-CALLE, P. y RICÓS, C., "Modelos para estimar la variación biológica y la interpretación de resultados seriados: bondades y limitaciones", *Advances in Laboratoty Medicine*, 1(3), Sept. 2020.

ECHEVERRY VELÁSQUEZ, S.L., "La publicidad que incita al consumo de medicamentos en el deporte", Revista Aranzadi de derecho de deporte y entretenimiento, núm.. 47, 2015.

FAUS SANTASUSANA, J., "La autorización de comercialización", *Tratado de Derecho Farmacéutico* (Faus Santasusana, J. y Vida Fernández, J., Dirs.), Thomson Reuters Aranzadi, Cizur Menor (Navarra), 2017.

FERNÁNDEZ DE CASADEVANTE MAYORDOMO, P, "A vueltas con el régimen de localización de los deportistas: entre el control habitual y la plena disponibilidad", *Revista Aranzadi de Derecho de Deporte y Entretenimiento*, núm. 54, 2017.

FERNÁNDEZ PANTOJA, P., "El decomiso en el delito de dopaje en el deporte", *Tratamiento jurídico penal y procesal del dopaje en el deporte* (Benítez Ortúzar, I.F., Coord.), Dykinson, Madrid, 2015.

GARBERÍ LLOBREGAT, J. y BUITRÓN RAMÍREZ, G., *El procedimiento administrativo sancionador (Comentarios, jurisprudencia y formularios) 7ª Edición, ampliada y actualizada 2021*, Tirant lo Blanch, Valencia, 2021.

GARCÍA CABA, M.M., "La protección de datos de carácter personal y el dopaje", *Comentarios a la Ley Orgánica de Protección de la Salud y de la Lucha contra el Dopaje en el Deporte* (Millán Garrido, A., Coord.), Bosch, Barcelona, 2007.

GONZÁLEZ BOTIJA, F., "Comunicaciones comerciales", *Tratado de Derecho Alimentario* (Recuerda Gilera, M.A., Dir.), Aranzadi Thomson Reuters, Cizur Menor (Navarra), 2011.

HUERGO LORA, A., "Una aproximación a los algoritmos desde el derecho administrativo", *La regulación de los algoritmos* (Huergo Lora, A., Dir.), Thomson Reuters Aranzadi, Cizur Menor (Navarra), 2020.

IRÁCULIS ARREGUI, N., *La publicidad de los medicamentos*, La Ley, Madrid, 2009.

LASHERAS ROMERO, C., "La localización permanente de los deportistas como supuesto no contemplado en el Ordenamiento español. Comentario a la Sentencia de la Audiencia Nacional de 24 de junio de 2014", *Revista Aranzadi de Derecho de Deporte y Entretenimiento*, núm. 44, 2014.

LIÉBANA ORTIZ, J.R., *Justicia deportiva internacional. El procedimiento ante el Tribunal de Arbitraje Deportivo,* Atelier, Barcelona, 2021.

MINISTERIO DE CULTURA Y DEPORTE, *Anuario de Estadísticas Deportivas 2022*, Madrid, mayo 2022.

- *Anuario de Estadísticas Deportivas 2021*, Madrid, 2021.

MONTERO DOMÍNGUEZ, E. y RODRÍGUEZ GARCÍA, J., "¿Es justificable la obligación de localización de los deportistas?", *Revista Aranzadi de Derecho de Deporte y Entretenimiento*, núm. 33, 2011.

MORILLAS CUEVA, L., "Naturaleza jurídica del delito de dopaje en el deporte", *Tratamiento jurídico penal y procesal del dopaje en el deporte* (Benítez Ortúzar, I.F., Coord.), Dykinson, Madrid, 2015.

MORTE FERRER, R., "La lucha contra el dopaje y la protección de datos", *Dopaje deportivo y Código Mundial Antidopaje* (De Vicente Martínez, R., Dir.; Millán Garrido, A., Coord.), Reus, Madrid, 2014.

PALOMAR OLMEDA, A., *Derecho de la función pública. Régimen jurídico de los funcionarios públicos*, 12ª ed., Dykinson, Madrid, 2020.

- *Procedimiento Administrativo*, 2.ª ed., Aranzadi Thomson Reuters, Cizur menor (Navarra), 2017.
- "Salud pública y dopaje: un mínimo balance de la actuación tras la Ley Orgánica 7/2006", *Revista Aranzadi de Derecho de Deporte y Entretenimiento*, núm. 32, 2011.

- "La reforma de la represión del dopaje de 2017 y las reformas urgentes", *Revista Aranzadi de Derecho del Deporte y Entretenimiento*, núm. 55, 2017.
- "Órganos y competencias", *Tratado de la Jurisdicción Contencioso-Administrativa. Tomo I. Parte General. Los Procedimiento Contencioso-Administrativos* (Palomar Olmeda, A., Dir.), 4ª ed., Thomson Reuters Aranzadi, Cizur Menor (Navarra), 2021.
- "Régimen sancionador administrativo en el ámbito de los medicamentos", *Tratado de Derecho Farmacéutico* (Faus Santasusana, J. y Vida Fernández, J., Dirs.), Thomson Reuters Aranzadi, Cizur Menor (Navarra), 2017.
- *El dopaje en el deporte, un intento de elaborar una visión sosegada y constructiva,* Dykinson, Madrid, 2004.

PALOMAR OLMEDA, A., BELDA INIESTA, C., BARBAS ARRIBAS, C. y AYUSO SACIDO, A., "Sustancias similares o efectos biológicos similares en la represión del dopaje deportivo: la necesidad de establecer criterios objetivos", *Revista Aranzadi de Derecho de Deporte y Entretenimiento*, núm. 47, 2015.

PALOMAR OLMEDA, A., BELDA INIESTA, C. y LÓPEZ-COLLAZO, E., "La necesidad de abordar el control del dopaje desde fundamentos diferentes. Algunos puntos para una reflexión sobre bases diferentes", *Revista Aranzadi de Derecho de Deporte y Entretenimiento*, núm. 44, 2014.

PALOMAR OLMEDA, A., y RODRÍGUEZ GARCÍA, J., "El modelo de gestión de la lucha contra el dopaje", *Revista Aranzadi de Derecho de Deporte y Entretenimiento*, núm. 50, 2016.

PERELLÓ JORQUERA, A., "La protección de la salud en la Ley Orgánica 7/2006, de 21 de noviembre", *Revista Aranzadi de Derecho de Deporte y Entretenimiento*, núm. 23, 2008.

PÉREZ GONZÁLEZ, C., *Las obligaciones de los Estados en materia de prevención, control y sanción del dopaje en el deporte*, Thomson-Aranzadi, Cizur Menor (Navarra), 2008.
- "La Convención de la UNESCO contra el dopaje", *Revista Aranzadi de Derecho de Deporte y Entretenimiento*, núm. 16, 2006.
- "La jurisprudencia del Tribunal Europeo de Derechos Humanos en materia de protección de derechos humanos de los deportistas y en el ámbito deportivo", *Cuadernos de Jurisprudencia y Actualidad Internacionales* (Jiménez García, F. y Alam Pérez, B., Dirs.) Dykinson, Madrid, 2020.

PÉREZ GONZÁLEZ, C. y RODRÍGUEZ GARCÍA, J, "El contexto internacional de la ley", *Comentarios a la Ley Antidopaje en el Deporte* (Cazorla Prieto, L.M. y Palomar Olmeda, A., Dirs.) Thomson Aranzadi, Cizur Menor (Navarra), 2007.

PUENTE ESCOBAR, A., "Confidencialidad de los datos relativos al dopaje en el deporte y cesión de datos", *Comentarios a la Ley Antidopaje en el Deporte* (L. Mª. Cazorla y A. Palomar, Dirs.), Thomson-Aranzadi, Cizur Menor (Navarra), 2007.

RECUERDA GILERA, M.A., "El control de los productos susceptibles de producir dopaje en el deporte", *Comentarios a la Ley Orgánica de Protección de la Salud y de la Lucha contra el Dopaje en el Deporte* (Millán Garrido, A., Coord.), Bosch, Barcelona, 2007.
- "Condiciones de utilización de productos nutricionales susceptibles de producir dopaje en el deporte", *Comentarios a la Ley Orgánica de Protección de la Salud y de la Lucha contra el Dopaje en el Deporte* (Millán Garrido, A., Coord.), Bosch, Barcelona, 2007.
- RECUERDA GILERA, M.A., "Autorizaciones administrativas y presunción de riesgo en el Derecho alimentario europeo: el caso de los nuevos alimentos", *Revista Española de Derecho Europeo*, núm. 31, 2009.

ROBINA BLANCO-MORALES, A., "La historia, el concepto y la definición del dopaje. Una visión previa a su tratamiento legal", *Revista Aranzadi de Derecho del deporte y Entretenimiento* núm. 49, 2017.

- *El dopaje en el deporte. La ley frente al dopaje, Dykinson*, Madrid, 2016.

RODRÍGUEZ GARCÍA, J., *Deportistas y federaciones: el difícil encaje de los derechos*, editorial Hexis, Terrassa, 2022.

- "La Agencia Mundial Antidopaje", *Estudios en homenaje al profesor Luis María Cazorla Prieto*, Vol. II (Cazorla Gonzáles-Serrano, L., Dir.), Thomson Reuters Aranzadi, Cizur menor (Navarra), 2021.
- "El deber de localización de los deportistas y su derecho a la intimidad: especial referencia al consentimiento", *Revista Aranzadi de Derecho de Deporte y Entretenimiento*, núm. 31, 2011.
- "Los problemas derivados de la entrada en vigor de las distintas listas de sustancias y métodos prohibidos en el deporte", *Revista Aranzadi de Derecho de Deporte y Entretenimiento*, núm 21, 2007.
- "Control y represión del dopaje en el deporte", *El deporte en la jurisprudencia* (Palomar Olmeda, A. y Terol Gómez, R., Dirs.), Aranzadi Thomson Reuters, Cizur Menor (Navarra), 2009.

ROYO BORDONADA, M.A. y RODRÍGUEZ ARTALEJO, F., "Publicidad alimentaria y salud. Estado de la situación en España", *Mediterráneo Económico*, núm. 27, 2015.

RUANO DELGADO, D., "Derechos humanos y deporte: la discutible jurisprudencia reciente de Estrasburgo", *Derecho Deportivo 2020* (Ortega Burgos, E. y García Caba, M.M., Dirs.) Tirant lo Blanch, Valencia, 2019.

SÁNCHEZ-MORALEDA VILCHES, N., *Suplementos deportivos, dopaje y salud pública*, Tirant lo blanch, Valencia, 2018.

SARDINA CÁMARA, P., "La cuestionada legitimación de la AMA para recurrir una decisión federativa en materia de dopaje. A propósito de la sentencia del Juzgado Central de lo Contencioso-Administrativo Nº 3 de fecha 2 de noviembre de 2011", *Revista Aranzadi de Derecho de deporte y entretenimiento*, núm. 35, 2012.

SUÁREZ LÓPEZ, J.M. y MORILLAS FERNÁNDEZ, D.L., "Derecho penal y deporte. Planteamiento general. Las lesiones deportivas. El tratamiento penal del dopaje", *Derecho del Deporte* (Palomar Olmeda, A., Dir.; Rodríguez García, j., Coord.), 2ª ed., Cizur Menor (Navarra), 2017.

TEROL GÓMEZ, R., *Régimen jurídico de la lucha contra el dopaje en España*, Thomson Reuters Aranzadi, Cizur Menor (Navarra), 2020.

- "La lucha contra el dopaje en las carreras y competiciones de caballos. El complejo e inacabado y continuamente postpuesto régimen jurídico español", *Revista General de Derecho Animal y Estudios Interdisciplinares de Bienestar Animal*, núm. 4, 2019.
- «De los actos administrativos. Requisitos, eficacia, notificación y publicación. Nulidad y anulabilidad. Ejecución de los actos administrativos», *Practicum Procedimiento Administrativo Común 2021* (Palomar Olmeda, A., Dir.), Aranzadi Thomson Reuters, Cizur MENOR (Navarra), 2021.
- "Instrumentos normativos contra el dopaje y protección de los derechos fundamentales de los deportistas", *Tratamiento jurídico penal y procesal del dopaje en el deporte* (Benítez Ortuzar, I.F.; Coord.), Dykinson, Madrid, 2015.
- "El ámbito subjetivo del control del dopaje. El régimen de obligaciones de los deportistas", *El dopaje en el deporte. Comentarios a la Ley Orgánica 3/2013, de 20 de junio, de*

protección de la salud del deportista y lucha contra el dopaje en la actividad deportiva (Palomar Olmeda, A., Dir.), Dykinson, Madrid, 2013.

TRONCOSO, A., "Requisitos de seguridad alimentaria III", *Tratado de Derecho Alimentario* (Recuerda Gilera, M.A., Dir.), Aranzadi Thomson Reuters, Cizur Menor (Navarra), 2011.

VALERO TORRIJOS, J., "Las garantías jurídicas de la inteligencia artificial en la actividad administrativa desde la perspectiva de la buena administración", *Revista catalana de dret públic,*,núm. 58, 2019.

VIDA FERNÁNDEZ, J., *Concepto y régimen jurídico de los medicamentos. Su distinción de otros productos para el cuidado de la salud*, Tirant lo blanch, Valencia, 2015.

- "Una nueva ordenación de los medicamentos para el control del dopaje", *Estudios sobre el dopaje en el deporte* (De Asís Roig, A. y Hernández San Juan, I., Coords.), Dykinson, Madrid, 2006.
- "De las medidas de control y supervisión de productos, medicamentos y complementos nutricionales, que contengan sustancias prohibidas en la actividad deportiva", *Comentarios a la Ley Antidopaje en el Deporte* (Cazorla Prieto, L.M. y Palomar Olmeda, A., Dirs.), Thomson Aranzadi, Cizur Menor (Navarra), 2007.

VERDUGO GUZMÁN, S., "El problema del dopaje en el deporte. La tutela de los derechos fundamentales de los deportistas", *Anuario Andaluz de Derecho Deportivo*, núm. 10, 2017.

ZORZOLI M, "Biological passport parameters", *Journal of Human Sport and Exercise*, Vol. 6, núm. 2 Supplement, 2011.

COLECCIÓN DERECHO DEPORTIVO

Alberto Palomar Olmeda
(Director)

- Estudio sobre la Ley Orgánica de lucha contra el dopaje en el deporte. Alberto Palomar Olmeda, Ramón Terol Gómez y José Rodríguez García. 2022, 256 páginas.
- Las respuestas del derecho a las nuevas manifestaciones de dopaje en el deporte. Elena Atienza Macías. 2020, 350 páginas.
- El dopaje en el deporte. La ley frente al dopaje. Ángel Robina Blanco-Morales. 2016, 870 páginas.
- Nuevos comentarios al Reglamento FIFA. Con análisis de Jurisprudencia de la DRC y del TAS. Ricardo Frega Navíaf y Juan de Dios Crespo Pérez. 2015, 438 páginas.
- El dopaje en el deporte. Comentarios a la Ley Orgánica 3/2013, de 20 de junio, de protección de la salud del deportista y lucha contra el dopaje en la actividad deportiva. Alberto Palomar Olmeda. 2013, 712 páginas.
- El buen gobierno deportivo. ¿Un ejercicio de responsabilidad social?. Miguel María García Caba. 2012, 272 páginas.
- Titulaciones y regulación del ejercicio profesional en el deporte. Bases y perspectivas. Alberto Palomar Olmeda y Julián Espartero Casado. 2011, 406 páginas.
- Árbitro de fútbol. Arbitraje y juicio deportivo. Esteban Hernández Galván. 2010, 252 páginas.
- Introducción al derecho del deporte. Julián Espartero Casado. 2009, 546 páginas.
- Estudios sobre Derecho y Deporte. Ignacio Francisco Benítez Ortúzar y Ferrando Mantovani. 2008, 384 páginas.
- Estudios sobre el dopaje en el deporte. Agustín de Asís Roig e Isabel Hernández San Juan. 2006, 266 páginas.
- Régimen jurídico del deporte universitario. Estados Unidos, Canadá, Australia y la FISU. Ramón Terol Gómez. 2006, 576 páginas.
- El deporte universitario en España. Actualidad y perspectivas de futuro. Ramón Terol Gómez. 2006, 268 páginas.
- El entorno jurídico de las nuevas tendencias deportivas: deporte de aventura, animación deportiva y ocio activo. Nicolás F. de la Plata Caballero. 2006, 536 páginas.
- Representación internacional en el deporte. Marta Lora-Tamayo Vallvé. 2005, 236 páginas.

- Las denominadas cláusulas de rescisión del contrato de los deportistas profesionales. Unai Esquibel Muñiz. 2005, 464 páginas.
- El dopaje en el deporte. Un intento de elaborar una visión sosegada y constructiva. Alberto Palomar Olmeda. 2004, 270 páginas.
- El derecho deportivo. Entre el servicio público y el mercado. Marta Lora-Tamayo Vallvé. 2003

GRACIAS POR CONFIAR EN NUESTRAS PUBLICACIONES

Al comprar este libro le damos la posibilidad de consultar gratuitamente la versión ebook.

Cómo acceder al ebook:

- **Entre en nuestra página web,** sección Acceso ebook (www.dykinson.com/acceso_ebook)
- **Rellene el formulario** que encontrará insertando el código de acceso que le facilitamos a continuación así como los datos con los que quiere consultar el libro en el futuro (correo electrónico y contraseña de acceso).
- Si ya es **cliente registrado**, deberá introducir su **correo electrónico y contraseña habitual**.
- Una vez registrado, **acceda a la sección Mis e-books de su cuenta de cliente**, donde encontrará la versión electrónica de esta obra ya desbloqueada para su uso.
- Para consultar el libro en el futuro, ya sólo es necesario que se identifique en nuestra web con su correo electrónico y su contraseña, y que se dirija a la sección Mis ebooks de su cuenta de cliente.

CÓDIGO DE ACCESO

DYK059052

Rasque para ver el código

Nota importante: Sólo está permitido el uso individual y privado de este código de acceso. Está prohibida la puesta a disposición de esta obra a una comunidad de usuarios.